The Fundamentals of Ethics
(Fourth Edition)

伦理学基础

[美] Russ Shafer-Landau 著

陆 萌 译

中国轻工业出版社

图书在版编目（CIP）数据

伦理学基础／（美）拉斯·谢弗-兰多（Russ Shafer-Landau）著；陆萌译. —北京：中国轻工业出版社，2020.11
ISBN 978-7-5184-3156-4

Ⅰ.①伦… Ⅱ.①拉…②陆… Ⅲ.①伦理学 Ⅳ.①B82

中国版本图书馆CIP数据核字（2020）第166039号

版权声明

THE FUNDAMENTALS OF ETHICS, FOURTH EDITION was originally published in English in 2018. This translation is published by arrangement with Oxford University Press. Beijing Multi-Million New Era Culture and Media Company, Ltd. is solely responsible for this translation from the original work and Oxford University Press shall have no liability for any errors, omissions or inaccuracies or ambiguities in such translation or for any losses caused by reliance thereon.

保留所有权利。非经中国轻工业出版社"万千教育"书面授权，任何人不得以任何方式（包括但不限于电子、机械、手工或其他尚未被发明或应用的技术手段）复印、拍照、扫描、录音、朗读、存储、发表本书中任何部分或本书全部内容。中国轻工业出版社"万千教育"未授权任何机构提供源自本书内容的电子文件阅览、收听或下载服务。如有此类非法行为，查实必究。

总 策 划：石　铁
策划编辑：孔胜楠　　　　责任终审：杜文勇
责任编辑：孔胜楠　　　　责任监印：刘志颖

出版发行：中国轻工业出版社（北京东长安街6号，邮编：100740）
印　　刷：三河市鑫金马印装有限公司
经　　销：各地新华书店
版　　次：2020年11月第1版第1次印刷
开　　本：710×1000　1/16　印张：25.00
字　　数：280千字
书　　号：ISBN 978-7-5184-3156-4　定价：78.00元
读者热线：010-65181109，65262933
发行电话：010-85119832　传真：010-85113293
网　　址：http://www.chlip.com.cn　http://www.wqedu.com
电子信箱：1012305542@qq.com
如发现图书残缺请与我社联系调换
180490Y1X101ZYW

前　言

本书分为三个部分——第一部分的主题是好的人生，第二部分是关于做正确的事情，最后一部分的主题是道德的地位。读者可以随意选择阅读的顺序。比如，很多人希望从最后一部分开始阅读，看看道德只是人类的发明，还是在某种程度上是客观的。有些人更愿意从中间部分开始阅读，来研究道德的至上原则是什么（或者是否真有这样的原则）。还有一些人可能想从头开始阅读，思考人类的福祉与生活的质量问题。尽管道德哲学的三个主要分支之间是相互联系的，但每一部分都是独立的。无论从哪部分开始，大多数章节都有脚注，方便参照其他章节的相关讨论。

在开始进入一门新的学科领域时，我们难免会遇到一些不熟悉的术语。我试着把专业术语的使用频率降到最低。大家大概都要感到庆幸，我们在这里要研究的是伦理学，而不是会有数不胜数术语的物理学或解剖学。在一个专业术语第一次出现时，我会给出定义，并且汇总在书末的术语表中。书中每一个以黑体字出现的术语在术语表中都有一个对应的条目。

如果对本书涉及的领域颇感兴趣，想继续在道德哲学方面进行研究，可以接着阅读本书的姊妹篇——《道德人生》(*The Ethical Life*)。此外，我还为每一章或每两章编辑了一份进一步阅读建议书单，列在末尾的术语表之前。我选择这些阅读材料的目的主要是满足道德哲学初学者的需要和兴趣。

伦理学有太多令人着迷的话题，我会乐此不疲地一直写下去。由于篇幅的限制，决定取舍对我来说是个很大的挑战。也许你认为本书没有做到合理的取舍，如果你认为哪些讨论不够清楚或者太过无聊，请一定告诉我。联系我的最好方式是通过电子邮件：RussShaferLandau@gmail.com。

第四版新增内容

我很高兴老师们和学生们认为这本书对他们来说很有帮助，值得再版。为了保持与前一版的连贯性，我只做了少量的修改。有些小修改是为了提高清晰度和准确性，但是我也引入了一些比较大的改动。下面是一个简短的列表：

- 第三章和第四章现在包括了反映明确区分欲望满足的内在价值和工具性价值的讨论。
- 第七章包括了关于利他主义实证文献的新的讨论。
- 第十九章包括了对伦理主观主义和相对主义吸引力的新的讨论。
- 对许多小节也做了实质性的改进，包括：
  - 第一章中的"幸福与内在价值"；
  - 第二章中的"快乐主义的悖论"；
  - 第八章中的"伦理利己主义的两个流行论证"；
  - 第九章中的"后果主义的本质"；
  - 第九章中的"滑坡论证"；
  - 第十章中的"衡量幸福"；
  - 第十九章中的"理想观察者"。

致谢

（略）

目 录

导　言 / *1*
　　道德哲学领域概述 / *1*
　　伦理学的怀疑主义 / *3*
　　道德思考的起点 / *5*
　　何谓道德？ / *7*
　　道德推理 / *9*
　　道德理论的作用 / *16*
　　前瞻 / *17*

第一部分　好的人生

第一章　快乐主义：其无比的吸引力 / *23*
　　幸福与内在价值 / *23*
　　快乐主义的吸引力 / *25*

第二章　幸福是最重要的吗？ / *33*
　　快乐主义的悖论 / *33*
　　作恶的乐趣 / *35*
　　两个世界 / *36*
　　虚假的幸福 / *37*

自主性的重要性 / 39

生命的轨迹 / 41

不快乐是受伤害的征兆 / 42

结论 / 44

第三章 得之所欲 / 47

多种多样的美好人生 / 48

个人权威 / 49

避谈客观价值 / 49

动机 / 50

为追求个人利益正名 / 51

认识什么对自己有益 / 52

第四章 欲望理论的问题 / 55

得之所欲也许对提升美好人生并不必要 / 56

得之所欲也许对提升美好人生并不充分 / 56

结论 / 62

第二部分 规范伦理学：做正确的事

第五章 道德与宗教 / 67

道德与宗教的三个假设 / 67

结论 / 78

第六章 自然法 / 81

自然法理论及其吸引力 / 81

人性的三大概念 / 85

自然目的 / 88

人类的定义论证 / 92

结论 / 95

第七章 心理利己主义 / 97

利己主义与利他主义 / 97

心理利己主义正确与否重要吗？/ 101

我们的最强烈欲望论证 / 102

预期利益论证 / 104

心理利己主义的两种策略 / 106

让证据来决定 / 107

结论 / 111

第八章 伦理利己主义 / 113

为什么要有道德？/ 114

伦理利己主义的两个流行论证 / 117

伦理利己主义的最佳论证 / 119

伦理利己主义的三个问题 / 122

结论 / 125

第九章 后果主义：其本质与吸引力 / 127

后果主义的本质 / 129

功利主义的吸引力 / 134

道德共同体的范围 / 138

滑坡论证 / 142

第十章 后果主义：其问题 / 147

衡量幸福 / 147

功利主义是非常苛刻的 / 151

没有本质的错误或者正确 / 157

不正义问题 / 159

不正义问题的潜在解决办法 / 160

规则后果主义 / 163

结论 / 167

第十一章　康德理论的视角：公平与正义 / 169

一致性与公平 / 170

可普遍化原则 / 172

道德与理性 / 176

对可普遍化原则的评价 / 179

完整性 / 180

康德论绝对的道德义务 / 181

第十二章　康德理论的视角：自主性与尊重 / 185

人性原则 / 186

理性与自主性的重要性 / 188

善良意志与道德价值 / 190

人性原则的五个问题 / 193

结论 / 202

第十三章　社会契约传统：理论与吸引力 / 205

程序主义的吸引力 / 205

社会契约论的背景 / 207

囚徒困境 / 208

合作与自然状态 / 210

契约主义的优势 / 212

进一步的优势：道德与法律 / 215

第十四章　社会契约传统：问题与前景 / 219

为什么要有道德？ / 219

同意的作用 / 223

立约人之间的分歧 / 225

道德共同体的范围 / 227

结论 / 229

第十五章　伦理多元主义与绝对的道德规则 / 231

道德理论的结构 / 231

酷刑是否总是不道德的？ / 232

防止灾难 / 233

双重效应学说 / 235

道德冲突与矛盾 / 240

道德绝对主义是非理性的吗？ / 241

做与允许学说 / 243

结论 / 247

第十六章　伦理多元主义：显见义务与伦理特殊主义 / 249

罗斯的显见义务论 / 249

罗斯观点的优势 / 251

罗斯观点的问题 / 254

知道根本的道德规则 / 255

自明性与道德理论测试 / 256

知道做正确的事 / 258

伦理特殊主义 / 259

伦理特殊主义的三个问题 / 261

结论 / 264

第十七章　美德伦理学 / 267

正确行为的标准 / 268

道德复杂性 / 269

道德理解 / 270

道德教育 / 272

美德的本质 / 273

美德与美好人生 / 275

对美德伦理学的反驳 / 277

结论 / 286

第十八章　女性主义伦理学 / 287

女性主义伦理学的要素 / 287

道德发展 / 289

女性的经历 / 290

关怀伦理学 / 293

女性主义伦理学面临的挑战 / 298

结论 / 300

第三部分　元伦理学：道德的地位

第十九章　伦理相对主义 / 305

道德怀疑主义 / 305

两种伦理相对主义 / 307

伦理主观主义与文化相对主义的一些启示 / 309

理想观察者 / 318

结论 / 322

第二十章　道德虚无主义 / 323

　　　　错误论 / 324

　　　　表达主义 / 329

　　　　结论 / 335

第二十一章　反驳道德客观性的 11 个论证 / 337

　　　　客观性要求绝对主义 / 338

　　　　任何真理都是主观的 / 339

　　　　同等权利意味着同样有理 / 340

　　　　道德客观性支持教条主义 / 341

　　　　道德客观性支持不宽容 / 343

　　　　道德客观性不允许正当的文化差异 / 344

　　　　道德分歧动摇了道德客观性 / 346

　　　　无神论动摇了道德客观性 / 347

　　　　缺乏绝对理由动摇了道德客观性 / 349

　　　　道德动机动摇了道德客观性 / 351

　　　　科学世界中没有价值的位置 / 353

　　　　结论 / 356

参考文献 / 359
进一步阅读建议 / 361
术语表 / 377
译后记 / 387

导　言

道德哲学领域概述

　　世界之大，我们对世界的探索永无止境。即使是对完全没有好奇心的人来说，我们现在也拥有了无与伦比的资源来满足其求知欲。我们可以求助于科学家、医生、经济学家、历史学家和记者来更好地认识自己、世界和我们在世界中的位置。

　　然而，对于很多关键的问题，这些专家始终会三缄其口，这些问题就是我们应该如何生活的问题。财务顾问理所当然能指导我们如何投资，私人教练能建议我们如何塑身，职业顾问能引导我们朝哪个方向发展，但是，如果我们想知道人生的指导理念应该是什么、什么样的人生值得追求、我们应该如何对待彼此，那么就必须求助于哲学。伦理学——也被称为道德哲学——就是要来回答这些问题的知识学科。

　　伦理学涉及甚广，在此不可能涵盖所有重要而且妙趣横生的话题，所以我选择了对我来说至关重要的论题。这些论题可以分为三组，每一组代表道德哲学中的一个核心领域：

　　　　1. **价值理论**(value theory)[1]：什么是好的人生？什么东西本身就是值得欲求的？我们如何改善自己的人生？

---

[1] 所有以黑体字形式出现的术语都会在本书末尾的术语表中给出定义。

2. **规范伦理学**（normative ethics）：我们基本的道德义务是什么？哪些品格特征是美德，哪些是恶习，为什么？我们的榜样是谁？为了达到目的是否可以不择手段，还是有一些行为在任何情况下都不能做？

3. **元伦理学**（metaethics）：道德主张和道德建议的地位是怎样的？道德理论、道德原则或者是特定的道德裁决是真的吗？如果是真的，使其如此的条件是什么？我们能否获得道德智慧？如果可以，应该如何去获得？我们是否有充足的理由去履行我们的道德义务？

本书因而也分成三个部分。第一部分聚焦好的人生，重点解释幸福的本质和来源。比如，我们要问幸福是不是人生的终极目标，幸福本身是不是唯一值得追求的东西。进而我们要来考量相反的观点，其中最重要的一种理论是，认为无论想得到什么，得之所欲才是通往美好人生的关键。

第二部分是规范伦理学，致力于讨论我们彼此之间的道德关系。动物、生态系统或者胎儿是否具有道德重要性？是否存在能够解释我们所有特定道德义务的最根本的道德规则，比如**黄金准则**（golden rule）？美德、自我利益和正义在道德中扮演什么角色？我们是否被允许违反道德规则？如果可以，在什么条件下可以，为什么可以？这些都是规范伦理学中最重要的问题。

第三部分是元伦理学。道德哲学的这一部分是对前两部分的研究。具体来说，元伦理学要讨论的是道德主张的地位，而不是其内容。我们每个人对好与坏、对与错都有自己的看法，因此，道德是否只是品味问题？道德权威是不是基于个人认同、社会习俗或者上帝的命令？或者都不是？道德或多或少是自身运转良好的一种秩序，还是仅仅为了让我们各得其所的一种便利虚构？我们将在本书的第三部分讨论这些问题。

对于这些问题，仁者见仁，智者见智。我们有人生导师、励志演说家和无数畅销书作家，他们都致力于引导我们走上美好人生之路。政治、宗教领袖以及社论作家也往往对勾画所谓正确的人生蓝图津津乐道。当然，他们经常对此意见不一。如果有办法能去粗取精，找到最好的人生建议当然求之不得。

如果你刚刚涉足伦理学领域，很可能希望找到一个直截了当的答案，但这不是我能提供的。我们都很自然地想找到一种明确的方法来去伪存真，找到有关人生或者道德义务的正确答案。刚上大学的时候，我选修了一门哲学课，正是希望找到这样的答案。但是，结果当然是不了了之，这让我深感失望。我因此放弃了哲学好几年，还一度退学了一段时间。复学后，我又开始去寻找答案。我终于意识到，在人生的这个领域，虽然可能有很多好的建议，但是却没有简单的答案，我们不可能把答案概括成一句格言或者口号写在墙上。

伦理学是一门艰深的学问。不一定是我们的弱点或模糊不清的思维阻碍我们去分辨对错，明辨是非。我们对生活中的道德复杂性备感困惑是有理由的。虽然我们都渴望找到清晰而直截了当的答案，但是这种渴望注定会一再受挫。

伦理学的怀疑主义

当人们看到解决每一个伦理难题的尝试都面临重重困难的时候，他们往往就会向怀疑主义认输。怀疑主义的诱惑是，认为整个道德事业都缺乏价值，或者认为所有的伦理观点看起来都同样有道理。

对道德的怀疑有很多种，因为本书的主旨是增进我们对道德的认识和理解，完全忽略怀疑主义是不明智的。整个第十九章、第二十章和第二十一章都是对怀疑主义的讨论；对怀疑主义深感兴趣的读者完全可以从这些章节开始，然后再去读关注好的人生和规范伦理学的部分。

对于道德怀疑主义者，有几点我想在此说明。也许最重要的是，那些非常严肃地思考伦理问题的人，会很难接受认为整个道德体系都是天方夜谭、道德标准只有相对于个人或社会来说才谈得上正确与否的观点。怀疑主义的观点有很多问题，而其中一些问题是致命的。

因此，一上来就假设道德是虚构的，假设个人或文化的观点是衡量对与错的终极标准，就是一个严重的错误。我们必须仔细研究怀疑主义的论证。这些论证有可能最终会让我们接受怀疑主义的立场，但也可能不会。但是，在真正深入研究之前，妄下结论似乎还为时过早。

我非常喜欢这一部分的伦理学，也就是元伦理学——所以就忍不住在这里再多说一些。根据我自己的经验，大多数对道德持严重怀疑态度的人都是基于以下一个或多个考虑因素：

- 个人之间以及社会之间总是对好与坏、对与错持不同的意见。如果有客观的道德真理存在，那么我们就期望所有真正明智的人都会达成统一意见。这样的统一意见不存在。因此，客观的道德真理就不存在。
- 只有上帝存在，才有普遍正确的道德标准。但是上帝不存在，所以伦理学只是一种"人类构造出来的东西"。
- 科学告诉我们世间万物的真相，而科学却不能告诉我们什么是对、什么是错。因为世间本没有对与错。
- 如果有一种普遍的伦理观，那么就会有一些人可以把自己的观点强加于他人。把自己的观点强加于他人是不对的。因此，普遍的伦理观不存在。
- 如果有客观的道德规则，那么打破这些规则就总是错误的。但是，每一条规则都有例外，因此没有道德规则是绝对的。这说明道德规则是我们自己创造的。

在这里我要剧透一下：所有这些论证都是成问题的。我现在还不打算做进一步的阐述，这是本书最后三章的任务。所以，现在将信将疑并不要紧。但是，有一点要记住，在我们小心求证所有这些怀疑主义的论点和论据之前，不应该假定道德怀疑主义是正确的。

在道德思考方面，我们是可以取得长足进步的。即使道德在某种程度上的确是人类的发明，我们仍然有很多东西需要学习。在思考道德上的对与错问题时，犯错误在所难免。研究道德哲学无疑是避开错误的一种方法。

换句话说，很多人认为，当谈到艺术的时候，美是主观的——没有客观、普遍的审美标准。假设这一点是正确的，再假设道德在这一方面就像艺术。我们的审美品味仍然是可以培养和不断提高的。比如，许多人在音乐和绘画方面都比我造诣高。即使没有普遍的审美标准存在，对我来说，放弃与音乐和绘画高手交流的机会也是愚蠢的。为什么我不洗耳恭听大师们的意见和建议呢？人无完人，而且术业有专攻，我们都可以从别人那里学到一二。

这正是对待道德的正确态度。尤其是当我们的生活质量和与他人的关系备受考验时，固步自封、不肯接受新思想是很危险的。我们都应该虚心求教于那些对人类生存的核心问题有深入研究的人。

另外，我们不应该妄下结论，认为在道德上可以听之任之。我们会看到，高标准的道德思考是训练有素的思考。我们有可能在道德反思中误入歧途，而失败和错误往往会带来最灾难性的后果。尽管有时很难判断在道德上我们是不是对的，但通常非常容易知道我们是不是做错了。这样的错误有时是人生尽毁，有时是犯下令人发指的罪行。在决定站在道德怀疑主义者一边，认为所有道德观点都没有高下之分之前，我们应该好好想一想这些问题。

道德思考的起点

道德思考的一个难题是知道从哪里开始。对道德持怀疑立场的人否认道德反思有任何合适的起点。他们认为，道德推理只是把我们的偏见和直觉理性化的过程而已。这种观点会导致不严谨的道德论证，甚至会导致怀疑主义的态度。虽然这种怀疑主义可能是真的，但是我们不应该把它当作伦理学的默认观点。怀疑主义只应该是万不得已才接受的观点。

与此同时，让我们来考虑一些比较合理的道德假设，这些假设可以成为我们道德思考的出发点。列举这些假设的目的是让我们认识到，进行伦理学思考并不是在做无用功，在思考如何生活时的确是有章可循的。这样的假设包括：

- 法律和传统对道德批评不是免疫的。法律对于对与错没有最后的裁定权。传统也不例外。合法的行为或者合乎传统的行为有时在道德上是错误的。
- 每个人在道德上都可能犯错误。每个人都会有一些错误的伦理观，在道德问题上，我们都不是圣贤。
- 友谊是宝贵的。有朋友是幸事。友谊为人生增添了很多价值，有挚爱亲朋的人生会更完满。

- 我们没有义务去做不可能的事情。道德对我们的要求是有限的。不可能达到的道德标准是不合理的。道德必须尊重我们的局限性。

- 孩子承担的道德责任比成人要少。有道德责任意味着有理解选择的能力、深思熟虑后做决定的能力以及让我们的决定指导行为的能力。越缺乏这些能力，越不必为自己的行为可能造成的伤害负责。

- 正义是一种非常重要的道德上的善。任何认为正义无足轻重的道德理论都是非常可疑的。赏罚得当是重要的，受到公平待遇也是重要的。

- 故意伤害他人需要有充分的理由。道德上默认的立场是：不伤害他人。伤害他人有时在道德上是可以接受的，但必须要有充分的理由才可以这样做，否则伤害行为就是不正义的。

- 对待他人要一视同仁。在一切相关方面都相似的人应该得到相同的待遇。出现待人不平等的时候——比如，当种族主义或性别歧视大行其道时——社会就出了问题。

- 自我利益不是唯一的伦理考虑要素。我们自己的福祉很重要，但它并不是唯一具有道德重要性的东西。道德有时要求我们为了他人的利益而牺牲自己的利益。

- 痛苦是糟糕的。身体或情感上的极度痛苦是不好的。有时造成这种极端的痛苦可能是正当的，但是需要有极其充分的理由。

- 强权不等于正义。有权力的人比起普通人往往更能逃避惩罚，但这并不能证明他们的所作所为一定是正当的。一个人得以逍遥法外是一回事，而他的行为在道德上是否正确是另一回事。

- 心甘情愿的请求可以防止权利侵犯。如果你自觉自愿地请求别人为自己做一件事，而他如你所愿去做了，那么你的权利就没有受到侵犯，即便最终你因为这件事而受到了伤害。

对于这些主张，有几点需要说明一下。

第一，这个简短的清单并不没有囊括所有的道德假设，我们还可以罗列很多其他假设。

第二，我并不是说上述每一个假设都是无可非议的。我只是说每一个都很合乎情理。如果反复推敲也许会想出动摇这些主张的一些理由。但是，关键问题是，在不进行这种审视的情况下，从这个清单上的这些问题入手来进行道德思考完全是合情合理的。

第三，上述很多假设都需要进一步的解释，才能有效地应用。比如，当我们说对待他人要一视同仁时，有很多有意义的问题我们并没有回答。(人人平等的条件是什么？我们能不能在平等对待他人的同时却又不以完全相同的方式对待他们？等等。)

我们不但有各种合理的道德研究起点，而且有许多显然大错特错的起点。为种族灭绝、酷刑、叛国、虐待狂、仇视和奴役唱赞歌的道德，无论怎么看，要么根本就不是道德，要么是一种彻底失败的道德。任何名副其实的道德观都会在一定程度上肯定正义、公平、仁慈和合乎情理的重要性。究竟这些特征有多重要，在它们相互之间发生冲突时，如何找到一种平衡，就是真正的哲学思考的意义所在。

何谓道德？

在深入研究一个主题之前，最好首先了解一下自己究竟要做什么。有时理解主题内容最好的办法就是关注它的定义。当我们打开三角学的教材或化学手册时，最早看到的大概就是关于三角学或化学的定义。所以，如果我尽职敬业，似乎就有义务首先来定义道德。

我当然愿意给道德下定义，但是却做不到，因为道德没有广泛认同的定义。我们知道，道德所关注的核心问题是保护人们的福祉、公平、正义、尊重他人、美德、责任、权利、自由、社会合作以及扬善抑恶。然而，正如我们马上要看到的，对于这些关注点的本质究竟是什么却大有争议。

没有道德的定义并不是说我们对道德一无所知。(毕竟，还没有人能够翔实地定义文学、人生或艺术，然而，在这些领域，我们已经了解甚多。)我们可以通过考虑那些只属于伦理的问题来认识我们的研究主题——这些问题同时也就是这本书的结构，比如，好的人生、我们对他人的义务以及美德的本质等。此外，上面列出的研究出发点，以及许多我们很容易识别的伦理问题也可以帮助我们来认识道德。

另外一个更好地理解道德的途径是把道德原则与支配法律、礼仪、自我利益和传统的原则相比较。它们各自代表了一套我们应该如何行事的标准、追求的理想以及不应该违反的规则。但是，法律的要求并不意味着道德上的认可。有些不道德行为（比如婚姻中的出轨）并不违法。一些非法行为（比如声讨独裁者）并非不道德。当然，许多法律要求与道德要求是相契合的，但并非总是如此。这表明道德不同于法律。立法机关通过了一项法案并不足以证明该法案在道德上是可以接受的。

礼仪标准同样不同于道德标准。按照礼仪，叉子应该放在盘子的左边，但是放在右边并不是不道德的。良好的举止不同于道德上的善的行为。道德有时反而要求我们不能客气或者太过于彬彬有礼，比如在有人威胁你的孩子或者出言不逊的时候。因此，礼仪标准可以背离道德标准。

自我利益的标准也是如此。我刚刚看完整部的《盾牌》（*The Shield*），这是一部以洛杉矶一个犯罪猖獗地区为背景的警匪剧。在前几集里，主角维克·麦基（Vic Mackey）谋杀了一名马上要揭露他腐败行径的警察同事。然后，麦基又成功地把谋杀罪栽赃嫁祸到一名罪犯身上：一个经典的为了一己私利无恶不作的案例。尽管自我利益与道德之间的关系一直备受争议，但我们有理由认为道德有时会要求我们牺牲自己的利益，有时我们又可以通过不道德的行为来促进自我利益。因此，道德标准与自我利益的标准并不完全相同。（我们将在第八章讨论伦理利己主义时看到对这一观点的反驳。）

最后，道德也有别于传统。存在很久的惯例并不一定就自动地合乎道德。道德有时要求我们与过去的传统决裂，比如废除奴隶制或赋予妇女投票权。

诚然，人们有时提到传统道德，作为在文化或社会中被广泛接受的传统原则。像法律和礼仪原则一样，这些原则是人类决策、协议和实践的结果。每个社会有不同的传统道德。而至少有一些原则可以追溯到通常的误解、非理性、偏见或迷信。

当我在这本书中提到道德时，我指的不是传统道德。我假设有一些社会标准——即使是那些长期存在而且非常流行的社会标准——在道德上可能是错误的。（我们将在第十九章详细讨论这一假设。）因此，当我从现在开始谈论道德时，我所谓的道德标准不是基于广泛的认可，而是独立于传统道德，可以用来批判性地评估传统道德的标准。

当然，有可能传统道德就是道德的所有。但是，这将是一个大出意料的发现。我们大多数人，包括我自己都认为，道德观点的流行程度与其真实性无关。在这一点上，我们有可能是错的，但是在有机会详细讨论之前，我们最好假设传统道德有时候会是错误的。如果是这样，那么就可能有某个独立的"批判性的"道德，（1）不是起源于社会共识，（2）没有被错误的信念、非理性或大众偏见污染，以及（3）可以作为真正的标准用来确定传统道德何时是正确的、何时是错误的。这一道德的本质是我们要在这本书中一起探讨的。

道德推理

和所有推理一样，道德推理至少要包括两部分：一组理由以及这些理由所支持的结论。两者结合起来就是哲学家所说的一个**论证**（argument）。论证不是怒气冲冲或者喋喋不休的相互争吵。一个论证就是一个思想链，由提出的理由［哲学家称之为**前提**（premise）］来支持一个特定的结论。

并不是所有的论证都是有效论证，在这一点上，伦理学和科学、数学或政治学是一样的。在伦理推理上，我们很容易犯错误，有时会得出错误的结论（比如，把支持虐待儿童作为前提），有时又可能通过不合逻辑的推理得出正确的结论。我们必须尽力避免这两种错误。

换句话说，我们的道德思考必须有两个相辅相成的目标：得出正确的结论，并且能够用无懈可击的推理来支持我们的观点。无论是提出问题的最初假设，还是最终得出的结论，我们追求的都是真实性。但是，同时我们也要确保自己的观点有充分的理由。因此，对有效的道德推理有两种检验：第一，我们必须避免错误的信念；第二，道德思考的逻辑必须严谨，没有推理错误。

第一种检验很容易理解。考虑支持奴隶制的作家理查德·科尔法克斯（Richard Colfax）在1833年写下的这段话：

> 人的智力与大脑的大小和形状成正比；同样合理的假设是，黑人的智力被公认是卑微的，与他们头颅的形状相一致；或者换句话说，他们缺乏接受高等教育的能力，因此让他们在一个文明国家拥有公民的特权是不合适也不礼貌的。[1]

美国内战前南卡罗来纳州的国会众议员和参议员威廉·约翰·格雷森（William John Grayson）也谈到了同样的问题：

> 奴隶制是黑人的劳动制度。黑人懒惰又缺乏远见，没有节制……对他们来说，奴隶制再合适不过了。它使黑人从一个野蛮人变成有秩序和高效率的劳动者。它赋予了黑人舒适、平和的生活方式，抑制了他们的恶习，也改善了他们的思想、道德和举止。[2]

在这些为美国奴隶制辩护的文字中，存在着大量的错误信念。非洲人和非洲人的后裔并非天生懒惰或不适合接受高等教育，他们的头颅形状与白人的没有什么不同，头部的形状与智力无关，奴隶制绝无舒适可言。如果论证是从错误的假设开始，那么整个推理链就会变得可疑。在道德或者其他问题上，如果要得到正确的结论就必须避免错误的信念。

但是，还有一种情况是，即使每个前提都是真的，也有可能整个论证是失败的。这一失败来源于逻辑错误。

---

[1] 理查德·科尔法克斯，《反对废奴主义者观点的证据，包括黑人天生在身体和道德上卑微的证据》（*Evidence Against the Views of the Abolitionists, Consisting of Physical and Moral Proofs, of the Natural Inferiority of the Negroes*，New York：James T. M. Bleakley，1833），第25页。

[2] 威廉·约翰·格雷森，《雇工和奴隶》（*The Hireling and the Slave*，Charleston，S.C.：John Russell，1855），第vii页。

考虑这样一个论证：

1. 海洛因是一种毒品。
2. 销售海洛因是违法的。
3. 所以，使用海洛因是不道德的。

这是一个道德论证，是用一组理由来支持一个道德结论。两个前提都是正确的，但是却不能充分支持要得出的结论，因为我们可以同时接受前提，却毫不矛盾地拒绝得出的结论。也许使用海洛因等非法毒品是不道德的，但是我们需要加一个更进一步的理由——比如，使用所有毒品都是不道德的。

如果不加修改，目前的这个论证是一个糟糕的论证。这不是因为它依赖错误的主张，而是由于它的逻辑结构。一个论证的逻辑是看前提如何与结论联系起来。在最好的论证中，前提的真实性保证了结论的真实性。如果一个论证具有这样的特征，那么此论证就是**在逻辑上有效的**（logically valid）。

上述关于海洛因的论证是无效的。它的前提的真实性并不能保证其结论的真实性——其结论很可能是错误的。

既然最好的论证在逻辑上都是有效的，那么我们自己的论证就要努力达到这一目标。怎么才能做到这一点呢？我们如何区分有效的论证和无效的论证？如何区分在逻辑上无懈可击的论证和逻辑混乱的论证？

有一个简单的三步测试：

1. 确认一个论证的所有前提。
2. 设想所有的前提都是真的（即使你知道有些前提是错误的）。
3. 然后问自己这个问题：假设所有的前提都是真的，结论可能是假的吗？如果可能，则该论证是无效的。前提不能保证结论。如果不可能，则该论证是有效的。前提为结论提供了无懈可击的逻辑支持。

有效性是看论证的前提是否能很好地支持其结论。为了检验这一点，我们可以假设一个论证的所有前提都是真的,然后看结论是否因此一定为真。如果成立,则该论证是有效的。如果不成立,该论证就是无效的。

要注意的是,一个论证的有效性只涉及该论证的结构,而与论证的前提和结论的真或假毫不相干。甚至,有效的论证有可能包含假的前提和假的结论。

让我用下面的论证来说明这一点。比如,你对美国历史不是很精通,我想说服你相信约翰·昆西·亚当斯(John Quincy Adams)是美国第九任总统。我用这样的推理:

1. 约翰·昆西·亚当斯是美国第八任总统或第九任总统。
2. 约翰·昆西·亚当斯不是美国第八任总统。
3. 所以,约翰·昆西·亚当斯是美国第九任总统。

一方面,这一推理无可挑剔,在逻辑上无懈可击。这是一个有效的论证。如果这个论证的所有前提都是真的,那么结论就必然是真的。如果命题 1 和命题 2 是真的,那么命题 3 就不可能是假的。因此,该论证成功通过了我们的**逻辑有效性**(logical validity)测试。

但是,这一论证仍然是一个糟糕的论证——不是因为任何逻辑错误,而是因为它有一个假的前提(第一个前提是假的,约翰·昆西·亚当斯是第六任美国总统)和一个假的结论。论证前提的真实性是一回事,其逻辑地位又是另一回事。

我们从中吸取的教训是,真实性和逻辑都不是唯一重要的因素,必须两者皆备才可以。和所有其他研究领域一样,在哲学研究中,我们的论证必须同时具有两个特征:(1)在逻辑上是严密的(有效的),以及(2)所有前提都是真的。这样的论证被称为**可靠的**(sound)论证。

可靠的论证是严谨推理的黄金标准。原因很明显,这样的论证在逻辑上是有效的,因此只要所有的前提都是真的,那么结论就必然是真的。根据定义,可靠的论证只包含真的前提,因此论证的结论就是真的。如果我们知道一个论证是有效的,而且知道每个前提都是真的,那么我们就可以知道结论是真的。这正是我们追求的目标。

我在这一小节的一开始就声明并不是所有的道德论证都具有相同的分量。我们现在可以知道原因了。有些论证依赖假的前提，有些论证则依赖无效的推理。还有最糟糕的一类是两种错误兼而有之。

为了重申这些观点，再来考虑一个道德论证。有些人说杀死动物和吃肉在道德上是可以接受的，因为动物捕杀其他动物，没有任何不道德之处。这是一个合理的推理吗？

按目前的情况来看，答案是否定的。要看清这一点，让我们用前提-结论的形式来重构这一论证。在本书中，我会用同样的方式来重构几十个论证。对于那些想提高哲学技能的人来说，没有比改写论证并尝试一步一步地阐述论证更好的方法了。由此我们可以更容易分辨论证到底想说什么，也更容易确定论证的逻辑结构和前提的真假。

以下是我改写的支持吃肉论证（Argument for Meat Eating）：

1. 非人类的动物杀死和食用其他动物在道德上是可以接受的。
2. 所以，人类捕杀和食用非人类的动物在道德上是可以接受的。

如前所述，这个论证只有一个前提，而且这个前提是真的。所以，如果这个论证有问题，问题一定出在它的逻辑上。

逻辑确实是其问题所在。这一论证是无效的，因为前提不足以支持结论。我们可以假设前提是真的（事实上，我们应该接受这一前提），但结论可能仍然是假的。前提的真不足以保证结论的真，因为动物和人在道德上的标准不同。要使这一论证有效，我们必须加一个更进一步的前提，比如，我们可以做任何动物可以做的事情。

现在看来，吃肉论证是无效的。因此，这一论证也是不可靠的。这是否意味着其结论是假的？

不一定。关于推理，我们学到的另外一点是：无效的论证也有可能得出真的结论。毕竟，薄弱的推理也可以用来支持真的命题。吃肉论证是无效的，但是这并不表明其结论是假的。它只表明，这个得出结论的特定方式有问题。就我所知，还有很多更好的论证。

与其他无效的论证一样,我们可以对吃肉论证做出修正以使其在逻辑上具有完美的形式。甚至,如果我们更宽容地解读这一论证,就会发现它有一个潜在的假设,一旦把这一假设加进来,该论证就可以转变为有效的论证。比如,稍加调整之后,论证可以是这样的:

1. 如果非人类的动物互相捕杀和猎食在道德上是可以接受的,那么人类捕杀和食用非人类的动物在道德上就是可以接受的。(这是潜在的假设。)
2. 非人类的动物互相捕杀和猎食在道德上是可以接受的。
3. 所以,人类捕杀和食用非人类的动物在道德上是可以接受的。

这一论证在逻辑上是天衣无缝的。如果前提1和前提2是真的,那么结论必然是真的。

但即使这一版本仍然是一个不可靠的论证。不是因为论证是无效的,而是因为它包含一个错误的前提。前提2是真的,但前提1是假的。我们有以下四个理由来解释其中的错误。

第一,动物猎食其他动物是因为别无选择,而人类有其他的选择。

第二,肉食动物的生存依赖于捕食其他动物。我们人类没有这种依赖性。除去极少数的例外,我们不吃肉也可以活得很好。数以亿计的素食者过着健康的生活。

第三,我们经常吃的动物(鸡、牛、猪、羊、鸭、兔)都不是肉食动物。它们不吃其他动物。所以,如果我们拿自己和这些动物相比,那么我们就应该只吃素。

第四,用动物的行为作为我们的道德指导是不合理的。动物不是**道德行动者**(moral agent)——它们不能通过道德思考来约束自己的行为。这解释了为什么动物没有道德义务,也不受道德评判。但是很显然,我们是道德行动者,有能力通过做道德决定来指导自己的行为。

当然,这一分析不能证明论证的结论是假的,而只是表明,和原先的论证一样,这一论证是不可靠的。吃肉在道德上可能完全是可以接受的,但是这一论证并未证明这一点。

我花了不少篇幅来讨论这个论证，并非要证明只有素食主义才是道德的，而是因为我想阐述一个真正的道德论证过程。我们从一个不少人坚信不疑的论证开始，仔细分析后发现这一论证是无效的。因此，我们对这一论证进行了修正，增加了一条潜在的假设，修正后的论证在逻辑上是无懈可击的。但即使是这一版本的论证仍然是不可靠的，因为它的第一个前提是假的。

我们是否能绝对肯定这个前提是假的？几乎没有可能，我会第一个承认，深入探讨也许会揭示我上面提出的四个理由的错误。更重要的是，没有万无一失的方法可以区分真的主张和假的主张。我们为自己的道德观提供最有力的理由和论证，但是，归根结底，不大可能所有人都对此心悦诚服。

但是，这一点与任何其他研究领域并无不同之处。无论是对于生物学上真的主张与假的主张，经济学上准确的预测与不准确的预测，还是化学上正确的假设与不正确的假设，我们都没有一个立见分晓的测试。在所有的思想领域都可能存在潜在的分歧。

我们没有检验真理的完全可靠的方法并不意味着所有的主张都是一样真实可靠的，也不意味着真理是主观的。地球不是立方形的。6小于10。维多利亚女王已经去世。猫是动物。所有这些命题都是真的。它们的反命题是假的。这些命题的真假与我们如何表述完全没有关系。即使我们缄口不言，这些命题还是真的。它们的真假不取决于我们怎么想；相反，我们认为这些命题是真的，是因为它们是真的。

也许在伦理学上也是如此。在本书最后一部分讨论元伦理学时，我们会花很多时间来考虑是否真是如此。在此，最好的忠告就是，在所有研究领域，而不仅仅是在伦理学领域，我们都一定要依靠自己清醒的头脑和良好的判断力。缺乏检验真理的试金石并不意味着道德研究的失败，其他领域的研究也没有精准的测试方法，但都安好无恙。

顾名思义，所谓道德推理，就是提出支持道德结论的理由，并且对这些理由做出评估。这不仅仅是本能的反应或者感情的发泄。不是所有的理由都是好的理由。有些理由并不能支持结论，另外一些理由则是错误信念的体现。虽然有时很难区分事实与虚构，但这不会阻碍我们对真理的孜孜以求。许多主张显然是真的，许多又显然是假的。还有一些其他主张，我们可以用证据和论证小心加以求证。我们不一定能得到明确的答案，但这正是这些研究领域的本质所在。无论在道德或其他研究领域，我们不可能总是成竹在胸。但是，这不应该妨碍我们始终如一地寻找最好的理由来支持自己的道德观点，纠正错误。

道德理论的作用

很多哲学都是在相当高的抽象层次上完成的。尽管与如痴如醉地沉迷于一本好的小说或历史书相比，这个层面上的阅读和思考通常更困难、无趣，但却并不一定是件坏事。当然，在知道面对特定情况应该怎么做之前，我们需要回到现实，了解具体的事实。但是，按照大多数哲学家的观点，知道如何应对具体情况需要我们首先明确地把握普遍的道德原则。道德哲学的一个重要组成部分，就是知道哪些原则是合理的，以及它们之间的相互联系。

道德哲学主要研究的是各种道德理论的魅力所在。在我们发展和检验这些理论时，我们肯定会超越具体个例的细节。我们是去探索这一学科的主题——关于如何为人处世的最深刻真理。这样的真理范围之广，适用于无数的例子。这就是为什么道德哲学家通常会超越个例的细节，转而关注最为普遍的原则。

道德理论化完全是思维过程的一个自然而然的结果。人类是好奇、爱问问题的动物，沉醉于寻找更深层次的解释。如果找不到一种统一的解释，一个能够贯穿我们思想和经验各个方面的表述，就会坐立不安。在心理学中，这一点很明显，研究人员总是醉心于寻找一种关于人类动机的统一理论。对许多心理学家来说，人类动机可以归结为自我利益（利己主义者），或者被训练的方式（行为主义者），或者我们的性冲动（弗洛伊德主义者），等等。这一思维过程在物理学中也一样很明显，物理学家的梦想是，有一天能发现统一的理论——一条总定律，可以用来解释整个物理世界的运作，从亚原子粒子的运动到最大恒星和星系的运行。

同样，对统一思想的追求也存在于伦理学中。试想我们聊天，认为某种行为是不道德的——比如，泄露病人的私密信息。但有人可能会提出质疑，作为回应，我们会引用一条道德规则来支持自己的观点：泄露这样的信息是错误的，因为这背叛了一种信任。为什么背叛信任是错误的呢？因为（我们可以说）这样的行为是对被背叛者的不尊重。但为什么不尊重别人是错误的？不尊重人是否总是错误的，是否有例外？如果有例外，又如何解释呢？这是一个非常自然的思维方式。我们会寻找越来越普遍的道德原则，来解释越来越多的个案。我们希望最终找到一条单一的原则，可以用来解释道德领域的一切。

假设我们仔细思考自己的道德信念，发现我们最终可以用四条根本原则来证明这些信念：

- 不施加不必要的伤害。
- 善待他人。
- 公正行事。
- 讲真话。

是不是还会有下一步？当然！难道你不想知道四条原则背后是不是还有更普遍的规则，可以用来解释这四条原则的合理性吗？与大多数领域的研究者一样，道德哲学家仍在孜孜不倦地寻找一种真正无所不包的理论，可以囊括和梳理我们所有的思想。物理学家、心理学家对这样的理论心向往之，哲学家也是一样。

这就是为什么我们主要的关注点是最为普遍的道德理论。这些理论植根于一些极其激动人心的道德观念——我们往往依赖这样的观念来印证自己的道德观。从我们的核心道德信念出发，看这些信念向哪个方向发展，具有重要的意义。伦理学理论源于这样的道德信念；道德哲学的研究就是这样一个过程，即从我们的基本道德观点出发，到羽翼渐丰的理论，再到对这些理论的测试，看看这些理论能不能抵挡得住我们的好奇心和批判性智慧。

前瞻

在本书接下来的篇幅，我会提出并评估一系列的论证。这些论证是道德的核心所在，都试图回答伦理学最深层次的问题。随后我们会看到，还没有哪一种基本理论——无论是关于好的人生、我们的道德义务，还是道德的地位——赢得哲学家的一致支持。

这并不是说我们该对伦理学的现状大失所望，而是要有一个现实的预期。哲学家在伦理学的很多观点上都达成了广泛的共识，比如，对于上文提到的 12 个出发点，而且很容易进一步扩展其范围。我们关注的道德热点总是那些存在激烈争议的问题，而往往忽视了无论何时何地，大家都有非常多的道德共识。

然而，要设计一种可以解释整个道德的理论，事情则变得棘手得多。尤其是想到，那些聪明绝顶的思想家穷其一生试图要解决伦理学的核心问题，但是他们的理论仍然差强人意，我们为什么还要不断地去尝试？

这个问题听起来很有道理，但是，对此也有一个很好的回答。人们思考如何去生活，这恐怕是人生最重要的问题了。我们可以站在先贤的肩膀上，通过研究他们历经磨砺的思想和论证，促进我们自己思考的长足进步。由此，我们可能会意识到，先哲的理论动摇了自己的"人生哲学"。或者，我们也许会意识到自己观点的某些优势，而这是在学习先哲思想之前没有注意到的。认真读完这本书，无疑更能够以批判性的眼光来评价自己的道德观，并改进自己对人生的思考。

古往今来的伦理学家们所做的是，从一个共同的见解出发——比如，幸福是好的人生的关键，我们必须公平对待每一个人，我们必须防止伤害——并通过始终如一地把这样的见解运用于实践来看我们能走多远。不应该小看一致性，一致性不是"无知的小妖怪"（爱默生，《论自助》），而是对理论合理性的一个最低限度的检验。不一致的、前后矛盾的观点不可能是真的，这是哲学家为什么要极力避免不一致性的原因。

比如，我们卷进了一场道德辩论，或者在考虑如何提升自己的人生。如果想得足够深入，就会停在一个无法进一步捍卫的观点上。这个观点可能是前面提到的 12 个观点之一，也可能不是。但是无论如何，这个观点的真是至关重要的。毫无疑问，从古至今的哲学家都仔细地研究过这样的观点，学习他们的著作会受益匪浅，这样，我们就能明白为什么这些起点深具吸引力，又或者为什么它们是有弱点的。

当然，这不是道德思考的全部。纵观全书，我们找不到最好人生的秘笈，也没有亦步亦趋如何履行义务的指南。这不是一本人生指南手册。心灵自助手册要啰唆、易懂得多,也不会触及最深层的问题——比如,很多这样的手册会假定我们应该努力去追求幸福,或者得之所欲就是人生的一切。相比之下,哲学家会对这样的思想进行仔细的审视,绝不会轻易放过任何不经审视的思想观点。

让我们开始逐一研究这些着眼于人类美好人生的观点,大有可能我们会发现一片别有洞天的新世界。

供讨论的问题

1. 道德哲学的三个主要领域是什么?对其中一个领域问题的回答会如何影响我们对其他领域的思考?
2. 什么是道德怀疑主义?人们怀疑道德的理由有哪些?你认为道德怀疑主义是正确的吗?为什么是或者为什么不是?
3. 你觉得我们提出的"道德起点"合理吗?你认为我们是否能证明这样的起点是正确的?我们是否需要去证明?
4. 道德标准与法律、礼仪或传统标准有何区别?
5. 道德论证的两种错误是什么?犯了这两种错误的论证是否还可能得出正确的结论?为什么是或者为什么不是?
6. 一个有效的论证是否有可能是不可靠的?一个可靠的论证是否有可能是无效的?请举例说明,或者解释为什么这是不可能的。
7. 发展一种道德理论有什么意义?你认为可能有一条可以解释所有其他道德原则的单一、终极的道德原则吗?

第一部分

好的人生

第一章
快乐主义：其无比的吸引力

幸福与内在价值

身为芸芸众生，你我都会花费很多时间来考虑如何出人头地。我们也许已经不同凡响，或者还在底层挣扎，或者在两者之间，但都有不断上升的空间。

要找到如何过更好的人生之路，首先要知道什么样的人生是好的。换句话说，我们需要一个标准来衡量人生什么时候一帆风顺，这一标准会有助于我们来确定福祉或者幸福的水平。

有很多东西可以提高我们的幸福指数：巧克力、结实的鞋子、接种疫苗，还有钱不太多也不要太少。这些东西为幸福人生铺平道路，使之成为可能，甚至在某些情况下是幸福不可或缺的条件。哲学家称它们为**工具性物品**（instrumental goods），其价值在于它们所带来的好处。

如果有工具性物品，那么就一定有它们作为工具所要达到的目的，而这一目的的价值不在于它是其他任何好东西的手段。这样的目的性东西本身就是值得追求的，它本身就存在价值，即使它不会带来任何别的好处。哲学家称它们为**有内在价值的**（intrinsically valuable）东西。工具性价值之所以有价值，恰恰是因为它们有助于带来有内在价值的东西。

当问到什么能使人生变得更好时,我们当然想知道哪些东西是有工具性价值的,以便多多易善地拥有。但是,如果退一步以哲学的眼光来问,为什么(比如)去看牙医或者赚钱能使我们的人生更美好,我们就需要把握在本质上对我们有益的东西——这些东西的存在本身就使我们的人生更美好。

有一个自然而然的方法来思考这一问题,就是来考量一些璀璨的人生,那些显而易见很辉煌的生活。我的前十名候选人大概不会包括你听说过的人,因为我会选择一些我自己的亲朋好友。他们全身心地投入在有意思的工作中,爱情美满,身体健康又活跃,并且拥有适度但真实的自尊和自爱。不必被我的选择所限制,想想你自己的顶级候选人,然后自问:是什么让他们的生命如此美好?他们是否有什么共同的特征,能来解释为什么他们的人生如此绚丽?如果有,又是什么?

不出所料,最流行的答案是:幸福。按照这一观点,美好的人生就是幸福的人生。这意味着一些特别的东西。这意味着幸福是美好人生的必要条件;没有幸福的人生不可能是璀璨的人生。这也意味着幸福是美好人生的充分条件:当你快乐的时候,你的人生就很灿烂。你越快乐,你的人生就越完美。你越不快乐,你的人生就越糟糕。

从这一角度来看,幸福是唯一有内在价值的东西。而其他一切能提升人生的东西都是为了让我们得到幸福。同样,对我们来说,只有一样东西是唯一在本质上就不好的:不幸福。不幸福是直接降低我们生活质量的唯一因素。

我们称这一观点为**快乐主义**(hedonism)。这个术语来自希腊词"*hédoné*",意思是"快乐"。快乐主义者认为,充满快乐、没有痛苦的人生就是美好的人生。

在评价快乐主义之前,我们必须认识到有两种基本的快乐:身体上的快乐(physical pleasure)和观念上的快乐(attitudinal pleasure),或者乐趣(enjoyment)。第一种是我们尝到秋天美味苹果时的那种快乐,或者是泡在热水浴缸里让喷射流慢慢化解背上紧绷肌肉时的那种快乐。这样的愉悦感受通常会让我们感到快乐,至少在短短的一段时间里感到快乐。但这种感觉并不是幸福。

正如快乐主义者所理解的,幸福是观念上的快乐:一种积极享受乐趣的态度。这种快乐可以是简单的心满意足,也可以是欣喜若狂。幸福并不一定要在身体上有什么特定的感觉，我可以为自己球队的胜利喜不自禁，或者尽情欣赏一幅美丽的油画，却并没有任何身体上的愉悦感。

快乐主义认为，享受乐趣而非身体的愉悦，是美好人生的关键。这样才能解释为什么快乐主义是一种有说服力的观点。乍听起来这可能有些意外，因为我们现在一般认为快乐主义者是那些总是追求感官享受的人。我们应该摒弃对快乐主义的这种理解，相反着眼于把美好人生认同于充满持续乐趣、尽可能避免悲伤和痛苦的人生。这是快乐主义者提出的最好人生的模式。

幸福，也就是享受乐趣的快乐，的确是内在价值的一个绝佳选择[1]。它不像疫苗接种或是一块巧克力。这两样东西如果没有带来预期的好处——比如，疫苗没能防止疾病，或者如果你根本就讨厌巧克力（我真的听说过有这样的怪人）——那么它们就没什么价值了。疫苗和巧克力的价值只在于它们所带来的好处，所谓"工具性好处"。幸福则属于另一类，幸福本身就是值得追求的，它本身是有价值的。

快乐主义的吸引力

西方快乐主义的起源可以追溯到古希腊时期。伊壁鸠鲁（Epicurus，前341—前270），第一位重要的快乐主义者，认为快乐是唯一值得追求的东西。但他并不是要我们追求肉体上的快乐。伊壁鸠鲁认为，最令人愉快的是内心的平静。宁静致远的理想状态主要有两个来源：物质需求方面的中庸适度，以及清晰地感悟到什么是人生最重要的东西。

哲学是通向清晰感悟之路。哲学可以揭穿那些导致诸多不幸的错误信念——比如像伊壁鸠鲁举的例子，我们总是认为死亡是件坏事；奥林匹亚的众神大多心胸狭隘、爱发脾气；或者性和金钱是幸福生活的关键。哲学可以帮助解释这些流

---

[1] 许多拒绝快乐主义的人仍然认为幸福是美好生活的关键。分歧在于幸福到底是什么。快乐主义者坚持认为幸福是一种体验——享受乐趣的体验。其他人，比如亚里士多德（Aristotle），认为幸福远不止于此；它应该是乐趣、智慧、美德和活动的结合。我们在这一章和下一章讨论的幸福，是快乐主义者所谓的幸福——乐趣。

行观念的错误,从而使我们真正迈向通往幸福的道路。

我们一跃跳过两千多年,再来看看英国哲学家约翰·斯图尔特·密尔(John Stuart Mill,1806—1873)的观点。密尔也许是伊壁鸠鲁之后最著名的快乐主义者,他的批评家们声称快乐主义是"猪的信条",因为它建议我们像动物一样生活,尽可能多地享受本能的快乐。密尔论证说,快乐有不同的层次,而对人类来说,最高层次的快乐是那些只有通过辛勤劳动,尤其是脑力劳动而获得的快乐。智力和艺术的快乐位居榜首,身体的快乐则在最底层。密尔认为,享受过身体追求和智力追求的人总是更喜欢智力上的快乐。这对他来说已经足够来证明他的观点,因为密尔还认为有知识和经验的人的认可,是鉴别某物价值的真正标准。

快乐主义跨越了几千年的历史,流行程度一直不减,可见它自有吸引人的地方。快乐主义之所以有众多的追随者,最重要的原因有以下几个。

美好人生的多样性

美好的人生各有不同,而快乐主义解释了这种多样性:通往幸福的道路有万千条。樵夫、职业运动员、音乐家都能有美好的人生吗?柏拉图(Plato,前427—前347)和亚里士多德(前384—前322)不以为然,他们认为,真正的美好人生必须要包括哲学沉思。如今,我们大多数人会拒绝这种狭隘和精英论的观点,相反,我们认为各行各业的人都有潜力实现美好的人生。这种关于美好人生前景的民主思想与快乐主义是一致的。因为幸福的源泉非常广泛,而幸福又是美好人生的关键,因此过一种美好的人生自然也是多种多样的。

快乐主义的这种灵活性是它的某些竞争对手所没有的。很多理论都认为只有一种活动是至善的,比如做哲学。然后说,那些不追求这一活动或者追求得不够好的人,就无从享有美好的人生。快乐主义否定所有这样的路径。最好的活动是带给我们最大幸福的活动,而使我快乐的活动不一定让你快乐,所以,每个人关于美好人生的秘诀也大为不同。

个人权威与幸福

美好人生是多种多样的，言外之意就是说，快乐主义者认为，我们每个人都可以选择自己的美好人生。这似乎是快乐主义的另一个优势。我们的幸福感往往来自个人的选择，因此我们自己可以决定投入多少以让自己活得更好。

一方面，只要我们真的知道什么能让自己快乐，快乐主义就可以帮助我们拒绝别人的指手画脚。而另一方面，当别人用"都是为了你好"作为借口，谆谆教导我们放弃自己的幸福而去追求乏善可陈的生活方式的时候，快乐主义可以让我们认清其中的谬误。

然而，从某种意义上说，快乐主义不允许对究竟什么对我们有益盖棺定论。如果快乐主义是正确的，那么不管承认与否，幸福本身都会改进我们的生活。按照快乐主义的说法，幸福是唯一有内在价值的东西，而否认这一点无论如何都是大错特错的。由此，快乐主义找到了一条中间道路，一边是认为美好人生必须遵循千篇一律的模式，而另一边是每个人都可以任意选择什么对自己来说是有价值的。

不幸显然有碍美好人生，而幸福显然是锦上添花

快乐主义者认为，不幸会让美好的人生每况愈下，这一点是无可否认的。为了检验这一理论，想象充满悲伤的一生，没有任何乐趣来补偿，这样的人生是糟糕透顶的。这个悲伤的人在其他方面也许很出色，比如，他可能是个杰出的艺术家或数学天才。但我们并不是在问，这样的人生到底有什么亮点，相反，我们是在问这样度过一生是否很幸福。确切地说，我们在问一个彻头彻尾的可怜虫是否能拥有高层次的幸福感。虽然答案让人难以接受，但是快乐主义解释了这一问题。

快乐主义者同时声称享受乐趣能提高人的幸福感。想象两个人过着完全相同的生活，而只有一种差别：第一个人享受他的生活，第二个人不享受。毋庸置疑，第一个人更幸福。如果我们完完全全用哪种生活让我们更幸福为基础来选择人生，我们肯定会选择第一种。这种选择也正是快乐主义所提倡的。

解释的局限性

幸福在本质上对我们有益，这一论断似乎在伦理学上众目昭彰，而其他任何事物的价值都很容易用它如何导致幸福来解释。

如果快乐主义是正确的，那么显而易见，快乐就直接提高了人的福祉，而悲伤直接损害了人的福祉。这几乎是不争的论断，是快乐主义思想的出发点。也许没有比幸福就是趋乐避苦更基本的论断了。

我们卧薪尝胆去经历苦难往往背后都有原因。设想你看到我满脸通红、上气不接下气地绕着操场跑步。我为什么要自找苦吃？为了要减肥。为什么减肥重要？为了健康。为什么健康重要？因为有健康才有幸福。所有这一类的问题都以幸福告终。如果健康只会带来痛苦——难以想象，但也有可能——那还要健康做什么？固然健康能让我更有魅力、更长寿，或者能让我成为运动健将，但是如果不能让我更幸福，很难说健康有任何意义。

再比如，为什么说用功学习、循规蹈矩、节制饮食、实话实说对我们大有裨益？如果最终能让我们幸福，那就是它们的价值所在。然而，这只是证明它们是工具性的东西。相反，幸福的价值不需要任何其他的目的，幸福本身就是我们渴求的境界。正如快乐主义所言，幸福是具有内在价值的。

美好人生的规则及其例外

快乐主义能轻而易举地证明美好人生的诸多规则，同时又可以解释这些规则不乏例外。

几乎无一例外，如果我们能做到不被病魔缠身，不被人奴役、操纵或者背叛，没有牵肠挂肚的忧虑，没有过度的关注，不必经历血腥暴力，那么人生就会好很多。摆脱这些枷锁，我们的生活质量一下子就提高了。快乐主义的解释简单明了：挣脱这些禁锢等同于减少痛苦。

从积极的方面来说，如果生活充满了有趣的工作、好玩的业余爱好、忠实的朋友、善解人意的爱人以及一个值得致力终身的追求，我们的人生就能够大大提升。为什么？因为这些东西往往会为我们的生活增添乐趣。

这两个清单并不完整，我也无意关注任何具体的一个。这两个清单的目的是要来反映人之常理。而快乐主义正是解释了为什么人之常理是名副其实的。某些事情总是会损害我们的福祉，因为它们时时刻刻会带来痛苦；而另外一些事情却总是能提高我们的生活质量，因为它们是乐趣享受的源泉。

快乐主义也可以解释为什么这些规则都有例外。有些人喜欢被羞辱或被操纵，而我们必须从正面来看待这样的经验。更有甚者，比如某些受虐狂，喜欢体验各种身体上的疼痛。也就是说，痛苦提高了他们的生活质量，而对我们大多数人来说，痛苦降低福祉。

回顾一下我们所理解的快乐主义，它并没有说所有的快乐都提高了我们的生活质量 ——只有乐趣享受使然。同样，对于身体的疼痛，通常它会减少我们的幸福感，因为我们不可能享受痛苦。但在不寻常的情况下，当某个人确实喜欢疼痛感时，身体的痛苦就反而提升了他的福祉。

由此，快乐主义解释了为什么想找到一种普世的、天衣无缝的提升我们生活的规则会如此困难。这些规则只适用于大多数情况，因为提升我们的福祉就是如何变得更幸福，而有些人要以极不寻常的方式找到幸福。快乐主义既尊重幸福的标准，又尊重不寻常的幸福来源；无论以什么方式找到幸福，只有幸福能直接提升我们的人生。

幸福是我们对深爱之人的祝愿

我有两个孩子，马克斯和苏菲。我很爱他们，我非常渴望他们得到幸福，并且更强烈地希望他们的生活尽可能地远离痛苦。如果快乐主义是真的，我的这种渴望就完全合情合理。

这是因为深切关心孩子的父母都希望能给孩子最好的。我和其他许多父母一样，希望我的孩子们幸福。这表明幸福就是给他们的最好的礼物，对吗？

并不尽然。当代哲学家菲利帕·富特（Philippa Foot）不相信快乐主义，她举过这样一个例子。

> 我记得一位医生的一次演讲，他描述他的一个病人（有可能做过前脑

叶白质切除术）："整天都开开心心地捡叶子"。这让我印象深刻，因为我想，"好吧，我们大多数人都不可能一整天都开开心心地做我们要做的事情"，但即使是最好心的父亲也不会为他（完全正常）的孩子安排做这样的手术。[1]

富特在这里是说，那些真正关心孩子的父母反而想要给他们开心之外的东西。如果幸福是绝对最重要的东西，而做过前脑叶切除手术的人比其他人更能感受幸福，那么为什么慈爱的父母不应该让孩子做这样的手术呢？很明显，这个想法是很荒谬的。在此，显而易见，幸福不是提高人生质量的唯一因素。在富特所举的例子里，明智的父母把发展孩子的心智、追求有价值的活动放在首位——即使是要去做那些不让他那么幸福快乐的活动。

我认为，富特肯定是触及了一个本质问题。但我们在思考这个问题时，很有可能会犯一个常见的错误。也就是认定下面这个论断是检验人生是不是会更好的正确判断：

（T）如果有人很了解你，很爱你，他为你着想希望你拥有 X，那么 X 就会让你生活得更好。

大多数父母都很了解他们的孩子，很爱他们，为了他们的缘故，希望他们快乐。如果（T）是正确的，那么幸福就应该让他们拥有更好的人生。

然而，（T）是不正确的，因为即使是最亲密无间的朋友或者父母也会搞错到底什么会增进我们的福祉。设想一位父亲很爱自己的女儿，希望她什么都得到最好的。但是他真心相信女人的福祉在于尽心服侍丈夫。假设他的女儿不幸嫁给了一个在身体和情感上虐待她的恶棍。这样的一个父亲就很可能会建议女儿为了她自己的利益继续和虐待她的丈夫在一起。再设想一个儿子告诉父母他是同性恋者，父母惊骇不已。他们可能很爱他，为他着想，真心希望他娶一个漂亮的年轻姑娘

---

[1] 菲利帕·富特，《自然之善》（*Natural Goodness*，New York：Oxford University Press，2001），第85页。

为妻。但显然，娶一个女人不会让他更幸福。可见，爱你的人对你的关心并不总能用来衡量你的利益所在。

快乐主义可以解释为什么这个测试判断（T）是错误的。如果快乐主义是真的，那么就会有一种不同的、绝对可靠的测试：

（H）如果某事让你更快乐，那么它就促进你的幸福；如果某事不能让你快乐，那么它就不能促进你的幸福。

快乐主义的这一测试有时与（T）相冲突。和一个恶棍丈夫在一起不会促进女儿的幸福，娶一个姑娘进门不会促进同性恋儿子的幸福。由此，（H）告诉我们，这样的行动不会改善他们的幸福，而这是正确的。（T）在这些情况下得出了错误的结论，而（H）得出了正确的结论。

但是，我们隐隐可以感觉到似乎（H）也是言犹未尽。虽然（H）在上述情况下提供了正确的答案，但在富特所描述的特例里，它好像还是犯了错误。毕竟，不管能让孩子有多快乐，我们也不会让他去做脑叶切除手术！这似乎表明幸福并不是美好人生的全部和终极目标。让我们接下来看是否是这样。

供讨论的问题

1. 内在价值和工具性价值的区别是什么？
2. 身体上的快乐和观念上的快乐的区别是什么？快乐主义者认为哪一种快乐总是具有内在价值？为什么快乐主义者要做这样的区分，为什么不是所有的快乐都具有内在价值？
3. 在什么样的意义上，快乐主义认为我们可以决定什么是自己的美好人生？你认为这一特征是否是快乐主义的吸引力所在？如果是，为什么是？如果不是，又为什么不是？
4. 你能想出一个体验到快乐却不能让人幸福的例子吗？如果有，快乐主义者能够如何来反驳呢?

5. 想象一个人选择牺牲自己的幸福来帮助别人,并认为这才是最好的生活方式。这样的人是否会成为对快乐主义的威胁呢?为什么是或者为什么不是?

6. 富特举证的脑叶切除术的例子有什么意义?你认为一个快乐主义者会如何回应富特的挑战?

7. 鉴于本章的论点,你认为快乐主义是正确的吗?为什么正确或者为什么不正确?

第二章
幸福是最重要的吗？

众所周知，任何有分量的哲学理论都不可能是十全十美的。因此，在本章或任何其他章节，你都不会找到对任何一种理论的强有力的、决定性的论证。无数才华横溢的头脑创立了本书要讨论的理论，而同时我们也要忽略另外一些同样聪明的理论。

快乐主义——一直想成为"人类福祉最佳理论"的候选——也同样不乏乐此不疲的批评者。下面就是他们发现的快乐主义的主要问题。

快乐主义的悖论

> 人类不为幸福而奋斗，只有英国人才这样做。
> ——尼采（Friedrich Nietzsche），《偶像的黄昏》（*Twilight of the Idols*）

快乐主义在19世纪中叶英国的某些哲学圈中根深叶茂，而尼采（1844—1900）有机会就要调侃一下他的哲学同侪。他鄙视快乐主义，但这句引言本身倒并没有表达对其观点的批判。毕竟，英国人（和其他快乐主义者！）很可能会回答,即使很多人实际上没有为幸福而奋斗,但是他们应该这样做,而且如果他们知道什么对自己有益,他们也会这样做。如果做某一件事情总是让我们变得更好,那么就很有理由去努力地做这件事,难道有什么不对吗?

然而,谈到幸福,这却完全反过来了——那些努力让自己更快乐的人几乎永远不会成功。哲学家们称之为快乐主义的悖论(paradox of hedonism)。

这个悖论让我想起小时候我挂在墙上的一张让人难为情的海报。海报上有一只蝴蝶,在不远处,一个人坐在草地上。海报上写着:"幸福就像一只蝴蝶,你越是追求它,它就离你越远——站着别动,让它过来找你。"

我们可以用这个小插曲来阐释一个反驳快乐主义的论证。我们称之为快乐主义的悖论论证(Paradox of Hedonism Argument):

1. 如果幸福是唯一能使我们更好的东西,那么一门心思地去追求幸福就是合理的。
2. 这样做是不合理的。
3. 所以,幸福不是唯一能让我们更好的东西。

这个论证是有效的[1]。它的逻辑无懈可击:如果两个前提都为真,那么结论必定为真。但我们需要考量这两个前提是否的确都是真的。如果真是如此,那么快乐主义就全军覆没了。

我认为第二个前提是非常合理的。我童年海报上的那份发腻的柔情是对的,那些只追求幸福并执着于要获得幸福的人,最后一定会失望。一门心思瞄准幸福不是获得它的最好方法。倒不如去找一个爱侣,培养一个有趣的爱好,或者找到一个可以引以为傲的事业。做这些事情反而是通向幸福更可靠的途径。所以第二个前提看起来很不错。

第一个前提似乎也很合理。如果幸福真的是唯一有自身价值的东西,那么你就应该去追求它。但正是因为一门心思去追求好东西有时反而会南辕北辙,这第

---

[1] 请参见导言"道德推理"一节关于有效性和逻辑推理的讨论。

一个前提就变得很可疑。试想一个正在低迷期的高尔夫球手拼命想重振雄风，但越是一门心思别无旁骛，就越难做到。或者再试想年幼的学生，想方设法让同学喜欢他，结果反而弄巧成拙，还不如顺其自然比较好。

关键问题是，即使幸福是最大的善，但直接奔着它去可能还是不理智的。如果真是这样，第一个前提就是错误的。因此，我们刚刚考量的悖论，虽然有些出乎意料，但并没有对快乐主义构成严重威胁。它并没有挑战幸福是唯一有内在价值的东西这一命题。它只是告诉我们，一门心思追求幸福也许反而会背道而驰。

作恶的乐趣

有些人总喜欢做最糟糕的事情。比如，诱惑朋友变成瘾君子的人，或者是欺诈员工的恶老板。这些卑鄙小人可能从作恶中得到不少乐趣，但这种乐趣是建立在别人的痛苦之上的，于是也就谈不上是件好事，更不用说是最好的事情。

由此，我们可以构建另一个反快乐主义的论证，称之为作恶的乐趣论证（Argument from Evil Pleasures）：

  1. 如果快乐主义是真的，那么来自恶行的幸福与来自善行的幸福就一样好。
  2. 来自恶行的幸福不如来自善行的幸福。
  3. 所以，快乐主义是假的。

这是一个失败的论证，其中包含了一些很容易出错的地方，但我们可以从中得到启发。

当我们说幸福无论源于何处都是一样好的时候，我们很可能是指这些幸福在道德判断上是同等的。肯定第二个前提也就是出于这种考虑。

但这并不是快乐主义者的意之所在。他们并不认为每一种、每一类的幸福在道德上是一样善的。相反，他们认为等量的幸福，不论其来源，有等量的益处。因而，快乐主义相信从恶行中获得的幸福，就像来自美德的幸福一样，可以提升我们的人生。从这个意义上说，从恶行中得到的幸福就和从美德而来的幸福一样好——可以等量地提高我们的福祉。因此，快乐主义摒弃了第二个前提。

他们这样做有没有道理呢？想想为什么我们对恶人得到幸福会觉得格外沮丧，难道不正是因为幸福使他们受益，而我们受不了恶人反而得善终吗？如果幸福不能让我们更好，那么恶人享受作恶所带来的幸福又为什么让人沮丧不已呢？换句话说，如果你和我一样报复心比较重：为什么看到坏人受苦才高兴？因为苦难总是会削减我们的幸福，我们认为坏人理应为他们的罪行付出代价。快乐主义准确地解释了我们的这些感受。

两个世界

在哲学界，一个最著名的反快乐主义的理论是英国哲学家 W. D. 罗斯（W. D. Ross，1877—1971）提出来的，我们会在第十六章讨论他的伦理学理论。罗斯让我们设想两个包含着等量幸福和等量痛苦的世界。在其中一个世界，人们都是有德的；而在另一个世界，人们都是**邪恶的**（vicious）[1]。快乐主义告诉我们，这两个世界是同样美好的，显而易见没人会相信这一点。

罗斯预料快乐主义者的回应会是：有德的人是那些能让别人快乐的人，而邪恶的人往往会使别人痛苦。因此，去想象这样的两个世界是不可能的。有德的世界比邪恶的世界要幸福得多。

罗斯对此不以为然。幸福和痛苦都有非人为的因素，比如疾病。因此，设想在有德的世界中，多出来的幸福被疾病造成的更大的痛苦抵消了。然而，我们还是坚信有德的世界胜过邪恶的世界。

罗斯认为，这个思想实验让我们看到美德本身是好的，完全与它带来的任何幸福无关。而快乐主义拒绝了这一点，因此快乐主义是错误的。

我们可以把罗斯的阐述变成一个论证，称之为两个世界论证（Two Worlds

---

[1] 当哲学家使用"邪恶的"这个词时，他们并不是指一个人是冷血杀手，嗜血成性，而只是说他有很多恶习。从这个意义上说，邪恶是"有德的"反义词。我们在全书采用"邪恶的"这个定义。

Argument）：

1. 如果快乐主义是真的，那么任何两种包含了等量幸福和不幸的境况都一样好。
2. 有些这样的境况不一样好，有些境况比另外一些更好。
3. 所以，快乐主义是假的。

我认为罗斯的第二个前提是正确的。最好是有德的人而不是恶人得到幸福。即使美德本身就是一种回报，同时又得到幸福岂不是锦上添花。如果一定要非此即彼做选择，我们肯定更希望好人得到幸福好报，而不是坏人。所以即使好人和坏人享受等量的幸福，我们也不认为两种境况是同等好的。

第二个前提由此看来很有道理，但是快乐主义者可以拒绝第一个前提。快乐主义不在乎是什么让一种境况或一个世界更好，而在乎是什么让一个人得以拥有更美好的人生。快乐主义不会告诉我们如何确定一个世界的价值，因此，它也就不会认为包含等量幸福的两个世界必须同样好。

快乐主义并没有试图要阐明事情好坏的方方面面，它只是要指出什么能直截了当地让我们的人生变得更好。只要快乐主义者不说个人的福祉是唯一有价值的东西，他们就可以轻而易举地肯定生物多样性、漂亮的东西或者在道德上值得尊敬的行为都会增加一个世界的整体价值。因此，快乐主义者就可以（也应当）拒绝两个世界论证的第一个前提。

虚假的幸福

设想一个对婚姻感到幸福的妻子，部分原因是她信任自己的丈夫，相信他的忠诚。再假设她的信念是真的。现在来设想另一个妻子，她和第一个妻子一样快乐，原因也是她信任自己丈夫的忠诚。但遗憾的是，她的信念是假的，她的丈夫一直在骗她，而她一无所知。似乎第一个妻子的生活要好得多，虽然这两个女人都同样快乐。

这个故事为我们提供了一个虚假幸福论证（Argument from False Happiness）的基础：

1. 如果快乐主义是真的，那么我们快乐的程度决定了我们幸福的程度。
2. 但是我们的幸福程度并非决定于快乐程度，那些以错误信念为基础的幸福比不上以正确信念为基础的幸福，即使两个人同样快乐。
3. 所以，快乐主义是假的。

这在某种程度上类似于作恶的乐趣论证，因为两者都声称幸福的源泉决定幸福的程度。快乐主义的批评者认为，如果快乐来自不道德的行为或错误的信念，那么它带来的幸福就变了味。

快乐主义者否认这一点。幸福就是幸福，不管它的来源是什么。因此，快乐主义者必须摒弃第二个前提。

但对于错误信念的论证比较不容易反驳。已故哈佛大学哲学家罗伯特·诺齐克（Robert Nozick，1938—2002）试图用"体验机器"（experience machine）[1]的思想实验来证明这一点。想象一个神奇的虚拟现实机器，可以让你模拟任何喜欢的体验。假设你把它编程为体验一生中所有最好的经历。一旦插上电源，你就会认为身处现实世界中，对机器之外的生活毫无记忆。从那时起，你的整个人生都在机器里度过，而你无与伦比的快乐，相信自己在做所有真正让你享受的事情。

但是，如果有人在真实世界里真正享受着虚拟机器里梦寐以求的体验，很显然，真实世界中的人生更有魅力得多。然而，这两种人生包含着完全等量的幸福。

这个例子只是说明幸福不是人生福祉的唯一要素。美好的人生是幸福的人生，但仅仅有幸福还不够。我们的幸福必须植根于现实。基于实实在在的成就和真实信念的快乐生活远胜于幻想中的快乐生活。

---

[1] 这个例子以及诺齐克的讨论参见：罗伯特·诺齐克，《无政府、国家与乌托邦》（*Anarchy, State, and Utopia*，New York：Basic Books，1974），第42—45页。

自主性的重要性

能够自己做选择,这是我们另外的一个人生追求。无论他人的初衷如何,我们憎恶被人操纵,受制于人。有时我们甚至宁可选择暗淡的前程,也不愿意过别人强加给我们的好日子。简而言之,我们需要**自主性**(autonomy)——通过自己的自由选择来决定人生道路的能力——即使有时要以失去幸福作为代价。

我们不仅想要自主性,而且我们坚信缺少自主性的人生是不完满的。想想阿道司·赫胥黎(Aldous Huxley)的《美丽新世界》(*Brave New World*)中的居民。赫胥黎创造了一个虚构的社会,在其中,战争、贫穷和痛苦都消失了。为达到这一目的,统治者引进了一种叫作"唆麻"(soma)的安抚药,强令公民必须服用。任何能引发失望情绪的书籍和节目都被禁,人与人之间没有亲密关系,以防因失去友人或爱人带来的心痛。在这个社会里,"爱过后又失去好过从没爱过"的感触是不存在的。

这个美丽新世界的公民在统治阶层的操纵之下变得像驯服而容易满足的动物。虽然这个社会可能比我们的真实世界更快乐,但很明显,它缺失了某些有价值的东西,这种东西就是自主性。

我们不需要虚构的小说来认识自主性对美好人生的重要性。我们去看医生的时候想听真话——尽管听假话也许会更快乐。许多垂危的病人拒绝服用止痛药,因为怕干扰做理性决定的能力。这些患者更倾向于以清晰的眼光来看待人生的终结,即使这意味着要忍受更多的痛苦。

自主性选择并不总是通向幸福。有的时候事情会出错。我们自己做的选择有时会导致人际关系破裂、财务灾难或者错失一个个机会。但这还是不能和一个没有自主性的人生悲剧相提并论。来自苏联精神病学家的报告显示,他们曾经对批评政府的异见人士进行系统性的麻醉和折磨[1]。很多持不同政见者都疯了,剩下的则

---

[1] 参见:哈维·法尔赛德(Harvey Fireside),《苏联精神病监狱》(*Soviet Psychoprisons*,New York:W. W. Norton,1982);彼得·雷德韦(Peter Reddaway),悉尼·布洛克(Sidney Bloch),《苏联精神病虐待:世界精神病学上空的阴云》(*Soviet Psychiatric Abuse: The Shadow Over World Psychiatry*,Boulder,Colo.:Westview Press,1984)。

变得对那些穿白大褂的奴颜婢膝。

这些医生带来了骇人听闻的不幸。但这并不是他们对受害者造成的唯一伤害，在某些情况下，甚至还不是最严重的伤害。即使麻醉剂让持异见者快乐，这些医生的行为仍然是不能饶恕的罪行，因为他们试图摧毁受害者的独立人格。

在肯·克西（Ken Kesey）的小说《飞越疯人院》（*One Flew Over the Cuckoo's Nest*）的结尾，我们可以找到另一个由丧失自主性而导致的损害福祉的例子。小说的主人公 R. P. 麦克墨菲（R. P. McMurphy）是一个独立不羁、无拘无束和蔑视权威的人。被关进精神病院后，他慢慢地被摧毁，最终被迫接受了前脑叶切除术，变成了一个空空如也的躯壳。（参见前一章富特举的例子。）而这一切还都是以为他好的名义来做的，让人感到更痛心。到最后，麦克墨菲只有几岁孩子的理解能力，他可能比以前快乐，但我们根本看不出这对他有什么好处可言。解释很简单：保全我们的自主性至关重要，即使自主性并不总能让我们更快乐。

能够行使自主选择是件好事，这也解释了为什么我们往往无法忍受**家长式作风**（paternalism）——以为你好的名义违背你的意志，限制你的自由。一个盛行包办婚姻、强迫职业分配、有反赌博法和骑摩托车要戴头盔法的社会可能会有更大的幸福。在某些情况下，这些限制可能真是合理的。然而，即便如此，这也是一个有缺憾的社会。我们失去了冒险的机会，失去了以幸福为代价追求真正自由的机会。操控别人和家长式作风，即使是以让我们获得幸福为目的的，在某种程度上仍然令人反感。这是因为有内在价值的某种东西——自主性被牺牲掉了。幸福不是唯一重要的东西，自主性也很重要。

由此，我们得到另一个反对快乐主义的论证，称之为自主性论证（Argument from Autonomy）：

1．如果快乐主义是真的，那么自主性对于美好人生的贡献就只在于它能让我们快乐。

2．自主性有时直接对美好人生做出贡献，即使自主性不能使我们快乐。

3．所以，快乐主义是假的。

第一个前提显然是真的。快乐主义的核心主张是，幸福本身是唯一使我们变得更好的东西。所有其他事物（例如，自主性、美德、真知）只是因为能让我们更幸福才让我们变得更好。

所以，论证的正确与否就取决于第二个显得很有道理的前提。当考量那些被剥夺了自主性的人生时，我们看到了一种巨大的价值缺失，而这些价值本身足以使人生变得更好。如果要在由药物诱导的一生心满意足或者自我奋斗的坎坷人生中做出选择，我们会倾向于选择后者。我们还是希望自己的人生是真实的，反映我们自己的价值观，而不是那些从外部强加给我们的，尽管这样做我们不一定更幸福。快乐主义不能解释这一点。

生命的轨迹

如果快乐主义是真的，那么拥有等量幸福和等量不幸的人就应该有完全等量的福祉。但这似乎是错误的。

想想德莫尔·施瓦茨（Delmore Schwartz）的悲惨故事。施瓦茨是杰出的作家和演说家，是索尔·贝娄（Saul Bellow）的小说《洪堡的礼物》(*Humboldt's Gift*)主人公的原型。施瓦兹在他的职业生涯早期获得了很多奖项，并在普林斯顿大学和哈佛大学任教多年。但他的最后十年却是在无尽的沮丧和孤独中度过的。他沉溺于酒精和毒品，罹患越来越严重的妄想症和精神疾病，最终独自死在时代广场一家破旧的旅馆里。他早年的潜质前功尽弃。

我们不可能历数施瓦茨一生经历了多少幸福和悲伤。但是，设想一个相反的例子，一个早年生活在痛苦和悲伤中的人，例如，简·爱（Jane Eyre）、雾都孤儿奥利弗·崔斯特（Oliver Twist），或者像现实生活中的玛丽·卡尔（Mary Karr），她的出色回忆录《说谎者俱乐部》(*The Liars' Club*)，描绘了一个不能再痛苦的童年。这些以不幸开始的人生，最终却苦尽甘来，主人公得到了应有的幸福和快乐。

当我们比较不同的人生轨迹时，很难不得出这样一个结论：一个以不幸开始但是不断提升的人生，要比一个开始时非常顺利却不断走下坡路的人生好得多，即使两者的幸福总量没有差别。我们可以把这个想法转化成轨迹论证（Trajectory Argument）：

1. 如果快乐主义是真的，那么人生的整体质量取决于它所包含的幸福和不幸的总量。
2. 人生的整体质量取决于至少另外一个因素：人生是否反映了一种"向上"或"向下"的轨迹。
3. 所以，快乐主义是假的。

为了让这个论证站得住脚，我们需要确保那个越过越好不断提升的人生没有附加另外的幸福。我们拿来比较的两个人生必须包含等量的幸福和不幸，唯一的区别是在幸福和不幸的时间上。即使我们满足这些论证的要求，我觉得我们还是会认为等量的幸福和痛苦不一定会带来同等的福祉。如果真是这样，那么幸福和痛苦之外还有其他东西决定了如何算是美好的人生。在此，这指的不是自主性，而是人生的"形状"。不断提升要比一直走下坡路更美好，即使两个人生包含了等量的幸福和痛苦。

不快乐是受伤害的征兆

设想一位奥林匹克马拉松运动员，多年来一直不懈地训练，志在夺金牌。但就在比赛的前一天，他拉伤了肌腱，无法参赛。所有的辛勤努力前功尽弃。他整个人都崩溃了。

为什么他的这种反应是合情合理的？如果我们认为天赋和才能开发本身是重要的，那么这似乎就很容易解释。这位运动员遭遇不幸，这让他备感痛苦。但最让他遗憾的还不是他的遭遇，而是这个意外对他才能的打击。（毕竟，如果有人偷偷给他吃一粒唛麻丸，一切就都会好起来，不是吗？）

我们什么时候会真的对生活感到悲观绝望？很简单：当糟糕的事情发生在我们身上的时候。从表面上看，这可能包括很多东西：在车祸中失去一条腿、被所爱的人甩了、错失良机等，这些都能让我们感到格外悲伤。然而，如果快乐主义是正确的，这个简短的清单，以及我们可以轻而易举想出来的更长的坏事清单，基本上都是错误的。因为只有一件真正的坏事能发生在你身上，那就是体验悲伤。只有当什么事情能让你感到不快乐时，它才会伤害到你。

如果快乐主义是真的，那么只要我们快乐地活着，以微笑迎接每一天，我们的人生就坏不到哪儿去。泰然自若的态度——或者一粒唆麻丸，或者真正地处事不惊——足以抵挡伤害。

所以，这就是想要免受伤害的秘方：或者在情感上变成一片空白，或者永久地保持乐观。那些从不悲伤的人也就永远不会受到伤害。他们的才能可能会被浪费，他们的肢体可能萎缩，他们的感觉也许会变迟钝，友谊也许会破裂，好奇之心也许会变弱——但如果快乐主义是正确的，只要他们不为此感到悲伤，那么所有这一切都不会损害到他们的人生幸福。

也许不快乐总是让我们变得更糟，但其他事情也大致如此。想一想，比如，当痛失所爱或者好友去世的时候，悲伤是再合理不过的了。但是，这样的打击之所以会削弱我们的幸福，是因为在这些情况下，我们的幸福取决于我们认为哪些东西是有内在价值的。如果爱情本身并没有使我们变得更好，那么永失所爱就不见得有多坏。我们伤心是因为朋友在世的时候丰富了我们的人生，而现在我们却失去了。

快乐主义很难解释这个问题。下面的论证表明了快乐主义的困境，我们称之为多重伤害论证（Argument from Multiple Harms）：

1. 如果快乐主义是真的，那么只有能让你悲伤的东西才能伤害你。
2. 别的东西也能伤害你。
3. 所以，快乐主义是假的。

第一个前提显然是真的。第二个前提似乎也很有道理。悲剧不会因为受害者的淡忘或者重新认识而消失。我们经历的不幸对我们来说是件糟糕的事，但它也可能是一种征兆（symptom），失去了一种本身对我们的幸福至关重要的东西的征兆。我们在这种境况下会如此痛苦就是证据，它表明除了幸福之外还有其他东西可以直接影响到我们的福祉。如果是这样，快乐主义就是错误的。

结论

快乐主义一直不乏追随者，而且我们已经看到快乐主义如此流行自有它的道理。它解释了为什么通向美好人生的道路不止一条。它在强调只有一种美好人生的蓝图与允许凡事皆有价值只要为我所欲的观点之间找到了一种平衡。它提供了一种现成的解释，即为什么痛苦显而易见地损害了我们的人生，而幸福显而易见地提升了我们的人生。快乐主义为解释有内在价值的东西提供了一个自然而然的终点。它解释了为什么美好人生的规则会有例外。幸福是我们对深爱之人的祝愿——还有什么比这一点更能说明幸福对美好人生的贡献的吗？

然而，快乐主义也存在自己的问题。我认为，快乐主义者对以下三个问题做出了很好的回应：快乐主义的悖论、对作恶乐趣的担忧以及罗斯两个世界的反驳。但是，要反驳基于错误信念的幸福同样有价值就比较棘手。另外，快乐主义者不能肯定自主性的内在价值。他们无法理解为什么不断提升的人生比不断走下坡路的人生要更好，即使两种人生中含有等量的幸福。快乐主义同样不能解释，不快乐往往是一种征兆，即我们失去了某一种有内在价值的东西——而这种东西并不是幸福。

由此可见，也许幸福并不一定是人生福祉的关键所在。下一章我们要考虑另一种理论——得之所欲才是衡量美好人生的标准。

供讨论的问题

1. 什么是快乐主义的悖论？你认为这一悖论有没有提供反驳快乐主义有力的论据？为什么有或者为什么没有？
2. 如果你有机会在下半生住进"体验机器"，你会住进去吗？为什么体验机器的概念是对快乐主义的一个挑战？

3. "作恶的乐趣"是什么?为什么它是快乐主义要解释的一个问题?
4. 什么是自主性?快乐主义能够解释自主性的价值吗?为你的答案提供论证。
5. 什么是虚假的幸福?举一个你想到的关于虚假幸福的例子,并评价它对快乐主义合理性有什么影响。
6. "人生的形状"是指什么?单纯从"形状"来看,我们可以说某些人生更好吗?
7. 在所有这些对快乐主义的反驳中,哪一个论证你认为最有力?你认为快乐主义做出了很好的回应吗?为什么是或者为什么不是?

第三章
得之所欲

假设我们还没有悟到美好人生的真谛，于是走访附近大学的哲学系，走进伦理学教授的办公室，直截了当地问他。再假想他给了我们以下这些建议：

1. 珍惜和我们在一起的人。
2. 保持身材。
3. 跳舞。
4. 学哲学。
5. 动手做东西。

在我看来，这是一份很好的清单，虽然不是美好人生的全部，但却是一个相当不错的开始。

但是，如果我们不同意呢？如果我们是一个蹩脚的舞者怎么办？如果我们根本不在乎身材走样怎么办？或者如果我们笨手笨脚，做不出比纸飞机更复杂的东西怎么办？

再回头想一想，这位教授凭什么有资格对别人的美好人生指手画脚呢？我们还可能会想，我们自己当然才有资格决定什么会让我们的人生变得更好。跳舞或者做东西可能是教授的灵丹妙药，但这并不说明这些偏方可以包治百病，天下没有这样的偏方。一切都取决于我们到底关心什么。

人类福祉的**欲望满足理论**（desire satisfaction theory）非常重视这样的批评。根据这一理论，得之所欲最重要，当我们的欲望得到满足时，人生就一帆风顺；而另一方面，当我们的欲望受挫时，生活就会变得非常糟糕。更准确地说，某种东西对我们来说是有内在价值的，如果它能满足我们的欲望，当且仅当它能满足我们的欲望，并且因为它能满足我们的欲望。同样，某件东西对我们来说是有工具性价值的，当且仅当并且因为它帮助满足我们的欲望。

这个理论有很多吸引人的地方，下面是其中主要的几项。

多种多样的美好人生

欲望满足理论解释了为什么有许多美好人生模式，而不仅仅只有一种。让人生变得美好的东西于你于我可以各不相同，因为你我想要的东西可能大不相同。我们最深刻的欲望决定了人生的成功或失败。沿着同一思路，那么没有任何东西——健康、爱情、知识或美德——可以说是让所有人的人生变得更好的唯一重要因素。人生是否得以提升，完全取决于我们的欲望是否得到了满足。

似乎全身心地投入一件事有可能实现美好人生，无论是献身宗教、哲学、音乐、旅行、社会正义甚至《星际迷航》（*Star Trek*）的集会或者最喜欢的球队。而同时集中精力在几件事上，或者对于以上任何一件事情都漠不关心也可能拥有美好人生。

如果我们认定个人的欲望是美好人生的关键，那么这一点就是不言而喻的。我喜欢巧克力而你喜欢香草？那么巧克力让我过得更好，香草让你过得更好。你真的很想收集火成岩石吗？太棒了，那你收集得越多越好。可我不在乎那玩意儿，所以一块没有也照样过得挺好。欲望满足理论轻而易举地解释了人生得意取决于我们的欲望是否得到了满足。由于人们渴望大不相同的东西，因此就有多种多样的美好人生。

个人权威

与前面这一观点相反,许多人认为美好人生必须专注于一种事业——比如宗教献身、内心和谐、创造力或者哲学,这些所谓最高尚的追求。但不是每个人都喜欢这种心无旁骛的思想。许多人会觉得被排斥在外,甚至如果你说他们的人生不符合这种最佳模式他们还会愤愤不平。毕竟,如果你喜欢兴奋和刺激,讨厌宁静致远,那么怎么能说内心和谐是你幸福人生的关键呢?

如果欲望理论是正确的,那么我们每个人都有掌控我们人生好坏的最终决定权,因为是我们自己的欲望决定了人生的走向。更进一步,别人无权对我们应该有什么样的欲望指手画脚,这完全是个人的问题。根本不存在欲望的普世标准:每个人都有自己的欲望。这一观点给了我们巨大的选择空间来规划自己的人生前景。唯一的限制是美好人生必须包含种种欲望的满足,至于这些欲望是什么,则完全由我们自己来决定。

避谈客观价值

一种流行的观点认为,美好人生包括了一系列的活动和经历:获取知识、体验爱、欣赏艺术和音乐、有德性,加上以做这些事情为乐。这是有关**人类福祉的客观性理论**(objective theory of human welfare)的一个例子。之所以是客观的,是因为种种这些直接促成了美好人生的东西是一成不变的,不依赖我们的欲望或者我们认为什么是重要的。

人类福祉的客观性理论有很多。比如,一些理论坚持认为,你拥有的知识越多,你的人生就越好——即使你并不太在乎获取知识。(我对这样的观点一直持怀疑态度:你知道我有一只叫奥斯卡的猫,这种知识难道能让你更幸福吗?)其他理论则坚持认为,无论你怎样看待其重要性,美德都是美好人生的必需。快乐主义者同样声称,幸福是有内在价值的——即使你并不在意幸福与否。

欲望论者拒绝接受所有这些人类福祉的客观性理论,由此也就避免了要不停地为各种客观价值做辩护。这些价值有时真是很难自圆其说。这是因为，对于任何一种价值，我们总是可以问一个简单的问题：如果我根本就不在乎这件东西，也不在乎它能给我带来什么，那它怎么能让我过得更好呢？当然，如果你想成为一名明星运动员或世界级的音乐家，那么每天练习会提升你的人生。但如果你根本没有这种梦想，也不在乎天天练习能给你带来什么，那它怎么会对你有好处呢？这是一个很难回答的问题，而欲望理论从来就不必回答它。

动机

很多人认为，只有当我们有驱动力积极主动地去追求一样东西时，这样的东西对我们来说才会有益。这种观点使得客观性理论格外站不住脚。有些人一想到拥有财富或权力的人生就心寒，如果这是真的，那么财富和权力就恐怕不会提升他们的人生。这些怀疑可以用第一动机论证（First Motivation Argument）来表达：

1．如果 X 真的对我们有好处，那么我们就会积极主动地去追求 X——只要我们了解 X，并且知道如何得到它。

2．许多人知道财富是什么，也知道怎么赚钱，但就是不愿意去追求财富。

3．所以，财富就不会提升这些人的生活。

这一论证可以适用于所有的所谓客观价值——美德、宗教的清规戒律、名声、健康等。不管你用哪种价值代替上面论证中的财富，总会有一些有识之士对这种价值无动于衷。结果，这一论证就威胁到了所有关于人类福祉的客观性理论。

人类福祉的客观性理论很难解释动机和什么对我们有益这两者之间的联系。而欲望理论解释起来却不费吹灰之力。要看清这一点，考虑第二动机论证（Second Motivation Argument）：

1．如果某样东西是在本质上对我们有益的，那么它就会满足我们的欲望。

2．如果某样东西能满足我们的欲望，那么我们就会积极主动地（至少在某种程度上）去追求它——只要我们知道自己想要什么，并且知道如何去得到它。

3．所以，如果某样东西是在本质上对我们有益的，那么我们就会积极主动地（至少在某种程度上）去追求它——只要我们知道自己想要什么，并且知道如何去得到它。

第一个前提陈述了欲望理论的核心主张。第二个前提显然是真的，因为所谓欲望就是促使我们去追求、去做事情的动机。同时这是一个有效的论证，因此如果两个前提都是真的，那么结论就一定是真的。欲望论者也的确认为这一结论是真知灼见，并且是对客观性理论的一个沉重打击。

为追求个人利益正名

我们要提升自己的人生是为了什么？许多人认为这只是一个明知故问的反问罢了。欲望论者却不这么认为，而且他们有自己的答案。

我认为，人们总是有一些理由去做对自己最好的事情。几乎每个人都这么想。但是，如果有人对此不以为然呢？我们能不能说服他们呢？

欲望论者可以提供如下的论据来为追求个人利益正名。我们每个人都有充分的理由为自己着想、追求自己的目标。这对欲望理论来说是一大优势，能有理有据地证明自己的观点比只是强调自己的观点不言自明更有说服力。我们姑且称这一论证为个人利益论证（Argument for Self-Interest）：

1．如果一样东西使我们变得更好，那么它满足了我们的欲望。

2．如果一样东西满足了我们的欲望，那么我们就有理由去追求它。

3．所以，如果一样东西使我们变得更好，那么我们就有理由去追求它。

第一个前提是欲望理论的核心主张。第二个前提看起来也很有道理。我们想要某一样东西，就成为去追求它的理由。如果想减肥，就有理由锻炼、控制摄入热量。如果想考高分,就有理由努力学习。如果想收集所有罗马尼亚出版的邮票,那么就有理由去找所有这样的邮票。

简而言之,如果有理由去追求我们想要的,并且如果(如欲望理论所说)追求想要的总是让我们过得更好,那么就总有理由让自己过得更好。

再来看一看人类福祉的客观性理论,比如,客观论者声称,不论我们意识到与否,内心平静对我们大有好处。但是,假设我们对内心平静不屑一顾,相反喜欢冒险、讨厌无聊,向往动荡和兴奋的生活。如果不在乎内心的安宁和安宁能带来的一切,那么我们就很难有任何理由去追求它。任何其他所谓客观性的价值都面临同样的问题。

而欲望论者就很容易处理这个难题。如果欲望理论是正确的,我们有理由去追求个人利益,因为我们有理由去追求自己想要的东西,而追求想要的东西正是实现个人利益的关键。

认识什么对自己有益

如果欲望理论是正确的,那么对于人生的永恒问题,我们就有了一个直截了当的答案:我怎样才能知道什么对我有益?答案很简单:明确自己想要什么,然后确保自己知道如何得到它。

这在实践中并不总是很容易。我可能真的想让哪个姑娘爱上我,但要找到最好的方法追到她却可能非常棘手。还有如果我想要的东西互不相容,那么更是难上加难了。在这种情形下,我们应该争取满足自己更在意的欲望。但同样这一点在实践中也并不容易做到。有时候当我们醒悟过来,自己在选择的时候犯了错误,放弃了原本更值得的目标,已经为时过晚。这就是所谓做了错误的选择——我们可能从中获得了一些好处,但是如果选择满足我们更深切欲望的目标,将获得更多。

这些还都不是欲望理论的难题。毕竟,有的时候真是很难知道如何能让我们的生活更好。一个合理的幸福理论应该能够解释为什么我们会有这样的困惑,什么时候会有这样的困惑,以及在很多情况下能提供明确的建议。欲望理论兼而有之。它告诉我们为什么有时候真的很难知道什么对自己最好——因为我们不知道如何得之所欲，或者我们不确定我们最想要的是什么。它也解释了容易做选择的情形——恰恰是我们知道自己想要什么，并且知道如何去得到它。

再来看一看人类福祉的客观性理论。如果我们自己的意见或偏好不能用来决定什么是对我们最好的，那么我们怎样才能知道去追求什么呢？客观性论者坚持认为，知识、美德和内心的安宁就是对我们有内在的好处。但是，如果我们始终如一地否认这些价值，这一观点怎么能站得住脚呢？如果信奉客观性理论的人都各持己见，对到底哪种价值更有益争执不下，怎么办？难道我们应该用"直觉"来选择吗？如果我直觉到美德的重要性而你反对怎么办？有些人认为美德是幸福生活的关键，而另外又有人坚信名誉和财富是关键，我们如何调解其中的争端呢？

欲望论者避免了所有这些难题。他们否认有任何客观的好处或价值，由此也就不必解释我们如何能获取关于这些客观性价值的知识。想知道如何让自己过得更好吗？弄清楚真正在乎什么，然后想方设法去得到它。这并不总是很容易，但也绝不是一个天大的谜题。

供讨论的问题

1. 许多人认为只有一条通往美好人生的道路。你同意吗？如果同意，你能给出哪些论证来说服不这样认为的人？
2. 许多人认为欲望理论很有吸引力，理由是它把定义美好人生的任务留给了"我们自己"。在多大程度上我们的欲望"取决于我们自己"？我们真的可以选择我们想要什么吗？
3. 什么是人类福祉的客观性理论，为什么欲望理论不是一个客观性理论？否定客观价值是欲望理论的优势还是劣势？
4. 欲望理论告诉我们，只要我们得之所欲，不管我们想要的是什么，我们的生活就会变得更好。你能想出一些反例吗？

5. 为什么客观性理论难以解释幸福与动机之间的联系？欲望理论如何解决这个问题？

6. 根据个人利益论证，我们总是有理由去追求我们想要的东西。这个假设对你来说站得住脚吗？你能想出反例吗？

7. 回顾第二章提出的对快乐主义的反驳。欲望理论能很好地处理在那里提出的问题吗？论证你的回答。

第四章
欲望理论的问题

在上一章，我们罗列了欲望满足理论的种种吸引力。这些优势解释了为什么这一理论一直大受欢迎。但是（我们猜到了）欲望理论也面临着许多困难，其中还有一些非常严重的问题。甚至如果我们不能修改其中一些观点，也许就不得不最终放弃它。

为了理解其困境，让我们重述一下欲望理论的两个中心主张：

（A）如果某样东西对我们有内在的好处，那么它就满足了我们的欲望；如果某样东西对我们有工具上的好处，那么它就帮助我们满足自己的欲望。

（B）如果某样东西满足了我们的欲望，那么它对我们就是有内在好处的；如果某样东西帮助我们满足自己的欲望，那么它对我们就是有工具上的好处的。

（A）告诉我们，一样东西必须（帮助）满足我们的欲望才对我们有益，欲望满足是生活得更好的必要条件。（B）告诉我们，欲望满足就足以使我们生活得更好，满足欲望是生活得更好的充分条件。让我们先考虑（A），然后再讨论（B）。

得之所欲也许对提升美好人生并不必要

要测试前提（A），我们需要考虑是否能想出一样东西对我们大有好处，但是却没有满足或帮助满足我们的任何欲望。如果有任何这样的东西，那么（A）就是假的。

我可以想到三个这样的例子。

第一个例子是惊喜，就是得到意想不到的好处。想象一次偶遇或者意外新发现——比如，天上掉下来的大笔退税款、听到出乎意料的美言，或者邂逅一位迷人的陌生人。这样的惊喜可以说或多或少地让我们更幸福，即使没有满足我们的任何欲望。当然，在经历过这些事情之后，我们可能会想要更多的惊喜。然而，这是因为生活因之而变得更好了，惊喜让我们更幸福，却并不是因为它回应了我们先前存在的任何欲望。

第二个例子是小孩子。我们可以在很多方面帮助孩子，即使并没有给他任何他想要的东西，也没有帮助他得到他想要的东西。比如，教5岁的孩子读书，会让他受益终生，即便他不想读书，也还不知道识字的好处和读书的魅力。

第三个例子是自杀防范。极度悲伤或患抑郁症的人可能会认定生不如死，但他们常常是错误的。假设我们阻止了他们的自杀行为，也就是说，抑制了他们最深切的欲望，然而，结果却往往是好的。（稍后我们会回到这个例子。）

在上述每一种情况下，我们都可以改善人们的生活，却并没有让他们得之所欲或帮助他们得之所欲。时过境迁后，他们也许会赞同我们的干预行为，但事后的首肯与欲望满足大不相同。事实上，事后的首肯似乎更进一步证明了人们可以受益于他们当时欲望之外的东西。而这正是（A）错误的证据。

得之所欲也许对提升美好人生并不充分

如果（B）是真的，那么每当我们的欲望得到满足时，我们就会更幸福。这一论断有很多可疑之处。

基于错误信念的欲望

有时候我们就是想要一样东西，但是我们的欲望很可能是建立在错误的信念之上的。当我们犯这样的错误时，就很难想象得之所欲真的能让我们更幸福。设想你以为谁出言不逊欺负了你，很想暴打他一顿出气，而事实上他并没有做任何冒犯你的事。那么你狠揍那个可怜的家伙，就不会让你更幸福。再比如，你削尖了脑袋想钻进某一个社交圈，因为你觉得那个圈子里的人都格外地光鲜亮丽又快乐。但不久你就发现这些人有多么的肤浅和可怜，想躲还躲不及。就像古语说的：小心你的愿望——它很可能成真。

由此，我们就必须把欲望理论理解为，只有满足那些靠得住的（informed）欲望才会提升我们的生活。满足那些基于错误信念的欲望则很可能不会让我们更幸福。因此，真正要考虑的命题是这样的：

（C）如果某样东西满足我们靠得住的欲望（就是说，那些不是基于错误信念的欲望），那么它对我们就有内在的好处；如果某样东西有助于实现我们靠得住的欲望，那么它对我们就有工具上的好处。

与己无关的欲望

我们有时候都想要一些看起来与自己毫不相干的东西。我们的欲望是为了陌生人的利益或根本就没有任何利益的考虑。（比如，我想要行星的数目是偶数，现在冥王星从九大行星中除名，我终于如愿以偿了。）在这种情况下，我们的确得之所欲，尽管很难说我们的人生因此有多大的改善。

几年前，我读到一条消息，有一条鲸鱼在新英格兰海岸搁浅。我记得当时我一心想让鲸鱼活下来，能回到海里而不受伤害。结果还真是得偿所愿。显而易见，鲸鱼因救援行动而活得更好，但实在看不出我的生活因此有多大改变。

对这些例子自然而然的回答可以是，我的生活确实因此改善了，因为能得之所欲我很快乐。这也许是真的，然而这个回答的问题在于，欲望理论不能把快乐作为理由，因为欲望理论没有赋予快乐本身任何内在价值。如果欲望理论是正确的，那么只要我们的欲望得到满足，生活就会变得更好——不管这会给我们带来多少快乐。更快乐的生活并不一定是更好的生活。天下可能有人的确会鄙视快乐，虽然寥寥无几，但对那些人来说，欲望满足理论并不认为快乐的增加能带来个人利益。

对此，从欲望理论的角度出发，可以有一种不同的回答。让我们可以进一步修正（C）：

（D）如果某样东西满足我们靠得住的、**自我关涉的欲望**（self-regarding desires），那么它对我们就有内在的好处；如果某样东西有助于实现我们这样的欲望，那么它对我们就有工具上的好处。

自我关涉的欲望是那些只与自己有关的欲望。我对偶数行星或拯救鲸鱼的渴望不是出于利己的考虑，因此它们就不能作为（D）的反例。

失望

假设我们有一种不基于任何错误信念又是自我关涉的欲望，而且得之所欲，得到了想要的东西。也就是说，如果（D）是真的，那么人生就应该有一定的改善。

但是，设想一位年轻的音乐家，他寄希望于有朝一日能一鸣惊人。但当那一天真的到来的时候——他却感到很失望。也就是说，他知道他得到了想要的东西，却讨厌这种感觉。

获得真正想要的东西有时会让人失望。经过这么多年的积累，最后却没有任何快乐的感觉，而只是一种空白的悲伤。经年累月的苦心投入，而当它成功结束的时候却发现自己充满了空虚、闷闷不乐或沮丧。

我最近在读约翰·麦肯罗（John McEnroe）的自传时，就想到了这一点：

> 我打网球很棒。1984年，我击败了捷克的伊万·伦德尔（Ivan Lendl）获得大师赛冠军……我终于觉得自己技高一筹能战胜所有的对手了。我应该感觉超好才对，我也希望是这样，但事实却并非如此。
>
> 胜利显得如此空洞——我原以为胜利能拯救我……但它并没有为我做任何事情。它让我想起了那个想要点石成金的米达斯国王的故事：我的成功并

没有转化为幸福。[1]

如果看到自己的欲望成真只会让我们痛苦，那怎么能说是改善了人生呢？这显然是和命题（D）背道而驰的。这很难让人接受。

当然，我们可以再来修正欲望理论：

（E）如果某样东西满足我们靠得住的、自我关涉的欲望，而且我们对结果满意，那么它对我们就有内在的好处。

（E）可能是真的。但这对于欲望论者来说是差强人意的，因为现在这个命题好像是说快乐才能让我们的生活更好，而不是欲望满足本身。快乐主义者会捍卫这个命题，但欲望论者就很尴尬了。毕竟，如果得到想要的东西只会让我们痛苦不堪，怎么能说得之所欲会提升人生呢。

对欲望满足全然无知

再来考虑一个案例，靠得住的、自我关涉的欲望得到满足，得之所欲，但是我们却对此全然无知，没有意识到自己的目标已经实现。在这种情况下，似乎谈不上人生会因此有任何好转。

想象一个人一生都在致力于寻找一种治疗可怕疾病的方法。经过多年的努力，他终于成功了。但他至死却从未意识到这一点，反而认为自己毕生努力都白费了。他的成功本身并没有给他带来任何人生的转机。

或者再试想一个非常想当爸爸的人，他有过一长串的女朋友，其中一个还怀了孕，生下了孩子。但孩子的妈妈从来没告诉过他，他也没有从其他渠道发现自己有了孩子。他的欲望是满足了，但他的生活质量却没有因此而改善。

正如失望的情形一样，我们所举的例子都是说，靠得住的、自我关涉的欲望得到了满足，但是生活并没有任何转机。这是欲望满足理论的难题。

---

[1] 约翰·麦肯罗，詹姆斯·卡普兰（James Kaplan），《你在开玩笑吧》（*You Cannot Be Serious*，New York: Berkeley Books, 2002），第172页。

贫瘠的欲望

无论是哪一个版本的欲望理论都认为，美好人生本质上来说就是满足自己的欲望。然而，我们的欲望往往是由我们的成长方式决定的，而早年父母师长灌输给我们的期望影响尤其重大。这就产生了一个问题。

有些父母很早就已经让孩子深信他们自己一无是处，不配得到爱，或者以后肯定一事无成。而有些社会一直把女性视为二等公民，在这些社会中，女孩从小就知道别指望自己在政治或者职业上出人头地，想都不要想。

这样的灌输是很容易深入人心的。如果你从小就坚信你最大的抱负应该是服侍你的主人，那么你最终可能就不会有其他的欲望。如果欲望满足是衡量美好人生的尺度，那么即使是做奴隶的人生也挺好的。

这听起来好像不对。比如，在我们想来，不管他的欲望满足与否，奴隶不可能有好的人生，因为他没有人身自由。但是，欲望论者拒绝接受自由是有内在价值的观念。在他们看来，除非人们渴求它——不然无论是科学成就还是艺术成就，无论是自由还是快乐——它本身都没有价值。如果你早年就被洗脑认为寻求自由是愚蠢的，或者相信教育对于"你这样的人"来说根本没必要，那么放弃对这些事情的追求就是理所当然的选择了。可望而不可即的目标只能给人带来不断的失望。

但这是一种什么样的人生啊？欲望论者似乎被迫承认这样的人生可能是最好的。你的期望值越低，越容易满足。由此，与那些追求更具挑战性目标的人相比，目光放得很低的人倒可能有更多的欲望满足感，但是，真看不出这样的人生会有什么精彩之处。

自我伤害与自我牺牲的悖论

如果欲望理论是正确的，那么得到想要的东西会让我们更幸福。但是，如果我们想伤害自己呢？要知道自伤并不一定是疯狂非理性的行为。比如，人们也许对自己所犯的错误感到懊悔，想做忏悔。或者可能看自己不顺眼，充满了自我厌恶，确信自己应该受伤害，而不该得到幸福。不管最终动机是什么，他们就是很想伤害自己。

在另外一些情况下，人们为了他人的利益或者其他更重要的事业而自愿牺牲自己的利益。

这些自我伤害和自我牺牲的人有可能会成功。他们会心甘情愿地伤害自己，为重要的事业牺牲自己的幸福。如果这些人满足了自我毁灭或自我牺牲的欲望，那么欲望理论就要说他们生活得更幸福！显然我们不能认可这个结论。但欲望理论是说只要得到了真正想要的，人们就必然会受益——不伤害自己，而在这里他们最大的欲望却是伤害或牺牲自己。由此，欲望理论就产生了一个悖论：伤害或牺牲自己的欲望使得你不能去伤害或者牺牲自己。而自我伤害和自我牺牲的情况屡见不鲜，那么欲望理论就很值得怀疑了。

我们最深切的欲望不可靠

我们大多数人都不会故意伤害自己。但是有一些与自我伤害相关的案例还是会给欲望论者带来不少麻烦。我想到的是自杀，想自杀的人认为他的死亡不是一种伤害，而是一种恩惠。他不是想伤害自己，相反，他试图用结束生命来改善他的生活。诚然，这听起来也像是一个悖论，那么欲望理论能怎样来解决这个问题呢？

自杀有很多种，有一种自杀对欲望理论的威胁最大：想自杀的人，他的人生在外人看起来前途似锦，是值得活下去的。然而，他并不认同我们的观点。举一个常见的例子，一个年轻人失恋了，情人选择离开，再不回来。他悲痛欲绝，决定自杀。他于是陷入自杀的困扰不能自拔，一心就想去死。如果欲望理论是真的，那么欲望越深切，满足欲望就越能让你更幸福。而在这种情况下，寻死是他最好的选择，其他什么都不能让他更幸福。

这是让人难以接受的一个结论。欲望论者可能会认为，他们最站得住脚的理论是说，满足靠得住的欲望就能找到幸福，而自杀者的欲望很可能是建立在错误的信念之上的。但他的信念到底错在什么地方呢？他可能很清楚自己人生的方方面面，但满眼望去都是痛苦和恐惧。在这种情况下，他的错误信念很可能是这样的：我的生活非常糟糕，也不太可能会有转机。

问题在于，欲望论者可能必须承认这个信念是真的。在他们看来，你的欲望决定了你的生活质量。如果这个人耳聪目明，而且认识到他没有得之所欲，那么他的生活的确就很糟糕。更进一步，他也许很清晰地知道自己将来想要什么——

和他的前女友重归于好——但意识到前途暗淡无光，实现欲望的可能性几乎没有。如果是这样，那么他的生活就不可能有任何转机。

至此我们是不是很想说：改变你的欲望，忘了她吧！（说起来容易，做起来难啊。）假设他明明也知道，但就是不改初衷。我们告诉他改变欲望，因为他目前的执着只会给他带来痛苦，对追求幸福丝毫无补。然而，从欲望论者的角度来看，这样的建议从根本上就是错误的。只有你在乎的事情才是重要的，所以幸福也只有在我们想得到幸福的时候才有意义。我们的欲望决定一切，如果你打心底里就是想去死，那么你最好的选择就是去死。

这是欲望理论不能自圆其说的例子之一，用简单的欲望完全不能解释我们的某些行为。下面再来考虑哲学家乔尔·范伯格（Joel Feinberg）举的一个例子。有裸露癖的人招摇过市，不是为了招揽拉客或者威胁别人，而就是想要暴露。像范伯格所说，"为暴露而暴露。"再比如范伯格举的一个盗窃狂的例子，表面看起来他就是个普通的高中生，但被抓住的时候他有 21 个衬衫纽扣、7 把剪刀、9 把自行车扳手、5 面小镜子，还有各种油罐、小提琴弦和梳子。他根本没打算用这些东西，只是想要据为己有。范伯格的最后一个例子是，"一个富裕的男人专进商店偷女人的胸罩。他绝对买得起这些东西……他不喜欢偷窃，而且担心会被发现……如果你要问他为什么，他会承认自己也是一头雾水，和外人一样不知道为什么。"[1]

这些例子让我们看到欲望理论的魅力所在——对我们的欲望不做任何客观价值的判断——但也正是欲望理论的缺陷。要满足这些极不寻常的欲望并不难，如果欲望理论是正确的，那么我们就可以说这样的怪人拥有了美好人生。但显然这样的结论是难以让人接受的。

结论

我们可以有很多理由认为幸福的人生在于得之所欲。但是，欲望理论及其一

---

[1] 乔尔·范伯格，《心理疾病的特殊性是什么？》（"What Is So Special about Mental Illness？"），出自：乔尔·范伯格，《行为与应得》（*Doing and Deserving*, N.J.: Princeton University Press, 1970), 272—292 页。引用的例子和原文来自 281 页。

系列衍生出来的理论都存在着一些严重的问题。其核心的症结在于，欲望理论无法承认某一些欲望在本质上就是比其他欲望更好。如果有人就是一心一意地想反复从一数到九，或者想不停地说"油灰"（putty）这个词直到不省人事，那么（从欲望理论来看）成全这些欲望就会带来最好的人生。

相反，比如，一个前途无量的年轻人可能怀有轻生的欲望，一个受压迫的奴隶可能只想服侍他的主人，一个彬彬有礼但极度自卑的人可能就是想在公共场所裸露而受辱。我们可以想象这些欲望得到满足，但由欲望满足而来的人生却可能会更潦倒，而不是令人羡慕。事实上，我们认为这些可怜的人是不幸的，正是因为他们的这些欲望——他们的欲望不应该得到满足，因为这些是没有真正意义的欲望。

然而，这么说就是站在了客观论者的一边，否定了欲望理论的一个基本要素。对于欲望论者来说，只要满足欲望就能改善我们的人生，而欲望没有高低之分，也不存在客观标准来评判欲望的高低。根据这种观点，价值完全是主观的。所以，那些喜欢公开暴露或偷窃毫无价值的小东西的人可能真的享有最好的人生。

我们来比较一下两种人生。第一个是一位成功的专业音乐家尽情享受人生，周游世界，为亲朋好友烹饪美食，拍摄美景，还跑马拉松。第二个是一个做了部分脑叶切除手术的成年人，有足够的认知能力知道自己的欲望是什么，虽然他的欲望并不很多，也都不复杂。如果我们以自我利益为标准，一定要在两种人生中选一个，难道我们会不选择那位音乐家的生活吗？即使明明知道他的欲望不是总能得到满足。

有些成年人只具有婴儿或小孩子的智力，这并不是说他们的生活没有意义，也不是说他们不可能有幸福的人生。但是，我认为这样的人生不是我们可能拥有的最灿烂的人生。他们的生活可能包含了最大数量的欲望满足，尤其是如果他们的欲望都很容易实现。如果欲望理论是正确的，那么他们的人生质量才是无与伦比的。这也是一个很难让人接受的结论。

再者，假设我们所有的最深切的欲望都得到了满足，但结果却是彻头彻尾的痛苦。欲望论者必须认为因为我们得之所欲，我们的人生是最好的人生，而大多数人会认为这是很可怕的人生。

我们从这些挑战中可以看到，无论是哪一个版本的欲望理论都险象环生。得之所欲似乎并不是美好人生的基本组成部分，它既不是幸福的充分条件，也不是幸福的必要条件。

那么，什么是美好人生的关键呢？幸福肯定是其中之一，没有任何乐趣的人生是不幸的。但正如我们早先所讨论的，在幸福之外，美好人生还应该有别的东西。我们无法逾越和回避的结论是，美好人生还取决于客观价值，那些与我们的好恶无关的有价值的东西。幸福是一种客观价值。自主性是另一种客观价值。毫无疑问，还有其他的客观价值。如果我们追求最美好的人生，那么我们就应该努力去追求这些有客观价值的东西。如何去找全所有的客观价值？多做哲学研究是唯一的途径。

供讨论的问题

1. 我们能不能说有些东西对你有好处，即使你不想要它？你认为欲望论者会如何回应这些例子（如果有）？
2. 所谓"靠得住的"欲望意味着什么？为什么满足"靠不住的"欲望无助于我们的幸福？
3. 假设你的欲望已经实现了，但是你却不知情，因此没有从中得到满足感。那么你的人生是否因为欲望实现而更好了呢？
4. 为什么对得之所欲备感失望的现象是对欲望理论的一大挑战。欲望论者可能会如何回应？
5. 回想一下我们提到的那些奴隶、想自杀的人或者盗窃狂的例子。如果他们的欲望得到了满足，你认为他们的生活会因此更好吗？如果不是，欲望论者能够怎样强有力地回击？
6. 我们是否有可能被"洗脑"，而去追求那些对我们没有好处的东西？如果有可能，这对欲望理论的挑战是什么？
7. 你同意美好人生取决于客观价值的论断吗？如果是这样，哪些东西（如果有）对你来说应该是具有客观价值的呢？

第二部分

规范伦理学：
做正确的事

第五章
道德与宗教

道德与宗教的三个假设

宗教一直是道德最流行的来源。在人最需要帮助和有道德困惑的时候，宗教徒会向基督教的神父、犹太教的拉比或者伊斯兰教的伊玛目请教，他们如饥似渴地阅读宗教经书，从漫长的宗教传统中寻求指引。数以亿计的人从一种或另一种宗教角度来看待道德，因此我们有必要仔细来研究宗教和道德的关系。

在这里，我们并不是要确定上帝是否存在，也不是要探索是哪些具体的教义把一种宗教和另一种宗教区别开来。相反，我想退后一步来讨论道德取决于宗教这一流行观点的三个中心假设：

1. 我们需要宗教信仰来促使我们履行职责。
2. 道德不可能无中生有，而上帝则是创造道德最好的候选。
3. 宗教智慧是为我们提供道德指导的关键。

让我们依次检验这些假设。

第一个假设：宗教信仰是道德动机的必需

推崇宗教生活的一种流行观点认为，**无神论**（atheism，上帝[1]不存在的观点）不能解释为什么我们应该有道德。如果我们没有行善的理由，那么我们就很可能为恶。没有宗教信仰，人们就更有可能偏离美德之路。当责任在召唤的时候，我们就更不情愿牺牲自己的利益。但是，一旦有上帝的存在，我们的意志力就加强了。比起无神论者或**不可知论者**（agnostic，那些不确定上帝是否存在的人），宗教人士更加谨言慎行——更加坚定地奉行自己的道德理想。

这也许是真的。如果是真的，我们如何来解释？

最普遍的回答是，因为我们对上帝的敬畏和对幸福来生的渴望。一想到要在地狱的烈焰中永不超生，或者远离上帝的爱，就会极大地约束自己的不道德冲动。如果上帝存在，正义最终会战胜邪恶，罪人会受到惩罚。善行终将得到回报，如果不是在此生，也会在天堂。所以，宗教信徒有很强的行善积德的理由。不信教的人则没有这样的理由，因此会更容易陷入诱惑。

假设这是正确的。然而，这并不意味着宗教信徒更可能行善。这只能说明他们更可能谨言慎行。但是，谨言慎行并不总是意味着行善做好事。宗教裁判所的一些领导者非常谨言慎行，然而，他们的良知却导致他们残酷地折磨受害者。宗教信仰可以强化我们的责任感。但是，宗教有时要求其追随者发动战争，而不是追求和平；杀戮；夺取他人的土地和财产；摧毁非信徒的文化。宗教并不是总能帮助我们成为更好的人，这要取决于我们所信仰的宗教原则是否首先是道德上善的。

但是，让我们想象一种最好的可能性，我们的宗教观点的确在道德上有吸引力。假设宗教信徒的确比非信徒更谨言慎行。这能说明什么呢？它不会说明上帝

---

[1] 本章所讨论的神是传统一神论宗教所认可的神祇：全知、全能并且在道德上无可挑剔的完美存在。为了简单起见，我也依据传统的用法，将上帝视为男性，尽管是女性也一点不影响下文的论述。我意识到有一些重要的宗教观点拒绝一神论，以及这个特定上帝的观念。即使是这些宗教观点也不影响本章中大部分的讨论，但在某些情况下，我缩小了关注的范围。我认为讨论读者们最有可能产生共鸣的观点是有意义的。

存在，也不会说明道德依赖上帝的存在。相反，这只是说某些宗教信仰有实用价值。它说明有道德上善的观点的信徒比非信徒更有可能做正确的事情。

然而，信仰有好处是一回事，信仰是真却是另一回事。所有上述推理所表明的，也许就是，宗教信仰可能只是有用的虚构，只是一种有不少好处的虚假信念。

我不是说宗教信仰就是虚构的。甚至为了论证起见，让我们假定一些宗教信仰是正确的。尽管如此，宗教信仰如何能强化我们的道德动机仍然是个问题。原因很简单，如果我们行善是为了得到来生上天堂的赏赐或畏惧上帝的愤怒，那么我们虽然可能在做正确的事，但却是出于错误的原因。

要看到这一点，想象一个人尽心地履行他的职责，但只是因为他认为上帝会惩罚行为不端的人，而奖励有道德的人。这就是动机不良。他履行职责不是出于爱上帝，而是因为他把上帝认同为最严厉的惩罚或者顶级的贿赂。这是不可靠的有德，因为一旦他开始相信上帝并没有旌善惩恶，那么他就没有理由再做有道德的人了。

对上帝的敬畏一直是让人尽职尽责的一种传统方式。但当它行之有效时，实际上却是说一个人并不是真的有道德品质。那些不为了表扬和奖赏而尽职尽责的人，才是真正有德的。他们不需要外在的或者自私的动机去做好事，他们做正确的事只因为那是正确的事。不可知论者和无神论者同样有理由用这种态度去做好事，正像**有神论者**（theist，相信上帝存在的人）一样。

即使对上帝的敬畏是让人尽职尽责最有效的方法，但这也并不能说明上帝存在，并不能说明宗教信仰是正确的，也不能说明无神论者或不可知论者就不能或不可能以道德上令人尊敬的方式行事。我们的道德动机来自对生活中有道德重要性的东西的尊重与敬畏。宗教提供了这一点，但并不是必需的。

第二个假设：上帝是道德的创造者

"如果上帝死了，那么就可以为所欲为了。"

这是陀思妥耶夫斯基（Dostoevsky）小说《卡拉马佐夫兄弟》（*The Brothers Karamazov*）中主人公之一伊万·卡拉马佐夫的话。很多人感受到了这句话的力量。在这种观点下，无神论就意味着道德的沦丧。

其根本思想似乎是，因为道德是一套**规范**（norm，即我们应该遵守的规则），那么就一定有权威人士创造了这些规范。如果没有上帝，就只有人类自己来制定道德法则。但是，我们缺乏足够的权威来做这项工作。我们没有金口玉言，说出来的话对错都算不得数。加之我们的理解力有限，又毫无疑问会犯错误，建立在这些不完美之上的道德也一定缺乏可信度。

而说上帝创造道德就完全不同了。毕竟，上帝是全知全善的，有谁比上帝更有资格来制定道德规范？

全知全善之外，上帝还有另一面。想象一个没有上帝的世界，没有任何神圣终极目标的世界。道德规范从何而来？如果我们完全是物质性的存在者，受物理规律支配，那么我们可以有许多行为方式。但是似乎没有一种应该怎样去做的行为方式。如果我们只是一堆非常复杂的物质，没有任何外部强加给我们的目的，没有一定要达到的目的，那么就很难看出我们怎么会有道德责任。道德要求的概念是说，必须有人有权力将责任强加到我们身上。只有上帝才有这样的资格。

上帝在道德中所扮演的角色——作为最终的创造者，道德准则的缔造者——这样的观点基于一个关键的假设：道德必须要有创造者。这个假设是上帝创造道德论证（Argument for God's Creation of Morality）的第一个前提：

1. 每一项法律都需要立法者。
2. 所以，道德法则需要立法者。
3. 人类不能成为道德法则的制定者（因为我们在很多方面都很不完美）。
4. 如果人类不能成为道德法则的制定者，那么上帝就是它的制定者。
5. 所以，上帝是道德法则的制定者。[1]

这种思考的直接结果就是哲学家所谓的**神命论**（divine command theory）：

---

[1] 在本书最后一章"无神论动摇了道德客观性"一节，我们会讨论这个论证的另一个版本，试图表明只有上帝存在，道德规则才是客观的。在这里，我们主要关注法律需要立法者这一前提。

一种行为是道德的，只是因为它是上帝命令的；一种行为是不道德的，只是因为它是上帝禁止的。

我认为这是宗教徒在思考上帝与道德的关系时自然而然的观点，但这种理论也有它自己的问题。

有两个问题比较严重。第一个问题是显而易见的。神命论认为道德取决于上帝的命令，而上帝可能并不存在，或者像**自然神论者**（deist）所相信的，上帝可能存在，但可能并不命令我们去做任何事情。自然神论者认为，上帝启动了创世，然后就站在一边审视自己创造的宇宙，而不再介入凡人俗世。如果神命论是正确的，或者无神论或者自然神论是正确的，那么世上就没有什么对错可言，道德就是完全虚假的。

但是让我们假设上帝确实存在，而且确实关心凡世，随时告诉我们该怎么做。但这一理论还是会面临第二个严重的问题，柏拉图在大约 2500 年前，第一个意识到了这一点。

在《游叙弗伦篇》(*Euthyphro*)，一篇关于虔诚本质的简短对话中，游叙弗伦一个劲儿吹嘘什么是虔诚，什么是不虔诚。苏格拉底（Socrates）问虔诚的本质是什么，游叙弗伦回答，虔诚就是众神所喜爱的行为。苏格拉底接着就提出了下一个问题："众神喜爱这些行为是因为它们是虔诚的，还是这些行为因为众神喜爱才是虔诚的？"

游叙弗伦马上开始紧张起来，这是非常正常的反应，和苏格拉底对话很少能不伤自尊心。

游叙弗伦认为第一个选择是更好的，他是对的（但却是出于错误的原因）。对话结束时，游叙弗伦变得谦卑起来，而由此我们深受启发。

通过置换一些词语，我们可以得出苏格拉底问题的一个新版本，与我们现在的讨论更有关联：因为某些行为是道德上正确的，所以上帝才命令我们去做；还是某些行为是道德上正确的，因为它们是上帝命令我们去做的？

神命论肯定认同第二个选择：行为之所以是道德上正确的，是因为上帝要我们这样做。在上帝令行禁止之前，行为没有对错。道德根本就不存在。

第一个选择是说，上帝之所以命令某些行为，是因为它们是正确的。这意味着上帝没有缔造道德，相反他认可一种已然存在的道德法则，命令我们服从现有的法则。但我们可能会说，上帝创造了一切，那么他也创造了道德。因此，第一个选择是不可能的。

但这并不是不可能的。事实上，有神论者应该更喜欢第一个选择才对。大多数宗教哲学家确实都摒弃了神命论。

要了解为什么摒弃神命论，让我们先假设它是正确的。设想上帝在为我们选择道德的那一刻，他仔细考量强奸、酷刑和背信弃义的本质。他看到了什么？上帝是**全知的**（omniscient，无所不知），他能看清这些行为的本性。至关重要的是，他没有发现这些行为有什么不对的地方。在这一刻，这些行为是道德上中立的，根本还没有对与错的分别。

但上帝确实在某个时刻做出了决定，他禁止强奸、偷窃和大多数情况下的杀戮。如果神命论是正确的，那么上帝并没有因为这些行为不道德才禁止它们。为什么上帝禁止这些行为呢？

尝试回答这个问题大概有点冒昧，但我们可以来问一个稍微不同的问题：上帝的决定到底有没有他的理由？

如果神命论是真的，那么就产生了悖论。如果上帝没有任何理由就下达命令——如果上帝做令行禁止的决定没有坚实的基础——那么上帝的决定就是武断的，就好像上帝是用掷骰子的方法创造了道德。但这无疑是难以置信的，如果上帝是武断随机的，那他就是不完美的。

完美的上帝就必须有充分的理由来制定道德法则。但如果是这样，这些理由，而不是上帝的命令，才决定了行为的对错。行为的对错于是就不是因为上帝的命令了。任何帮助上帝做决定的理由，才是道德标准的理由。

比如，上帝确实禁止我们以酷刑折磨别人，而且上帝有充分的理由下这样的禁令。虽然我们不敢僭越假定知道上帝的想法，但我们可以假定上帝做出他的决定基于这样一个事实：酷刑是极其痛苦、侮辱人的，而且是对一个没有自卫能力人的攻击。假设这些都是相关的理由，那么这些理由，而不是上帝的命令，才是酷刑不道德的原因。这些理由完全可以解释为什么酷刑是错误的。以酷刑折磨人是错误的,因为它给人带来极度的痛苦和羞辱等。

上帝的谴责不会把道德上中立的行为变成不道德的行为。相反,上帝认识到酷刑的邪恶在先,是酷刑的本质决定了酷刑的不道德。因为上帝是全知的,他就知道酷刑的邪恶本质。因为上帝要我们从善嫉恶,所以他禁止这种酷刑行为。上帝命令我们不受酷刑,因为酷刑是不道德的。

游叙弗伦论证(Euthyphro Argument)总结了以上的思考:

1. 或者上帝下达命令是有理由的,或者上帝的命令是没有理由的。
2. 如果上帝的命令是没有理由的,那么上帝的命令就是武断的——那么上帝就是不完美的,由此也就动摇了他的权威。
3. 如果上帝下达命令是有理由的,那么这些理由,而不是上帝的命令,决定了行为的对错——从而否定了神命论。
4. 所以,或者上帝是不完美的,或者神命论是错误的。
5. 上帝不可能是不完美的。
6. 所以,神命论是错误的。

既然上帝绝不是武断的,我们必须假定他所下达的命令是出于可能的最佳理由。下面就是可能的最佳理由:上帝看到像酷刑这样的行为是不道德的;出于完美的理解力,他同样看到仁慈和同情是美德,然后基于这种无上的洞察力下达神圣命令。这样的理解保全了上帝的全知和全善,但否认了上帝是道德规则的缔造者,从而牺牲了神命论。

毕竟我们没有其他的选择。如果强奸和偷窃本身没有内在本质的错误,那么上帝完全可以反过来鼓励强奸和偷窃,而禁止我们慷慨或体贴。但这完全就是对道德的嘲弄,是对道德完美的上帝的嘲弄。

完美的上帝论证(Divine Perfection Argument)阐明了这一点:

1. 如果神命论是真的,那么一个道德上完美的上帝原本可以创造出一种无可挑剔的道德要求我们强奸、偷窃和杀戮,而禁止任何仁慈或慷慨的行为。

2．一个道德上完美的上帝不可能发布这样的命令——无论是谁发布这样的命令在道德上都是不完美的。

3．所以，神命论是错误的。

第一个前提当然是正确的。神命论声称是上帝的选择确立了道德，而且没有任何东西可以阻止上帝的选择。如果上帝的选择是预先确定的，唯一可能的解释就是某些行为已经是正确的，而另一些行为已经是错误的，而且上帝用他的无限智慧看到了这一点，从而下达相应的命令。但是这一解释否定了神命论的中心思想。

第二个前提也是很合理的。一个抑善扬恶的道德准则，不可能出自值得我们顶礼膜拜的上帝，否则这样的上帝不可能是至善的典范。

据我所知，许多宗教人士仍然对摒弃神命论感到怀疑。他们担心我们仍然需要神命论来维护上帝的完美性。如果上帝没有创造道德法则，那么他怎么可能是完美的呢？

的确，放弃神命论意味着放弃上帝是道德缔造者的观点，然而这却是维护了上帝的完美性。我们可以说，上帝是全知、全善的，而他对我们的爱没有止境。因为他的无限智慧，他洞悉所有的善与恶。因为他的至善，他追求最高的道德理想。出于对他的造物的关爱，他传递了一部分智慧给我们，以更好地指导我们的人生。更进一步，如果我们摒弃神命论，我们就可以说，上帝是基于可能的最佳理由来发布命令，从而避免了会破坏上帝完美性的武断。

如果所有这些论证都是有道理的，那么陀思妥耶夫斯基由"上帝死了"引发的悲观主义就是错误的。没有上帝并不意味着道德的缺失。上帝并不需要创造道德准则；相反，一个完美的上帝在最大程度上洞悉、接受并遵守道德准则，即使他自己并没有创造这些道德准则。

一个完美的上帝不可能由他的一时奇思怪想创造道德。如果上帝不可能在道德上犯错误，那是因为他完美的理解力。就道德而言，上帝完美的理解力并不表现在他是否缔造了道德准则，而表现在他对这些道德准则及其背后的本质的完美认识。

第三个假设：宗教是道德指引的本源

有神论者常常不愿意放弃神命论，因为他们认为拒斥神命论就是把上帝排除在道德的范畴之外。但事实并非如此。

假设上帝存在，但不是道德准则的缔造者。上帝在道德上仍然可以发挥关键作用——不是作为创造者，而是作为最忠实的报道者和指点迷津的专家。上帝洞察一切——包括道德律法的每一个细节。如果上帝是博爱的，那么他会和我们分享他的智慧。他会怎么做呢？通过启示的方式，无论是通过个人的、直接的方式（比如，通过与你交流或者显灵给你某一种神迹），或者通过间接的方式（比如，通过启发圣经的作者）。

重要的是，放弃神命论的宗教信徒可以轻而易举地接受以下主张：

> 如果是上帝命令的，那么这种行为就是道德的；如果是上帝禁止的，那么这种行为就是不道德的。

这看起来像神命论，但却有着根本的不同之处。这种观点并不认为行为的正确与否是因为上帝的命令。上帝的命令不决定某种行为的正确（或错误）。然而，如果上帝存在，那么他的裁定在道德上仍然有决定性的意义。因为上帝是金口玉言，永远不会犯错，如果上帝命令你做某件事，那么从道德上讲，就不用再说别的什么了。

上帝不必是道德的缔造者，而同样可以教导我们如何过道德的一生。比如，有一个精确无比的温度计，我们看一下温度计就能知道当下的温度。但是，温度计并没有创造温度本身，它只是准确无误地记录温度。如果我们摒弃神命论，那么上帝在道德方面也扮演着相似的角色，他并不创造道德法则，但他准确无误地告诉我们道德是什么。

当然，即使这样，人们还是会有一些疑问，比如以下这些值得讨论的疑点：

- 那些不信教的人需要在别的地方寻找道德指导。

- 不信教的人有可能是正确的，因为上帝有可能并不存在。
- 更进一步，上帝可能存在，但也许并不为我们指点迷津。

这是自然神论者的上帝。要相信宗教文本或者宗教权威，我们必须首先坚信上帝的存在，并且上帝要将他的道德智慧传递给我们，而不是相反。

但即使上帝存在，并不断给予我们道德忠告，对于寻求上帝指引的人来说，仍然有两个棘手的问题：

- 我们必须从众多宗教智慧的来源中做出选择。
- 我们必须知道如何解释这一宗教智慧的来源。

我们可以用流行的宗教权威论证（Argument from Religious Authority）来解释这两个问题：

1. 如果圣经禁止堕胎，那么堕胎是不道德的。
2. 圣经禁止堕胎。
3. 所以，堕胎是不道德的。

第一个前提断言了圣经的道德权威。但是哪一本圣经呢？不同的宗教有不同的圣经文本，而各种文本记录的细节还时时相互矛盾，所以我们必须做出选择。想必其中肯定有一个正确的文本和很多错误的文本，但是，确定到底是哪一个文本正确却不是容易的事情。

如果圣经是上帝亲笔或者直接口述而成，第一个前提才是合理的。因此，宗教徒必须千方百计要证明这一点。他们必须证明上帝存在，上帝和人类曾经有过直接的交流，而且上帝的智慧包含在他们最喜欢的圣经文本之中。要证明这些并不容易。

如果上帝是全能的，那么他可以提供一些非常明确、不可否认的证据来澄清这些问题，并且来说服不可知论者、无神论者或者其他宗教的信徒。但迄今上帝还没有选择这样做，因而证实第一个前提变得尤其不容易。

除此之外，还有另外的挑战。即使有神论者能够充分论证第一个前提，并证明他们所选的圣经就是上帝之言，如何来解释上帝的经文仍然是个问题。比如，希伯来文和基督教的圣经都没有明确地提到过堕胎，更不用说禁止堕胎了。因此，即使你认为对经文应该逐字逐句按字面来解读，还是会出现问题。有很多重要的话题（比如堕胎），从来没有在经文中提起过。而经文中提起过的很多人与事还可能前后矛盾（比如，《创世记》第1章和第2章有关世界起源的故事在字面上就相互矛盾）。在道德上，圣经也有一些很麻烦的建议（比如，《利未记》中有的段落提到允许奴隶制、女性应该附属男性，或者通奸犯和不孝顺的子女都该杀）。

但是，如果不按字面来解读，我们又会面临无数解释圣经文本的可能性。宗教徒必须在各种相互矛盾的段落中做选择，还要能证明他们的选择是正确的。由此可见，要捍卫第二个前提也不容易。

最后一个难处来自要在经文和现存宗教几千年的传统之间找到一个平衡，两者的道德要求不尽相同。

当我们对一段经文的解释与长期的宗教实践或宗教权威的建议相冲突时，该听信哪一个呢？举个例子，著名的"以眼还眼"原则是上帝在希伯来圣经中反复强调的（《出埃及记》，21:23；《利未记》，24:20；《申命记》，20:20）。然而，两千多年来，犹太社会及其宗教领袖一直是以一种富有想象力的而不是逐字逐句的方式来解读圣经里的这一法令，对作恶者不一定总是以眼还眼，并将这一原则推广到圣经里提到的其他原则。那么，经文是否高于传统实践和宗教权威？还是反过来呢？宗教徒必须要有一种可靠的标准来解决两者之间的冲突，不然就很难知道上帝究竟要求我们做什么。

总而言之，那些为了过一种道德的生活而寻求神圣指引的人可能会成功，但必须要满足几个条件：（1）上帝必须存在，我们的信仰是有充分理由的；（2）上帝必须在道德上为我们指点迷津，而且我们必须能够证明他确实是这么做的；（3）有神论者必须有正当理由来选择他特定的宗教智慧和道德智慧的源泉，比如《古兰经》《摩门经》或者是基督教的经文；（4）有神论者还必须能够捍卫对这些来源的特定解释；（5）最后，当一种解释与宗教传统相冲突时，宗教徒必须能够消解两方面的冲突。

这是一组相当艰巨的任务，当然，哲学领域有很多这样的任务清单。任务艰巨并不一定意味着没有成功的可能性。毫无疑问，要达到目标，宗教徒有很多工作要做，就像我们其他人一样。

结论

在讨论道德与宗教的关系时，有很多值得思考的问题。我把重点集中在了三个主要假设上，因为它们是讨论上帝在道德中作用的核心议题。

我们是否需要上帝来确保道德上的动机？并非如此。道德上令人钦佩的行为出于我们为尽责而尽责，而不是出于自我利益的考虑。敬畏上帝或渴望上天的赏赐，并不一定会玷污我们的品质，但却不能代替对道德本身的敬重，因而无神论者和宗教信徒可以同样有道德感。

上帝是否创造了道德？并非如此。相反，上帝（如果他存在）洞悉一切，所以他确切地知道诸如强奸和酷刑是错误的，而诸如同情和仁慈是正确的。上帝基于对道德的完美理解，出于对他的造物的关爱而发号施令。这样的上帝所依据的最好的原则，同时也就是可以解释道德上的对与错的原则。

宗教是否提供了可靠的道德指引？有可能。这取决于很多因素——上帝是否存在，上帝是否与我们对话，我们能否知道哪些文本是上帝的手笔或者源于上帝的启示，我们是否能证明自己对圣经的解释最站得住脚，当圣经的解释与宗教传统和权威相冲突时，我们能否在其中找到一个平衡点。

在本书的后面章节里，我将不再提及特定的宗教主张。这有两个原因。首先，所谓道德是建立在宗教基础上的假设有很多可疑之处，我想看看不依赖这一假设，有关道德的讨论能够走多远。其次，在我之前，也有宗教哲学家认为上帝赋予我们理性和理解力，是为了让每一个人都能接触和感受到道德真理。毕竟，一个仁慈的上帝会希望所有人，包括非宗教信徒，都能认识到强奸和种族灭绝的不道德，都能体会到慷慨和善良这样的美德。

由此，接下来我们要来研究这样一些哲学家的观点——他们虽然自己笃信宗教，但却为他们的道德理论寻求非宗教的基础。

供讨论的问题

1. 宗教如何激发人们的道德行为？为什么这种由宗教而来的动机有时被认为在道德上是成问题的？
2. 法律的存在是否意味着立法者的存在？陈述你的观点和理由。
3. "上帝创造万物，所以上帝创造了道德。因此，神命论是正确的"。请评价这一论证。
4. 描述苏格拉底提出的众神的命令与道德的两种可能关系。你觉得哪一种解释更有吸引力？为什么？
5. 许多不同的宗教文本都为我们提供道德上的指导，有时它们会给出相互矛盾的建议。是否有可靠的方法来决定哪种文本（如果有）是正确的？
6. 总的来说，你认为宗教是道德指引的可靠来源吗？为什么是或者为什么不是？

第六章
自然法

自然法理论及其吸引力

你是动物。

我可不是想侮辱你,只是实话实说罢了。我也是动物,其他人也都一样。动物的基本需求——食物、水、安全感、有伴儿、远离痛苦——也是人类的基本需求。人类像其他动物一样,面临着同样的境况:有生之年时时有受伤害的危险,而死亡是确定不移的终点。也许,道德的关键在于,理解我们在自然秩序中的位置。许多人都是这样认为的。

在寻找是什么使得人生美好的时候,我们不妨从其他动物身上得到一些启发,看一看它们为什么会感觉不错,什么时候日子过得挺好。似乎有一个共同的答案:动物生活得好的时候是当它的天性得到满足的时候,而违背天性的时候就正相反。比如,赛马的本性是速度快,英国猎犬的本性是善于狩猎,而变色龙能自然而然地融入它的生活环境中。如果小赛马摔断了腿,变色龙无法伪装自己,它们的生活就会变得很糟糕。一个好的猎犬能够追踪和捕获猎物;糟糕的猎犬懒洋洋地坐着,对猎物不闻不问。

在每一种情况下，天性都是评价的标准。自然界中万物都有天性。凡是符合天性的东西就是好的，而违背天性就是不好的。也许对我们人类来说也是一样。

这就是**自然法理论**（natural law theory）的指导思想。根据这一理论，好人就是那些实现他们真实本性的人，坏人就是那些没有实现其真实本性的人。道德法则就是自然法则——要求我们按照我们的本性行事的法则。（正如我们要看到的，这种自然法不同于物理学家用来描述分子运动或星系运行的自然法则。）自然法的核心观点就是，合乎自然的行为就是正确的，不合乎自然的行为则是错误的。评价个人的好坏也是一样——越能实现自己的真实本性就越好。

自然法理论想要解决伦理学中一些非常严肃的问题。其中有四个问题尤为重要。

1. 自然法理论有望解释道德如何有可能是客观的，也就是说，道德标准如何能够不依赖人们的意见。

根据这一理论，人性是道德的客观标准。当我们的行为表达了人性的时候，就是正确的，而当违背了人性的时候，就是错误的。由于个人和整个社会都可能会搞错我们真正的本性是什么，因而对道德要求的理解也会有偏颇之处。

许多自然法理论家都是有神论者，认为我们的天性是上帝赋予的。的确，自然法理论最杰出和最有影响力的倡导者，圣托马斯·阿奎那（St. Thomas Aquinas, 1225—1274），融合亚里士多德和基督教的观点，极力主张我们在道德上必须实现我们的本性，因为我们的本性是上帝赋予的。但这还并不是自然法理论的根本所在。最重要的是，不管我们的本性是上帝赋予的还是以其他方式产生的，人性注定是我们终极的道德标准。如果这个理论是正确的，那么只要有人性存在，道德就是有客观来源的。

2. 自然法理论轻而易举地解释了为什么道德只适用于人类。

几乎每个人都认为，人类独有的特征是我们复杂的推理能力。其他一些动物也许能够以基本的方式推理,但是这个星球上还没有其他物种有接近人类的能力,能够来评价不同的生活方式,批判性地分析行为和策略的优劣,然后在深思熟虑之下付诸行动。这种理性思考的能力似乎同时也是道德的基础。道德行动者——为自己的行为负责、为自己的行为受奖惩的人——是那些可以通过推理来控制自己行为的个体。因此,动物(树木或汽车)即使有时造成伤害,也不必负任何道德责任。只有人类由于本性才能成为道德行动者。因此,自然法理论可以解释为什么道德义务只适用于人类(或者,如果有,其他和我们有同样理性能力的生命)。

3. 自然法理论清楚地解释了道德的起源。

自然法理论告诉我们,道德和人类本身一样古老,道德可以追溯到人类最早的时代。但这并不是因为,像很多人认为的那样,道德取决于人类的意见,而是因为道德取决于人性。没有人类,就没有人性。没有人性,也就没有道德。

4. 自然法理论也许能够解决伦理学中最难的问题之一:如何获取道德知识。

有许多怀疑论的论证试图证明,我们没有获取道德智慧的希望。下面是一个历来备受青睐的论证,是由杰出的苏格兰哲学家大卫·休谟(David Hume,1711—1776)[1] 提出来的,让我们称之为休谟论证(Hume's Argument),以示敬意:

1. 我们只能认识两种主张:概念真理或经验真理。
2. 道德主张既不是概念真理,也不是经验真理。
3. 所以,我们不可能有道德知识。

---

[1] 原始论证出现在休谟的《人性论》(*A Treatise of Human Nature*,1739),第三卷,第一部分。

概念真理（conceptual truth）是可以只依靠理解力而被认识的。比如，以下的命题都是概念真理：没有球体是立方体。所有的整数都是偶数或奇数。单身汉是指未婚的男性。如果 A 比 B 高，B 比 C 高，那么 A 比 C 高。你可以闭上眼睛，对外部世界充耳不闻，单单想一想这些命题，就知道它们是真的。

经验真理（empirical truth）却不是这样的，我们只有依靠感官证据才能认识经验真理。比如，我住在一栋建于 1964 年的房子里。2007 年 6 月 25 日那一天伦敦下雨。太平洋比大西洋大。大卫·休谟从未结过婚。

假设我们同意休谟的说法，即所有的知识不是概念真理就是经验真理。如果这是正确的，而如果道德主张两者都不是，那么道德知识就是不可能的。

为什么道德主张不是概念真理？因为任何道德主张，即使我们能完全理解它的意思，却仍然怀疑它是不是真的。而当我们问单身汉是否未婚，或者球体是不是立方体时，答案完全是确定的。只要能理解这些问题，就已经知道答案了。

为什么道德主张不是经验真理？因为我们不能用感官去认识它们。任何对世界的科学探索都无法揭示其中的任何道德特征。如果你目睹了一场谋杀或爽约，你会注意到很多细节，但却看不到其中的对错。

休谟还有另外一个理由来说明为什么道德知识不可能是经验的。经验知识告诉我们如何描述世界。当描述世界的时候，谈论的是世界是什么样的，但道德要告诉我们的是世界应该是怎样的。我们如何能从描述走向命令？怎样从知道世界如何运作到认识到世界应该如何运作？休谟认为这个问题是没有答案的。如果他是正确的，那么在是什么和应该怎样之间就有一个永远无法跨越的鸿沟。

假设我们这样描述一个事件：这是一起悲惨的谋杀案。受害者是一个孩子。这个孩子惊恐不已。凶手之所以对他下手，是因为这个孩子是个容易攻击的目标。凶手没有感到任何懊悔。如果休谟是正确的，那么不管我们堆砌了多少词藻来描述这一事件，逻辑永远不可能告诉我们从这些证据中得出哪一个道德结论。

我们理所当然认为这一行为是不道德的。但是，这类谋杀是不道德的断言不能用经验证据来证实，同时也不能用概念真理来确认。而既然所有的证据都必须是经验性的或者概念性的，我们就永远无法证实我们的道德观点。

自然法理论宣称能够解决休谟提出的这一挑战。根据自然法理论，道德知识需要两样东西：我们必须知道人性是什么，并且知道不同的行为是否能实现人性。自然法理论家认为，这两种知识都是经验的。

人类是动物王国的一部分。我们通过深入的科学研究来了解其他动物的真实本性。研究人类也一样。发现人性的本质是一个科学探索的过程。掌握了人性本质的经验知识，我们就可以来仔细观察人类个体，看他们的行为是否符合人性。这一审视的过程也是经验的。

假设我们在许多不同的文化背景下对婴儿进行广泛的研究，发现他们都是很温和而且没有任何暴力倾向的。我们大多数人都会认为，这样的经验证据足以证明"温和"及"非暴力"是人类本性的一部分。如果看到挑衅和暴力行为，我们就有证据认为这样做的人是不道德的，因为他们的行为与他们的真实本性背道而驰。

因此，从自然法的角度看，获得道德知识就不再是不可思议的。仅仅通过描述一个人的行为，以及掌握关于人性的知识，我们就可以来判断一种行为是不是道德的——看它是否实现了人性。如果自然法理论是正确的，我们就可以从"是什么"推出"应该怎样"。

人性的三大概念

我们在称赞一种行为时，往往说这是完全出于人性的；或者为某人的伤害行为找借口的时候也会说，在这种情境下，这是很自然的人之常情。相反，我们在谴责某些行为时，会说这不符合人性，或者当描述极端恶劣的行为时，我们说这是违背人性的，是对人性的犯罪。如果自然法理论是正确的，所有这样的说法都很有道理。

如果要用自然法理论来解释真正的道德问题，我们需要对人性有更深刻的理解，因为自然法理论的核心在于，人性决定道德标准。人性使人成为人，是一组对我们作为人类至关重要的特征。一旦失去这些特征，我们就失去了人的属性，变成不再是人类了。自然法理论家坚信，有一组本质的特征定义了我们之所以是人类。

人性的本质是什么？下面我们要讨论三个众所周知但又不无问题的回答。

人性即动物性

根据这种理解，我们天生就是动物，所以依据我们的本性行事就是像其他动物一样。其他的动物需要猎食，需要抵御掠食者的侵害，这就可以解释为什么我们要保护自己不受攻击，或者种植粮食以养活自己在道德上是可以接受的。这听起来很有道理，但是，从其他动物那里寻求道德指引却是无稽之谈。

在导言中，我们简短地讨论了这种观点，比如，有人用动物猎食其他动物来为自己食肉做辩护，我对这一论证颇不以为然。撇开一个事实，我们拿来当食物的大多数动物并不吃其他动物。即使说到真正的食肉动物，一种动物猎食另一种动物也并不能说明人类猎食动物就是应该的。毕竟，有些动物会杀死自己的幼崽，有些动物会吃掉自己的幼崽，还有些动物会很野蛮地对待老弱病残的成员，难道人类也能名正言顺地如此行为吗？

因此，即使我们与其他动物有很多共同特征、需要和兴趣，但动物性并不足以解释什么是人性——尤其是那些决定了我们理当遵守道德标准的本性。我们必须继续寻找其他与道德相关的对人性的理解。

人性是先天的

先天的（innate）特征是我们出生时就有的特点。先天的特征是与生俱来的，而不是从父母那里或者社会中学习获得的。按照这一思路，我们真正的本性就是我们天生的本性，通过社会化而获得的品质是后天的、非自然的，并且玷污了我们早年的纯真。原则上说，我们可以通过科学的方法来发现人的先天本性，从而解决休谟对获得道德知识的挑战。

如果让-雅克·卢梭（Jean-Jacques Rousseau，1712—1778）是正确的，人类先天本善。在社会腐化我们之前，我们的高尚本性光芒四射。人类天生快乐、乐于合作、体贴助人。如果我们的本性是道德的关键，那么道德在很大程度上就是我们所认为的本性特征，它要求我们友好、合作、关心他人的需要。

如果真是这样，无疑是一种安慰。但是，如果托马斯·霍布斯（Thomas

Hobbes，1588—1679）是正确的呢？他认为人类天生自私、好斗，而且不信任他人。我们生来如此，在大多数情况下一生都不会改变。如果人性是天生的，而我们应该按本性行事，那么霍布斯的观点会迫使我们放弃许多传统的伦理信念。

人们普遍接受人性是先天的观点。难怪很多人认为深入研究婴儿将揭开人性之谜。这种思想认为，社会在一定程度上注定要改变我们的自然状态，因此研究在被社会改造之前的孩子，可以获得对人性最深刻的理解。

然而，如果自然法理论是正确的，如果人性是先天的，那么我们必须首先要解决自然（先天）/养育（后天）的辩论，才可能分辨出对错。这一点听起来很是可疑。我们完全可以断定，我们不会在道德上劝人自私、好斗或者多疑，即使我们不确定这些品质是不是天生的。我们也完全可以肯定，因为肤色而杀戮是不道德的，即使我们不确定人类是否天生有一种要伤害异己的倾向。

这就引出了一种普遍的观点：动机的最终来源与我们的行为是否道德无关。强奸和抢劫是不道德的，无论这些犯罪的动机是先天的还是后天获得的。心甘情愿去安慰病患是善行，即使我们助人为乐的动机不一定是与生俱来的。由此看来，我们的行为是否道德并不取决于我们的品格特征是先天的还是后天获得的，自然法理论家必须从别处寻找对人性的理解。

人性是人类的共性

很多人认为，我们的本性就是人类共同的特质。这些普遍的人类特征构成人性的本质。而因为这些特征是普遍的，我们就可以用科学方法来研究确定人性。研究数据不一定可以手到擒来，但是只要努力，通过观察我们的共同特征就能发现人性。

这种观点存在两个问题。首先，可能没有普遍的人类特征。其次，即使人类有共性，也并不见得能提供良好的道德指导。

否认人类的普遍特征似乎有些荒唐，食色性也，这难道不是每个人都需要的吗？难道不是每个人都有对未来的憧憬、都有深思熟虑的能力吗？但是另一方面，有些人的确对饮食男女漠不关心；还有些人心智受损，根本无法考虑自己的未来。凡是我们认为是人类本性的任何特征（也许是每一种这样的特征），都可以找到例外。

有一个其他动物的例子能很好地说明自然法理论家对这种观点的反驳。设想动物的本性,比如,鹿的天性是对天敌高度警惕,长有四条腿,有鹿角,是黄褐色的。但是,的确有的鹿只有三条腿,有的没长鹿角,有的对天敌不闻不问,或者还有的有白化病,所以根本不是黄褐色的。我们可能会说,这样的鹿不是真正的鹿,不完完全全是鹿,或者不大应该是鹿。

如果这听起来有道理,那么我们可以推而广之到人性的讨论。也许人类的本性,就像其他动物的本性一样,并不一定必须是所有人的共性,而只需要是大多数人的共性。鹿有天性,但并不是每只鹿都有这种属性。人类也一样。

可惜这一策略行不通,要找到一个合理的临界值是个难题。究竟需要多少人具备同样的特性才算得上是人类的共性呢?这还不算,真正的问题是:大多数人都有某些在道德上完全无关紧要的特性。

假设我们大多数人都是自私和吝啬的,于是自私和吝啬就是人性的一部分。那么从自然法的角度来看,自私和吝啬在道德上就是正确的。很显然,这个结论很难让人接受。

即使我们每个人,或者大多数人都是残忍和恶毒的,这也不可能让残忍和恶毒变成在道德上善的。即使常人往往令人厌恶、小气狭隘,这些特征也仍然是恶习,而不是美德。事实上,许多人、大多数人甚至所有人共有的行为方式,或者共有的品格特征,并不足以表明这种行为和特征在道德上是善的。从是什么到应该怎样之间的鸿沟是无法轻易跨越的。

自然目的

如果人性不是我们所有人或大多数人共有的(先天的)特征,那它又是什么呢?大多数自然法理论家认为,人性就是造物主设计我们时赋予我们的目的。可以说是我们的功能,我们命中注定要实现的目的,或者我们被赋予的终极目标。

这种人性观似乎远离了科学领域而进入宗教范畴。科学如何告诉我们人的目的是什么?所谓被设计是否意味着一个智慧设计者的存在?

事实上，许多自然法理论家，步托马斯·阿奎那的后尘，的确就是在各自的宗教背景下阐发这样的假设的。他们认为，上帝是人类的智慧设计师（Intelligent Designer）。当上帝创造我们的时候，他赋予我们一组特定的目的，而这些目的构成了我们的人性。因为上帝是全善的，那么背离上帝赋予我们的目的就是不道德的。这就是我们不按本性行事时的行为，这就是为什么不按本性行事就是错误的。

关于这样的观点见仁见智有很多说法，但大部分都在前一章讨论过了。与目前的主题相关，我们必须按照本性行事，只有如此才是尊重上帝对我们的安排，而上帝的计划是道德的核心。虽然这一点和把上帝的命令作为道德的基础不尽相同，但还是和神命论如出一辙。与其重温神命论，我们不妨来考虑对自然目的的一种世俗解释。

如果不提及一位智慧设计师，要理解我们是被设计来实现某种目的的就是一个挑战。严格地说，大自然对我们没有任何设计，大自然不是有意图和计划的智慧存在。尽管如此，我们说某样东西具有自然功能或目的还是有意义的。进化和自然选择的机制，而不是上帝，可以是我们自然目的的源泉。

例如，自然设计我们的大脑以使我们能够思考，肝脏能够为血液排毒，胰腺能够调节葡萄糖水平。我们可以说线粒体是用来做什么的，心脏和肾脏是用来做什么的。每一个器官都有它的服务目的，即使并没有人给器官分派这些目的。

但是，谈论器官的目的与谈论人类的目的大不相同。人存在的目的是什么？这个问题本身有意义吗？

为了回答这个问题，我们需要理解什么是一个自然目的。对此有两种非宗教的解释值得注意，我们可以称第一种为效率模型（efficiency model），第二种为适应度模型（fitness model）。

我们以心脏为例来考量效率模型。我们说泵血是心脏的自然目的，因为没有任何其他器官能像心脏一样泵血。心脏的特定结构使它能最有效地泵血，因此心脏的目的就是泵送血液。

如果人类在做某些事情上比任何其他动物都更有效率，那么就可以说人类有一个功能或目的。我们当然在很多方面都很出色。比如，我们在设计谜题和写散文方面的才能肯定胜过其他任何动物。但是根据效率模型，自然法理论就不可能是正确的；因为不自然、不出自本性的行为是不道德的行为，这就意味着当我们在谜语设计或者散文写作上表现不佳时，我们就在做不道德的行为。另一方面，人类在制造武器方面胜过其他任何动物，而且在使用酷刑工具方面也更有天赋。如果按照本性行事就是道德上可接受的，而制造杀伤性武器和动用刑具真的是出于我们的自然目的，那么这些行为在道德上就是无可指责的。显而易见，这个结论是荒谬的。

如果效率模型是正确的——如果人性来自我们的自然目的，而这些目的是由我们做得最出色的事情决定的——那么自然法理论就会一败涂地。我们有太多可以做得出色的方面，有太多这样的目的，而其中很多目的与道德毫不相干。也许适应度模型更有道理一些。

谈到适应度模型，我们的器官有各自的目的，是因为它们都非常适合各自的角色。心脏、大脑、肝脏和肺部的自然目的就是提高**适应度**（fitness）：大致来说，就是确保我们的生存和繁衍。我们能够生存下来，把基因传给后代，就是因为这些器官的良好运作。大自然设计了心脏、肾脏和大脑等器官来提高我们生存的机会，这是这些器官的自然目的，也是人类的自然目的。我们的自然目的是生存，并将基因传递下去。这就是人类生命的目的。在一个没有上帝的世界里，这就是人类生命的全部目的。

由于我们的自然目的是生存和繁衍，这就可以理解为什么那么多自然法理论家认为自杀是不道德的，并且极力谴责节育和同性恋行为。另一方面，我们认为，勇气、忍耐和坚忍是真正的美德——拥有这些品质的人（在一定意义上）比那些不具备这些美德的人更可能生存下去。

假设自然法理论是正确的，只有当我们实现我们的自然目的时，我们才能实现人性，那么，随之而来的就是下面这两个断言：

1. 按本性行事——实现我们的自然目的——永远是道德的。
2. 不按本性行事——背离我们的自然目的——总是不道德的。

但是，如果适应度模型是正确的，那么这两种说法就都是错误的。

为什么第一个断言是错误的？所谓符合本性的行为就是我们尽可能地使用心智和身体去实现我们原本的设计目的。在适应度模型中，这些目的是生存和繁衍。因此，符合本性的行为就是那些增加我们生存和繁衍机会的行为。男性可以通过强奸尽可能多的女性来提高传递基因的概率，但难道还有比这种行为更不道德的吗？那么生存的目的呢？想想奥斯威辛集中营幸存者普里莫·莱维（Primo Levi）的话："最糟糕的是，适者生存了下来。最优秀的人却都死了。"[1] 有时候，那些知道如何使用暴力或者深谙背叛之道的人得以苟活。如果我们以适应度模型来理解自然目的，那么第一个断言就是错误的。

第二个断言同样也是错误的，不是每一个背离自然目的的行为都是不道德的。大自然塑造我们的耳朵以便更好地侦测天敌的动向，倾听朋友的建议，识别攻击者的威胁。但是，戴上一副消除噪声的耳机并没有什么不道德的。我们有眼睛是为了看东西。但是，把眼睛对起来开个玩笑，或者把眼睛闭起来不看不想看的东西也没有什么不对的。

还有一点值得注意，即使是上帝，而不单单是自然赋予了我们种种不同的目的，上面这些例子也是没错的。假设上帝让我们有眼睛能看，有耳朵能听，但偶尔戴上眼罩或者戴上耳机在道德上仍然是可以接受的。尽管是"不自然的"，但这些行为是完全可以接受的。

这说明适应度模型和效率模型一样经不起推敲。两种模型都未能解释自然法理论的观点，都不能解释为什么符合天性的行为是道德的，而反之不符合天性的行为就是不道德的。如果我们不能找到更好的方法来决定我们的本性是什么，自然法理论就很难自圆其说。

因为这些对人性不同理解的种种弱点，让我们看到了下面这个经典的道德论证是不可能成功的——我们称它为自然法论证（Natural Law Argument）：

1. 如果一种行为是不符合本性的，那么它就是不道德的。

---

[1] 普里莫·莱维，《被淹没和被拯救的》（*The Drowned and the Saved*，New York：Alfred A. Knopf，1986），第 82 页。

2. 自杀、避孕和同性恋行为是不符合本性的。
3. 所以,自杀、避孕和同性恋行为都是不道德的。

无论根据我们迄今所考虑的哪种对本性的解释,第一个前提都是错误的。不管是说非本性行为来源于后天而不是天生具有,还是说这些行为不大寻常,而不是普遍的,或者是说这些行为阻碍自然目的,无论是哪种理由,这样的行为在道德上都是可以接受的。

这并不能证明自杀、避孕和同性恋行为在道德上是无可争论的。然而,它的确表明,自然法理论的论证是经不起反驳的,除非我们能找到对人性更好的理解。

人类的定义论证

另外一个沿袭自然法传统的著名论证是人类的定义论证(Argument from Humanity),这也许是在反堕胎的公众辩论中我们听到最多的一个论证,而且非常直截了当:

1. 故意杀害无辜的人总是错误的。
2. 胎儿是一个无辜的人。
3. 所以,故意杀害胎儿总是错误的。

对于第一个前提,可讨论的地方很多,我们姑且放一放,把注意力集中在第二个前提上。第二个前提对大多数人来说似乎显然为真,但对许多其他人来说似乎又显然为假,那么症结在哪儿呢?

我认为,这个前提中的术语"人"是**模棱两可的**(ambiguous)——它有不止一种含义。在这些辩论中,至少用到两种不同的含义,而两个阵营的人各取所好。这样做的结果是,很多关于堕胎是否道德的辩论徒劳无益,最终不了了之。

在此,重要的问题是,确定胎儿是不是一个无辜的人,取决于我们如何定义人类(humanity)。人类的本质是什么?我们很容易想到从科学那里寻找答案。科学告诉我们,作为智人物种的一员就是人类的本质。从生物学的解释来看,第二个前提显然是真的,作为我们同一物种的胎儿肯定是无罪、无辜的。

但是,如果我们纯粹以科学概念来定义人类,那么用第一个前提来反驳争取堕胎权利的人就是犯了**乞题**(beg the question)谬误。换句话说,第一个前提假定它所要得出的结论是正确的,而并没有提出任何独立的理由来反驳争取堕胎权利的立场。支持第一个前提但是又不给出任何支持性论据,就好像是在向虔诚的教徒传教,因为只有那些已经反对堕胎的人才会接受第一个前提。如果以纯粹生物学术语来定义人类,那么第一个前提就和结论一样需要大量的论据来做辩护。

换一种思路,我们可以认为人类不是一个生物学类别,而是一个道德类别。在这样的观点下,人之为人的本质是有一定的道德地位。人有权享有广泛的道德权利,包括生命权。在这一种解读下,第一个前提很可能是正确的,尽管一些批评家认为,即使这个道德准则也有一些例外(我们将在接下来的章节详加讨论)。然而,即使第一个前提是真的,赋予胎儿一系列基本权利的第二个前提也显而易见犯了乞题谬误。第一个前提本来应该是结论的依据,但和结论一样需要论据来做辩护。

所以,人类这个术语的含义(和本性这个术语一样)是模棱两可的。只要我们很清楚自己在使用哪一种含义,论证就是没有问题的。然而,一旦我们弄清了人类一词的不同含义,并确保在两个前提中都使用相同的含义,这个论证就必然是乞题论证。这就表明,我们在这里讨论的论证单独不能成立。根据人类一词的不同含义,反堕胎的一方必须要提供更强有力的补充论据来捍卫第一个前提、第二个前提或者两者兼顾。

在此要提一下哲学研究的一个基本原则:我们不可能仅仅用定义来解决复杂的道德问题。我们不可能通过把人定义为智人物种的一员来解决堕胎问题的争论,同样把人定义为拥有基本道德权利的个人,也一样徒劳无益。我们可以随意来定义人类——通过物种、遗传密码、道德权利、理性、自我意识、语言能力或者任何一种其他的方式。但是无论怎么定义,在许多复杂的道德论证中仍然没有捷径可走。仅凭定义不可能代替艰苦的哲学研究来解决复杂的道德问题。

另外一个绝好的例子是婚姻论证（Marriage Argument），这一论证可以用来充分说明我们在此讨论的哲学原则。许多自然法理论家和反对同性婚姻的人都很认同这一论证：

1．婚姻被定义为一个男人和一个女人之间的关系。
2．同性恋关系是一个男人和另一个男人之间的关系，或者一个女人和另一个女人之间的关系。
3．所以，同性恋关系永远不能成为婚姻关系。

寻求一个定义是寻找一种本质。比如，把单身汉定义为未婚成年男性，就是提供作为单身汉的本质、核心性质。婚姻的本质特征是如反同性婚姻阵营所说的异性之间的关系，还是如支持同性婚姻的阵营所说的互敬互爱和对彼此的承诺？还是完全是别的什么？

我无意解决这场争论，但是前面提出的哲学原则也适用于这一论证。同性婚姻辩论背后的真正问题是，国家是否在道德上有义务给予同性伴侣和异性伴侣同样的合法权利。这一问题不可能通过提出婚姻的一种定义来解决，尤其是那种只对辩论一方有利的定义。只有通过研究婚姻的真正目的、同性恋的道德性、国家所扮演的角色以及其他很困难的问题才能解决这个问题。

定义是让思路清晰的工具。我们用定义来澄清问题，并准确地告诉大家讨论的重点是什么。然而，知道我们在说什么和决定其道德地位完全是两回事。单单用定义永远不可能解决道德问题。

虽然对人类定义的讨论还不足以危及自然法理论，但我们在使用这一定义时必须要小心谨慎。即使我们对人性的定义以及人性的本质能达成共识，但是在得出关于如何过我们的生活的道德意义方面还有很多事情要做——实际上，漫漫求索之路刚刚开始。

结论

自然法理论的深层吸引力在于，它承诺将道德建立在自然及其运作方式之上，清晰明了，没有故作神秘之处。因此，道德法则只是自然法则，是规范人类行为而不是行星、分子或引力的自然法则。但是，正如我们在本章所看到的，很难从描述自然如何运作中得出我们应该如何行动的建议。

这应该是理所当然的结论。自然法则描述和预知事物的行为，是对事物实际行为的概括，除非是统计规律（对结果做概率预测而不是确定性的预测），否则这些规则是不可能被打破的。

而道德法则在各个方面都与自然法则有所不同。道德法则是可能被打破的，而且我们常常会违背这些法则。它们不是用来描述我们的实际行为的，而是作为我们应该如何行事的理想。道德法则也不可能预测我们的行为，因为我们常常满足不了它们设定的标准。

自然可以为我们定义可能性的极限。比如，我们的本性不允许我们一步跨越高楼，不允许我们屏住呼吸一个小时。如果假定道德不会要求我们去做不可能的事情，那么自然法则充其量就是以这种方式来设定道德要求的一种外部极限，但不能再做更多了。它尤其不能告诉我们应该做什么，什么事情我们根本不应该去尝试。在道德理论中，自然至多只扮演着很有限的角色。

供讨论的问题

1. 经验真理与概念真理的区别是什么？为什么有人认为道德主张既不属于经验真理也不属于概念真理？自然法理论家把道德主张归在哪个真理范畴？
2. 许多人认为人性是由人类共同拥有的先天特征组成的。这种人性观是否可以作为道德的基础？为什么可以或者为什么不可以？
3. 假设大多数动物以同一种方式行事。这是不是我们也理所当然应该如此行事的证据呢？如果是这样，这一点对自然法理论的意义是什么？

4. 人类生命有一个目的吗？领会到人类生命的目的是否有助于我们来决定道德的要求？

5. 人性是否有唯一正确的一种定义？如果没有，那么这对自然法理论来说是不是一个问题？

6. 定义在解决重要的道德纠纷中扮演什么样的角色？请以人类的定义论证为背景回答这个问题。

7. 道德法则与物理或化学法则有什么不同？这些差异是否破坏了自然法理论？

第七章
心理利己主义

利己主义与利他主义

在《理想国》开篇不久，柏拉图讲述了牧羊人盖吉斯（Gyges）的故事。盖吉斯在去追赶迷途的羊群时，进入了一个山洞。在山洞的地上，他找到一枚金戒指。戴上戒指后，他发现，戒指可以助他隐身，屡试不爽。盖吉斯于是入城，杀死国王，夺取王位，迎娶王后。他想满足自己的一切愿望，最后如愿以偿。

我们许多人从这个故事中得到的教训是，人生而自私，万事以一己之利为先。如果我们权力在握，可以随心所欲，我们总是会去寻求自己的最大利益，而对可能造成的伤害不管不问。在现实世界中，没有可以隐身的戒指，唯一能够约束行为的是，担心如果我们为所欲为，自己也许会因此遭受痛苦。

在一个文明社会，没有人拥有绝对的权力，但这并没有改变我们的基本动机。我们有时助人是为了更大程度地利己。我们信守诺言，是为了取信于人，尤其是对那些日后能够帮助我们的人。我们不杀自己的敌人，是因为害怕我们自己成为下一个牺牲品。不管我们在世界上的地位如何，我们都渴望得到同样的东西：让自己尽量活得好。

这就是**心理利己主义**（psychological egoism）的观点，它声称，最终能激励人类的只有一样东西，那就是自我利益。我们并不一定每时每刻都被自我利益的念头所驱使——比如，我们可能想要取悦别人，一定要在最后期限之内完成任务，或者想帮助同事摆脱困境。这些都可能是我们行事的动机，但是，心理利己主义认为，所有这些动机都来源于更深层的让自己受益的欲望，都是为了我们自己的趋利避害和趋乐避苦。当我们取悦他人或帮助他人摆脱困境时，最终是因为我们认为这样做在某种程度上会帮助自己。如果这个理论是正确的，那么**利他主义**（altruism）——心无旁骛地为他人谋福利而没有其他动机——就不存在。

偶尔——尤其是当我们怀疑别人是不是道貌岸然，并没有他说的和想的那么有德时——我们很容易相信心理利己主义是真的，而利他主义只是一个抚慰人心的神话。然而，有时我们又很难接受这样一种黑暗的自我观。下面是美国陆军中士锡德里克·托马斯（Cedric Thomas）、伊恩·纽兰（Ian Newland）和莱尔·比勒（Lyle Buehler）的经历。2007年12月4日，他们和搭档罗斯·麦金尼斯（Ross McGinnis）挤在悍马军车里，一起在伊拉克巴格达阿德哈米亚（Adhamiya）地区的街道上巡逻。麦金尼斯当时19岁，是陆军二等兵。他瘦瘦的，是部队的恶作剧大王，总爱问怪问题，爱开玩笑。他们在街上巡逻是要找个放新发电机的地方，好为附近的居民供电。他们在一栋两层楼的房子外停了一会儿。

凯莉·肯尼迪（Kelly Kennedy）的书《互为支撑》（*They Fought for Each Other*）讲述了他们营队的故事，接下来发生的事情是这样的：

> 麦金尼斯在悍马车的对讲机上大喊："手榴弹！"
>
> 叛乱分子往他们这边扔过太多的手榴弹，他们好像已经司空见惯了，开始平静地四处找手榴弹。
>
> "在哪里？"托马斯大声喊道。
>
> 麦金尼斯又喊："手榴弹在我们卡车里！"
>
> 然后，纽兰听到手榴弹在卡车的枪炮塔附近撞来撞去，麦金尼斯试图抓住它，这样他就可以在手榴弹爆炸之前把它扔出去，但是他错过了。麦金尼斯站起来，像是要从军车顶上跳出去，但他却跳进了卡车。纽兰以为麦金尼

斯要躲开手榴弹，但是他却没有。麦金尼斯意识到他的队友还没看见手榴弹，所以他拼命去追它。纽兰要从装着战斗锁的卡车上跳出去不容易，而麦金尼斯没有跳出军车逃命，所以其他人没意识到危险近在眼前。

这时，纽兰看到了手榴弹，像一颗拳头大小的黑色金属弹。他听到麦金尼斯说："就在这儿！"的确就在这儿了，手榴弹就在悍马前面的收音机台上，正好在军车司机比勒中士和军车指挥托马斯之间。纽兰僵住了，他的脑子一边还在处理这些信息：手榴弹就在这儿，它就要爆炸了。

然后，他看见麦金尼斯用后背倒向收音机台，倒向手榴弹。麦金尼不会自己弃车逃生，他知道他的伙伴没有时间。纽兰可以看到他朋友脸上果断的表情。[1]

几秒钟之后，手榴弹爆炸了，麦金尼斯当即牺牲。

我们不可能问麦金尼斯当时为什么会那样做，我们同样也不可能问很多像他一样牺牲生命的人。很多这样的故事记录在一个引人入胜的网站——卡内基英雄基金委员会（Carnegie Hero Fund Commission）网站上，上面详细记载了那些平凡人冒着极端风险救援他人的故事。有许多故事记述人们跳进寒冰刺骨的水里或者燃烧的汽车里，去拯救素昧平生的陌生人。很多这样的英雄在救援中丧生。

为什么人们会这样做？原因似乎多种多样。他们有些人是试图去帮助有难的受害者，有些人认为提供帮助责无旁贷，还有一些人可能动机复杂一些，一方面是出于同情和关心，另一方面可能是出于对表扬和出名的渴望。

如果心理利己主义是真的，那么这些解释就都是错误的。没有真正的英雄，因为他们中的每个人都是被自我利益驱使才去拯救他人的生命的。这是一个非常强有力的断言。心理利己主义者并不是说我们的行为通常是出于私利，或者说利他主义很少见。相反，他们断定我们的行为从来都不是出于利他动机。

的确，人们经常互相帮助，但是，利己主义都可以用自利来解释。假设我的老板在最后一刻要我照看他几个烦人的孩子。尽管我从心底里不乐意，但还是满

---

[1] 凯莉·肯尼迪，《互为支撑》（New York：St. Martin's Press，2010），第108—109页。

脸微笑着一口答应下来。虽然我是在帮老板的忙，但我之所以这样做是因为我希望从中得到一些好处。如果我知道没有好处——比如，如果我知道我的老板很快就要退休了，不可能再帮我升职加薪——那么我就不会同意帮忙。心理利己主义者意识到人们在很多情况下互相帮助，但这并不表明互相帮助的行为是出于利他动机。

顾名思义，心理利己主义是一种心理学观点，而不是一种伦理学理论。它旨在描述人类动机的事实和限度，而不是规定我们应该争取达到的标准。如果这是真的，那么所有人的每一个行为都是出于追求个人利益。

如果我们更相信人性向善，世间存在着利他动机，我们就要想方设法地反驳心理利己主义，但是这并不容易。

我们不能仅仅通过举一些例子来反驳利己主义，比如吸烟，人们知道吸烟危害健康和生命。这是因为吸烟的人显然从吸烟中得到一定的满足感。吸烟的动机来自追求这种愉悦感的欲望，即使这种愉悦和点燃的香烟一起只持续三四分钟。

我们也不能用忍受极端疼痛作为例子来驳斥利己主义，比如，忍受牙根管手术的那种疼。我们一动不动坐在牙医的椅子里忍受疼痛，心里想着的是自己的未来。我们是想防止以后有更可怕的事情发生，比如，牙周炎或者牙齿腐烂等。很难想象如果我们知道未来一无所获，当下还会去自找苦吃。

因此，利己主义的主张必须理解如下：所有人类行为的最终目的都是自我的趋利避害（或两者兼有），无论是短期的还是长期的（或两者兼有）。

许多行为未能达到这些目标，但是这对利己主义毫发无伤。因为利己主义理论不在乎我们行为的结果，而只在乎行为的动机。比如，我们做一件事原想着能一夜暴富，但最后却因此一贫如洗。这种境况对心理利己主义没有任何威胁。

还有一些行为，比如打喷嚏或打鼾，似乎不是由自我利益驱动的。利己主义也可以解释这样的情况。利己主义的论点是，一个人的行为来源于他的意向。假设一个患者癫痫发作，他的胳膊肘向外打到了别人。利己主义者不必证明他这么做是想从中获益，因为他没有意向做任何事。要反驳心理利己主义，我们一定要找到有意向但又不想从中获利的行为。

心理利己主义正确与否重要吗？

既然心理利己主义不是一种伦理学理论，那么它对我们的伦理关切有何意义？实际上，利己主义的影响重大。利己主义的含义论证（Implications of Egoism Argument）很清楚地说明了这一点：

1．如果心理利己主义是真的，那么我们不可能是利他的。
2．如果我们不可能是利他的，那么利他就不是我们的义务。
3．所以，如果心理利己主义是真的，那么利他就不是我们的义务。
4．心理利己主义是真的。
5．所以，利他不是我们的义务。

第一个前提根据定义是真的。不管我们对心理利己主义的好恶与否，都应该接受这个前提。第二个前提看起来也是合理的。如果我们不可能是利他的，那么利他就不应该是我们的义务。为什么？因为不能要求我们去做不可能的事情——虽然道德有时候是要求严格的，但也不应该是遥不可及的。第三个命题是结论，在逻辑上从第一个前提和第二个前提得来，所以如果第一个前提和第二个前提是真的，那么第三个命题必然是真的。

第四个前提断言了心理利己主义的真。假设这是真的，利他主义只是一个神话，那么，我们就没有义务去同情别人、体贴别人、仁慈或慷慨。去除利他的元素，我们最根本的道德理想就由此被改变了。而由此产生的另一种道德则面目全非，我们以前认为是理所当然的道德生活就被证明是错误的。

这一结论有些耸人听闻，然而，迄今为止，我们所知道的道德的命运似乎取决于心理利己主义是否正确。下面我们就来讨论这一点。

我们的最强烈欲望论证

确立心理利己主义的真有两个重要的论证。第一个是我们的最强烈欲望论证（Argument from Our Strongest Desires）。此论证一开始就宣称，我们的每一个行为都基于自己最强烈的欲望。但是，如果我们最强烈的欲望是行为的动机，那么我们就是在追求自我利益。因此，每当我们行动时，我们追求的就是自己的利益。这正是心理利己主义的断言：

1. 每当行事时，我们总是被最强烈的欲望驱使。
2. 每当我们被最强烈的欲望驱使时，我们就是在追求自我利益。
3. 所以，每当行事时，我们都是在追求自我利益。

考虑第一个前提：我们的行为总是出于最强烈的欲望。好像一下子就能找到几个显而易见的反例：去看望一个絮叨的亲戚，忍受上下班的挤车塞车，把钱包递给一个持枪歹徒。有人真心想做这些事吗？当然不会。但这并不能说明第一个前提是错误的。因为有其他我们想要的东西可以来解释这些行为——维持家庭和睦、保住工作、不被歹徒枪杀。

利己主义很难解释**纯粹的良知行为**（strictly conscientious action）。就是当面对巨大的诱惑时，仍然选择去做我们认为应该去做的事情。我们的欲望指向一方，责任指向另一方，而人们有时选择责任。

当然，即使在这里，我们也可以说，良知的行为是出于最强烈的欲望。在人们抵制和战胜诱惑的情况下，他们最强烈的欲望是尽自己的责任。

这一解释可以挽救第一个前提。但对于利己主义理论家来说，是一种于事无补的安慰。如果肯定这一解释是正确的，那么就不能不承认第二个前提是错误的。他们必须说，我们最强烈的欲望并不总是追求自我利益。恪尽职守有时才是我们最强烈的欲望，即使这样做要以牺牲自我利益为代价。

正因为这个原因，利己主义理论必须否认纯粹良知行为的存在。当然，人们确实帮助别人，而且人们有时也自诩纯粹因为责任而行动，但是，利己主义理论家认为，这只是自诩而已。他们坚称，那些帮助别人的人，不管说得多漂亮，骨子里仍然只是在为自己着想。人们有时为哗众取宠而欺骗别人，有时又自吹自擂来欺骗自己。

我们不能否认会有这种情况出现，但并不能因此证明良知行为绝无出现的可能。我们都能想到一些显而易见的例子，即使有一些良知行为有自欺和欺人的嫌疑，但却（到目前为止）不能全部否认这样的行为。在我们有理由全部否认之前，良知行为是对利己主义论证的真正挑战。

利己主义还有另外一个问题。让我们暂且承认第一个前提是正确的，也就是说，我们总是做最想做的事情。但这并不能说明我们最强烈的欲望总是为了获取自我利益。这一点是有待证明的。

再来看看第二个前提：我们最强烈的欲望总是追求自我利益。但是，那些坚信利他主义的人不会接受这一点。事实上，如果我们接受第一个前提，那么第二个前提就是在做循环论证——预先假定了要支持的结论的真，就好像是在向已经格外虔信的教徒传教。这不是一个中立的前提，不可能同时得到心理利己主义辩论两方的认同。只有那些已经拒绝利他主义存在的人才会接受这样一个前提。而其他人会认为，我们最强烈的欲望有时候并一定是为了自我利益。第二个前提假设，正因为欲望是我自己的，它必须有一个特定的对象——我自己，我自己的利益。然而，是谁的欲望，欲望针对的是什么——这是两个完全独立的问题。利己主义认为，因为欲望是我的，那么欲望就肯定是为了我的自我利益。但是，为什么它不能是为了你的利益呢？或者是为了朋友、国家甚至陌生人的利益？

利己主义可能会这样回应：如果我们真正地随心所欲，做自己想要做的事情，难道我们不是为了自我利益吗？至关重要的一点是，答案很可能是否定的。就我们所知，我们有时非常想帮助别人，当我们想方设法帮助他人的时候，我们就是随心所欲在做真正要做的事情。而这时，我们真正想要做的是造福他人，而不是利己。

如果我们真正得之所欲，我们自己可能会因此而更好。（但也有相反的可能：比如厌食症患者或瘾君子，再比如我们在第四章讨论的有关失望的例子。）况且，一个人从自己的行为中获益并不能证明他的动机就是利己的。一个真正想帮助流浪汉的人，或者贫民救济所的志愿者，当然可能从他的努力工作中得到乐趣。一般而言，当人们最深切的欲望得以满足时，常常会感受到由衷的快乐。但这并不意味着我们行为的最终目标就是得到这样的快乐。这是需要证明的，我们不能在讨论行为动机是否总是为了自我利益时把它作为一个不争的前提。

简言之，即使这个论证的第一个前提是正确的，但第二个前提是在做循环论证。至此，我们还没有理由来怀疑利他主义动机的可能性。

预期利益论证

让我们再来考虑预期利益论证（Argument from Expected Benefit）。这一论证认为，人们总是期望他们的行为至少能给自己带来一点好处。而如果人们总是这样做，那么始终不变的目标就是从自己的行为中获益。所以，每当人们行动时，他们就是试图获得一些个人利益。这完全符合心理利己主义的预期：

1. 每当行事时，我们期望有好的结果。
2. 如果我们期望自己的行为导致好的结果，那么我们的目的就是增进自我利益。
3. 所以，每当行事时，我们的目的就是增进自我利益。

对这一论证，我有自己的怀疑。第一个前提似乎无视悲观主义者的存在。而即使是乐观主义者也时常要想到结果不一定尽如人意的情况。想象一个说个小谎就能过去的情境，而当事人偏偏选择承认真相，而且他知道说真话的结果对他极为不利。或者再想象一个雇员上班已经要迟到，却选择帮助陌生人穿过一条危险的街道，这样他就会迟到得更严重。他不期望做了好事而得到奖励，而且他知道越晚到老板就越会火冒三丈。对于所谓我们的行动总是为了追求个人利益的说法，这两种情况似乎都是反例。

这些反例，以及许多我们可以想象的例子，都肯定颇有争议。利己主义者可能坚持认为，人们总是期望从行为中得到好处，即使有时候结果不遂人意。毕竟表面现象是不可靠的。有时候看起来我们是在等着最坏的结果，但在内心深处，我们总是相信自己的行动会有好结果。

我对这种解释还是不敢苟同，但现在暂且假设我的怀疑是错误的，第一个前提是正确的，即便如此，第二个前提——如果我们期望从中得益，那么利益就是我们的目标——仍然令人难以置信。

第二个前提的症结在于，似乎利己主义者又在做循环论证。回到那些乐意做义工的例子，志愿者们很可能想从他们的活动中得到一些东西，事后他们往往对自己的努力感到心满意足。但这并不说明他们的动机是出于自我利益的。一个志愿者很可能诚心诚意地相信，他的目标是帮助别人而不是帮助自己。他从志愿活动中感受到乐趣固然不错，但这只是副产品，是一种可以预见的利益，而不是他行为的动机。

同样，利己主义者会声称我们不能确定他的诚意。即使他是真诚的，他也有可能意识不到自己每周去救济所的真正动机。他可能只是在寻求其他志愿者的认可，或者是为了宣传自己以便职业能够进阶。我们不能肯定这些是不是他的动机。

这的确是可能的：我们不能绝对肯定自己的动机，更不用说别人的动机了。但这并不足以证明利己主义是正确的。毕竟，如果我们不能确定自己的动机，那么我们就不能认定这些动机是利己的，而不是利他的。利己主义的断言——每当我们希望得到一些好处时，这些好处就是我们的目的——是颇具争议的。我们能找到一些反例，但也不是很肯定；而正因为有可疑之处，利己主义理论家需要进一步的证据来支持这一前提。

证据并不难找，其中，最好的方法是引用一个更普遍的原则：

（G）每当我们期望我们的行为能有结果 X，那么我们的目标就是得到 X。

如果（G）是真的，那么每当我期望从自己的行为中获得金钱、荣誉或者认可，那么我的目标就是金钱、荣誉或者认可。一般而言，如果我期望获得个人利益，那么我的目标就是获得个人利益。这正是第二个前提所说的。

然而，问题在于，(G)是一个伪命题。每当我在一个大演讲厅讲课，我总预期有些学生会昏昏入睡。但说真的，那绝不是我的目标。如果我有机会和一位职业网球手比赛，我会预期自己输掉。但这不是我的目标，我的目标是享受和高手同台的体验，学到一两招。如果一个学生考试前毫无准备，他会预期得到很差的成绩，但不能说他的的目标就是得很差的成绩。

所以，期待某事并不总是意味着它是我们的目标。这就直接影响了预期利益论证的第二个前提。这一前提也许是真的，但我们还没有充分的理由证明它是真的。而接受第二个前提最好的理由——就是原则(G)——又是错误的。利己主义理论家还需要更强有力的论据来支持第一个前提和第二个前提。

心理利己主义的两种策略

至此，利己主义的观点看起来危机四伏，但是利己主义仍然有两种策略可以用来证明我们过于高估了利他主义。

诉诸良知的谴责

试想那些冒着巨大风险反抗压迫政权的人，他们中的许多人声称，是良知不允许他们沉默——否则，如果在压迫中逆来顺受，他们将无法忍受良知的谴责。在他们眼中，向邪恶屈服就是玷污自己。很多人提到，如果他们面对不公而一无所为，就会有深深的负疚感。

利己主义者坚持认为，即使这样的人也完全是以自我利益为重的。他们反抗不公正是为了夜里可以安枕无忧，是为了自己摆脱沉重的负疚感。问心无愧对自己是一种好处，所以这些人是出于自利的动机。

这样的推理是经不起推敲的。如果一个人真心向善，那么一想到要做错事就会心存不安。但这并不能证明他的行为是出于对无愧于心的渴望。相反，如果我们对他人没有一丝一毫的关心，才不可能因为他人的苦难而辗转难眠。那些因为伤害别人或者错过了帮助他人的机会而深感内疚的人，恰恰是关心别人的人。

对造成伤害深感不安的人和毫无内疚感的人之间有本质的区别。据报道，阿道夫·艾希曼（Adolf Eichmann）尽管白天在集中营里策划数十万人的屠杀，晚上一样安然入睡。而我们都认识一些人，一想到自己犯了大错就悔恨莫及。利己主义把这两类人混在一起，而完全没有意识到正是因为关心他人才会有负疚感。如果他们没有任何利他的考虑，在没有帮到别人的时候就不会备感煎熬。

扩展自我利益的领域

试想一位母亲把最后一口饭留给自己唯一的孩子。这似乎是利他主义行为的典型代表。然而，利己主义可能会说，母亲还是出于为自己的考虑，因为她不想失去孩子，不想承受失去孩子的痛苦。此外，因为母亲深切关心自己的孩子，母亲的幸福在很大程度上取决于孩子的境况。帮助孩子，也就是在帮助自己。

这种解释似乎没什么不对，但对于利己主义者来说并非好消息，因为这个故事暗示了利己主义的错误。对大多数父母来说，孩子的幸福对父母的幸福至关重要。因此，当父母照顾孩子的时候，他们也就是在帮助自己。但这并不说明父母帮助孩子是出于自我利益的驱使。正如我们已经讨论过的，即使人们希望通过帮助他人获得好处，但这并不能证明他们助人的目的就是获得自我利益。更进一步，如果父母一想到孩子会受苦，自己就痛苦万分，恰恰是证明利他主义而不是利己主义的证据。那些只关心自己的人在想到别人的痛苦时只会无动于衷。

因此，可以说，利己主义的第二个策略是混乱不清的。当我们提出各种反驳的例子——罗斯·麦金尼斯在他的军车里扑向要爆炸的手榴弹，或者母亲把最后一点食物留给自己的孩子——利己主义者无法自圆其说地说明这些行为都是出于自我利益。在这些例子中，真正重要的是活得高尚，是看到自己的孩子茁壮成长。他们真正在意的不是自己的利益，这一点不是利己主义者所能理解的。

让证据来决定

人们常常受益于相互帮助。想想护工、护士、老师和父母为我们所做的善事就一目了然了。有时候，他们的动机显然是出于自我利益，但并非总是如此。在很多情况下，人们描述他们的主要动机是去帮助别人，即使他们往往要为这些行为付出代价。然而，利己主义者坚持认为，这种无私奉献是误导性的，基本上是在自欺欺人。

由此，利己主义者的论证就陷入了进退两难的境地。从下述这个两难命题，我们可以看到利己主义的困境：要确定利他主义是否存在，我们要么肯定、要么否定利他主义的证据。但是，无论选择哪一种方法都会遇到麻烦。

要理解这些困难，不妨考虑一个寓言故事。当我写这本书的时候，我的头发，以前是深黑色的，现在有一大半变灰白了。假设我的朋友开始嘲笑我的白头发，我就说我一点办法没有。"当然有，"他回答，"用染发水啊。""哦，没用的，"我说，"那些小精灵机灵得很，什么办法都没用。"

"什么小精灵？""就是我们看不见的那种啊。那些把我的头发染成灰白色的小精灵。每天晚上，他们用灰白色的颜料染我的头发，一晚染一两缕，一天一天，我的头发就变得越来越灰白了。更糟糕的是，我根本抓不住他们，因为他们是看不见的啊，还非常机灵。"

我的朋友一开始以为我在开玩笑，现在变得惊慌起来。"你知道吗，看不见的精灵不存在。头发的颜色与你的遗传基因有关。"他搜集最新数据来证明他的观点。理所当然，我说这些理论都是遗传学家的阴谋。不管我的朋友提供什么证据，我都坚持自己的观点——所有这一切的幕后操纵者是小精灵。

这种无可动摇的信念不是理性思维的标志，而是严重脱离现实的疯狂信念。在拒绝承认我可能会犯错的时候，我既顽固又教条。如果证据不能支持我的信念，那么我就说证据是错的，而不是改变我的信念。

有些人就是相信地球是平的，另一些人则相信外星人建造了埃及金字塔，还有些人深信是乔治·W. 布什（George W. Bush）总统下令摧毁的纽约世贸中心。他们都坚信自己的观点，无论有多少证据都不能让他们改弦易辙。

但是，这些信念，就像我对看不见的小精灵的信念，是非理性的。这些信念没有任何证据的支持。令人担忧的是，对心理利己主义的信念就和我刚才所描述的这些信念一样。如果心理利己主义者固执地否认所有相反的证据，并无一例外地拒绝接受显而易见的利他主义的例子，那么他们的观点就和看不见的小精灵的假设无异。如果我事先就斩钉截铁地说我最爱的理论不可能出错，甚至拒绝承认有任何证据能够质疑这一理论,那么我就是在非理性地执着于偏见。

尽管我以前说过心理利己主义有可能是真的,而看不见的小精灵也有可能真的存在。但是,讨论至此还这样认为就是不合情理的。

所以,让我们选择两难命题的另一半,用开放的心态让证据来确定利他主义是否存在。但是,如果我们沿着这条路走,让心理利己主义接受证据的考验,那么利己主义肯定过不了关。

大量心理学的学术研究文献都证实了利他主义的存在。这一领域的代表人物 C. 丹尼尔·巴特森(C. Daniel Batson)称之为 **"同情-利他主义假说"**(empathy-altruism hypothesis)。这一假说指出,同情可以激发利他的动机。同情是一种能力,是能够设身处地地为他人着想、从他人的角度看待世界、感同身受的能力。通过长时期大量的实验,巴特森和众多的合作者已经积累了非常多支持同情-利他主义假说的证据。[1]

这些实验种类繁多,在此不能一一评论。但是,许多最重要的实验都有一个共同的结构。首先,巴特森和他的团队将被试分成两个随机的小组,用某种办法在一组中比另一组注入更多的同情。然后,他们问每个小组的成员是否愿意帮助有需要的人。他们的假设是,有更多同情心的成员更有可能会乐意帮助别人,即使在测试一开始所有人都明确地知道提供帮助不会得到奖励,拒绝帮助也不会受到惩罚。这一假说在一次次的研究中得到了证实。

更具体一点,考虑其中一个著名实验的一些细节[2]。巴特森和一个合作者让几十名学生在心理学课上听一个采访,被采访者是一位同学,她在最近的一次事故中双腿骨折,她希望有人帮助她复习课堂笔记。巴特森要求第一组学生把注意力完全集中在这件事的客观细节上,而不用去关心这位同学对她自己境况的感受。相反,他要求第二组学生关注被采访者的个人观点,而不是这件事本身的信息。

---

[1] C. 丹尼尔·巴特森在《利他主义的问题:朝向社会心理学的回答》(*The Altruism Question: Toward a Social-Psychological Answer*, Hillsdale, N.J.: Erlbaum Publishers, 1991)和《人类利他主义》(*Altruism in Humans*, New York: Oxford University Press, 2011)中总结了一系列利他主义的证据。

[2] 详细内容请见:户井美穗(Miho Toi), C. 丹尼尔·巴特森,《支持同情是利他主义动机来源的更多证据》("More Evidence that Empathy Is a Source of Altruistic Motivation"),《人格与社会心理学杂志》(*Journal of Personality and Social Psychology*),第 43 期,第 281—292 页。

结果，第二组学生比第一组学生对事故受害者表现出更多的同情。而且第二组学生中志愿帮助受害者的人数是第一组的两倍多——第二组超过70%的学生愿意提供帮助。学生在回答问题时知道他们的回答是保密的，所以无论怎样回答，即使拒绝做志愿者，也没有人会知道他们的回答，他们也不会因此受到歧视。由此而来的实验结果可以说是诚实的回答，揭示了利他主义的真正动机——在一定程度上，越有同情心，帮助别人的动机就越强。

巴特森本人也强调，用一个实验不可能证明利他主义的存在。两个或三个实验也不行。但是，他和他的同事，还有许多其他研究人员，进行了数百次这样的实验，累积的结果有力地证实了同情-利他主义假说。如果"证明"是指结论绝对可靠的论证，这些实验不能证明利他主义。但是，科学不可能提供这样的证明——所有的科学发现都要根据进一步的证据和理论进行修正。同样，人们仍然可以怀疑这些实验中的被试是否的确表达了他们诚实的观点，或者他们的真实观点是否掩盖了一些深藏不露的利己主义冲动。但是，因为这些怀疑而否定所有的实验证据，就再一次使心理利己主义陷入了不可验证的危机，这是从一开始就否认有任何证据有可能削弱利己主义。这是把对利己主义的信念变成一种盲目信仰，而不是把它作为能够充分证实的假设。

利己主义是有关人类动机的一种理论。在确定人们的动机方面，我们可以依赖两种证据：证词和行为。人们可以告诉我们他们的动机是什么，我们也可以亲眼去看他们的所作所为。这两种证据都不完美。我们可以曲解别人的行为。人们也可能隐瞒自己的真实动机。尽管如此，证词和行为仍然是证据的两种唯一来源[1]。这两种证据都毫无疑问地证实利他主义的存在。诋毁所有这些证词，用利己主义重新解释这些行为，就使利己主义变得像我的看不见的小精灵的信念一样荒唐。如果我们准备让证据来决定，我们就必须承认心理利己主义是错误的。

---

[1] 不是还有那些复杂的脑部扫描技术吗？它们迟早能够提供进一步的证据，但是任何这样的证据还是取决于证词和行为。这是因为，只有当我们能够将神经元突触的信息传递与被试的言行联系起来时，我们才能够判断某一种突触的传递是否表明了利他动机。例如，我们必须看到，某些突触的传递一直与帮助别人的行为或把利他动机告诉别人联系在一起。如果我们看不到这种联系，脑部扫描就永远不能告诉我们被试的动机是出于自我利益还是利他主义。

结论

如果心理利己主义是正确的，那么就意味着我们所谓的道德的失败。如果利他主义是不可能的，那么道德就没有理由要求我们为了别人的利益而牺牲自我利益。仁慈、善良、同情等核心美德在道德中就失去了地位。如果我们唯一能做的就是关心自我利益，那么要求我们为他人服务就失去了意义。

在此，道德面对的风险太大了。而心理利己主义似乎是唯一一种头脑清醒的、不带感情色彩的关于人类本性的观点。我们也的确熟悉这样的例子，我们把自己的行为归功于利他，但后来才意识到，当初我们只是在为自己着想而已。

但是，当我们仔细考量利他主义的论点和证据时，还是有理由相信我们自己要高尚一些。我们都不是圣人，但彻头彻尾自私自利的人也不多见。这就是说，我们都有可能变得更好、更无私、更慷慨，把注意力从自己身上转移到别人的需要上。

亚里士多德首先提出的一个哲学原则用在这里很恰当。这个原则告诉我们，要跟上表象的脚步。它引导我们去相信眼见为实，事物的表象就是真实的，表象符合现实——直到我们有充分的理由去怀疑表象。我们周围看起来的确有很多利他主义的动机。人们经常谈论他们是多么关心他人。在许多情况下，人们的确帮助了他人，不管是陌生人还是亲人。所有这些证据都有可能有误导性，但是利己主义者简单粗暴的论证以及他们处理反例的策略很难令人信服。他们没有给我们充分的理由怀疑利他主义的表象。除非有更好的论证和策略横空出世，我们应该相信利他主义的表象，而以极大的怀疑看待心理利己主义。

供讨论的问题

1. 利己主义不是一种伦理学理论，而是一种对人类行为的描述性观点。有鉴于此，如果心理利己主义是正确的，它对伦理学有何影响？

2. 心理利己主义如何解释极端的自我牺牲行为，比如，士兵为救同伴而扑向手榴弹？你认为利己主义的解释令人信服吗？

3. 许多人认为，每当人们自愿做一件事时，他们就是在根据自己的欲望行事。如果这是真的，这是否意味着所有的自愿行为都是出于自我利益？

4. 假设人们总是去做他们最想做的事。这一点是否足以证明心理利己主义是正确的？为什么是或者为什么不是？

5. 如果我们期望从一种行为中获益，这是否说明我们试图提升自我利益？为什么是或者为什么不是？

6. 是否有任何通过观察而来的证据可以否定心理利己主义？如果有，这样的证据是什么？如果没有，这是利己主义理论的优点还是缺点？

7. 从全方位考虑，你同意心理利己主义者认为的所有人类行为都是自私自利的观点吗？论证你的回答。

第八章
伦理利己主义

　　心理利己主义是关于人类动机的理论。这种理论认为,我们所有的行为最终都完全是由自我利益驱使的。心理利己主义不是一种道德观,因为它不在乎好坏对错。

　　然而,正如我们已经看到的,如果心理利己主义是正确的,那么塑造一种崇尚自我牺牲的道德就毫无意义。道德不能要求我们去做绝无可能的事情。如果心理利己主义是正确的,那么道德唯一所能做的就是要求我们照顾好自己。

　　这正是**伦理利己主义**（ethical egoism）对我们的忠告。与心理利己主义有所不同,伦理利己主义是一种道德理论。它告诉我们道德上必须做什么和禁止做什么。具体来说,它提出一个终极的道德责任——我们必须竭尽全力提升自己的幸福。任何时候,如果我们不能达到这个目标,我们的行为就是不道德的。

　　许多伦理利己主义者同时也信奉心理利己主义,但并不是必须的。我们有可能拒绝心理利己主义,认为人们可以是利他的,但否认人们应该直接去关心别人的幸福。伦理利己主义从心理利己主义中获得支持,但这并不是它唯一的理论来源。正如我们将看到的,有好几种论证（令人惊讶地）试图证明道德就是要我们不断提升自己,使自己尽可能过得更好。

为什么要有道德？

假想你是一个股票经纪人，知道有个公司即将被收购的内部信息。一旦收购的消息被公开，公司的股票就会飙升。如果你现在大量购买那支股票，就会赚上百万。你应该这样做吗？

假定你认真思考了这个问题，仔细地计算了被抓住的机会，得出的结论是，被抓住的风险很小。而且即使被抓住，罚款也微乎其微，冒点风险很值得。然而，你肯定知道这样做是不道德的。股票经纪人之所以能获得内部信息，前提就是不能滥用这些保密的信息。而你想做的正是不公平地利用内部信息。但是，潜在的利益如此巨大，为什么要让道德阻碍你的行动呢？

有无数类似的情况都会提出同样的问题。比如，在考试中作弊，以便增加找到好工作的机会；向调查员撒谎以避免被起诉；为了逃税在账面上作假；散布谣言来中伤竞争对手等。

在一个扬善惩恶的完美世界里，美德总会得到回报，而邪恶最终不会得逞。但是，在我们这样一个不完美的世界里，不道德反而得到奖赏，我们应该怎么做？当人们行善反而被嘲笑甚至被监禁或被杀戮时，该怎么办？当道德和个人利益的要求相符时，我们做选择是容易的。但是，如果两者相互矛盾呢？

如果伦理利己主义是正确的，就不可能出现这样的情况。这种利己主义认为，行为之所以在道德上是正确的，是因为它最能促进自我利益。基于这种观点，自我利益和道德之间不可能有冲突，因为我们的根本道德义务就是最大限度地实现自我利益。如果在所有可供选择的行为方案中，有一个方案对你最有利，那么这就是道德所要求的选择。

这样的理论似乎没有任何"道德"可言。试想，如果人们都可以通过暗杀政治对手、趁火打劫、恃强欺弱等来实现自己的利益，那么伦理利己主义就认可这样做是我们的道德责任。但是，一种令人信服的伦理学理论怎么可能有这样的要求呢？

我们甚至可以用这样一个例子来构建彻底反利己主义的论证，称之为范式案例论证（Argument from Paradigm Cases）：

1．如果一种道德理论要求人们去杀戮、强奸或偷窃，仅仅因为这些行为能使自我利益最大化，那么这个理论就不可能是正确的。

2．伦理利己主义有时要求这样的行为，仅仅因为这些行为有时能使自我利益最大化。

3．所以，伦理利己主义不可能是正确的。

一个范式就是一个模型，是指非常明确的例子。这一论证中所举的例子是我们能想到的最显明昭彰的不道德的典型。在此，一个不争的事实就是，任何伦理学理论都应该把这样的行为归为不道德的一类，并且解释为什么这样的行为显而易见是大错特错的。而伦理利己主义不可能做到这一点。

伦理利己主义者（下文简称为"利己主义者"）对这个论证可以给出两种回答。他们可以拒绝论证的第一个前提，或者拒绝第二个前提。

为了拒绝第二个前提，利己主义者必须认定，杀手、强奸犯和小偷决不可能通过靠他们犯下的罪行来最大限度地促进自己的利益。如果上帝存在，他可以用万劫不复的天谴来惩罚这些行为，那么这种说法有可能是真的。或者如果因果轮回存在，这些罪人最终会被惩罚，因他们的行为而受苦，那么这种说法也可能是真的。但是，假设我们认为这两种解释都不能令人信服，还有没有其他的理由让我们相信那些杀人、强奸和偷窃的人永远不会因他们的罪行而得益？

柏拉图认为他能做到这一点。他试图表明，那些不公正的人最终总是会因为他们的不公正而受损。他在《理想国》中用很大的篇幅来论证强大的暴君不管能够在这个世界上控制和聚敛多少权力和财富，都注定痛苦一生，不得善终。即使他们自诩日子过得有多好，内心却充满痛苦，总是担惊受怕，过着充满焦虑和不安的生活。一旦我们认清不道德人生的真面目，我们就会意识到还是道德的人生要快乐得多。

柏拉图的论点在很大程度上取决于他认为不道德的人内心会有挣扎。平心而论，我觉得他给出的例子并不完全有说服力。当然，有许多不道德的人内心有挣扎，极度不开心。但是，同样也有不道德的人晚上高枕无忧，对他们得逞的作为

（暗杀、偷窃、背叛）感到自豪，而且能找到臭味相投的朋友。坏人有时候就是能逃避惩罚，同时还活得有声有色，对自己的恶行所造成的伤害没有一丝悔意。

当然，第二个前提的另一点，到底什么是最大限度地促进自我利益，也有很大的讨论余地。我们在第一章到第四章讨论了很多这方面的问题，但是并没有得出确凿无疑的答案。既然我们在此无法深入讨论因果、来世的宗教观点，我们就不能确定第二个前提是否正确。也许这一前提是错误的——我们或许可以找到强有力的证据来证明，不道德行为绝对无法最大限度地提升任何人的自我利益。如果能找到这样的论据，第二个前提就一败涂地了。这对于利己主义来说当然是福音，第二个前提的失败就意味着整个范式案例论证的失败。

但是，让我们暂时假设第二个前提是正确的，就是说，有人的确因为他们不道德的行为最大限度地提升了自我利益。如果是这样，利己主义者就必须极力推翻论证的第一个前提。

假定遵循我们耳熟能详的传统道德准则不一定总是对自己最有利，那么传统道德和自我利益有时就会发生冲突。当出现冲突的时候，利己主义者就要被迫摒弃传统道德。而第一个前提恰恰是对传统道德的表达，因此这个反利己主义的论证就是犯了循环论证的谬误。

换一个角度想一想，只有那些已经对利己主义表现出鄙夷不屑的人才会接受第一个前提。第一个前提不是一个中立的判断，相反，它假定利己主义是错误的。它甚至假定，自我利益不能在道德上作为强奸和盗窃等行为的辩护借口。的确，这些行为是不道德的范式案例，那么任何鼓励这些行为的道德理论都是靠不住的。但是，接受第二个前提的利己主义者会断言我们的范式是错误的。也许的确如此，我们还不能绝对排除这样的可能性。

尽管如此，想想我们在上一章结尾讨论过亚里士多德的建议，我们应该相信眼见为实，相信事物的表象是真实的，直到我们有足够好的理由去怀疑表象。杀戮、强奸和偷窃看起来都是显而易见的不道德行为，尤其是当这些行为是出于自我利益时。这正是第一个前提所说的。鉴于这是一个很有说服力的前提，利己主义者必须提供强有力的论证来反驳，以便揭示这种思维方式的错误。下面我们要讨论的就是这样两个著名的论证。

伦理利己主义的两个流行论证

正如我们刚刚看到的，伦理利己主义可能与我们最深刻的道德信念发生非常激烈的冲突。在三种情况下，冲突可能发生。

首先，利己主义可能会要求我们去做看起来非常不道德的事情。如果促进自我利益意味着要暗箭伤人，要背叛朋友，或者滥用内部信息，那么利己主义坚持我们应该做这些事情。

其次，利己主义可能会禁止我们去做显而易见是道德上善的事情。利己主义者认为，任何真正自我牺牲的行为都是不道德的，因此任何不计个人得失的善良、信守诺言甚至照顾自己孩子的行为都是错误的。

最后，利己主义可能会允许我们逃避一些极其重要的道德义务。例如，我们每个人都有所谓轻易救援的义务。如果举手之劳就可以帮助别人，那么我们就不应该袖手旁观。然而，如果无视这样需要帮助的受害者才能促进我们的最大利益，那么利己主义允许我们坐视不救。甚至作为一个普遍原则，利己主义要求我们只有在能助己的时候才助人。

自立论证

这些断言都需要证明。作为伦理利己主义的代表，安·兰德（Ayn Rand，1905—1982）的著作在当代文化中很有影响力[1]，她提出了如下这样一个论证，我们称之为自立论证（Self-Reliance Argument）：

1. 要让每个人都更好的最有效的方法就是人人为己。
2. 我们应该采取最有效的方法让每个人都更好。
3. 所以，每个人都应该人人为己。

---

[1] 安·兰德的小说《源泉》（*The Fountainhead*，1943）和《阿特拉斯耸耸肩》（*Atlas Shrugged*，1957）都卖出了数百万册。为了更清晰地了解她的哲学观点，不妨读一读她的另一本书《自私的美德》（*The Virtue of Selfishness*，1963）。

这个论证有两个问题。第一个前提是错误的，而利己主义者不能接受第二个前提。

第一个前提是错误的，是因为如果需要帮助的人得不到别人的帮助，显然不可能变得更好。如果你心脏病发作，我知道心肺复苏术，是唯一能提供帮忙的人，而如果我决定不管不顾，你的情况绝对会变得更糟，而不可能好起来。

完完全全的自立也不一定是个好主意。如果每个人都自立，可能要比人人都管别人的闲事好得多，然而，我们大可不必只选择这两个极端。我们能找到一条中间道路，既有足够自我利益的空间，又有一定程度的自我牺牲，尤其是当举手之劳就可以救人一难的时候。如果大家都能多少帮助别人一点，而不是仅仅出于自我利益才帮助别人，每个人肯定都会更好。

另外，这个论证（第二个前提）强调我们的所作所为都是为了要提升所有人的福祉，这一点与利己主义的主旨背道而驰。对于伦理利己主义者来说，我们终极的道德义务是最大限度地让自己受益。我们没有道德义务让每个人都过得更好。利己主义者允许帮助别人，或者关心大众利益，但条件是要能使自己的利益最大化，而不是为实现任何其他目的。

自由至上主义论证

还有一种流行的观点，兰德在她的著作中也多次提到，这就是，我们应该尽量减少对他人的责任义务。这就是所谓的自由至上主义论证（Libertarian Argument）。

自由至上主义者声称，我们帮助他人的道德义务只可能来自两个方面：同意（consent）和补偿（reparation）。换言之，任何帮助他人的义务要么来源于我们自愿接受该义务（即同意），要么源于我们侵犯了他人的权利在先，因此有义务补偿我们的错误。但如果我们不同意要帮别人，并且没有做错事，那么我们就没有义务提供帮助。

这是一个极有趣的论证。我们的义务有其来源这一点没有什么异议，真正的问题在于除了同意和补偿之外，义务是否还有其他来源。举例来说，在提供轻易救援的例子里，如果受害者有难，加之我们能轻而易举地提供帮助，那么显而易见，我们就有提供帮助的道德义务。在此，同意与否是无关紧要的——我们在道德上有义务要提供帮助，即使我们没有同意要施以援手。而且我们没有对受害者做错事，所以也谈不上要补偿。自由至上主义者会否认别人的需要加上我们有能力提供帮助，就足以产生提供帮助的道德义务。毕竟，如果我需要一万美元做膝盖手术，而你是百万富翁，可以轻松负担一万美金，但是你并不自然而然地有义务要把钱给我。

关于自由至上主义论证，可以说的还有很多。我认为，它提出了政治哲学中最重要的挑战之一。然而，在此，我们会绕开更详细的讨论，因为即使自由至上主义论证是有道理的，也并不能用来支持伦理利己主义。

因为利己主义者不能接受这一论证的核心命题。利己主义者否认道德义务有两个最终来源（同意和补偿），拒绝接受同意和补偿是道德义务的来源。对他们来说，自我利益才是我们道德义务的唯一来源。只有当符合我们的自我最佳利益时，我们才必须履行自愿的协议，或者补偿我们所造成的伤害。如果这样做与自我利益无关，我们就没有道德义务。

例如，自由至上主义者告诉我们，如果我们承诺在当地医院做义工，或者同意了房屋出售的细节，那么我们就应该坚持到底。然而，如果这样做不能使我们过得更好，那么利己主义者会说，我们就没有义务遵守原先的协议。利己主义禁止我们继续履行先前的诺言，而自由至上主义者要求我们要遵守诺言。鉴于利己主义和自由至上主义经常相互冲突，显然自由至上主义不足以来支持利己主义。

伦理利己主义的最佳论证

尽管自立论证和自由至上主义论证颇受欢迎，但并不足以支持伦理利己主义。为了找到一个更有力的基础，我认为我们需要来研究一下伦理学中由来已久的一个问题，来看看利己主义者会如何对此做出回答。正是在这里，利己主义找到了它最强有力的支持。

长久以来，困扰我们的问题一直是：为什么要有道德？伦理利己主义对这个问题的回答无懈可击。我们应该有道德，因为道德总是能满足我们的自我利益。每个人都同意照顾好自己是天经地义的头等大事。既然如此，道德（如利己主义者所认为的）总是教导我们要保护自己的利益，因此，我们应该按照道德的要求去做也就是顺理成章的。

我们可以按照这一思路形成一个强有力的论证——称之为伦理利己主义的最佳论证（Best Argument for Ethical Egoism）。它从所有伦理学理论的共识开始，即每种道德义务都会提供我们为什么要去遵守的绝佳理由。然后，它说，我们之所以去做一些事情，是因为这样做会给我们自己带来好处。比如，牺牲自己的幸福而不求任何回报就是非常不理性的。把这两个想法放在一起，显而易见的结论就是，做任何道德上必须的事情都一定要能促进自我利益。这正是伦理利己主义者的信念。

这一论证的核心是：

1. 如果我们在道德上被要求做某件事，那么就有充分的理由去做这件事。
2. 如果有充分的理由去做某件事，那么做这件事一定对我们有好处。
3. 所以，如果我们在道德上被要求做某件事，那么做这件事一定对我们有好处。

从逻辑上看，这一论证是有效的。两个前提都被广泛接受。从表面上看，任何一个前提都很有道理。考虑第一个前提，如果我们有义务必须去做某件事，难道这还不是坚持去做这件事的充分的理由吗？也许这还不是决定性的理由——有时可能有更好的理由不去履行自己的义务——但是至少，如果道德要求我们讲真话或者信守诺言，那么这至少就是我们去这样做的理由。

考虑第二个前提，保护自己的利益向来是不容置疑的。如果任何行为没有收益，只有损失，为什么要去做？如果没有任何显见的回报，牺牲自己的利益就是非理性的。为一个素昧平生的人而放弃自己的生命，或者为他人的幸福而放弃自己谋取幸福的机会，或许都是英雄之举，但是理性不要求这种牺牲。

我的观点是，这个伦理利己主义的最佳论证完全没有说服力。第一个前提是正确的，但是第二个前提疑点重重，经不起推敲。

我们可以通过来看两个表面上很相似的断言来看到这一点：

（A）如果某一种行为对我们有好处，那么我们就有充分的理由去做。

（B）如果我们有充分的理由去做，那么这一行为必须对我们有好处。

断言（A）看起来相当不错。对某一种行为来说，自我利益永远是毋庸置疑的理由。这并不是说自我利益是唯一的理由，也不是说它总是最好的理由。

虽然（A）极具吸引力，但却很难解释其合理性。在我看来，（A）只是一个最不得已的假设，是实在找不出别的理由的理由。比如，要是有人否认这一理由，我们实在不清楚怎么来反驳。这并不是说（A）是不合理的，有些事情就是没有解释可言。这可能是因为（A）实在是太基本了，任何我们可以用来解释（A）的断言都要更复杂。

（B）的情况则不是这样，它看起来很熟悉。（B）就是最佳论证的第二个前提。对于（B），我们可以想出不少反例。其中，轻易救援的例子最令人信服。如果我目睹了一场严重的交通事故，并且随身带着手机，我就有理由拨打911急救电话。即使打电话对我来说徒劳无益。如果我看到一架高梯子上站着擦窗户的人，而我的同伴会不小心碰到梯子，我就有理由提醒他避开，不要撞到梯子上。即使提醒朋友对我来说徒劳无益。

最佳论证的捍卫者无论如何不能接受这样的反例，这似乎是对他们观点的打击。我们都承认，自我利益是行事的一个充分理由，但是何以是唯一必要的理由呢？我想不出该怎样来回答这个问题。

如果这个问题没有答案，我们就有理由认为第二个前提是错误的。如果第二个前提是错误的，那么伦理利己主义的最佳论证就是无效的。这一点本身还不能表明伦理利己主义是错误的。但是，如果一方面我们缺乏支持伦理利己主义的强有力的论证，而另一方面我们有反对利己主义的强有力的论证，两者结合起来，就是反对伦理利己主义的有力的缘由了。

伦理利己主义的三个问题

伦理利己主义的三个最严重的问题是：（1）违背了我们已有的一些最深刻和最核心的道德信念；（2）否认道德权利的存在；（3）武断地把自我利益置于他人利益之上。

利己主义违背了核心道德信念

我们已经讨论过这一个问题，而且承认单独这一点不足以驳倒利己主义。然而，如果一个理论严重违反常识，还缺乏令人信服的论证，那么我们就有理由摒弃它。利己主义的确与常识背道相驰，因为它制定的道德义务是以自我利益为唯一目的的，即便是杀人、强奸、折磨、羞辱，只要能促进自我利益，就都可以成为道德义务。利己主义允许我们无视他人的切身利益，即便我们没有任何损失就可以促进他人的利益。至此，伦理利己主义还没能提出强有力的论证。因此，我们有理由重申核心道德信念，而拒绝利己主义。

利己主义否认道德权利的存在

利己主义能否真正解释道德权利还是个问题。道德权利是一种道德主张，每个人因此可以掌控自己人生的某些方面，尽管对他人来说，忽视这些道德主张会更有利。比如，如果我有不受人身攻击的权利，那么任何人想暴打我一顿都是不对的，即使暴打我对他们有好处也不可以。利己主义则不可能保证任何人有不受人身（或其他任何）侵犯的权利。

比如，假定杀了我，或者剥夺我的言论自由，或者抢走我的东西，对你最有利。如果利己主义是真的，那么在道德上你就被允许——甚至在道德上被要求——这样做。如果你在道德上被允许这样做，那么就很难理解为什么我会有任何阻止你的权利。如果他人为了自我利益可以杀我或者让我闭嘴，那么我的生命权或言论自由权就一文不值。

利己主义者可以回答说，利己主义授予每个人追求自我利益的权利。在某种程度上，这是对的。但是这并不能为我们提供任何保护。当我们说每个人都有权利追求自我利益时，有可能意味着两点：

（A）所有人都有权追求自我利益。

（B）每个人在一定程度上都有不受他人侵犯的自由，这意味着其他人有义务不干涉我们对自我利益的追求。

利己主义者接受（A），却不能接受（B）。然而，（B）是唯一能保护我们不受他人行为伤害的版本。

（A）是一个言之无物的前提，要看清这一点，想象一个我小时候就很熟悉的情节设计。在20世纪70年代的无数电视剧中，都有这样惊人相似的情节：一个变态的恶棍手里攥着某个倒霉的受害者任由他摆布。恶棍说："你随便自由地跑。我不会阻止你的。快跑啊！"受害者可以逃跑，从这个意义上说，他有逃跑的权利。不过这里有一个陷阱。恶棍也有随时猎杀他的受害者的权利。在这种情况下，被害人的逃跑权根本一文不值，完全不能带来任何保护。

回到现实世界，假设（通常是真的）你我的利益相互冲突。如果利己主义是正确的，那么我有义务伤害你，因为我会因此受益。而你也出于同样的理由有义务伤害我。即便每个人都有权利追求自我利益，利己主义不可能阻止伤害的发生，如果伤害他人符合自我利益。因此，利己主义授予我们的是（A）中所述的权利。这种权利在道德上没有提供任何使我们免受他人干涉的保护。这种干涉可能后果十分严重，甚至包括杀戮，如果杀戮能够使他人的利益最大化。

如果利己主义是正确的，那么我们的基本道德义务就是尽可能地使自我利益最大化。为了完成这一义务，我们可能必须伤害他人。这意味着道德不会保护他人免受伤害。反过来，道德也不会保护我们免受伤害。因此，利己主义至多能告诉我们，每个人都有追求自我利益的自由。然而，它不能提供我们真正需要的道德权利——那些保护我们不受伤害、不受他人不必要干涉的权利。

利己主义武断地将自我利益置于他人利益之上

现在，我们开始来看伦理利己主义面对的最严重的威胁。伦理利己主义认为，我们应该将个人（自己的）利益彻底置于他人利益之上。如果真是这样，那么证据在哪里？我对衣食住行的需求几乎与他人别无二致。当然，我是独一无二的，但是其他人也是如此。我有自己的特殊才能，但是其他人也是一样。

伦理利己主义需要解释为什么我们可以完全忽略他人的基本需求，即使这些需求可能与我们自己的需求如出一辙。我倒是认为，利己主义者在此可以做部分的回击。

假设我的腿在一次狩猎事故中受伤了。我勉强开车去医院治疗。我知道治疗我的腿几乎要花掉我所有的积蓄。一到医院，我就看到另一个人也在狩猎的时候受了伤，和我的伤势很像。他显然很穷，和我一样急需手术，但却没有钱来支付手术费。我们大多数人都同意，如果我用我的积蓄来治疗我的腿，而不支付另外这个人的手术费，完全是无可指责的。但是为什么呢？

再进一步，假设这个人和我一样善良、聪明、有社区意识等。不过，我还是可以优先救自己。我们的情况看起来极为相似，但是常识说，在这样的情况下，即使两人在各方面都旗鼓相当，我仍然可以把自己放在更重要的位置。

也许常识是错误的，无论如何我们没有理由把自己的需要置于他人的需要之上。倘若如此，那么伦理利己主义肯定就是错误的。但是假设常识是正确的，在这个狩猎的例子中，我的确可以花钱先治自己的腿，而不把积蓄花在一个陌生人身上。如果是这样，那么道德确实会在决定个人命运时给予自我一些额外的考虑。在同等条件下，我们可以把天平倾斜到对自己有利的位置。

我不知道如何解释这一点。正如前述我们有理由促进自我利益的断言一样，这一自我优先的原则似乎是任何伦理观点都认同的基本公理。然而，即便我们承认自我可以有一些优先权，这并不意味着自我利益完全优先于他人利益。伦理利己主义声称，他人的利益就其本身而言，没有任何价值，只有自我利益具有唯一内在的道德重要性。

伦理利己主义认为，即使他人处于更高风险中，而我们面对的风险很小，并且在其他各方面我们毫无二致，我们仍然有权忽视他人的需要、愿望和利益。利己主义完全否认他人或其他事物（如环境）的道德重要性，除非他人或者他物能够帮助造福我们。这是一种严重的偏见，需要大篇幅的辩护才可能站得住脚。至此，利己主义还没有想好辩护词。

结论

伦理利己主义告诉我们，道德就是让自我（无论自我是谁）过得更好。如果伦理利己主义是正确的，那么我们只有一个根本的道德义务——最大限度地实现自我利益，即便这样做意味着杀人、偷盗、因我们的罪行陷害他人。如果伦理利己主义是正确的，我们就没有帮助他人的直接义务，即使提供这样的帮助对我们来说轻而易举。很显然，由于这些原因，伦理利己主义违背了我们的一些核心道德信念。因此，伦理利己主义者必须提供真正令人信服的证据，以让我们放弃传统的道德信念而转向利己主义的新信念。然而，即使是伦理利己主义的最佳论证仍然漏洞百出。在伦理利己主义的新论证出现之前，我们有理由对它的主张持高度怀疑的态度。

如果对伦理利己主义的批评切中要害，那么他人的利益在道德上就应该有一定的内在价值。但是，究竟有多少价值？我们是否必须为他人甚至是陌生人牺牲一切？还是有一个中间立场，有一种原则性的方法可以让我们在自我需求和他人需求之间找到一个平衡点？

我们要讨论的下一个伦理学理论是功利主义，由此把道德的重心从自我身上转移开。正如我们要看到的，功利主义者并不否认自我利益的价值，而只是否认自我利益高于其他任何人的利益。这种追求平等的做法在道德思考中很重要。让我们看一看功利主义能走多远。

供讨论的问题

1. 心理利己主义和伦理利己主义有什么区别？其中一个理论的真是否意味着另一个理论的真？
2. 强奸、谋杀或盗窃是否有可能符合个人利益？如果是这样，是否会影响伦理利己主义的合理性？
3. 如果我们每个人都只追求自己的利益，是否每个人都会过得更好？如果是这样，这是不是支持伦理利己主义的有力论据？
4. 同意和补偿是道德义务的唯一来源吗？如果还有其他来源，是什么？如果没有其他来源，这是否表明伦理利己主义是真的？
5. 违背个人利益的行为是否合乎理性？如果是，在什么情况下？如果不是，这是否表明伦理利己主义是真的？
6. 伦理利己主义者会如何来证明道德权利的存在？这样的论证能否成功？
7. 大多数人认为基于道德上不相干的特征（如种族或性别）的歧视是不道德的。如果伦理利己主义认为个人利益高于他人利益，它是否在支持这样一种歧视？为什么是或者为什么不是？

第九章
后果主义：其本质与吸引力

> 尽做好事，千方百计，殚精竭虑，随处施德，随时行善，尽为众人，尽我所能。

长久以来，我们一直把这一人生哲学的表述归功于约翰·卫斯理（John Wesley，1703—1791）。他是英国宗教思想家，也是卫理公会（Methodist Church）的创始人。我们在地球上的事业就是尽我们所能，尽可能多地做好事。我们的努力必须超越自己，触及可能帮助的所有人。仁慈应该是我们的指路明灯，利他和善行的人生应该是我们留在世上的记录。

这个建议简单概括为**后果主义的**（consequentialist）座右铭就是：尽你所能行善。它描绘了道德生活的一幅动人的图画——因为它的深入人心，以至一些极优秀的哲学家认为我们不可能拒绝这种观点。G. E. 摩尔（G. E. Moore，1873—1958），在他那个时代以严谨著称的英国思想家，明确地宣称，能产生最大的善的行为就是正确的。如果你有两种选择，而第一种选择不如第二种好，那么第一种选择就不可能是正确的。在道德上正确的行为就是使世界上的善最大化的行为。

摩尔认为,那些不接受这种观点的人根本不知道他们自己在说什么。[1]

当然,任何合情合理的道德理论都会坚持行善的重要性。我们通常为自己的行为辩解是说这些行为带来多少善,而通常批评一些行为是说它们造成了不必要的伤害。如果后果主义是正确的,这么说就是很有道理的。

在详细讨论后果主义观点之前,让我们先简要考虑一下当代的一个难题——死刑的道德性——以此来阐明后果主义伦理观的基本性质。关于死刑的道德性,学界众说纷纭,但大多数观点可以分为两大类。第一个是后果主义阵营,他们坚持认为,死刑只有在能够提高我们的人生质量时才是正当的。死刑必须能够减少犯罪、让社会更安全、更加尊重人的生命。如果死刑是正当的,我们就必须能证明有死刑要比没有死刑好。我们必须能展望未来,回答三个问题:执行死刑有什么好处?有什么坏处?哪一种政策有最大的成本收益?

审视所有可行的选择,哪种政策是**最优化的**(optimific)(就是说,能尽可能获得优势大于劣势的最大盈余),哪种政策就是道德所要求的选择。

第二阵营不问未来会怎样,而关注过去发生事情的重要性。具体而言,就是某些罪犯是否应该为他们所犯的罪行被处死。按照这种思路,即使死刑耗资巨大,无益于防止犯罪,甚至可能因为民众变得更铁石心肠而增加犯罪率,但是如果我们能够证明这个犯人罪不容诛一定要处决,我们仍然应该实施死刑。在我们考虑如何趋乐避苦之前,我们必须首先伸张正义。如果罪犯得到应有的惩罚因此能够减少犯罪,那当然更好。但是即使不能遏制犯罪,我们还是应该处决罪有应得的罪犯。

在此,我们不是要试图来解决棘手的死刑问题,而是要阐述后果主义作为一种伦理观的独特之处。后果主义者是那些鼓励我们不悔既往的人,鼓励我们把注意力转向未来,而不沉湎于过去。由于关注行为或政策的结果,他们的理论也因此得名。对后果主义者来说,目的决定手段,只要目的足够好,为达到目的可以不择手段。当审视我们的行为计划是否符合道德标准时,需要审视的是结果。我的行为是否能达到最好的结果?如果回答是肯定的,那么我的行为就是符合道德要求的,反之则是不道德的。

---

[1] G. E. 摩尔,《伦理学原理》(*Principia Ethica*,Cambridge, UK:Cambridge University Press,1903)。

后果主义的本质

结构

后果主义认为，一种行为是符合道德要求的，只是因为它带来最好的总体结果（即是最优化的）。但是，我们如何确定一种行为是最优化的呢？这实践起来并不总是一件容易的事，但是在理论上讲是很直截了当的。决定是否最优化的过程需要以下五个步骤：

1. 确定什么是本质上的善——有内在价值，因其本身的价值而值得拥有[1]。比如，我们熟知的幸福、自主性、知识和美德。
2. 确定什么是本质上的恶（即因其本身的恶）。比如，身体上的疼痛、精神上的苦痛、施虐的冲动以及对无辜者的背叛。
3. 确定我们所有可能的选择，目前哪些行为是可供选择的？
4. 对于每个选择，确定其结果的价值。每个行为将带来多少本质上的善，又将产生多少本质上的恶？
5. 选择能产生最大的善恶净盈余的行为。这就是最优化的选择，这样的选择是我们的道德义务，而做任何其他选择都是不道德的。

我们大概可以演绎出几十种不同版本的后果主义，这取决于我们认为哪些东西具有内在价值。实际上，虽然我们没有明说，上一章所讨论的伦理利己主义就是后果主义的一种。利己主义认为只有一件事——我们的自我利益——是本质上的善，由此道德上正确的行为就是那些使自我利益的价值最大化的行为。其他众多后果主义理论还包括，认为道德上正确的行为是在环境卫生方面能做出最大改善，或者能最好地促进世界和平的事业，或者能最多地增长世界的知识体系。每一种这样的理论都是后果主义的一个版本。

---

[1] 有关内在价值的讨论，请参阅第一章"幸福与内在价值"一节的介绍。

因此，后果主义不是一种单一的理论，而是一个理论家族，其共同点就是认为结果决定伦理道德。在此，我们不能一一讨论每一个理论，因此仅仅把注意力集中在后果主义最突出的一个版本——**行为功利主义**（act utilitarianism）。

根据行为功利主义，幸福是唯一有内在价值的东西，而贫困潦倒则是唯一本质上不好的东西。因此，这种观点认为，一种行为是道德的，只是因为它比任何其他行为更能促进整体的幸福。哲学家称这种终极道德标准为**效用原则**（principle of utility）。

一些功利主义者是快乐主义者，另一些则热衷于欲望满足理论，还有的功利主义者认为有很多东西能直接促进我们的幸福。在此，我们无意讨论究竟谁是谁非[1]。行为功利主义最重要的观点是，行为之所以是正确的，只是因为它们使整体的福祉最大化。

和其他版本的后果主义相比，如果行为功利主义有其特有的吸引力和问题，我会特别提出来。但是，在很大程度上，了解了行为功利主义，我们就可以很好地来理解后果主义伦理观。

善的最大化

如果行为功利主义（以下简称"功利主义"）是正确的，那么我们就有义务使幸福最大化。但这到底意味着什么？约翰·斯图尔特·密尔，最伟大的功利主义思想家之一，对功利主义的总结很有名：功利主义的要求就是，我们要为最多数的人创造最多的善。但是，这一众所周知的口号忽略了一个密尔自己很清楚的微妙差别。

密尔是个快乐主义者，他相信只有幸福才是有内在价值的，只有痛苦才是本质上不好的。让我们权且假设快乐主义是正确的，以便更好地理解最大化的善需要什么。如果把功利主义和快乐主义结合起来，就会得到这样一个终极的道德原则：创造幸福较之痛苦的最大总盈余。对这一原则有两种常见的误解，我们需要首先一一澄清，才能来理解密尔到底是在说什么。

第一个误解是，在选择有益的行为时，我们必须使最大数量的人受益。密尔

---

[1] 有关幸福理论的更详细讨论，请参阅第一章至第四章。

拒绝这一论断。

假设我们必须在让更多的人受益的行为和让少数人受益的行为之间做出选择，密尔的原则并没有说我们不假思索一定要选择第一个。这是因为对更多的人的益处可能非常小，而对少数人的益处可能非常大。

比如，州议会要决定如何使用今年的财政盈余。他们可以把这笔钱给 90% 的公民一人一张 50 美元的汽油优惠券。或者他们可以把钱花在最贫穷的 10% 的公民身上，解决他们的无家可归和食不果腹问题。他们考虑了各种不同的可能性，发现把钱给穷人会带来更多的好处，即使这样惠及的人数要少。如果是这样，那么这笔资金就必须用于脱贫。

第二个误解是，我们必须选择能创造最大数量的幸福的行为。密尔也拒绝这一论断。

假设我们必须在两个计划中做出选择。第一个计划比第二个能创造更多的幸福。密尔的原则并没有说我们自然而然一定要选择第一个计划。

这是因为第一个计划在创造幸福的同时也可能造成巨大的痛苦，而第二个计划带来的痛苦却很少。比如，罗马皇帝想要取悦公众。他的选择：提供角斗士比赛，或者一系列的大型体育竞赛。假设观看角斗士决斗可以带来更多的快乐，但是设身处地想一想，这肯定会比体育运动带来更多的痛苦。也就是说，体育竞赛能带来最大的快乐减去痛苦的净盈余，尽管角斗士相互残杀能给全民带来更大的快乐总量。

正确的解释是，功利主义告诉我们，我们应该因时制宜选择能带来幸福减去痛苦最大净盈余的行为。所以，罗马人肯定应该选择体育竞赛。

道德知识

功利主义者认为，一种行为的正确与否完全取决于它的总体结果，无论这一行为已经发生了多久。计算结果是没有过期一说的。有时候，一个人的行为结果可能稍纵即逝，而在其他情况下，它却可能持续数十年或几个世纪（比如，林肯被暗杀或者耶稣被钉上十字架）。

这就立刻引来了一个问题。如果一种行为的正确与否取决于它所有的结果，而我们还没有看到所有的结果，那么如何知道这一行为是不是该去做的呢？功利主义者在对这一问题的回答上莫衷一是。一种观点认为，行为是否道德取决于其实际的结果；而另一种观点则认为，行为是否道德取决于其预期结果。这对于功利主义到底如何解释我们怎样获得道德知识有很重要的意义。

人们普遍接受的是第一种观点。正确的行为是那些能实际带来最佳的可能结果的行为。但是因为当讨论行为的时候，结果还在未来，我们就永远不可能事先完全确定行为是否正确。

然而，任何一种道德理论都必须允许某种程度的道德无知——也就是，在某些情况下，我们不知道什么是对或者错。我们在道德上不可能永不犯错。许多功利主义者对此的解释是，我们不可能精确地预测未来，我们也就永远不可能事先确定我们的行为在道德上是不是正确的。

尽管如此，我们还是有大量过去的经验可以借鉴。比如，我们可以合情合理地假定，拿枪近距离射杀一个完全的陌生人，结果不是最优化的。的确，我们不可能绝对确定——比如，这个陌生人可能是下一个希特勒或者本·拉登。但是，在道德问题上，我们不应该期待有百分之百的确定性。

其他功利主义者对这种解释颇不以为然，道德知识不应该如此求之不易。我们应该在行动的时候就知道行为是否道德，而不是必须等待看到所有的结果。毕竟，如果必须等待结果，我们可能永远无法鉴定一些行为的道德性，因为行为会产生意想不到的结果，甚至是在烟消云散几个世纪之后。

第二阵营的功利主义者认为，行为的正确性不取决于实际结果，而是取决于预期结果，以此来解决这一难题。根据这种观点，只要行为的合理预期结果是最优化的，这一行为就是符合道德的。我们通常能够对行为结果做出合理的预测判断，因此在行动之前，能够知道行为在道德上是对还是错。

实际结果与预期结果

比如，我搀着一个老人的胳膊，诚心诚意地想帮他一起过马路。可是当走到马路中间时，他却被一个鲁莽的司机一下给撞死了。如果我当初没有出于好意去帮他，老人仍然会站在路边，虽然有点儿耽搁，但是却会毫发无伤。如果一种行为是否道德取决于实际结果，那么，从功利主义角度来看，我就是做了不道德的事情。另一种选择（拒绝帮助老人过马路）结果反而会更好。

如果这听起来很残酷，很简单的补救办法是根据预期结果来评价行为，那么，从道德上讲，我的行为就是无可厚非的。任何人设身处地想一想都会认为帮老人过马路的预期结果很不错。

有趣的是，大多数功利主义者都拒绝道德取决于预期结果的观点。预期后果主义可以轻而易举地解释我们如何获取道德知识，而且不会去谴责那些原本预期结果最优化的行为。但是预期后果主义有两个问题，因此失去了大多数的支持者。

首先，预期后果主义有时要求我们选择最终会导致灾难性结果的行为，而对其他可能有更好结果的行为不闻不问。有一些行为我们原本预期结果不错，却最终带来巨大的伤害，而当这样的事情发生，预期论仍然断定灾难性的行为在道德上是正确的。

比如，假设我是假释委员会的一员，我有很强的证据证明一个罪犯已经改邪归正了。我于是批准释放他，但是几天之后就读到他疯狂杀人的报道。大多数功利主义者发现，从道德上讲，很难认同导致了许多无辜死亡的行为。他们会说，我批准假释的决定是错误的，尽管（我们很快就会看到）我不应该为此受到指责，因为我的本意是要带来好的结果。

其次，一些行为的预期结果很糟糕，但最终却出人意料地取得了好结果。记得小时候，我曾经鼓足勇气，当面对峙一个欺负孩子的坏蛋，尽管我认为这只会让他对我和其他受害者更刻薄。相反，他出乎意料地让步，停止了骚扰。

如果功利主义用预期结果来评价对错，那么我直面欺凌者的行为就是不道德的。但是，对大多数功利主义者来说，谴责有极好结果的行为似乎太过分了。

评价行为与意图

如果我们坚持古典版本的功利主义，也就是说根据实际结果来评价行为，那么我们应该如何看待好的意图却产生糟糕的结果，或者坏的意图却产生皆大欢喜的结果？功利主义者会坚持把两者分开，用一个标准来评估行为，而用另一个标准来评价意图。

只要行为带来最优化的结果，它在道德上就是正确的。但是意图在道德上是善的，只要合理的预期结果是好的。用这一标准来判断我帮助老人过马路的例子，古典功利主义者会认为我的行为是错误的，却对我的意图称赞有加。根据这一观点，我们不能马上因为做了坏事而受到责备，也不能马上因为做了好事而受嘉奖。比如，我很嫉妒一个人，出于嫉妒心和恶意，我试图去害他。但是我的尝试失败了，结果是他毫发无损，安然无恙。即使我的行为出人意料得到最优化的结果，我仍然应当受到谴责。（比如，这样的最优化的结果：我的失败导致我审视自己的情感缺陷，决定去寻求更好的自我，从而与我嫉妒的对象化敌为友。）

功利主义者认为，行为是否道德与行为背后的意图是否道德没有本质的联系。当我们有机会行善，却想方设法要去伤害别人的时候，即使我们的行为阴差阳错带来最优化的善，我们仍然要受谴责。相反，如果我们出于善意，想要去行善本身就值得称赞，即使我们的行为最后出人意料地带来了不幸。

以下就是功利主义的概述。后果主义者认为，我们的根本道德责任是把世界建造成最好的地方。而功利主义者对此的理解是，我们必须尽可能多地为促进幸福做出贡献。尽管不同的理论着重点不同，但大多数认为，一种行为是否最优化仅仅取决于其实际（而非预期）结果。所有的结果都很重要，而不仅仅是短期的结果。如果我们不能把好的结果最大化，即使我们有最好的意图，我们仍然是在做错事。虽然好的意图值得嘉奖，但是却与行为的道德与否无关。当我们放弃一个行善机会——去做一件会有更好结果的事情，我们就是在做错事。无一例外。

功利主义的吸引力

一视同仁

功利主义是崇尚一视同仁的学说，一视同仁是功利主义的一大优势。就是说，我们每个人的幸福在道德上都是同样有价值的。无论贫富、白人或黑人、男性或女性，有无宗教信仰，我们的幸福与其他人的幸福同等重要。比如，在上面角斗士的例子中，我们不必问幸福是属于富有的贵族还是穷困的奴隶。每个人的幸福都有价值，每个人的幸福都同样有价值。

我们现在认为人人平等是理所当然的，但是，当最早的功利主义者提出这一观点时，这是一个相当激进的想法。事实上，功利主义理论家对传统道德智慧的挑战由来已久。杰里米·边沁（Jeremy Bentham，1748—1832）在 18 世纪就是一位坚定的废奴主义者。他的《道德与立法原理导论》(*An Introduction to the Principles of Morals and Legislation*，1781）为功利主义提供了第一个真正缜密的辩护。边沁的教子约翰·斯图尔特·密尔则是最早为妇女平权大声疾呼的哲学家，他的著作《妇女的屈从地位》(*The Subjection of Women*，1869）是论女性平等最重要的著作之一。彼得·辛格（Peter Singer），或许是当今在世的最著名哲学家，他延承功利主义的传统，进一步扩展我们的道德关注，在伦理素食主义和反对用动物做实验方面做了大量深具影响力的工作。

功利主义者认为，只有当扩大道德关注的范围，不再仅仅关注自己、朋友、家人或者人类同胞时，我们才能形成真正的道德观。道德的观点只不过就是公平地关怀其福祉受到我们的行动所影响的每一个人。

为传统的道德智慧辩护的能力

正如废奴主义、性别平等和保护动物权益的例子所示，功利主义者一直毫不回避备受争议的问题。他们深知功利主义的建议有时会与大众的意见相抵触，但他们并不认为这是对功利主义理论的攻击，正相反，他们坚信这是对大众舆论的攻击。

尽管如此，功利主义者认为，大多数传统的道德信念是正确的。这背后有一个特殊原因，功利主义者认为，这是他们理论的一大优势。与其他相匹敌的理论相比，功利主义者认为他们更好地捍卫了我们的基本道德信念。

比如，我们一贯认为是大逆不道的行径：蓄奴、强奸、侮辱没有防御能力的人和杀戮无辜，显然，以上每一种行为都带来百害而无一利。因此，功利主义者和我们一样会谴责这些行为。

再比如，我们坚信在道德上是正确的行为：周贫济老、信守诺言、讲真话、勇敢面对危险等，这样的行为会造福无数，因此功利主义者和我们一样会赞扬这些行为。

功利主义也可以解释我们有关美德和邪恶的一贯观点。功利主义认为，美德就是让我们去多多行善的品格特征。同情、友善、仁慈几乎是所有人的核心美德。功利主义对此自然而然的解释就是，这样的品格特征会让我们避祸就福，总是可以不断促进我们的幸福，而远离痛苦。

相反，贪婪、怨恨、忘恩负义是大多数人所认为的邪恶之首。功利主义也可以轻而易举地解释这一点。当人们被这些品格特征所驱使，往往就会去伤害他人。功利主义者因此和我们一样谴责这些邪恶的品格。

我们有时会怀疑核心的道德信念是否有可能是错误的。但是，除非这种怀疑论有强有力的论据，否则我们应该在众多相互匹敌的道德理论中选择最能维护深层信念的一种。没有哪一种道德理论能完美地做到这一点——其主要观点都捕捉到一些根本的道德信念，却不能完全解释另外一些信念。但是，与其他理论相比，功利主义在这方面高居榜首。

解决冲突

伦理学理论能做的最重要的事情之一，就是提供如何解决道德冲突的建议。功利主义做到了这一点。因为它只有一个单一的终极规则——使幸福最大化——功利主义可以在最紧要的关头提供具体的指导。

设想一个熟悉的道德难题：我无意中听到一些关于我朋友的流言蜚语。她后来问我是否有人在散布关于她的谣言。我知道她是很敏感的人，如果我如实回答，肯定会让她陷入低谷，一蹶不振好几天。我也知道这些流言的源头实际是一个很喜欢我朋友的人，她一时冲动才口无遮拦。她可能已经对这件事深感内疚，不会再重蹈覆辙了。

当然，我们需要了解更多情况，才能做出最好的决定。但是，如果只是针对现有的境况细节，功利主义者会建议不要告诉我朋友真相。诚实也许是上策，但这并不意味着总是需要和盘托出。当我们考虑各种选择时，功利主义的建议是做能增进整体幸福的选择。讲实话并不一定总是能增进整体幸福。

由此，功利主义为我们提供了解决道德冲突的明确方法。当面临困难的选择时，我们可以用效用原则来做决定。

约翰·斯图尔特·密尔清楚地看到了这一点。在他的《功利主义》(*Utilitaria-*

nism，1861）一书的结尾有一段引人入胜的讨论，密尔对功利主义大唱赞歌，认为功利主义的正义观优于其他所有互相竞争的理论。他用税收的例子来说明功利主义的优越性。无可争辩，大家都同意我们的税收制度必须要公正，但如何做到这一点却众说纷纭。我们可以说，向每人收取相同数额的税是公正的，因为这样做是一视同仁地对待所有人。或者我们可以向每人收取他收入的同样百分比的税——这同样是一视同仁地对待所有人的方式。或者我们可以要求累进税，从那些最容易负担的人那里收取更高百分比的税。哪一种税收政策更公正？

每种政策的拥护者都会为自己的立场提供许多论证。历数所有的证据是件很头痛的事情，因为我们没有明确的办法来测试不同的政策。而功利主义可以无视各种相互冲突的主张，直截了当地说：使幸福最大化的政策是最公正的。当然，要知道哪种税收政策能做到这一点并不容易，但至少我们有一个明确的方向来研究这一问题。

每当我们面临相互冲突的道德建议时，功利主义可以大大简化问题。它告诫我们，只需要关注一个问题：哪一个选项能使幸福最大化？找到答案有时并不容易，但是至少我们有寻找答案的方向，这就已经是一半的胜利。

道德的灵活性

1846—1847年冬，唐纳大队（Donner Party）[1] 的成员骑着马或驾着马车要在加利福尼亚州内华达山脉中找出一条通道，结果发现自己被埋在厚厚的山雪中。不久，他们就用完了所有的食物和燃料。在大队的87名成员中，几乎有一半死在那个冬天。幸存下来的人则面临着一个可怕的选择。或者饿死，或者吃同伴的尸体来维持生命。

在唐纳大队成员面临的选择中，我们会认为禁止吃人肉这一规则是**绝对的**（absolute）——在任何条件下都不允许被侵犯。尽管遵守这一规则意味着丧生，但有些规则是永远不能打破的。

---

[1] 指的是1846年春一群由美国东部出发，预计前往加利福尼亚州的移民队伍。在恶劣的环境下，接近半数成员被冻死或者饿死，部分生存者依靠食人存活下来。——译者注

功利主义者对此无法苟同。他们的分歧并不是关于食人的具体观点，而是基于非常普遍的理由。对于功利主义者来说，没有哪一条道德准则（效用原则除外）是绝对的。违反任何规则在道德上都是说得过去的——即使是违反禁止食人、酷刑或滥杀无辜的规则——只要这样做能够提高整体的幸福。

功利主义者认为，我们绝大多数人在任何情况下都不考虑食人这样的行为是一件好事。我们的不情愿说明这些行为的严肃性。但在极不寻常的情况下，如果我们能最大限度地提高整体幸福，我们有权违反禁忌或打破根深蒂固的道德准则。

功利主义因此是一种有道德灵活性的学说。我们大多数人认为道德准则必须允许一些例外。但是，分界线在哪里呢？我们怎么知道是应该遵循道德准则还是打破道德准则？功利主义提供了现成的答案。道德不是说没有准则，为所欲为。通常情况下，遵守传统道德准则（比如不要偷盗、撒谎、杀人等）的结果最好。但有时为了提高整体幸福，我们必须要偏离常规路线。在这种情况下，即使非常规行为意味着打破传统道德准则，我们也仍然是在做正确的事情。

道德共同体的范围

2007年冬，俄亥俄州雷丁市（Reading）的两个高中男生决定出门找乐子。他们把来苏水喷到一只猫的脸上，压扁猫的脊柱，又把猫的眼睛挖了出来，把猫穿在木桩上，最后把它肢解了。事后，他们还大言不惭地向同学吹嘘自己的所为。

这两个男生的所作所为极其错误，功利主义可以轻而易举地解释这种行为为什么是错误的。而其他相竞争的道德理论却不能。

功利主义者认为，动物是**道德共同体**（moral community）的成员。成为道德共同体的一员就是有属于自己的重要性，赢得对自己一定程度的尊重。在道德共同体中，为了自我利益，每个成员都有责任认真对待其他成员的需要。

每一种道德理论都需要有决定谁能进入道德共同体的方法。功利主义的测试方法就是边沁的著名标语："问题既不是他们能思考吗，也不是他们能讲话吗，而是他们能感受痛苦吗？"[1]

桌椅不是道德共同体的成员，汽车也不是。这些东西很重要，但是这种重要性只是因为我们的在意。一旦我们失去兴趣，那么销毁这些东西就没有什么错。功利主义很容易解释它们的次要地位：它们不能感受痛苦，因此就没有独立的道德重要性。

但动物却是另一回事。它们是道德共同体的成员，它们的重要性来自它们自己，而并不取决于我们是否恰巧在意。对此，功利主义的解释是合乎情理的：动物之所以重要是因为它们会感觉到痛苦。俄亥俄州的两个男生对那只猫造成了极度而且毫无意义的痛苦。这就是他们的行为为什么如此恶劣的原因。

有一点要注意，功利主义者有时允许对道德共同体成员的伤害。整体幸福最大化在很多情况下是要付出代价的。比如，如果用某些动物做痛苦不堪的实验能带来非常有益的结果，那么这些实验就是可以接受的。这里的重点是，从功利主义的角度来看，我们不能忽视其他成员的痛苦，而受害者是人还是其他动物是无关紧要的。

事实上，功利主义者认为，物种的归属本身与道德完全无关。重要的是能否感觉到痛苦，而非人类的动物当然能感觉到痛苦。如果一个动物和一个人遭受同样程度的痛苦，那就是同样程度的不幸。伤害一个人，就伤害本身来说，并不比伤害一个（非人）动物更糟糕。

基于这一有争议的立场，许多功利主义者进一步提出一个强有力的论证，可以被称为边缘案例论证（Argument from Marginal Cases）：

1. 如果杀戮和吃"边缘"人以及拿他们来做痛苦的实验是不道德的，那么这样对待非人类的动物就一样是不道德的。

2. 杀戮和吃"边缘"人以及拿他们来做痛苦的实验（几乎）总是不道德的。

3. 所以，杀戮和食用动物以及拿它们来做痛苦的实验，（几乎）总是不道德的。

---

[1] 杰里米·边沁，《道德与立法原理导论》（1781），第十七章。

我不喜欢这个论证的名字,因为把任何人称为"边缘"人都让人作呕。但是,此论证的名字在哲学界尽人皆知,所以我们继续沿用。

"边缘"人是指那些心智并不比我们经常拿来当食物或者做实验的非人类动物更发达的人。造成这种发育缺陷的原因有很多:严重的脑外伤、极度的智力迟钝等。边缘案例论证背后的基本观点是,这样的人在道德上并不比我们在实验室或屠宰厂、农场所伤害的动物更重要。既然他们具有同等的重要性,我们就必须同等地对待他们。如果我们不准备食用这样的人或拿他们来做实验,那么我们就不应该用这种方式来对待动物。

许多人听到边缘案例的论证就想吐。他们不能把动物利益和人类利益放在同样重要的位置。功利主义者对此的反击是:每一个体都很重要,每一个体都同等重要。每一个体指的是道德共同体的每一个成员。动物也是道德共同体的成员,所以它们的利益和人类的利益同等重要。

几乎没有人会拒绝边缘案例论证的第二个前提。只有完全铁石心肠的人才可能愿意像我们对待实验室和农场里的动物那样来对待边缘人。的确,有可能会有一些罕见的例外,这样对待他们是可以接受的——这就是为什么在论证中加了"几乎"两个字。但这些必须是非常极端的情况。

所以,真正重要的是第一个前提。支持第一个前提的人认为,边缘人和农场、实验室的动物在道德上是平等的。之所以在道德上是平等的,是因为(如功利主义者所见)他们会同样地感觉到痛苦。而且如果双方在道德上是平等的,那么对一方不能做的错事,对另一方也不应该做。

反对这一前提的人,显而易见会攻击动物和边缘人在道德上是平等的这一命题。如果反对这一命题,那么就需要找到另外一种测试标准来决定道德共同体应该包括哪些成员。至今似乎还没有满意的答案。

也许可以用推理能力做相关测试。我们已经知道边沁拒绝这种测试,但即使他是错误的,仍然于事无补。因为边缘人的推理能力并不比动物强。事实上,有些动物——比如猪和灵长类动物——非常聪明,毫无疑问地比一些边缘人要聪明。

哲学家提出了许多其他如何确定道德重要性的测试。最流行的是:(1)沟通的能力;(2)有情感;(3)引起他人同情的能力;(4)自我意识能力;(5)自我管理能力;(6)坚持自己观点的能力;(7)思考和规划自己未来的能力。

功利主义者坚持认为，能感觉到痛苦的能力与其他这七种能力相比，是更好的测试道德共同体成员资格的标准。但即使我们对此心存疑惑，功利主义者坚称动物和边缘人在这七种测试中的表现不分伯仲。许多动物都具有这些特征或能力，与边缘人的表现相同。

根据我的经验，这时候大多数人会用下面两种方式中的一种来继续论证。其一，一些人会说，每一个人都比任何动物更重要，因为上帝创造了我们每一个人，使我们成为高贵的造物，我们的生命比任何动物都更有价值。这固然是一种可能性，但证明这一命题是神学家的任务，因为它最终将取决于上帝是否存在，以及他的目的和意图究竟是什么这样的论题。我们先把这个论证放在一边。

第二个论证是，在这种情况下，人们常说，仅仅因为他们是人，边缘人就比动物更重要。根据这种观点，检验是否是道德共同体一员的标准实际上就变成是不是人类的一员。不管一个人有多"边缘"，只要是人，就比任何动物都重要。

但这是一个失败的论证，显然是反对功利主义的一个循环论证。除非已经接受所有边缘人都比所有非人类动物更重要的观点，否则就不会接受这一推理。

更进一步，我们要问为什么物种资格是道德地位重要性的关键。一个人的遗传密码或者父母的物种，似乎并不能证明他的道德重要性。设想在不久的将来，我们遇到（或创造）一种在各个方面都和我们同出一辙的人，唯一的不同是，他们是用硅胶做的。他们像我们一样思考、一样有情感、一样有自我意识、一样能感到疼痛。他们看起来和我们一模一样。唯一的区别就是物种从属。

也许不同的人会有不同的看法，但是在我看来，物种差异不是把这些人当作二等公民来对待的正当理由。相反，他们在道德上似乎和我们有同样的重要性——如果不看内部线路结构，我们完全无法将他们与人类区分开，他们在各个方面都和我们毫无二致。

如果在这个例子上我们的看法一致，那么就应该承认物种从属本身不是能决定道德重要性的特征。因此，边缘案例论证就是正确的，我们不能说，边缘人仅仅因为他们属于人类物种，就比动物更重要。

因此，如果你还是认为每一个边缘人都比任何非人类的动物更重要，那么就是你采取行动的时候了。你必须找到一块道德重要性的试金石，比功利主义给出的标准更合情合理。这一标准能测出人类的优越性，而无论他们的心智发展程度如何。找到这样的标准并不容易，很多人认为几乎没有可能。你不妨自己试一试。

对功利主义来说，加入道德共同体并非难事。婴儿、幼儿、严重智力障碍者、极度精神疾病患者以及几乎所有非人类动物都是其中的一员。显然，这些人和动物本身就是很重要的，他们不是我们用来实现自己目的的各种玩物，因此他们是值得尊重的。功利主义很容易就可以解释这一点。

滑坡论证

功利主义推理在道德和政治论证中被广泛应用。其中一种非常流行的论证是所谓的**滑坡论证**（slippery slope argument）。那些道德和政治领域的论证多数是在批评某些社会改革，理由是如果允许这些改革，长此以往会导致极为可怕的结果。尽管各种政治派别的人都提出过这样的论证，但滑坡论证一般来讲总是趋向于道德保守主义，为保持现状提供道德上的理由。滑坡论证的比喻是这样的：设想我们在一个非常陡峭的山顶上安然无恙，而山脚下却是险象丛生的深渊。一旦我们从安全的山顶往下跨出哪怕是一小步，我们就注定要一路滑向深渊——斜坡实在太滑，我们不可能阻止自己不一落千丈地滑下去。

在当前关于转基因食品、毒品使用合法化或者国家是否有权审查个人电子邮件和信件的辩论中，一些最强的批评声音都来自提供滑坡论证的阵营。这些批评者有时承认新做法在短期内可能是非常有益的，但是会警告说长期的危害会远远超过短期的效益。

任何这样的论证都有两个基本要素。第一个要素是预测说如果我们允许新的政策或做法，将会导致严重的、不可避免的伤害。他们的论证又把预测与功利主义伤害最小化、幸福最大化的要求结合起来。比如，如果与禁止转基因食品相比，允许生产和销售转基因食品弊大于利，那么我们就应该禁止转基因食品的生产和使用。根据这个论证，不这样做就是短视和不道德的。

我们可以通过一个经典的例子来解释滑坡的比喻。自愿安乐死——也就是在垂死病人的积极要求之下，有意结束他们的生命。大多数反对这类安乐死的人承认，有时候的确安乐死比顺其自然更为仁慈，加速病人的死亡可以减少痛苦，同时也尊重病人按照自己的方式结束生命的愿望。但是，这却远远不是全部的故事。

反对自愿安乐死阵营的论证通常是这样的：如果我们允许这种做法，那么我们就是授权医生和护士有时可以杀死他们的病人。一旦医疗专业人员有权决定谁的生命值得过，谁的生命不值得过，那么随着时间的推移——不是下周、明年，甚至是五年之后，但也许一两代人之后——我们对保护无辜生命的承诺就会不可避免地被削弱。在这条路上走下去，我们会道德腐化到甚至意识不到自己腐化的地步。医疗专业人员或许会杀死那些想活下来但护理费用极昂贵的老年病患。他们或许会杀死患有各种疾病和畸形的婴儿。或许，甚至会允许杀死精神病患者或有智力障碍的病人，还冠冕堂皇地说是为了他们好，让人联想到纳粹的"安乐死"计划（在精神病院谋杀病人而美其名曰"安乐死"）。

这是令人毛骨悚然的结果。我们也许会认为，让病人在生命最后得到一种幸运的解脱不应该让我们陷入道德败坏的境地。然而，滑坡论证的支持者声称，一旦我们走出致命的一步，允许医生杀死病人，那么几个世纪的道德禁忌就会由此被消除。换一种比喻来说，我们就是打开了潘多拉魔盒，一旦打开，就没有办法阻止可怕的后果。

再来看另外一个风险比较低的例子。从20世纪30年代初期到60年代中期，好莱坞制片法禁止电影使用猥亵语言，禁止以现实手法来描述暴力，禁止任何哪怕只是半裸或者暗示性的性场面。当电影导演和电影公司老板挑战旧法规的时候，好莱坞制片法的支持者直接运用了滑坡论证。他们论证说，任何对现有制片法的改动，都会最终导致这样的极端结果：导演可以让演员随意使用猥亵字眼，电影可以任意描绘酷刑和残酷的杀戮场面，可以充分展示裸体和模拟的性行为——50年前，这种场景在道德上似乎是太离谱、不可能发生的事情。很显然，事实并非如此。

回击滑坡论证，我们可以说，实际上那些耸人听闻的预言并没有想象得那么有道理。20世纪五六十年代，美国南方许多报纸的社论版上充斥着各种各样的滑坡论证，这些论证警告说，如果长期存在的种族隔离法被取消，将会带来一场灾难。几十年前，在女性是否该有投票权的辩论中，我们也经常听到类似的论调——如果打破几百年的传统，必然会导致家庭内部和整个社会的混乱。这些预测是错误的，因此把这样的预测作为论据的论证也就不攻自破了。

有时候，很容易一眼看出灾难的预测是毫无道理的。比如，对吉姆·克劳法（Jim Crow laws）的滑坡辩护是基于毫无根据的恐惧、由来已久的偏见以及根深蒂固的无知。但是，有时候却很难知道一个滑坡论证中的预测是否可信。这种情况经常发生在真正激进的社会改革中，而这些改革很少是以前（如果有）经历过考验的。比如，只有极少的地方允许主动安乐死，即使在允许的地方，也只是在很短的一段时间内合法。如果没有可靠的历史记录供参考，那么允许安乐死是否会产生灾难性的后果这一点就不是很清楚。在这种情况下，我们需要进一步的论证来应对这种不确定性。

反对主动安乐死的人会争辩说，只有当我们有明确的证据证明安乐死不会导致灾难时，我们才可以放行。既然我们缺乏这样的证据，我们就应该继续禁止。相反，支持者认为，这样的规则会阻止各种在道德上有重要意义的社会革新；毕竟，如果一开始就禁止任何革新的尝试，我们就不可能证明它们是有益的。支持主动安乐死的人会进一步争论说，维持现状禁止安乐死会导致病人不必要的痛苦，会损害病人的自我决定权。医生最重要的道德义务是帮助病人——而在不寻常的情况下，帮助病人最好的方式就是帮助他们终结生命。

这里的论证越来越复杂，而且就安乐死问题而言，在一团乱麻中理出头绪来也并不容易。好在我们的着重点并不是要解决这一问题。事实上，评估这一论证，像评估所有滑坡论证一样，必须要先做两件事情。首先，必须评估论证中所做的预测，如果主动安乐死合法化，是否会产生反对者所预期的那些可怕结果？而继续禁止安乐死是否会有更糟糕的结果？回答这些问题或难或易，取决于滑坡论证的焦点是什么。尽管如此，即使我们能合情合理地评价论证中所做的预测，我们还要做第二件事——看滑坡论证中的功利主义要素是否合理。如何评价功利主义？请继续读下去。

供讨论的问题

1. 行为功利主义与伦理利己主义有何不同？你认为哪一种理论更合乎情理？为什么？

2. 什么是行为的最优化？一种行为是否有可能比其他任何别的选择带来更多的幸福，但仍然不是最优化的？

3. 大多数功利主义者认为，有时人们不应该因为错误的行为而受到责备，同样有时人们不应该因为做了正确的事情而受到赞扬。他们为什么这么认为？你同意吗？

4. 功利主义者如何解释我们缺乏道德知识的情况？他们的解释是否有道理？

5. 功利主义者坚信绝对的道德原则是不存在的（效用原则除外）。你认为有绝对的道德原则吗？如果有，是什么样的原则？如何捍卫这些原则的绝对性以反驳功利主义"为达到目的可以不择手段"的观点？

6. 功利主义者认为有些人在道德上和一些动物是同等的。他们是在指什么？他们又是如何论证这一点的？你是否同意他们的观点？为什么同意或为什么不同意？

7. 列举一个你自己的滑坡论证的例子，并解释如何能最好地辩护（或者反驳）此论证。

第十章
后果主义：其问题

衡量幸福

根据功利主义，我们必须做最优化的事情。我们必须最大限度地提高整体的幸福。因此，要知道一种行为在道德上的对错，我们需要做四件事：（1）把行为产生的所有益处加起来，（2）把行为造成的所有伤害加起来，（3）计算盈余，然后（4）看看此行为的盈余是否大于其他行为的盈余。

在很多复杂的情况下，我们在实践中不大可能遵循这些步骤。因为信息量实在是太大了，没有人足够聪明或者有足够的时间去收集所有的信息。功利主义者认为，这恰恰解释了我们在道德上无知的程度。但如果在原则上我们都不可能遵循这些步骤，那么功利主义就一败涂地了。

有些人的确认为遵循这些步骤是不可能的。在他们看来，第一步或第二步就已经是无稽之谈了。由于两个步骤面临的问题是相同的，我们就只集中讨论第一步。

为了把一种行为产生的所有好处加起来，我们需要一种衡量方法。幸福必须是可以定量的，这样我们才能衡量一个人的幸福的总量，再衡量第二个人、第三个人的幸福总量，然后把总和加在一起。但是，量化幸福听起来荒诞不经至极。

如果幸福只是我们的欲望满足程度，那么这个问题就容易得多。我们可以通过记录欲望实现的百分比来判断一个人有多幸福。但是，即使撇开我们在第四章中讨论过的欲望理论的问题，我们还是不能确定，在决定一个人的幸福时，是否他所有的欲望都是等值的。设想我有 1000 种欲望（这当然是我编造的一个数，但是有助于说明问题），其中，900 种欲望在我看来都是相当肤浅的，没什么真实深刻的意义，而且转瞬即逝，即使实现不了对我也没什么负面影响。现在假设这 900 种欲望都得到了满足，但是剩下的 100 种欲望却没有实现，而这 100 种欲望反倒是我全身心投入、真正反映我的品质和个性的欲望。

我是不是很幸福呢？我倒是觉得我实际上处于一个非常糟糕的状态，尽管我 90% 的欲望都得到了满足。这表明我们不能仅仅通过欲望实现的百分比来衡量幸福。事情还会变得更复杂，如果我把自己的幸福程度与别人的幸福相比，另一个人整体的欲望满足百分比要比我低，但更多深层次的欲望得到了满足。

如果我们从欲望满足理论转向多元幸福观，问题就愈加错综复杂。多元化观点认为，我们的幸福来自很多方面。每个哲学家对幸福的来源看法不尽相同，但大致都包括了知识、美德、爱、幸福和友谊。大家的共识是，拥有这样的东西越多，我们就感觉人生越美好。

这种观点同样产生了严重的衡量问题。我们如何衡量友谊的程度、爱的程度或者美德的程度？然后又如何把这些结合到幸福的整体衡量中？

即使我们只考虑幸福的两个组成部分，而忽略其他成分，多元主义仍然面临困境。比如，假设幸福和自主性是对于美好人生来说的唯一两个有本质性贡献的东西，如果功利主义是正确的，那么我们就必须最大化这两种价值。

问题是，十有八九我们不总是能做到这一点，有时候幸福和自主性是鱼和熊掌不可兼得的。比如，一个重病患者生命垂危，却不自知。家人恳请医生保守秘密，因为一旦知道真相，病人就会陷入严重的抑郁。而对病人隐瞒病情就是削弱了他的自主性。在这种情况下，医生要么尊重病人的自主性，要么多给他一些幸福，却不能两者兼顾。

这样的例子有很多。父母应该允许他们十几岁的女儿和一个虐待成性的大叔约会吗？家人是否应该干预以阻止亲属加入邪教？如果新一届选举的政府开始欺压本国百姓，并对邻国无缘无故发动战争，超级大国是否应该干预这个国家民选的结果？回答这些问题当然需要大量的信息，但即使有足够的信息，我们仍然面临着尊重别人的自主性还是减少不幸之间的选择。在这种时候，我们该怎么做？

一旦承认自主性和幸福都具有内在价值，功利主义就无法回答这个问题。如果幸福是最重要的，那么我们可以选择幸福。如果自主性是至高无上的，那么我们就可以尊重自主性，甚至以牺牲幸福为代价。但是，如果两者都同样是最重要的，当它们彼此冲突时，我们就举步维艰，不知道何去何从了。

尽管约翰·斯图亚特·密尔认为幸福是唯一有内在价值的东西，他还是遇到了同样的问题。有人认为功利主义是"猪的教义"，只有那些寻欢作乐的人，而不是追求更具挑战的智力上乐趣的人才对此津津乐道。对于边沁的名言"图钉游戏（pushpin）和诗歌一样好"（图钉游戏是一种简单的酒馆游戏），密尔回答说："做不快乐的苏格拉底胜过做快乐的傻瓜。"边沁规劝我们最大限度地享受快乐，而无论快乐的质量如何。密尔对此无法苟同，坚持认为我们要同时最大限度地提高快乐的质量和数量。

抛开密尔的精英主义不谈，他认为有些快乐比其他快乐"更高尚"。最严重的问题在于，他要求我们要同时把两件事（快乐的数量和质量）最大化，而不是一件事。但是，如果我们不能两者兼顾呢？一大袋土豆片、几罐啤酒，外加电视遥控器可能会带来很多低水平的乐趣。或者我也可以花同样的 5 小时试图重构一个艰深的哲学论证，没有什么乐趣而言，但质量却很高。在此，只要快乐的数量和质量都是极其重要的，功利主义就无法要求我们舍此取彼做出有原则性的选择。

甚至快乐主义（以及其他只认可一种最核心价值的理论）也同样面临价值衡量的问题。毕竟，幸福多种多样，有短暂的兴高采烈、持续的心满意足、身体上的亢奋，还有精神上的挑战或者经历千辛万苦终于成功的欣喜若狂。这还仅仅是很少的几个例子而已。考虑到众多不同类型的幸福，要是能找一个适用于每个人的幸福标准反倒是不可思议了。

我们可以用价值衡量论证（Argument from Value Measurement）来总结这些问题：

1．功利主义是正确的，仅当有一个精确的衡量单位来测量行为结果的价值。

2．没有这样的衡量单位。

3．所以，功利主义是错误的。

我认为功利主义者应该承认第二个前提是正确的。的确没有任何精确的测量单位可以来衡量幸福，或者更普遍地说，是福祉。

因此，功利主义者就必须全力抵挡第一个前提。但是如何来反驳呢？毕竟是功利主义者要我们来比较不同的行为，看哪一种行为能做到福祉的最大化。我们可以不费吹灰之力地做其他比较，比如，问谁最高、谁跑得最快、谁最有钱，因为我们可以依赖精确的测量单位：高度以毫米为单位，速度可以精确到几分之一秒，而财富可以用美元和美分为单位。这些准确的测量单位使我们能够确定相关的"价值"是否最大化（高度、速度、财富等）。这些例子让第一个前提看起来无懈可击。

不过，我还是认为功利主义者有理由来拒绝第一个前提。在一些显而易见的例子中，某些行为就是比其他行为能创造更大的整体利益，尽管我们没有准确的方法来衡量这些利益。比如，好心的奶奶收养无家可归的孤儿，比起一对夫妇打牌消遣，显然第一种行为产生更多的利益。只要有这样不言而喻的例子存在，就一定有一种测量利益的方法存在，即使不一定是很准确的方法。

这样的论证也同样适用于伤害的情况。比如，父母当着孩子的面吵架，肯定会对孩子带来伤害。但是当一场霍乱在难民营突然爆发，伤害显然要大得多。我们不能确切地说究竟有多少伤害，但很明显，第二种情况的伤害要更严重。在我看来，这就足以来怀疑第一个前提。

这些例子同时表明我们能够——至少是有的时候——完成功利主义计算的第一个步骤和第二个步骤。我们可以来鉴定各个选择，找到最有益和最有害的选择。

不过，到了第三步和第四步，仍然存在问题。第三步是要计算出一个既定行为的伤害和利益的净盈余，然后到了第四步，是和其他行为的利害盈余相对比。如果我们能解决第三步，第四步就迎刃而解了。然而，利益和伤害是如此不同的两件事，我们怎么计算它们的盈余呢？

如果替功利主义代言，我们可以说，在一些简单明了的案例中，一种行为是否道德是一目了然的。如果在所有选择中，有一种行为既能创造最大的利益，又只造成最小的伤害，那么这一行为就是我们的道德义务。如果在所有的选择中，没有哪一个能促进幸福，那么我们必须选择能带来最小伤害的行为。如果在所有的选择中，没有哪一个会造成伤害，那么我们就必须选择创造最大利益的行为。当然，由于我们不能精确地测量伤害或者利益，那么也就不清楚究竟哪一种选择产生最大的利益，或者造成最小的伤害。然而，只要选择是清晰明了的，功利主义的指导方针就能提供最直截了当的道德建议。

问题在于，我们在现实世界中面临的许多情况并不符合这三种模式中的任何一种。有时很难看清一种行为是不是最优化的——这不是因为我们对它的所有结果一无所知（尽管常常是这样），也不是因为我们无法精确地计算它所造成的利益和伤害，而是因为我们不清楚如何在利益和伤害之间计算盈余。比如，如果有两个或两个以上的行为，每一种行为都保证带来一定的利益，但又都要以某种伤害作为代价。这时，究竟哪一种行为是最优化的，就是一个没有答案的问题。而这正是我们在大多数情况下能得到的答案——没有答案。如果真是这样，那么功利主义就将失去一个主要优势——在复杂的道德困境下提出具体建议的能力。

功利主义是非常苛刻的

功利主义似乎对我们凡人有三个方面过分的要求：深思熟虑、动机和行动。我们来逐项考虑。

深思熟虑

似乎为了思考如何行动，我们必须首先掌握大量的信息。我们必须知道面对的所有选择是什么，以及各自可能的结果是什么。然后我们必须确定每个选择的总价值。最后比较这些价值来看哪一个选择是最优化的——这一系列的思考有时要在几秒钟内完成。

但这显然是不可能的。我们不是计算机。我们不能在每一个行动之前就获得这样的知识。没有哪个人能拥有功利主义所要求的那种信息量和计算能力。

密尔对此有个现成的答复。基督徒通常都对他们的宗教要求了如指掌，在每个行为之前完全没有必要重读整部《圣经》。他们很少需要做复杂的计算来确认自己的宗教义务，因为在紧要关头他们可以依靠几百年积累下来的智慧。功利主义也是同样如此。我们不需要左思右想就会知道强奸或杀人肯定是弊大于利的。在大多数情况下，我们可以依据常识以及数不胜数的前例来分辨利害。

当然，也有例外的情况，我们必须停下来仔细推敲某一既定行为的利弊。但这不是功利主义的问题，所有的道德理论都要允许有例外的情况。

更进一步，如果我们的本意是行善，那么花太多的时间前思后想，就违背了做好事的初衷。功利主义的目标是改善世界，而最有可能实现这一目标的人，知道什么时候要三思而后行，什么时候又需要当机立断。对自己的选择想得太多可能反而会感到茫然不知所措，以至错失良机。通常情况下，最佳的行动是不假思索和自发的；我们应该把深思熟虑留给那些罕见和真正有必要的境况。

动机

再有一点，功利主义是不是要求我们都要做圣人，时时刻刻找机会行善呢？我们是否必须始终尝试做最优化的事情？

一个合情合理的道德理论是我们大多数人都可以恪守的理论。但是，要求我们每时每刻都乐善好施，从不多花一分钟为自己着想——我们中有多少人能这样无私呢？如果只有圣人才能达到这样的标准，那么功利主义就陷入窘境无疑了。

功利主义者会同意这一点。他们并不认为我们必须一直殚精竭虑想着如何改善世界。原因很简单，直奔目标而去的人，往往无法实现自己的目标。

也就是说，那些总是想着要得到最好结果的人往往倒是会错过它。这并不像听起来那么奇怪。想想那些把快乐作为唯一生活目标的人，我们却难得看到他们快乐。这就是所谓的事与愿违、欲速则不达的道理。[1]

---

[1] 参见第二章"快乐主义的悖论"一节关于快乐主义的悖论的讨论。

追求整体幸福也是一个道理。那些只瞄准一个目标的人，往往不是爱管闲事、胡思乱想，就是有强迫症的人。[读读尼克·霍恩比（Nick Hornby）的小说《如何行善》（*How to Be Good*），主人公戴维·卡尔（David Carr）致力于尽其所能多做好事，结果给家人和朋友带来的尽是痛苦。] 如果我们只有一个单一动机——为最大多数人创造最大的利益——结果几乎肯定会适得其反。如果真是这样，那么功利主义者就摆脱困境了，因为这说明功利主义并不要求我们时时刻刻必须要积德行善。

还有另一种办法来思考这些有关深思熟虑和动机的批评。这种办法要求我们能区分**决策程序**（decision procedure）和**正确性标准**（standard of rightness）。决策程序是指导我们做决定的可靠方法，当我们有效地运用这种方法时，我们就自然而然做出决定。正确性标准则告诉我们使得行为在道德上正确的条件。

后果主义首先是一个正确性标准。一种行为是正确的，因为它是最优化的。这一标准的目的在于，准确地解释为什么行为是正确的，什么时候是正确的。

重要的是，一个正确性标准不一定必须是一个好的决策程序。事实上，大多数后果主义者认为，他们的正确性标准，即效用原则，作为决策程序会一败涂地。除非是在极端不寻常的情况下，否则我们不应该问自己，我们要做的事情是不是最优化的。

上一小节也解释了这一点，将效用原则作为决策程序，反倒会减少我们在世上行善的可能。这是因为我们会花费太多的时间去冥思苦想或者无谓地猜测自己的动机，反而错失了做好事的机会。如果是这种情况，功利主义要求我们把效用原则束之高阁，而用其他原则指导我们的思考和行为动机。

行动

功利主义最后一个被认为过于苛刻的方面是行动。即使我们不需要总是想着要去做最优化的事情，不需要总像圣人那样动机至善，但是为了达到最优化的结果，我们却真的必须付诸行动。如果不行动，我们就是不道德的。这一点让大多数人觉得言之过甚。

回想一下约翰·卫斯理的座右铭：尽做好事，尽我所能等。这样的人生将是一场伟大的、持续不断的自我牺牲。任何时候，只要我们有能力兼爱无私，为他人谋利益，我们就必须这样做。比如，如果你和本书的大多数读者一样——衣食无忧，不时还可以享受一下华衣美食或者旅行度假——那么功利主义就要求你更加乐善好施，先人后己。

特雷西·基德尔（Tracy Kidder）在《越过一山，又是一山》（*Mountains Beyond Mountains*）一书中描述了非凡的保罗·法默医生（Paul Farmer）的故事[1]。法默是哈佛大学教授，是非营利组织"健康伙伴"（Partners in Health）的共同创办人。"健康伙伴"的主旨是为世界上许多最贫困的人群提供免费医疗。几年前，在他和家人搬到卢旺达之前，法默一年的大部分时间都和妻子及年幼的女儿分居两地，为的是腾出更多的时间在海地农村治疗危重病人。他过着清贫的生活，把哈佛大学的薪水都捐给了"健康伙伴"组织。他从不休假——因为如果他休假，有些原本他能挽救的病人就会死掉。他试着爱妻子和女儿不超过爱其他人（但是很难做到）。他坚持认为，每个人无论多么贫穷，在社会上多么弱势，住在多么偏僻的地方，都应该拥有同样的机会过上体面的生活。法默没有把功利主义作为他的信条，但他是我所知、所听说的所有人中最符合功利主义艰巨要求的人。

你也许会认为法默是个例外。我们不是医生，不能治病救人。功利主义对法默的要求如此之高，是因为他有特殊专长。但是，对于普通人来说，功利主义也许并不要求我们做太多的自我牺牲。

但是再想想，如果我有1000美元，可以花在去海滩度假，也可以把钱汇给联合国儿童基金会，这就很容易看清我们要做的选择了。根据联合国儿童基金会的文献，1000美元可以为100个家庭提供一套基本的急救水箱，为1000名儿童接种小儿麻痹疫苗，或者为250名儿童提供羊毛毯以供寒冬应急保暖。放弃阳光假期，我的心里未免不爽。但是我的不爽与那么多人也许要经受的痛苦（因为我没有把钱花在他们身上而救助他们）相比，就相形见绌了。如果功利主义是正确的，那么我们就都不应该再去度假了。

---

[1] 特雷西·基德尔，《越过一山，又是一山》（*Mountains Beyond Mountains: The Quest of Dr. Paul Farmer, a Man Who Would Cure the World*，NewYork：Random House，2003）。

在此有一个很重要的训诲：功利主义不承认有所谓的"**超义务**"（supererogation）——就是远远超过我们义务要求的行为。一般来说，超义务行为令人钦佩，值得称道，但却不是必须的。一个经典的超义务的例子是，一个局外旁观者冲进起火的大楼，营救被困在里面的陌生人。但功利主义者甚至否认这是一个超义务的例子，因为对功利主义来说，没有任何行为是超越义务要求的。我们的道德义务是尽我们所能去做好事。如果在冲进大楼的那一刻，我们在所有可选择的行为中认定这是能将伤害降到最低的行为，那么我们就必须这样去做。除了冲进大楼我们别无选择，救人在此是我们的义务。

功利主义者知道这一点有些让人难以接受。他们的回答是，道德要求本来就是很苛刻的。比如，我们大多数人相信，道德有时会要求我们放弃自己的最大乐趣享受，有时甚至要牺牲生命。所以，真正的问题不在于道德是否极其苛刻——因为道德就是苛刻的，而在于道德要求我们为他人利益而牺牲自己利益的频率如何。

道德到底要求做多大的牺牲，我们对此的观点是由每个人的成长方式决定的。我们中的大多数人都是在相对富裕的社会长大，也就是说，缴完税之后，我们还会有可观的收入可供随意支配。相反，假设我们是在一个以救世济民为美德的社会中长大，帮助穷人是这个社会的当务之急。这样我们可能会认为只拿出一小部分钱来救济穷困是犯罪行为。

功利主义者必须承认他们的理论要求富比王侯的人牺牲更大的个人利益，而我们其他人也经常需要做可观的牺牲。但是，一个道德理论对我们的苛求并不一定是它的弱点。功利主义不满足现状、挑战我们由来已久的思维方式，这些都可能是其真实性的标志，而并不说明功利主义是错误的。

一视同仁

功利主义所要求的一视同仁是这一理论本质性的优势。名人或亿万富翁的幸福并不比流浪汉或难民的幸福更重要。从道德的角度来看，每个人都是平等的，没有哪个人的利益比其他人的利益更重要。

然而，一视同仁也有让人担心的地方，因为道德有时候认为我们厚此薄彼是可以接受的。比如，比起你的孩子，我更关心自己的孩子；比起陌生人，我更关心自己的朋友；比起地球另一边的人，我更关心自己的同胞。这些都是正当的，将这种关心转化为行动也是正当的。举个例子，如果我省下一笔钱，一边是可以支付我儿子的一个小手术的费用，一边是可以把钱寄给饥荒受灾区减轻受害者大得多的痛苦，大多数人会认为用这笔钱给儿子做手术是无可厚非的。但是，功利主义不准许我们做这样的选择，因为这是对自己孩子利益的偏爱。功利主义不认为，一个人，仅仅因为他是我的孩子、我的好朋友或者我的同胞，就更理所当然应该得到我的帮助和关注。

功利主义者可以论证说，在很多情况下，我们应该优先考虑自己的亲朋好友，但是理由不是因为他们更值得，或者比陌生人更重要，而是因为这样做最有益。比如，功利主义者可以说，把我的钱寄到受灾区的结果也许还不如治好我儿子的病。功利主义者会提醒我们，我们必须考虑一种行为的所有结果，而不仅仅是短期结果。如果我漫不经心就牺牲我儿子的利益，他会觉得自己受了委屈，会怀疑我是不是仍然爱他。这些感觉本身就很糟糕，还可能对孩子造成长远的伤害。相比之下，那些素昧平生的灾民却不会因为我照顾自己的儿子而感觉受到了怠慢。因此，如果我们拓宽眼界，可以看到，对至爱亲朋的偏向倒是往往能得到最优化的结果。

这样的推理有时是正确的。说到底，当我们全心全意关心家人、朋友或者同胞的时候，往往会有更好的结果。但有时也并非如此。比如，在我们刚刚举的例子中，我没有寄钱赈灾济贫的最后结果可能是有些灾民因此死掉了；而我的儿子，尽管会受一些苦，也许会对我把钱寄给陌生人感到愤愤不平，但却不会有生命危险。从一视同仁的角度来看，灾民的死亡肯定比我儿子的病痛更严重。当减少伤害意味着奉献时间或金钱给素昧平生的人，这就是功利主义对我们的要求——即使要以牺牲朋友和家人的利益作为代价。

过度强调一视同仁还会导致另一个问题。按理说，我们必须把每个人的福祉都认作同等的。但是，假设在一个社会里，几乎每个人都对一个少数族裔心存偏见。再假设，他们还用这种偏见为奴役少数族裔的政策做辩护。在这种情况下，功利主义会认为，在这样的社会中奴隶制度是必须的。

在判定是非的时候，我们必须考虑奴隶受到的所有伤害，又必须考虑到他们的压迫者得到的利益。我们得承认，不论贫富、肤色和性别，每个人的利益都同等重要。但同样，不论无知还是聪明，正义还是不正义，善良还是邪恶，每个人的利益也都同等重要。如果有足够多的人既刻薄又无知，但是从奴隶制度得到好处，那么功利主义就有可能说这些人对奴隶造成的伤害是说得过去的。虽然这种情况颇为罕见，但不是没有可能。而一旦出现这种情况，功利主义就要站在压迫者一边。对于任何道德理论来说，这都是一个严重的问题。[1]

没有本质的错误或者正确

考虑我们刚刚讨论的这个例子，很容易就转向下面这样的观点。某一类行为——比如折磨人、强奸、奴役——在本质上就是错误的（行为本身是错误的）。我们不需要检验结果，就知道这些行为是不道德的。只需要知道这些行为是什么，就足以断定我们是绝对不可以做的。

功利主义者不能接受这一点。对他们来说，一种行为是否道德完全取决于结果。这一特征恰恰说明了功利主义的道德灵活性：任何一种行为在道德上都可能是正确的，只要其结果是最优化的。即使是那些只会导致巨大痛苦的行为，只要能防止更大痛苦的发生，在道德上就可以是正确的。功利主义的道德灵活性来自它不认为有任何行为是绝对禁止的。

假设功利主义是正确的，杀害无辜的行为本身并没有什么不对。当然，通常这样的杀戮不会有最优化的结果。但是，设想一个人，贫病交加，潦倒到极点，而且毫无未来可言。他想活下去，时不时享受一些很小的乐趣。但他的大部分生

---

[1] 这让我想起作家亚历山大·沃（Alexander Waugh）回忆录中的一段。其中，他讲述了寄宿学校学生被体罚的恐怖："修道士们喜欢鞭打男孩，作为独身禁欲生活的一点解脱。我父亲一直说被殴打对男孩来说是小小的牺牲，对修道士来说却是一种极大的款待。"[节选自沃的《父与子》(*Fathers and Sons*, New York: Doubleday, 2007)]。这句话当然是在开玩笑，但却说明了功利主义推理的一个弱点。不管压迫者是施虐教师、腐败政客、在平民区横冲直撞的士兵还是奴隶主，功利主义认为，他们的福祉与受害者的福祉相等同。根据功利主义的观点，如果没有其他行为能够产生更多的整体利益，那么学校对学生的虐待在道德上就是合理的。

活都极其糟糕，也不大有改观的希望。如果他死了，世界上不幸的总量反而会少一点。于是，我们就必须杀掉他——当然前提是我们这样做可以避免造成更大的伤害。比如，如果我们被抓到了，那么就会锒铛入狱，自己的家庭就要忍受骨肉分离之苦，其他脆弱潦倒的人会害怕自己是下一个谋杀目标等。但是，如果我们能在神不知鬼不觉的情况下杀掉这个人，同时说服大家他是寿终正寝的，那么功利主义就认为我们必须这样做。这不是谋杀，而是正当杀人。这是因为这个人降低了世界的整体幸福水平，除掉他，世界的幸福水平就上升了。

功利主义者拒绝任何杀害无辜（或者折磨无辜、偷窃等）的绝对禁令。由此得出一个非常重要的结论就是，任何行为，无论多么可怕，都是可以允许的，只要它能防止更糟的结果。

这种功利主义式的推理被很多用心险恶的政客用来为自己的行为做辩护。他们会一时坦言，承认自己迫害过竞争对手，践踏过公民权利，或者曾经徇情枉法，假公济私。但是他们的借口总是一样的：虽然我有错、不完美，但是看看对手，他们比我还不如，要是让他们接管只会更糟。所以你必须支持我。

这往往不过是为追求自我利益找的冠冕堂皇的理由。但有的时候，这些人也是在说实话。尽管他们的政权很糟糕，但是却没有更好的替代。如果功利主义是正确的，那么支持这样一个政府在道德上就是正确的，而试图推翻它就是不道德的。

我们可能会对这样的理论退避三舍，怎么可以助纣为虐呢？但功利主义否认这一点。我们并不总是能够做皆大欢喜的选择。有时我们的确不得不两害相权取其轻，因为我们终极的道德义务是尽量减少伤害，避免更糟糕的结果发生。如果功利主义是正确的，那么就没有哪一种行为在道德上是永远无法容忍的。

功利主义者否认有任何一种行为在本质上是一定错误的。同样也就没有哪一种行为在本质上就一定是正确的。比如，我们会认为，信守诺言、讲真话或者扶危济困这些行为本身就是正确的。但功利主义者否认这一点。在他们看来，行为的价值完全取决于结果。如果信守诺言、讲真话或者与人为善不能转化成最优化的结果，那么这些行为就是不道德的。

不正义问题

一言蔽之，功利主义的最大问题就是：我们必须实现福祉最大化，但有时我们只能通过非常不正义的行为来做到这一点。任何道德理论都不应该允许不正义的行为，更不用说要求我们一定要做出不正义的行为了。因此，功利主义肯定存在严重的问题。

所谓行事正义就是尊重权利，而行事不正义就是对权利的侵犯。如果侵犯权利可以达到最优化的结果，那么功利主义就要求我们必须这样做。

考虑两个战争时期的例子：**替受性惩罚**（vicarious punishment）和**警戒性惩罚**（exemplary punishment）。替受性惩罚的目标是无辜的人，以此来威慑罪犯。这种策略往往适得其反，但有时却立竿见影。比如，为了要阻止恐怖分子袭击，我们可以先绑架其亲属，再威胁说要用酷刑折磨他们。再比如，我们可以杀死庇护叛军游击队的村民来防止他们再次进犯。尽管对无辜平民的酷刑和蓄意杀害显而易见侵犯了他们的权利，但如果这样做可以防止更大的伤亡，功利主义者就认为我们必须这样做。

警戒性惩罚是"杀一儆百"的惩罚。我最近在 E. L. 多克托罗（E. L. Doctorow）的小说《大进军》（*The March*）[1]中读到一个很好的例子，这本书虚构了谢尔曼将军（General Sherman）于1864年远征出海的故事。在一次战役中，南方敌军游击部队曾在谢尔曼军队驻扎期间俘获、折磨并且枪杀了一些他的士兵。如何防止此类攻击继续发生？谢尔曼把他营地的南方军战俘叫到跟前，随机挑选了其中一个，然后公开处决，并宣布如果再有游击队袭击，他就再杀俘虏。果然袭击立即停止了。

谢尔曼将军开杀戒很可能挽救了更多的生命，所以用功利主义的标准衡量，这样做是正确的，却是以战俘的道德权利为代价。枪杀那个俘虏阻止了游击队的再次进攻，但这并不意味着俘虏就应该被处死。

替受性或警戒性惩罚的对象是那些本来不应该受伤害的人群。还有很多例子，

---

[1] E. L. 多克托罗，《大进军》（New York：Random House，2004）。

人们确实应该受到某种处罚或惩罚，但是有时让他们受到应有的惩罚并不是最优化的选择。比如这样的情况：一个学生应该拿到不及格的分数，他恳求老师手下留情。有时候给学生一个他想要的分数，而不是他应得的分数，是利益最大化的。比如，也许这个学生正在申请工作或一份奖学金。如果益处大于代价，那么功利主义就要求教授给学生改分数。

还有一些更严肃的例子。第二次世界大战后，美国政府决定对许多纳粹科学家既往不咎，只要他们同意为美国提供武器情报。检察官有时还会让公认的杀人犯逍遥法外，前提是如果他作证指认曾经雇用他的犯罪头目。手上沾满鲜血的政治领袖也通常得以全身而退，我们对他们所犯的罪行不予起诉是为了避免内乱。如果功利主义是正确的，那么我们就必须尽量减少伤害，即使这样做意味着让有罪之人逃脱法网。

实际上，当权利受到侵犯时，受害者通常就会因此受到伤害。所以，在通常情况下，功利主义会谴责不公正的行为。但却并不总是如此。比如，一个银行经理可能挪用了数百万美元，并做假账以确保没人会发现他的行为。他和家人因此过上了阔绰的生活，而其他人也没有因此受到多少影响。再比如，窃贼可能正好偷了主人厌恶的一件贵重珠宝，他本来就想暗中把这件首饰处理掉。物主的权利肯定受到了侵犯，但无论是他还是其他任何人都似乎毫发无伤。这两种情况带来的只有利益，而没有多少伤害，功利主义会因此认可这些偷盗行为。然而，这些行为完全是出于自私的原因和目的，加上前面提及的其他例子，足以让我们驻足思考。合情合理的道德理论必须赋予正义应有的重要性，而功利主义似乎不能做到这一点。

不正义问题的潜在解决办法

自功利主义理论产生，其忠实信徒就一直要面对说它缺乏正义这样的批评。功利主义对此有足够的时间来做出回答。让我们逐一来讨论功利主义对不正义论证（Argument from Injustice）的几个答复。

> 1. 正确的道德理论永远不会要求我们去做严重不正义的事。

2．功利主义有时要求我们做严重不正义的事。

3．所以，功利主义不是正确的道德理论。

其中，有四种答复尤其重要。我们将在这里讨论三个，下一节专门讨论第四个。

正义是有内在价值的

听起来有些奇怪，但是功利主义的第一个答复是真心实意地接受此论证。如果功利主义不允许正义的独立重要性，它就无法成为周密的道德理论。因此，严格地说，功利主义就是错误的。但是，如果能对它的原则稍加改动，功利主义立刻就可以面貌一新。

功利主义的一个决定性特征是，它认为福祉是唯一有内在价值的。假设我们修正这一原则，加上正义也是有内在价值的这一条，也就是说，我们应该在使世界上的福祉最大化的同时也使正义最大化。功利主义的窘境由此就迎刃而解了。

但是不是真是这样？我们也许反而重新陷入了以前的困境。当提倡一种价值要以牺牲另一种价值为代价时，后果主义就失去了指导我们行为的能力。如果我们同时要使幸福和正义最大化，不能两全其美的时候怎么办？我们应该优先考虑哪一个？

我们可以说，正义应该永远放在首位。但有时这样做并一定合乎情理。比如，数月来，立法者一直不能通过一项开支法案，州议会由此陷入僵局。最后终于有一个折中方案摆到了大家面前。如果这一方案不能通过，没人知道还会不会有第二个开支计划出台。与此同时，政府将不得不关门，数万人领不到工资、不能获得医疗救助或福利支持。更进一步，这一折中方案看起来很棒，它解决了本州的许多问题，包括对最贫困人群的援助，还会资助对多数社区十分有利的公益项目。但是只有一个问题——它包括一个条款，不公平地拒绝了州长以前承诺过对一个小社区的农业补贴。尽管如此，因为没有其他更好的选择，州议员还是应该投票通过这项开支法案，即使这意味着一个小小的不公正。一般来说，如果利害攸关，而不公正很小，那么也许选择不公正就是正确的。[1]

---

[1] 具体如何选择完全要取决于细节。第十五章和第十六章还会进一步讨论更多这一类的问题。

与其总是把正义放在首位，不如总是把幸福放在首位。但是，这样我们就又回到了原来的困境，没能解决任何功利主义面临的不正义问题。

也许我们可以说，有时最好的选择是幸福，有时最好的选择是正义。但如果没有任何指导原则来做出选择，功利主义就不可能自圆其说。

不正义永远不可能是最优化的

面对这一问题，一些功利主义者否认不正义论证的第二个前提，也就是否认他们的理论要求我们做不正义的事。他们认为，如果仔细考虑所有不正义行为的结果，我们会发现，这些行为并不是真正最优化的。比如，替受性惩罚的政策可能在短期内有效，但不久就会引起公愤，以至更多的人会加入反对派。这意味着，随着时间的推移，会有更多不必要的流血事件。

这种计算在许多情况下当然可能是正确的，但是，我们没有理由认为所有情况都是如此。这样的乐观主义不免太幼稚了。比如，当周围的平民屡受牵连时，恐怖主义活动确实有所收敛。有时杀一儆百从长远来看的确起到了减少暴力的作用。不正义有时的确可以避免巨大的伤害。有时它还能带来巨大的利益。再比如，有些罪犯得以逍遥法外。我们对这样的故事知之甚少，因为当事人的幸福取决于对他们做的坏事守口如瓶。对于这样的情况，我们能看到很多实质性的利益，而很少或没有任何伤害。功利主义因此就必须肯定这样的行为。

有时必须要牺牲正义

功利主义的第三个回复承认福祉和正义有时会发生冲突。但是，当两者发生冲突时，正义而不是福祉必须退居其次。正义只是道德的一部分，而不是道德的全部。尊重他人的权利当然很重要，但其重要性往往是因为这样做通常是最优化的。否则，就必须牺牲权利。因此，不正义论证的第一个前提就是错误的。

坚持这一观点的功利主义者知道，他们的道德建议有时会与传统智慧相冲突。但像我们以前已经讨论过的，这并不是一个致命的缺陷。在伦理学上，为人们广泛接受的看法并不是金科玉律。功利主义自诞生起就是一种激进的学说，在此不过是延续了这一传统。

功利主义者可以声称，我们根深蒂固的道德信念，包括那些要求我们行事正义的信念，反映了功利主义的原则框架。我们生活在社会中应该讲实话、保护弱者、信守承诺等，因为这样做往往是最优化的。但是，如果结果不是最优化的，功利主义则要求我们把眼光放在道德的最终标准上，抛开不必要的顾虑，来支持效用原则。

从功利主义的角度来看，我们如此不愿意赞同不正义是件好事。但正如我们在前一章看到的，出于高尚动机的行为有时却会导致很糟糕的结果。功利主义因此就会谴责这种行为是不道德的。比如，如果谢尔曼将军在是不是该处决囚犯的时候因考虑到不正义而犹豫不决，那么也许就会损失更多无辜的生命。如果无辜的生命更重要，那么任何功利主义者当然都要尽可能多地拯救无辜者，因此就要求我们有时要行不正义之事。

我们大多数人都同意，正义有时要让位于其他的道德考虑。比如，在前面的例子里，立法者为了通过极其有益的支出法案，必须授权轻微的不正义，在此，道德允许我们这样做。再比如，你本来和朋友约好见面，但是必须要违约去处理一件意外的紧急情况，那么对朋友的小小的不正义就是值得的。由此可见，有时候我们必须牺牲正义。但是，在什么时候是可以的？功利主义者的答案是，只要这样做能得到最优化的结果。如果我们对这一答案不以为然，就必须能提供一种更好的原则来决定什么时候不正义是允许的，什么时候又是不允许的。

规则后果主义

在此特别值得一提的道德理论是规则后果主义，因为它在保留功利主义精髓的同时，还能回击为数不少对功利主义的攻击。**规则后果主义**（rule consequentialism）认为，一种行为在道德上是正确的，仅仅因为它是**最优化社会规则**（optimific social rule）所要求的行为。一个最优化社会规则是满足以下条件的规则：如果一个社会中（几乎）每一个人都接受这一规则，那么结果就可能是最优化的。

其本质是这样的，我们不是通过考量结果来确定行为是否道德，而是询问行为是否符合道德规则。这是伦理学中一个熟悉的模式。大多数道德理论都是这样运作的。不同道德理论之间的区别在于，它们认为什么样的原则可以用来做道德准则。对此，规则后果主义独具一格的回答是，道德规则就是最优化社会规则。

确定一条规则是否是最优化社会规则，要遵循以下三个步骤：

1．仔细描述此规则。

2．想象一下，如果社会中几乎每个人都认可该规则，这个社会会是什么样子的。

3．然后问这个问题：这个社会会不会因为这个规则，而不是其他互竞的规则，变得更好？

如果回答是肯定的，那么这个规则就是一个最优化社会规则。如果答案是否定的，那么它就不是一个最优化社会规则，也就不是真正的道德规则。

让我们来看具体的境况，比如，再回到谢尔曼将军下令处决俘虏的例子。这样做在道德上是可接受的吗？根据规则后果主义，要回答这个问题，我们就要确定是什么样的道德规则决定了我们对战俘的处置。其中一条规则可能是，在没有公正审判的情况下，不得处决战俘。另一条规则可能是，如果你认为处决战俘能带来极大的益处，就可以处决战俘。当然，肯定还会有很多其他规则，在此我们只讨论这两个。

规则后果主义者要我们想象一下由这两个不同规则所约束之下的两个社会。哪个社会更好？当然，这取决于什么能使社会和其公民更好。规则后果主义者在这个问题上各持己见。有些后果主义者信奉快乐主义，另一些是欲望满足论者，还有一些后果主义者认为有其他的客观标准。

当代最著名的规则后果主义观点是哲学家布拉德·胡克（Brad Hooker）提出来的[1]，他认为有两种而且只有两种东西具有内在价值——幸福和正义。最优化社会

---

[1] 参见：布拉德·胡克，《理想准则，现实世界》（*Ideal Code, Real World*, New York: Oxford University Press, 2000）。

规则就是既增加幸福又尊重权利的规则。

那么，从长远来看，哪一条处置战俘的规则会使得幸福和正义最大化呢？很可能是要求公正审判战俘的第一条规则。一个社会如果采纳第二条规则，那么就赋予了指挥官太大的生杀予夺权，他们很可能会错误评估在没有任何法律程序的情况下就处死俘虏的益处。有可能在某些孤立的情况下，下令处决战俘是最优化的。但是，作为一项普遍政策，禁止随意杀戮可能才是最优化的。

如果是这样，那么规则后果主义者就要谴责谢尔曼将军的命令是不道德的。这正是正义所要求的。规则后果主义可能还会指导教授给学生应得的分数，而不是学生想要的分数。还有窃贼的行为一律是不道德的，即使他们没有因为偷窃被逮捕，受害者也只受到轻微的伤害。

看到一贯的模式了吧？当我们把注意点集中在最优化的总体政策上时，我们反反复复得到的建议是与我们的正义观相一致的。即使是规则后果主义者，拒绝承认正义有内在价值，坚持认为只有幸福才具有唯一终极价值，也几乎总是会捍卫正义的政策。这是因为从长远来看，一般情况下，正义的政策才能使福祉最大化，即使在个别情况下，正义的行为没有带来最大程度的福祉。

规则后果主义也解决了行为功利主义的其他问题。它支持我们一直持有的信念，即道德允许一定程度的偏向性，因为承认我们偏爱自己的亲朋好友或者同胞的政策往往是最为有益的政策。

规则后果主义的另一个特征是，我们很容易就知道该如何行动。与其在每一次行动之前都要预测所有可行的行为的利益和伤害，然后再计算各个行为的利害盈余，我们被指导遵循相对简单的规则。直截了当的规则代替了和行为功利主义相关的所有复杂计算。

规则后果主义还可以说，某些行为就是绝对禁止的，即使它们有时会取得非常好的结果。比如，即使在某种特定情况下，对囚犯使用酷刑能得到最优化的结果，但是，最优化的道德规则仍然是禁止政治上的酷刑。在大多数情况下，以及从长远来看，禁止酷刑的社会，无论从幸福还是正义两方面来说，都可能要比允许官员折磨囚犯的社会好得多。如果是这样，那么酷刑就是不道德的——即使在不寻常的情况下，它能带来真正的益处。

由此可见，规则后果主义有很多可取之处，但是却很少有哲学家接受它。60多年前，著名澳大利亚哲学家J. J. C. 斯马特（J. J. C. Smart）说出了理由[1]。他在为行为功利主义辩护的同时，指责规则后果主义盲目崇拜规则。这一指责使规则后果主义陷入困境而无法摆脱。

道理很简单，规则后果主义者要求我们遵守道德规则，即使当我们知道违背这些规则会产生更好的结果。然而，这是非理性的，因为在这些情况下，后果主义者事先知道他们的最终目标（使世界成为最美好的所在）不可能实现。明知自己在走向失败，知其不可能而为之的行为是非理性的。而规则后果主义者每一次提出不同于行为功利主义者的建议时都会这样做。

行为功利主义要求我们总是做最优化的事情。于是，顾名思义，每当规则后果主义者提出不同的建议时，我们就必须要做无法产生最优化结果的事情。规则后果主义会禁止指挥官处决无辜的战俘、禁止酷刑、禁止任何形式的贪污和替受性惩罚，纵使这些行为在某些具体情况下会得到最有益处的结果。这是作茧自缚，因为一个后果主义者的终极目标是追求可能的最好的结果。

无论你的最终目标是什么，通常能实现目标所遵循的规则肯定有时候会失灵。如果我们知道自己是处于这样一种特殊的情况下，那么为什么还要遵守这一规则呢？假设正义，而不是幸福，是我们追求的终极价值。再假设伸张正义最好的途径就是每个人都遵守某一规则，比如禁止篡改证据的规则。但是，如果这一次我们知道不寻常地打破规则会带来最大的正义，那为什么还要遵守规则呢？

如果道德的最终目的是让世界变得更好，那么故意不去这样做就是非理性的。然而，这正是规则后果主义有时所要求的。这就是为什么大多数后果主义者拒绝接受规则后果主义的原因。

---

[1] 参见：J.J.C. 斯马特，《极端和受限制的功利主义》（"Extreme and Restricted Utilitarianism"），《哲学季刊》（*Philosophical Quarterly*），1956年，第6期，第344—354页。

结论

长期以来，后果主义一直是道德哲学家的宠儿。它强调平等和一视同仁，它的道德灵活性，它把动物和不完全自主的人一起纳入道德共同体，它对未来的定位，以及它对行为结果的重视，这一切都对很多伦理思想家有很大的吸引力。

但我们也看到了后果主义不太容易走出来的困境。我们一贯崇尚一视同仁，但有时认为对亲友的偏向是合乎道德要求的。后果主义者自诩能够为解决道德冲突提供具体建议，但是这样的承诺不大可能实现。另外，后果主义有时要求一定程度的自我牺牲，但是这种牺牲对许多人来说过于极端。有的时候，后果主义要求我们做很可怕的事情，只要能防止更大的恐怖行为发生。还有的时候，后果主义要求我们做不正义的事情。对于最后这个行不正义事的问题，我们讨论了四种不同的解决办法，但没有一个完全令人满意。

至此，我们正好转向来讨论与之相匹敌的另一种观点，赋予了正义至高无上地位的康德的理论。

供讨论的问题

1. 有没有办法来衡量一种行为带来了多少幸福？我们有办法来比较不同人的幸福吗？如果这些问题的答案是"没有"，这是不是功利主义的一个问题呢？
2. 有批评家认为，功利主义要求我们做事都要出于高尚的动机。进一步解释这些批评，然后论述为什么你认为这些批评意见是有道理的或者没有道理的。
3. 如果功利主义是正确的，那么对我们的道德要求可能会是为他人做出巨大的牺牲。功利主义者对这种牺牲有没有附加任何限制？这些限制是可以接受的吗？

4. 功利主义要求我们做到一视同仁。这是指什么？功利主义在什么意义上要求我们一视同仁地对待所有人？这是功利主义的长处还是短处？
5. 有一些理论认为，某些行为在本质上就是不道德的，功利主义者如何回应这样的观点？你觉得他们的回答是否令人信服？
6. 你认为功利主义的哪一个答复对不正义论证的反驳最有说服力？你认为这一答复最终会成功吗？论证你的回答。
7. 什么是规则后果主义？规则后果主义是如何处理不正义对行为功利主义的威胁这一问题的？你认为规则后果主义是一个合理的伦理学理论吗？

第十一章
康德理论的视角：公平与正义

试想一个人打这样的如意算盘：与其我年终纳税，不如把钱留下来，正好够全家去度假的费用。因为我不过挪用了区区几千美元，没有人会因此受苦。几千美元给政府所能带来的幸福完全比不上我们全家去游山玩水的幸福。

假设他是对的，他把钱花在度假上，一家人玩得格外开心，而且他也没有被抓住。

但是无论如何，他还是做了错事。就像考试作弊的人逃脱了惩罚；就像占用紧急车道而避开了交通堵塞的人，得意扬扬地看别人塞车；还有像那些通过卑劣竞选伎俩当选的政客。

尽管他们的行为都带来了好的结果，但这些人都做了错事——至少我们是这样认为的。对这些不道德行为的解释也很简单，他们的所作所为是不公平的。他们钻了体制的空子，违反了为每个人利益服务的规则，侵犯了他人的权利。不论带来多少个人利益，这些行为仍然是错误的，因为它们是不公平、不正义的。

伊曼努尔·康德（Immanuel Kant，1724—1804）就是这样认为的，他很可能是有史以来最杰出的为正义呐喊的哲学家。他还一直是反功利主义最重要的声音，他反对功利主义把道德的最终目的看作促进福祉，而不是行事正义。

一致性与公平

我们一眼就能看出为什么前面例子中的行为是错误的。在每一种情况下，当事人都认为自己是个例外。他们的得逞在于违背了大多数人要遵循的规则。这是一种不一致——他们遵守一套规则，同时却坚持其他人必须遵守另一套规则。

不一致性还表现在，即使是类似的情况，处理方式却不同。偷税漏税者或恶劣政客和我们其他人处境相同，他们自己或者他们的境遇没有什么特别的地方可以让他们免于遵守规则。他们得以逍遥法外不受规则约束并不意味着这样做是正确的。

有两个一直备受青睐的道德测试体现了我们对不公平的强烈反对，以及由此对一致性的推崇备至。每个测试都可以用一个问题来表达：

1．如果每个人都这样做呢？
2．如果我这样对待你，你会怎么想？

当我们用这样的问题来质问一个欺凌者、一个说谎者或者一个骗子，是想让他们看到自己的行为是不公平的，是把自己凌驾于他人和规则之外，他们之所以能够得逞只是因为别人没有都这样做而已。这样基本的道德质疑是要指出这些人行为的不一致性，以及不道德。

考虑第一个问题：如果每个人都这样做呢？这个问题实际上是以下测试的简写：如果每个人都做 X 会产生灾难性的结果，那么 X 就是不道德的。如果每个人都在塞车时使用紧急车道，那么救护车和消防车就形同虚设，会导致严重伤亡。如果每个人都在纳税上作弊，社会就会瓦解。如果每个候选人都使用卑鄙手段，那么整个政治体系就会走向腐败。这一测验应用在这些例子上屡试不爽。

但在一些其他情况下，这一测试却是失败的，因此就不能作为鉴定行为是否道德的可靠方法。比如，反对同性性行为的常见论证：如果每个人都这样做，就会大难临头，因为很快人类就会灭绝。即使这是真的，也不能说明同性性行为是不道德的。为什么？试想那些决定禁欲的人——也许他们是神父，或者选择独身的单身汉。如果每个人都这样做，也就是说，每个人都避免性行为呢？人类同样会很快灭绝，但这却并不表明禁欲是不道德的。

除了有时候会得出错误的结论之外，这一测试的真正问题是，它使得行为的道德与否取决于我们对行为的描述。比如，如果一对同性伴侣的性关系被描述为双方自愿、愉悦的性行为，那么他们的行为就能通过测试。如果同一个测试会有互相矛盾的结果，那么测试就完全靠不住。同一种行为，仅仅因为我们不同的描述，在道德上就可以是错误的，也可以是正确的。如果我们对究竟选择哪种描述完全不置可否，那么第一个测试就不可能做到它应该做的——也就是说，不能识别哪些行为是不道德的。

那么第二个"如果我这样对待你，你会怎么想？"的测试又如何呢？这是黄金准则的直接应用，告诉我们，己所不欲，勿施于人。黄金准则是确认道德与否的经典测试。显而易见，这是确定一致性的测试。如果我们不想被诽谤或受人剥削，那就不要对别人做这种事。如果仍然我行我素，那么我们的行为就是不一致的，因此就是不公平的，也就是不道德的。

让人们设身处地地想象和他们的受害者互换位置会是什么样，通常是传达道德信息非常行之有效的方式。这就是为什么电影和文学作品往往是道德教育极为有力的工具。但是，纯粹在想象层面从别人的角度出发，问自己是否愿意接受某种待遇，实际上也不能作为对行为是否道德的可靠测试。黄金准则因此不可能是正确的。

康德自己是这样解释其根本原因的。黄金准则使道德依赖于一个人的欲望。我们大多数人不喜欢被打，所以黄金准则禁止我们殴打别人。这听起来很有道理。但是，如果是那些喜欢被打的受虐狂呢？黄金准则就会允许他们四处打人，这显然太荒谬了。打人是否道德不应该取决于某个人是否喜欢时不时地挨一顿打。

与此相关，再来考虑一下狂热分子的问题。狂热分子是有原则的人，只是他们的原则让人顿生恐惧和反感。一些狂热分子极端执着于他们的事业，有无比坚定的意志和自律。如果受害者和迫害者的角色逆转过来，他们甚至会忍受他们强加在受害者身上的痛苦。当然，如果发现自己有犹太血统，很少会有哪个纳粹分子会真的义无反顾地走向毒气室。像一般狂热分子一样，大多数纳粹分子都是存心不良的机会主义者，缺乏同情心，而且鲜有能力设身处地为别人着想。如果角色真的颠倒了，他们更可能会哀告求饶，放弃种族灭绝原则。但会有个别狂热分子绝对不改初衷，愿意为自己所选择的"事业"赴汤蹈火。黄金准则在此反而成为其极端主义的通行证，因为行为是否道德完全取决于你想要什么和你愿意为此忍受什么。

黄金准则的另一个弱点是不能很好地解释**自我关涉的行为**（self-regarding actions，即那些只关系到我们自己的行为）。如今，这对大多数人来说不是一个问题，很少有人认为我们对自己负有道德义务。但是在康德的时代，自我关涉的义务是得到广泛认可的，许多人仍然认为，比如，自杀是不道德的，让自己的才华白白浪费是不道德的，即使这些行为对他人毫无伤害。

正因为黄金准则在道德问题上有时会得出错误的结论，也就因此不能成为确定道德与否的最终测试。我们必须找到其他的准则来解释道德的运作。康德认为他找到了答案。

可普遍化原则

和我们一样，康德感受到了上面两个测试的吸引力。他肯定公平和一致性的重要性是深深植根于我们常识之中的，也正是上述两个测试想捕捉却没有完全捕捉到的东西。他的目标是找到道德的终极原则，一个能同时解释两个测试的吸引力又纠正它们错误的原则。

他认为他在**可普遍化原则**（principle of universalizability）的标准中找到了他的答案：

> 一种行为在道德上是可以接受的，当且仅当这一行为的准则是可普遍化的。

要理解这意味着什么，我们需要理解一条**准则**（maxim）是什么，还有一条准则是**可普遍化的**（universalizable）是什么意思。

一条准则就是当我们要做某件事时，给自己的行动原则。例如，如果你定期给乐施会（Oxfam）寄支票，你的准则可能就是：每月向乐施会捐款 50 美元，以帮助减少饥荒。准则一般有两部分，表明你要做什么，以及为什么要这么做。我们决定自己的准则，这些准则是我们为人处世要遵守的规则。

康德认为，每一种行为背后都有一条准则。当然，在行动之前，我们并不总是对自己准确无误地阐述这些准则，但在某种程度上，每一次行动时，我们都是有意图去做一件事，我们都有理由这样去做。准则只不过是把这种意图和理由记录下来。当我们试着向别人解释为什么要做一件事情时，准则就是我们会引用的东西。

如果没有准则，那么我们根本就没有真正地行动。我们可能在移动身体，比如在睡觉的时候打喷嚏或者翻身。但是如果没有准则，这些就只是身体的运动，而不是真正的行为。

康德认为，一种行为的正确与否取决于它的准则，由此直接得出的结论非常重要。对于康德来说，一种行为是否道德与行为的结果无关，相反却与我们的意图和行为的理由息息相关，这些意图和理由都包含在我们为人处世的原则中。这显然是与后果主义的决裂。

的确，我们可以想象两个人做同样的事情，但是出于完全不同的原因。这意味着他们遵循不同的准则。即使他们的行为产生了完全相同的结果，其中一种行为可能是正确的，另一种却可能是错误的，因为在道德上很有可能只有一条准则是可接受的。这是行为后果主义者所无法接受的。

比如，我可能对你信守诺言，因为我认为这样做是正确的；但是，我信守诺言，也可能是因为我想让你喜欢我，将来会在遗嘱里把财产留给我。假设尽管理由各异，信守诺言的结果却完全相同。功利主义者因此会认为两种情况下的信守诺言是同等善的。但由于两种情况下我的准则不同，康德认为两种行为的道德性就可能不同。我们不久就会看到，行为的道德性取决于其准则是否可普遍化。

许多人同意康德的观点，认为我们行为的道德与否不取决于结果，而取决于行为的准则。这和我们一贯的认识是一致的，如果一个人企图作恶，那么他的行为就是不道德的，尽管出于纯粹的机缘巧合，他也许最后做成了一件好事。同样，那些恪守高尚原则的人，他们的行为就是道德的，尽管有时事出意外，他们的行为带来糟糕透顶的结果。

对于行为的道德性取决于准则而不是结果这一观念，康德还有更深层次的理由（在下一章会详细讨论）：行为的道德性要完全在我们自己的掌握之中，这一点至关重要。我们能够控制支配行为的准则是什么。我们能决定自己打算做什么以及之所以这样做的理由。即使在几乎没有其他选择的情况下，比如当歹徒用枪顶着我的头时，我还是可以自己决定做什么。

相反，行为的结果则往往完全不在我们的控制之内。因此，无论是嘉奖还是指责，评价我们无法控制的事情是不公平的。这就是为什么精神病本身就是一项辩护。这就是为什么我们不会指控动物犯罪，也不会谴责婴儿做的任何错事。

行为是否道德取决于它的准则。那么到底如何来确定准则？准则可以良莠不齐，我们需要一种方法把好准则与糟糕的准则区别开。这就是为什么要有可普遍化这一点。

如何判断一条准则是不是可普遍化的？我们需要一个由三部分构成的测试：

1. 确切阐述你的准则——你打算做什么，以及为什么打算这样做。
2. 试想在一个世界中，每个人都愿意按照你的准则行事。
3. 然后问：在这样一个世界里，我是否能达到行为的目标？

如果最后一个问题的答案是肯定的，那么这个准则就是可普遍化的，这一行为在道德上就是可以接受的。如果答案是否定的，那么这个准则就不是可普遍化的，相应的行为就是不道德的。

这一测试看起来似曾相识。对准则可普遍化的检验显然与规则后果主义者对最优化社会规则的检验（见前一章）异曲同工，还有与刚刚讨论过的"如果每个人都这样做呢？"的问题也是如出一辙。的确，上述康德测试的第二个部分就是问的这样一个问题。然而，与其他测试不同的是，康德没有问在这个想象的世界里，我们是否会过得更好，也没有问灾难是否会突然降临。相反，他问我们能否在那个世界实现我们的目标。这一区别为什么甚为重要？

对康德来说，重要性在于，这个三部分的测试能够真正检验我们是否公平和一致。如果我们的准则是可普遍化的，那么每个人都会认可我们之所以如此行动的理由。我们没有把自己作为例外。我们的目标是每个人的共同目标，即使在真实世界中，一些人会断然反对这些目标。他的测试是问，如果这是每个人的共同目标，我们的目标能否实现。如果可以实现，这表明我们恪守的规则是公平的。而如果我们视自己为例外，我们的准则就不是可普遍化的。

再考虑一下那个偷税的家伙。他能够得之所欲（一个阳光假期）的唯一原因是有足够多的人没有遵循他的行为准则。那个占用紧急车道不管不顾的司机也是一样。

为了说明这一点，康德举了一个自己的例子。（在此我稍微润色了一下，但例子的精华是康德的。）假设我是一个有强迫症的赌徒，经常债台高筑。一天晚上，我又到赌桌边去碰运气，结果却越陷越深输得更多。赌场老板今晚会让他的伙计来讨债。我要么付钱，要么就会被打断腿。我知道我会选择哪一个。

问题是，我没有钱，银行不会再借钱给我，除了你之外，我没有其他任何人可以求助。你知道我的名声，唯一从你那儿拿到钱的办法就是对你说谎。于是我祈求、跪求、发誓赌咒说以后一定会还你——尽管我完全无意信守这个诺言。我所做的承诺就是康德所说的说谎的承诺（lying promise）。

显而易见，我要做的是不道德的。即使后来有奇迹发生，我感到内疚，决定痛改前非，最终谎言成真还得到很好的结果，我的所作所为仍然是不道德的。行为的道德与否不取决于它的结果，而在于它的准则。我的准则在此不是可普遍化的。因此正如康德所说、我们所认为的，我的行为是不道德的。

理由是这样的：假设我的准则是，为了避免受到伤害，对朋友撒谎。假设每个人都遵循这一准则，一看到有个人危险，想要躲开就撒谎。于是，没有人会相信别人的承诺。失去这种信任，人们就无法实现用承诺想要达到的目标。在一个没人相信别人承诺的世界里，我就不可能用我的承诺从你那里拿到钱。所以，我的承诺就变得毫无意义。我的准则就不是可普遍化的。我把自己作为准则的例外，是在不公平地对待你。我的行为因此是不道德的。

道德与理性

康德声称,当我们按照不可普遍化的准则行事时,我们就是在自相矛盾,就是犯了不一致的错误。我们假设以某种方式行事是可以接受的,但是如果其他人以同样的方式行事,我们的目标就无法实现。当把自己作为例外时,我们的行为就是在说我们自己比别人重要,我们可以不必遵守别人必须遵守的规则。然而,很显然,我们并不比其他人更重要,我们也不能免受规则的约束。

由此推断,当我们行事不道德时,我们的推理也很拙劣。我们推理的前提就是错的——认为我们自己比其他人更重要,不必遵守其他人必须遵守的规则。这些错误以及其背后不一致的、前后矛盾的推理,说明不道德的行为是非理性的。

这是一个异乎寻常的论断,我们大多数人都格外希望这是一个真的论断。我们希望能够把强奸犯或恐怖分子定为犯了非理性罪、无视最强有力的理由罪。我们希望能够开诚布公地说,他们有充分的理由趋善避恶。康德相信我们能做到这一点。

但是,康德怎么可能是正确的?试想一个无情冷血的职业杀手,他知道他想要什么,知道如何行动,然后他一丝不苟、成功地执行他的计划。道德完全不在他的考虑之内。他知道他的所作所为是不道德的,但是却完全不在乎。他的推理似乎无可挑剔,我们怎么能说他是非理性的呢?

我们暂且称之为非道德主义者的挑战(Amoralist's Challenge)。**非道德主义者**(amoralist)相信对与错,但是对道德却毫不在意。非道德主义者对道德规则的态度就像我对板球规则的态度一样。板球规则确实存在,但对我的生活毫无影响。遵守这些规则也就完全看我乐不乐意。如果我有兴趣打板球,那我就遵守这些规则;如果不打,那么就没有理由关心这些规则。

下述是非道德主义者的挑战对这一观点的论证:

1. 只有当做某件事能得到所在意的东西,人们才有理由去做这件事。
2. 履行道德义务有时无法得到人们所在意的东西。

3．所以，人们有时就没有任何理由去履行他们的道德义务。

4．如果人们没有任何理由去履行他们的道德义务，那么违背他们的道德义务就是完全理性的。

5．所以，人们违背道德义务就是完全理性的。

如果这一论证成立，所谓道德本身就提供了充分理由要求我们按道德行事的思想就站不住脚了。康德关于不道德行为总是非理性的断言也就不攻自破。

康德认为，当我们的行为违背了最强有力的理由时，我们的行为就是非理性的。而对康德来说，当我们把道德理由应用于既定的情境时，道德理由总是最强有力的理由。道德理由比任何其他的考虑都重要。如果道德要求我们做某件事，那么就别无选择必须去做——即使我们不想做，即使会因为做这件事而受苦，即使做这件事的结果只会给别人带来痛苦。

康德承认，冷血的职业杀手，像其他许多得逞的罪犯一样，在某种意义上讲，他的推理无懈可击。他遵循的是康德所谓的**假言命令**（hypothetical imperative）。具体来说，这些命令（指令）是理性的命令，指挥我们做任何必须做的事情来得到我们在意的东西。假言命令告诉我们如何实现目标，要求我们做某些事情，但是仅仅是因为这样做可以得之所欲，否则就是非理性的。

比如，如果我的目标是减掉 10 千克体重，那么理性就要求我放弃那一桶美味的咖啡冰激凌。如果我想得到华尔街的那份工作，那么理性就要求我暑假一定要去做实习生。如果我想保住性命，那么理性就要求我过马路时要看清两边的路况。这些理性的命令适用于我，是因为我有在意的东西。如果我无视或者违背这些命令，我就是非理性的。

但是，如果我决意不减肥也不在乎减肥有什么好处呢？如果我不在乎华尔街的工作呢？如果我就是想去寻死呢？在这种情况下，理性就不再要求我忍着不吃冰激凌、找实习机会或者小心过马路。这些理性的命令不是经久不变的。它们的存在完全取决于我想要什么。当我的欲望改变时，这些理性的要求也随之改变甚至烟消云散。

许多人认为，所有的理性要求都是这样的——它们都是假言命令。这正是非道德主义者挑战的第一个前提：我们行为的所有理由都取决于我们在意什么。

康德非常清楚这个论证的含义，知道他必须推翻第一个前提。用康德的术语来说，我们必须表明的是**绝对命令**（categorical imperative）的存在。同样也是理性的命令，但是与假言命令不同，绝对命令是完全不依赖于我们在意什么的理性要求。这些要求适用于所有拥有理性的人——换句话说，就是每个能够思考他的行为智慧的人，并且能够用这些思考来指导行为的人。绝对命令都会要求我们去做一件事，无论我们愿意与否。如果我们无视或者拒绝服从这些命令，我们的行为就违背了理性（也就是非理性的）。

康德认为，所有的道德义务都是绝对命令。它们适用于我们，只是因为我们是理性的存在。即使不情愿，即使服从道德命令得不到我们在意的任何东西，我们还是必须服从这些命令。

康德从他关于黄金准则的思考中得到的一个教训是，道德的基本规则不依赖于我们的欲望。如果有赖于我们的好恶，那么道德规则就不可能适用于每个人，因为欲望可能会因人而异。这将使道德变得太多变，而我们只需要改变自己的心之所欲就可以逃避道德义务。当康德宣称道德在这个意义上是普遍的，他认为他是在捍卫人之常理——即每个有理性的、能够思考的人都必须服从道德命令。

如果道德义务真的是绝对命令，那么我们的道德行为就是理性的，而不道德的行为就是非理性的。这种观点是否站得住脚？我们是否真的能证明每个人都按道德行事才是理性的——即使我们知道，对某些人来说，道德行为只会破坏他们的目标？

康德认为他能够证明他的观点。来看看他的不道德的非理性论证（Argument for the Irrationality of Immorality）：

    1．如果你是理性的，那么你就是言行一致的。
    2．如果你是言行一致的，那么你就会遵守可普遍化原则。
    3．如果你遵守可普遍化原则，那么你的行为就是道德的。
    4．所以，如果你是理性的，那么你的行为就是道德的。
    5．所以，如果你的行为是不道德的，那么你就是非理性的。

正如第一个前提所言，理性似乎的确需要一致性。而且如前所述，可普遍化原则本身就是一种一致性的要求。所以，尽管还有很多可以讨论的地方，我们暂且视前两个前提为当然的，而把重点放在第三个前提上，也就是遵守可普遍化原则，就能确保我们的行为是道德的。

这一前提在论证中的位置告诉我们，可普遍化原则是康德回击非道德主义者的挑战论证的一个关键因素。他只有成功地捍卫这一原则，才可能证明有道德的人是理性的，而不道德的人是非理性的。他是否能做到这一点？

对可普遍化原则的评价

很可惜的是，可普遍化原则并不能作为对我们行为是否道德的一个普遍测试。康德关于不道德的非理性论证的第三个前提说，一条准则的可普遍化确保了行为的正确性。这是一个假命题，我们可以按照普遍化的准则行事，但仍然会犯错。

可普遍化原则看起来一语道破了为什么不公平和不一致会导致不道德。比如，当窃贼为了暴富而抢劫银行时，康德可以证明为什么抢劫是不道德的。如果每个人都按照窃贼的准则行事，银行里就没有钱可以偷了，窃贼的目标也就无法实现。但是，如果窃贼抢劫银行就是为了让银行破产呢？如果每个人都这样做，窃贼的目标就正好得以实现。由此，可普遍化原则就不能谴责这一偷盗行为，而这一行为肯定是错误的。

假设有人就是想要一块完美如画的草坪。他的基本准则是，不惜一切代价来保护他的如画草坪。这个准则听起来很奇怪，但很符合他的计划。真正和他对着干的是邮递员，每天送邮件的时候他总是一路小跑穿过草坪。房主一再警告他送信时走人行道，但他就是不听，仍然我行我素。房主忍无可忍，于是决定自己解决这个问题。在下一次邮递员穿过草坪的时候，房主拔出枪，杀了他。

显而易见，这是错误的行为，但是房主的准则却是可普遍化的。他的准则说他要采取一切必要手段（包括杀戮）来保护他的草坪。如果每个人都按照这条准则行事，房主的目标还是毫无疑问会实现。因此，如果可普遍化原则是正确的，房主的行为就不是谋杀，而是正当杀人。无可置疑，这样的原则就非常靠不住了。

这个异想天开的例子表达了一个普遍的问题。再想一下当我们讨论"如果每个人都这样做会怎么样"时的那个狂热分子的案例。狂热分子的目标往往得以实现，如果每个人都怀有同样的目标。狂热分子（比如那个草坪狂）不需要把自己作为例外。不管狂热分子的目标有多险恶，只要所有其他人都随声附和，他们的指导原则就可以实现。因此，在这种意义上，狂热分子是一致的：如果其他每个人都采用他们的指导原则，他们的指导原则就可以实现。

我认为，这表明可普遍化原则不能用来测试行为是否公平，因为即使我们遵循可普遍化原则的建议，还是可能不公正地对待个人或群体。比如，可能真会有言行一致的纳粹分子，当发现自己有犹太血统后，毅然走向毒气室，但是这并不意味着他们消灭犹太人的政策是公正的或在道德上是可以接受的。

完整性

功利主义者认为仁慈（坚定不移地为他人谋福利）是道德的核心美德，而康德推崇的美德是完整性（integrity）。完整性就是矢志不移地坚持所信仰的原则。这是一致性的美德。完整性就是绝不把自己作为例外，就是不惜任何代价地遵守自己的原则。坚持原则的这种完整性是值得让人钦佩的，在这一点上，康德显然是对的。

但完整性并不是唯一的道德美德，它甚至不是最重要的美德。狂热分子的例子表明了这一点。我们也许全身全意致力于我们的原则，但如果这些原则本身是严重错误的，从道德上讲，也许少一些这样的完整性更好。我们的确希望纳粹指挥官或恐怖分子少一些他们的原则性。他们要是更灵活、更开放，或许可以意识到他们指导思想的错误。当哈克贝利·费恩（Huck Finn）因为藏匿吉姆——那个和他一起漂在密西西比河上的逃跑小黑奴——而自责时，我们为他缺乏完整性而鼓掌。一个坚持完整性的哈克贝利会背叛吉姆，把他的藏身之处供出来。我们都希望哈克贝利不那么尽心尽责，因为那将意味着断送吉姆的自由。

只有当完整性与合乎道德的原则联系在一起时，它才值得我们钦佩。正如我们所看到的，问题在于坚持完整性的人仍然可能在做错事。绝不把我自己作为例外并不能保证我的原则在道德上是可以接受的。这并不是说一致性是毫无价值的，但是作为一种一般测试来检验我们所恪守的原则是否道德，它是失败的。

康德论绝对的道德义务

康德认为，某些行为是决不允许的，比如，说谎就是其中之一。他举的一个"刨根问底的凶手"的例子，一直受到广泛关注。在这个例子里，康德让我们想象一个蓄意要行凶的人敲开你的门，问你知不知道他要谋害的那个人在哪儿。你知道。你应该告诉这个凶手吗？如果你这样做了，你透露的消息无疑会导致谋杀。

康德认为你有两种不错的选择。最好的选择是什么都不说，这样既没有帮助这个谋杀犯，也没有说谎。但是，如果你一定要回答怎么办？那么你就一定要实话实说——因为我们不能在任何情况下说谎。

我认为这是错误的。颇为有趣的是，即使根据康德自己的理论，这个结论也是没有必要的。康德深信说谎是错误的，以致误用了自己的理论。

康德从来没有论证为什么禁止说谎和杀人等行为的道德规则是绝对的（也就是永远不应该被允许的）。最接近的一次是，他论证为什么他相信道德考虑比其他任何事情都重要。如果道德义务和其他任何要求之间有冲突——例如，法律、自我利益或传统的要求——道德义务都会获胜。

尽管如此，这并不意味着道德义务是绝对的。即使道德义务总是高于其他的要求，道德义务也可能与其他道德义务相冲突。当道德义务互相冲突时，所有的义务就不可能都是绝对的，某些义务就必须让步于其他义务。

道德义务是不是会相互冲突呢？比如，我们似乎有义务不伤害别人的感情、有义务不引发恐慌、有义务保护无辜者免受袭击。但是，要履行这些义务似乎有时就不得不说谎，而不说谎又是另一种道德义务。如何解释这样的冲突？我们可以说也许这些都不是真正的道德义务，或者，几乎没有可能，为了履行这些义务我们完全不需要说谎。但更可能的解释是，所有这些都是我们真正的道德义务，而且它们确实可以相互冲突。如果是这样，那么这些义务就不可能都是绝对的。

这一解释对康德来说其实并不会带来麻烦。他不需要证明绝对道德义务的存在，他的哲学可以很好地解释为什么应该向那个杀人凶手说谎。康德对说谎本身的深恶痛绝使他忽略了自己理论中的一个关键要素——即行为的道德性取决于一个人的准则。他只是假定，任何说谎的人都会遵循这样一条准则：说谎以获利。但是，这一准则并不是可普遍化的。在人人说谎的世界中，没有人能相信别人说的话，因此人们也就无法通过说谎来达到他们要达到的任何目标。

但是，在这种情况下，我们并不一定只有康德的这一条准则。准则是我们自己制定的原则，没有人可以强迫我们遵守哪一条准则。当直面一个潜在杀手时，我可以采纳这样的准则：想方设法阻止一个无辜的人被杀。这条准则是可普遍化的。如果每个人都这样做，拯救一个无辜的人性命的目标就可以实现。

对于康德来说，我们不能确定一种行为是对还是错，除非我们知道行为的准则。任何行为的背后都可以有无数条准则。毕竟，我们自己制定行为的准则，你我的准则可以大相径庭。因此，就只有一种方法可以让康德绝对禁止某种行为，就是事先知道这一行为背后的无数条准则中没有一条是可普遍化的。很显然，我们几乎不可能事先知道这一点。

因此，捍卫绝对道德义务的存在要比康德想象的困难得多。在这一特定的情况下，也许倒是件好事，因为这就是说，说谎有时候有可能是正确的——比如，我们对潜在的凶手说谎。当然，如果康德是对的，那么我们就必须有一条可普遍化的准则允许我们说谎。但纵观康德的理论，他从来没有说过找到这样一条准则是不可能的。与康德的个人观点相反，我们不必把所有（或任何）道德义务都视为是绝对的。

供讨论的问题

1. 解释黄金准则和"如果每个人都这样做会怎样?"测试之间的区别。它们各有什么问题?你认为这些问题是否可以补救?
2. 什么是一条准则?一条准则是可普遍化的意味着什么?为什么可普遍化原则不能很好地检验我们的行为是否道德?
3. 康德认为,不道德的行为总是非理性的。他的理由是什么?你是否同意?
4. 假言命令和绝对命令之间的区别是什么?为什么康德认为道德是由绝对命令组成的?
5. 为什么狂热分子的存在对康德的道德理论是一种挑战?你认为康德理论应该如何应对这一挑战?
6. 完整性是否永远是一种美德?为什么是或者为什么不是?
7. 根据康德的道德理论,解释如何证明道德义务是绝对的。

第十二章
康德理论的视角：自主性与尊重

奴隶制有什么问题吗？

这听起来像是个愚蠢的问题，当然奴隶制是错误的。那让我重新表述一下我的问题。奴役他人，就行为本身来说，有什么问题吗？

在实践中，奴隶制总体带来的弊大于利。但是如果不是这样呢？要是奴隶社会的成员——奴隶和主人，总的来说都要比自由社会的大多数成员更富有、更有教养、更健康、对生活更满意呢？要是废除奴隶制会大大削减这些利益呢？在这种情况下，奴隶制还是错误的吗？

这个思想实验是20世纪一位重要的道德哲学家理查德·黑尔（Richard Hare）提出来的。在他的题为"奴隶制有什么问题"[1]一文中，黑尔捍卫功利主义的观点，否认奴隶制在本质上就是错误的。正确与否取决于奴隶制度的实际结果。在这个想象的例子中，黑尔不得不承认，奴隶社会因为创造了更大的整体利益，在道德上是更优越的选择。尽管他本人曾经是个奴隶，黑尔却得出了这样的结论。作为

---

[1] 里查德·黑尔，《奴隶制有什么问题》（"What Is Wrong with Slavery"），《哲学与公共事务》（*Philosophy and Public Affairs*），1979年，第8卷，第103—121页。

第二次世界大战中的一名英国士兵,他曾经被日本军队俘虏,并被关押在一个奴役囚犯的战俘营里。

黑尔强调,他的观点并不是要给任何一种实际的奴隶制度发许可证。他讲这个故事的目的是想说明奴隶制本身没有本质性的错误。和评价其他任何制度一样,功利主义者认为,奴隶制道德与否,完全取决于它的结果。黑尔所描述的那种奴隶制在道德上是可以接受的。

我们可能会对这样的观点感到出离愤怒,而坚信奴隶制在道德上永远不可能是正确的,因为它严重侵犯了人的自主性。奴隶制度允许把人当作没有任何权利、没有任何内在价值的物品来对待。

这正是康德主义者反对奴隶制的理由。道德要求我们总是以应有的尊严对待人。奴隶制是在本质上对人的不尊重。我们不应该这样对待任何人。这就是奴隶制的错误所在。

从直觉上讲,这种观点很有道理。但是,我们需要进一步梳理来更好地理解,为什么以人们应得的方式待人如此重要,特别是尊严和尊重意味着什么。

人性原则

在康德的众多著作中,有很多不同的原则被甄选为最终的道德原则。他的可普遍化原则强调公平具有特别的道德重要性,而康德的另一原则着重讨论作为道德基础的尊重和尊严。这就是著名的**人性原则**(principle of humanity):

> 始终把人(包括你自己)当作目的,而绝不仅仅是一种手段。

要理解这一原则,我们需要弄清楚三件事:人性、目的和手段。

当康德谈到人时,他并不一定是指我们智人。相反,他指的是所有理性的和自主的(autonomous)存在者,不管他们是什么物种。也许有外星人,或者一些非人类的动物,他们是理性的和自主的。如果是这样,那么从康德的原则来看,他们也算作人。

以某人为目的，就是以他应得的尊重来对待他。把某人当作一种手段，是利用他来帮助我们实现自己的某一个目标。这样做可能无可厚非。比如，我雇一个管道工来帮我修理厨房里坏掉的水管，就是把他作为手段。在毫无冒犯的意义上，我是在利用他——他能帮助我得到我想要的（在这个例子里是一个正常工作的水池）。但是，如果我很礼貌地问候他，他需要帮助的时候帮他拿东西，在他离开的时候付他工钱，那么我就是尊重他。因此，用康德的术语来说，我也同时把他作为目的。

但是，如果当管道工在检查泄漏的时候，我从他的工具箱里拿出一把扳手，把他打昏。趁他不省人事的时候，我把他的头伸进管道漏水的地方，正好堵住了漏洞。接着我冲进五金店买了一截便宜的塑料管。我从商店回来的时候，水管工正好醒过来。我责怪他干活睡觉，急不可耐地把他赶走了。然后，我自己换了漏水的水管，省了一大笔工钱。

在这个荒谬的例子里，我完全是把水管工当作一个物件，一截水管。他对我来说和一个没有生命的物体没什么两样。我没有把他当作有血有肉、有独特品格特征的人。因此，我把他仅仅当作一种手段。

虽然人们经常把彼此当作目的和手段来对待，但是我们不可能在把人当作目的的同时，又把人仅仅当作手段。把某人当作目的意味着一定程度的尊重，而把某人仅仅当作手段，这种尊重就不存在。

我们大多数人都认为是人性带给了我们尊严，使我们值得尊重。我们还都认为人类比任何其他造物都更值得尊重。人类比猴子、鲨鱼、水仙花或变形虫更重要。这是一种站得住脚的立场，还是仅仅是一种以我为中心的偏见？

康德的答案是，我们每个人都是理性的和自主的，而这两种特质赋予了人类特殊的道德地位。这两种能力使我们备受尊敬。正如我们所看到的，有理性就是运用我们的理智来决定如何实现我们的目标，并确定我们是否能以道德上可接受的方式来实现这些目标。制定目标，设想一个世界上的每个人都能以同样的方式追求这一目标，然后考虑我们行为的一致性，这一切都需要很多的聪明才智。人类是地球上唯一能进行如此复杂推理的生物。

自主的字面意思就是为自己立法。自主的人自己决定哪些原则将支配他们的人生。如果我们是自主的人，那么我们对自己所做的选择、目标以及实现目标的方式负最终的责任。我们能够不为激情所扰，可以抵制诱惑、控制野性冲动，或者自己做决定是否去满足口腹之欲。我们不是被迫去行动，而是自由选择自己的道路。

康德认为，我们的理性和自主性使我们每个人都成为真正的无价之宝。尽管保险公司或者陪审团在非正常死亡的索赔诉讼中会给出一个数字，但我们确确实实不可能给人的生命标上价码。正因为生命无价，当我们痛失爱侣时才会极度伤心。如果我们必须在摧毁世上最精美的艺术品和杀害一个人之间做出选择，我们应该选择前者。无论一个物品多么有价值，人类的生命都超过它无数倍。

理性与自主性的重要性

康德认为，理性与自主性是我们每个人尊严的支柱。因为有这两个特质，我们每个人都应该受到应有的尊重。同时，理性和自主性还解释了我们很多根深蒂固的道德信念。其中最重要的是：

1. 首先可以解释狂热分子的行为为什么是不道德的。这些人无视生命的无上价值，藐视自己的对手，把对手看作实现自己目的的障碍。即使这样的行为由来已久，人性原则仍然禁止这种行为。由此我们也得以解决可普遍化原则所面临的一个最严重的问题。

2. 自主性的重要性解释了为什么奴隶制和强奸必定是不道德的。奴隶制对被压迫者的目的、希望完全熟视无睹。强奸只是把另一个人当作满足自己的工具，完全无视受害者的意愿。这些都是最极端的威逼和胁迫的例子，是不道德的行为，因为这些行为彻底否认被害人的自主性。因此，这也是两个最明显的仅仅视他人为手段的例子。

3. 人性原则很容易解释为什么我们不能忍受家长式作风。家长式作风就是对另一个成年人使用父母对孩子拥有的权利和特权。家长式作风一味限制他人的自由，用"这是为你好"为借口，违背别人的意愿。这是把自主的人当作孩子来对待，剥夺他人自己做人生重大决定的权利。

比如，如果你的室友因为担心你花太多时间看《宋飞正传》(*Seinfeld*)，没时间做功课，就卖掉了你的电视，这就是家长式作风。或者想象一个同学认为你的男朋友配不上你，于是就伪造你的签名写了一封绝交信，希望把你们俩分开。任何见识过家长式作风的人都知道这有多让人上火。原因很简单：我们是有自主性和理性的，有能力制订自己的人生计划。我们应该被允许自由地创造自己的人生和生活，尽管有时会犯错，会把事情搞得一团糟。

4. 我们的自主性还辩护了为什么永远不要放弃对人们抱有希望的态度。要一个铁石心肠的人改变自己的机会可能很小，但这种可能性永远不会是零。无论他成长的环境有多糟糕，无论他现在多么不务正业，他仍然是一个自主的人，仍然可以选择重新做人。人们通常不相信会有这样的转变，改变一个人的品格和习惯并不容易，但是悔过自新的可能性总是存在的，这是因为我们可以自由地设定自己的人生道路。

5. 许多人相信普世的人权。人权是我们的道德权利，保护我们不受不公待遇，确保每个人都有最起码的尊重。我们有人权是因为我们是人类。康德认为，我们有这样的权利是因为我们的理性和自主性。这两个特质赋予了人生的价值和意义，是我们人生的基础。如果我们对此心存疑虑，想象没有理性和自主性的生活。那是只适合昆虫或植物的生活。是我们自己的理性能力和选择如何生活的能力赋予了人生价值。我们每个人在某种程度上都是理性的和自主的，因此我们需要时时保护这两种能力，只有这样才能够从事各种活动、广交朋友、经历丰富的人生——这样的人生才是有价值的。人权在本质上保护我们的理性和自主性能力。

6. 我们的自主性解释了为什么我们可以旌善惩恶，让彼此为自己的行为或者错误负责。因为我们不是机器人，而是自由的有理性的人，在道德上要对自己的选择和行为负责。同时我们担得起赞扬或者责备，也是因为我们的行为取决于我们自己。我们不会责怪鲨鱼或猎鹰杀死猎物，也不会责怪兰花枯萎或银杏树气味不佳。动植物的生命没有自主性，因此道德上的旌善惩恶与它们完全不相干。

7. 与此相关的是，大多数人认为，对于严重违法的人，应该惩罚而不是调教。当狗"行为不端"时，我们不会试着跟它们讲道理，相反会通过一系列的奖惩训练试图改变它们的行为。当狗违反规矩时，惩罚它没有意义，这是因为动物缺乏通过推理来改变行为的能力。相比之下，我们人有时确实应该受到惩罚，正是因为我们本来可以选择行善，却偏偏决定作恶。同时，人也不应该被操纵而成为顺民。如果我们希望罪犯悔过自新，我们仍然必须尊重他们的自主性。自主性的重要性解释了为什么通过洗脑、下药或折磨人来让他们按照我们的想法去做是无法容忍的。

善良意志与道德价值

康德强调理性和自主性的重要性，由此他对内在价值的理解与后果主义者截然不同。后果主义者的思维结构很简单，确定什么就其本身而言是有价值的、值得追求的，我们的道德义务就是要使这一价值最大化。康德在方方面面都坚决拒绝接受这种观点。

康德否认幸福（或任何形式的福祉）具有终极价值。他认为，如果幸福是做坏事的结果，那么这种幸福就没有价值。（一个虐待狂杀人犯从杀人得到的快乐不会让他的罪行更有价值，只会让他的罪行更糟。）其他可能有价值的东西也同样如此。财富可以被挥霍掉，权力、健康、认知和勇敢等也都可能被滥用。没有一样是永远有价值的。康德认为，只有一件东西是有恒久价值的——而且无论放在哪里都会增加价值，这就是**善良意志**（good will）。

善良意志有两部分。这是一种能够洞察我们的义务是什么的能力，是为了义务本身的原因而履行义务的一种承诺。善良意志这样来指挥我们：我们看到自己在道德上必须要做的事情，于是就因为这个原因去做这件事。不必计算行为的成本与收益，不必担心我们的行为会给人留下什么印象，不必在乎是否会因此树敌或者甚至一夜暴富。我们一旦意识到自己的义务，随即就付诸行动。

康德对于善良意志如何运作有很多饶有趣味的解释，其中有两个观点尤其重要。他认为，首先，只有出于善良意志的行为才是真正值得称誉的。[康德称这样的行为是有**道德价值**（moral worth）的行为。]他还认为，从这样的动机出发决定去行动完全是一个理性的实践过程。

先考虑第一点，康德让我们想象有这样两个店主，他们都很尽责，顾客来买东西他们从来都童叟无欺。但第一个店主这样做，只是因为他担心如果欺骗了顾客，消息传出，从长远来看，他就会丢了生意。尽管他履行自己的义务，但他的行为在道德上毫无价值。

第二个店主的行为与第一个店主相同，但原因却完全不同。他公平对待顾客，因为他认为行骗是错误的，而且他总是以最高的道德标准来要求自己。这样的动机为他赢来无上的赞誉。康德认为，他的行为和品质所展现的价值（就像人性的价值一样）是无价的。他是不会被收买的。

康德的第二个观点比较复杂，讨论的是理性在鼓励有价值的行为中所起的重要作用。他认为，理性单独行动，在不受任何欲望或情感影响之下，可以担当双重的任务。理性揭示我们的道德义务，同时又鼓励我们去履行我们的义务。

有善良意志，首先是知道我们的义务在哪里。康德认为，单单理性就能够告诉我们答案。不需要感觉和情感的帮助，我们就能领悟道德的要求是什么。当我们决定一个准则是否具有可普遍化特征，或者考虑要付诸实施的行为是否尊重人性时，我们根本不需要考虑愿望或者感觉等具体的因素。我们只需要认真遵循检验准则可普遍化的三个步骤，或者思考自主性的重要性。通过理性，我们可以直接得到道德知识。对于康德来说，我们的愿望和情感都不能在道德发现中发挥任何重要作用。我们必须能够在没有愿望或情感的协助下，只通过理性思考来决定对与错。

康德认为，所有这些愿望和情感都是相当不可靠的道德指南。比如，同情会导致我们不辩是非庇护一个罪犯，恐怖分子的勇气只会让他在泥沼里越陷越深，愤怒会蒙蔽我们的判断力。康德说，我们的情感往往把我们引入歧途。情感必须有合理的原则作为指导，否则是不能被信任的。没有这种指导，我们可能还是会履行我们的义务，但却可能只是凭运气。[1]

另外，更重要的是，康德认为，无论每个人的情感如何，他都可以具备道德智慧。我们都是有理性的，每个人都具有很好的推理能力，即使我们不经常使用这种能力。然而，我们的情感却因人而异，而且并不总是在自己的控制之下。如果道德智慧需要某种特定的情感，那么这种智慧对我们很多人来说就是遥不可及的。康德认为，道德需要情感的观点是典型的精英论，是对人人平等原则的否定。

知道应该做什么和实际上去做往往是两回事。在这里，康德仍然贬低欲望和情感的作用而推崇理性。他否认大卫·休谟的说法，即我们的动机总是依赖我们的欲望。休谟认为，只有信仰本身还不足以推动我们，我们在行动之前必须有想要的东西。相反，康德认为，我们可以去做一些即使我们不愿意做的事情，即使我们明知不可能得之所欲。出于善良意志的行为，单纯出于对道德要求的理解，而不是基于任何欲望或情感。如果我们的行为要有道德价值，那么对道德要求的理解本身就足以作为行动的理由。

正如一百年后的弗洛伊德理论，康德认为，我们的动机往往不是一目了然的。事实上，我们也许永远无法确定自己是否出于善良意志而行动。尽管如此，即使我们不能确定自己的行为是否能够获得道德价值，我们也能够知道自己应该追求什么样的标准。

康德甚至宣称，如果我们恪尽职守的行为是出于情感或欲望，那么这样的尽职就没有任何道德价值。因此，出于慷慨天性而伸出援助之手是不值得赞扬的，同样，建立在同情或怜悯之上的公益善行也不值得表扬。但是，那些明明自己不感兴趣，还是出手相助，不是因为想这样做而是因为义务才去做的人，是在道德

---

[1] 拿破仑的妹妹波琳（Pauline）的传记中引用的一则尖刻的评语，是对这一观点的完美注释。波琳是出了名的娇生惯养、水性杨花又挥霍无度的富家女。她有时候能表现出勇气和慷慨，但她的行为完全不可预料，大多数情况下，她的举止不成体统。后来，一位以前的熟人这样描述波琳："虽然她美貌无双，但她也是最不讲理的人。……她说话语无伦次，会没头没脑地傻笑，和最严肃的人顶嘴，在她嫂子约瑟芬（Josephine）不注意的时候，波琳会向她吐舌头。……她没有原则，她只可能会心血来潮地做对一件事情。"引自：弗洛拉·弗雷泽（Flora Fraser），《波琳·波拿巴：帝国的维纳斯》（*Pauline Bonaparte: Venus of Empire*，New York：Alfred A. Knopf, 2009），第 25 页。

上值得尊敬的。

在此对康德的思想有两种解释。第一种认为，只要一有情感的介入，行为就失去了道德价值。第二种解释要委婉一些，它认为那些仅仅从欲望或情感出发的行为不具有道德价值，但如果行为的动机比较复杂——善良意志是行为的推动力，然而情感也起到协助的作用——那么这种行为仍然是有道德价值的。研究康德思想的学者至今对究竟哪种解释最符合他的本意仍然争执不下。

人性原则的五个问题

康德的人性原则强调人的理性和自主性，这一原则有很多吸引人的地方，但是却绝不是无懈可击的。该原则尤其有以下五个比较严重的问题：

1. 视他人为目的的概念很模糊，因此这一原则很难在实践中应用。
2. 这一原则没有说明如何决定人们应得的奖惩是什么。
3. 这一原则假定我们是真正自主的，然而这种假设可能是错误的。
4. 这一原则假定我们的行为是否道德只取决于可以自主控制的东西，然而**道德运气**（moral luck）的存在和这个假设相矛盾。
5. 这一原则不能解释为什么那些缺乏理性和自主性的人仍然值得尊重。

让我们来依次讨论这些问题。

模糊性

与应用可普遍化原则的三个步骤不同，康德没有提供一个直截了当的测试可以告诉我们如何在实践中运用人性原则。人性原则说要把人当作目的——也就是，要给人应有的尊重。有时候，我们的行为是否遵循了这一原则是一目了然的。比如，把水管工当作厨房里的一根水管来使用，或者枪杀践踏草坪的邮递员，都毫无疑问是违反人性原则的。但是，因为"把人当作目的"这个概念的模糊性，我们常常很难知道我们的行为是否在道德上是可以接受的。比如，对于社会名流，我们是不是对他们的私生活要实话实说，即使这样做有损他们的声誉？再比如，在边境地带布设地雷是不是对敌兵的不尊重？如果我们把钱花在一台新电脑上而没有捐给一个援助机构，是不是对饥荒受害者的不尊重？

如果不能更好地理解什么是"把人当作目的"，这些问题就没有答案。如果没有一个更准确的测试能告诉我们，什么时候应该以人们应得的方式待人（像他们的理性和自主性所要求的那样），人性原则就无法成为指导我们行为的终极道德准则。

决定应得的奖惩

第二个问题是关于给人们以应得的奖惩是否总是恰当的。康德的回答当然是肯定的。回想他在上一章的讨论，匡扶正义是头等重要的。行事正义就是给人以应得的奖惩，即使这样做的结果对任何人都没有好处。

有时候，这一点似乎是不言自明的。州长下达死罪可免的赦令可能会让多几个人感到高兴，但是杀人犯理应受到惩罚。雇员按劳取酬是天经地义的，即使老板把雇员的工资捐给慈善机构可能可以做更多的好事。但是，无疑这一思想也有它的问题。

康德对上面提到的模糊性问题给出了部分回答。他对做坏事的人有一个测试，看他们应该得到什么样的惩罚。当然这还不是全部的答案，因为我们还想知道在无关奖惩的情况下，如何应用人性原则。然而，即使是在有关惩罚的情境下，康德的测试——著名的**同态报复法**（lex talionis）或"以眼还眼"原则——也一样困难重重。于是，人性原则就面临更多的问题。在某些情况下，我们不知道应该如何应用人性原则，因为"把人当作目的"到底意味着什么不是很清楚。在另外的情况下，它意味着什么样的行为可能很清楚，但行为本身却很明显是错误的。

同态报复法告诉我们，要对罪犯以牙还牙。康德声称，这样的惩罚是将罪犯视为目的，是把罪犯看作一个有理性的和自主的人，由此就是给予他应得的尊重。对康德来说，只有当罪犯是自主的，能够自由地选择自己的行为准则，惩罚才是正当的。比如，精神错乱的人就不适合接受惩罚。惩罚还预先假定犯罪分子是理性的，也就是说，罪犯清楚地意识到他所遵循的行为准则也可以是所有人的行为原则。正因为这样的理性，我们就允许以其人之道还治其人之身，用他对待受害者的办法来惩罚他。这正是同态报复法所要求的。

我们执行报复法来惩戒罪犯可以是大快人心的一件事，它迫使罪犯从受害者的角度出发，重新审视他们的罪行所造成的真正伤害。此外，根据报复法的处罚似乎是完全公正的，因为罪犯不能抱怨自己受了虐待。正如康德所说，我们会嘲笑那些阶下囚，抗议自己受到的不公正惩罚正是他们用在受害者身上的。最后，决定如何惩罚罪犯往往是个棘手的问题，报复法提供了具体、现成的办法。比如，如何处置杀人犯？康德建议我们避免功利主义的"晦涩难缠"的逻辑，而且想都不要想什么废除死刑是否会降低谋杀率这样的问题。报复法说杀人就应该偿命，因此道德要求处决杀人犯。

正因为有这些吸引人的地方，同态报复法深入人心。然而，尽管人们的热情高涨，报复法有着致命的缺陷。以下是它失败的三个原因。

首先，报复法不能解释为什么故意伤害罪应该比意外伤害罪领受更重的惩罚。报复法的核心是以眼还眼，以受害者遭受的痛苦来设定惩罚。然而，无论行凶人是精心策划的谋杀，还是事出意外造成伤害，受害者可能受的是同样的煎熬。比如，如果我在后院不管不顾地练习射箭，无意射杀了我的邻居，我应受的惩罚比起冷血谋杀犯要轻。我们大概都会这么认为，然而报复法要求同样的惩罚，因为受害者在两个例子里遭受了同等的伤害。

我们可以说，罪犯应得的惩罚，不仅取决于他所造成的伤害，还取决于他们的罪责程度。因此，一个职业杀手应该比轻率冒失的射箭手受到更多的惩罚，因为冷血杀手体现的是道德败坏，这是射箭手没有的。这确实给出了正确的答案——冷酷无情的杀手理应受到重罚——但是这意味着要放弃以眼还眼的报复法。

因为我们不再需要以其人之道还治其人之身。如果一个职业杀手杀人应该被处决，而那些过失杀人犯被免死罪，这就破坏了同态报复法的宗旨——过失杀人犯所得的惩罚显然要比他的受害人所受的伤害轻很多。另外，同态报复法的另外一个优势也不复存在了——提供具体、现成的如何处置罪犯的办法。

同态报复法的第二个问题是，它不能告诉我们众多罪犯应得的惩罚是什么。这一点在没有受害者的犯罪中尤为明显。比如，一个刺客试图（但没有成功）行刺，而他的受害者从未察觉，而且毫发无伤。没有伤害是不是说刺客就没有犯罪？再比如，有人离开酒吧时喝得烂醉，然后酒驾回家，万幸没伤到任何人。尽管如此，他仍然应该受到惩罚。然而由于没有受害者，同态报复法就无法提供任何惩罚的依据。

另外一些犯罪可能有受害者，但报复法也不能对惩罚提出任何建议。比如，劫机者或者造伪币的人该怎么处置？绑匪？或者把偷来的床垫从一个省运到另一个省的人？像对待受害者那样对待这些罪犯显然是无稽之谈。

最后一点，在报复法指导之下的惩罚之道有时是极不道德的。可悲的事实是，任何我们能想象的惨不忍睹的恶行，大概都已经发生过了。人们强奸、折磨他人，把安然入睡的全家活活烧死，割断人的四肢，往人脸上泼硫酸，或者把被铐住双手的人扔出飞机。道德真的会要求我们对犯罪分子也做这样的事情吗？我们不会希望政府公务员是折磨人的酷吏、强奸犯或者纵火犯。依法惩处是国家大事，应该有最起码的道德标准。要去强奸一个强奸犯的国家政府是一败涂地的、可悲的。

这三个问题表明，同态报复法不可能是匡扶正义的全部，因为有时候它并不能提供任何好的指导，或者会提供完全错误的指导。这意味着，当报复法是正确的时候，它之所以正确是因为符合更根本的正义原则。想想看：最基本的原则是什么？

无论如何，我们大多数人会认为，罚当其罪有时候不是最重要的，它要让位于其他道德上的考虑。我们允许假释、认罪减刑协议，有特赦令、大赦以及缓刑等做法都证明了这一点。这些中的每一种手段都体现了宽容——仁慈待人，即使当事人也许配不上这样的厚待。仁慈是一种美德。而康德的立场要求我们对罪犯绝不姑息，绝不能宽容厚待。

假设政府维持一个严酷的惩罚制度需要花费巨资，以至我们不得不大幅削减学校教育、健康项目和国防资金。在这种情况下，也许我们应该对罪犯从宽处理，以便把资源用在满足这些其他的社会需要上面。

再假设严惩犯罪分子带来的结果是犯罪率提高了而不是减少了。我们大多数人会认为这是另外一个减轻惩罚的理由。

正义是非常重要的。但是，以上这些考虑让我们纠结不惜代价去伸张正义是不是总是正确的，康德是不是正确的。

我们是自主的吗？

人性原则的第三个问题是，它本质上基于一个有问题的假设——即我们是自主的。你我当然都坚信自己是自主的，然而我们也许是过分自信了。反自主性论证（Argument Against Autonomy）解释了其中的原因：

1. 我们的选择或是被必然化的，或是没有被必然化的。
2. 如果我们的选择是被必然化的，那么我们就不能控制所做的选择，因此我们就缺乏自主性。
3. 如果我们的选择不是被必然化的，那么它们就是随机的，因此我们就缺乏自主性。
4. 所以，我们缺乏自主性。

假设我们的选择是被必然化的——换句话说，假设我们所做的每一个选择都是在特定情境下所能做的唯一选择。这怎么可能呢？毕竟，此时此刻难道我们不能选择是把这本书放下，还是继续读下去吗？选择权完全在我们自己。只要我们能自由选择决定行动，我们就是自主的。

但是考虑一下：有什么因素会影响我们的选择吗？答案是肯定的。我选择继续读下去至少部分原因是我想读下去，或者因为我认为我能够继续读下去，或者因为我没有其他更好的选择，或者因为没人强迫我做其他选择。考虑到所有这些影响（毫无疑问，肯定还会有其他因素），我似乎注定要做出我已经做出的那种选择。

诚然，这并不是说我们命中注定无论如何要把这本书继续读下去。相反，这是鉴于此时此刻的环境和心态（信念、欲望和目标等），我们注定要继续读下去。

然而，我们选择的理由（信念、欲望等）同样也是有原因的。这些进一步的原因同样不是无中生有的。我选择继续读这本书部分是因为我想继续读下去；我想继续读下去，是因为（也许）教授指定要求读这一章，而且我想学好这门课。

要学好这门课的欲望也有一个解释。它是由我的其他欲望和信念引起的，而这些其他欲望和信念又有其他的原因，等等。最终，我们的选择可以追溯到我们无法控制的原因，比如我们的遗传、从小父母的教养以及各种社会影响。如果我们是因为最终不由自己控制的因素而做出某种选择，那么我们的选择本身最终也是不由我们控制的。因此，如果我们的选择是被必然化的，那么我们就不是自主的。这就是第二个前提所说的。

现在再假设我们的选择不是被必然化的。比如，假设没有任何东西决定我们会选择继续读下去，我们就是自己选择这么做了。如果真是这样，是否说明我们是自由选择的呢？

并不尽然。如果我们做出选择是没有任何原因的，那么我们的选择似乎就完全是随机的。随机性破坏了控制，从而也就削弱了自主性。

比如，我正沿着大厅走，突然看到有人伸出胳膊打了他旁边的一个人。他是不是有意选择打人呢？有可能。为什么？没有原因，也没有解释。就是那种突如其来、无法解释的一件事。但是，如果真是这样——他选择打人没有任何原因——那么他似乎就没有在掌控自己的选择。因此，发生的事就很可能只是突然发作的抽搐或痉挛，而不是他可以负责的事情。他的选择不在他的控制之内。这就是第三个前提所说的。

因此，无论我们的选择是不是被必然化的，我们都缺乏自主性。如果真是这样，来论证人之尊严的康德理论的基础，以及尊重他人的义务的源泉，就由此受了重创。

当然，很多哲学家（和几乎所有不学哲学的人）认为这个论证是有问题的。它的逻辑无懈可击，所以如果有错误，错误就肯定在三个前提之一。第一个前提很明显是正确的，这样错误就必须在第二个或第三个前提。那些认为我们确实拥有自主性的哲学家在究竟要驳斥哪一个前提上颇有分歧，然而，他们多年来的工作却卓有成效。（研究著作成倍增加——自由和决定论问题的研究现在已经成为哲学的一个完整分支领域。）因此，反自主性论证的悲观结论可能是错误的，但只有更多的哲学研究才能证明这一点。

道德运气

也许反自主性论证有缺陷，我希望如此。让我们暂且假设我们是真正自主的，然而我们还是有理由怀疑行为的道德性是否真的取决于我们的自主选择。

康德认为，我们之所以值得赞扬或责备完全是因为那些我们可以控制的东西。这就是为什么自主性如此重要的原因。自主性就是控制——是对我们选择和行为的控制。然而，我们无法控制的因素显然会影响行为的道德性。如果真是这样，那么自主性在道德中所扮演的角色也许就没有康德认为的那么重要。

我们行为的结果往往不在我们的控制范围之内，因此，康德认为它们在道德上是无关紧要的。这也是他强烈反对功利主义的主要原因之一。但是，我们行为的结果常常会在道德上有很重要的意义。

试想一位好母亲，在极度沮丧的时候，用力摇她的孩子，想让孩子停止大声哭泣。通常这样的举动不会对婴儿造成多大的伤害，事情很快会被淡忘，我们不会因此改变对这位母亲品德的看法。然而，有时婴儿却会死于这种剧烈摇晃，当这样的事故发生时，我们对凶手的裁断就要比对没出人命的父母苛刻得多——大多数为人父母至少摇晃过一两次自己的孩子，幸运的是没有对孩子造成任何永久性伤害。

再比如，我有时发现自己开车时实际上是挂在自动驾驶一档上。自己漂移到了对面逆行的车道上还不知道，或者没有看到行人就穿过了人行道，或者超车时没看到后面的车。在每一个例子中，我的疏忽都幸好没有导致（可能是致命的）事故，这纯粹是运气。很多人就没那么幸运，当疏忽导致人员伤亡时，他们就要比我受到多得多的责备。尽管他们无论是驾车还是为人，可能都不比我差。

这些都是道德运气的例子，在这些情况下，行为或者决定是否道德取决于我们无法控制的因素。如果康德是正确的，道德运气就不能存在。如果康德是正确的，在上面的例子以及许多其他案例里，我们都必须修正我们的道德观。在乡村小道和朋友玩赛车是件拉风的事——除非出了事故，一个朋友因此瘫痪。风险投资可以让人一夜暴富，皆大欢喜；也可以让人倾家荡产，投资人或有牢狱之灾。还有造反闹革命的人，成者王侯败者贼也是一样的道理。

在我们道德思考的核心有一些矛盾。我们不会因为婴儿做错事造成任何伤害而责备他们，同样我们也不会责备那些被催眠或被下了迷魂药的成年人。康德的完美解释是：这样的人缺乏自主性。他们不能完全控制自己的行动。但是，如果康德是正确的，能控制自己的行为对于道德责任至关重要，那么我们就必须放弃前面段落对于道德运气的所有道德判断。这是一个困难的选择。

道德共同体的范围

最后一个问题与道德共同体的成员资格有关。康德强调理性和自主性，于是有资格进入道德共同体的这条界限就划得很窄。我们有资格，婴儿就没有，心智有严重缺陷和疾病的人也没有。所有的非人类动物、植物和生态系统也被排除在外。它们都缺乏理性和自主性。根据康德的观点，他们因此就没有内在的道德重要性，在道德上无足轻重，我们似乎可以随心所欲地对待他们。

我们可以用反动物论证（Argument Against Animals）来说明这一问题：

1. 如果人性原则是正确的，那么动物就没有权利。
2. 如果动物没有权利，那么折磨动物在道德上就是可以接受的。
3. 所以，如果人性原则是正确的，那么折磨动物在道德上就是可以接受的。
4. 折磨动物在道德上是不可以接受的。
5. 所以，人性原则是错误的。

尽管这一论证讨论的是动物，但是我们可以轻而易举地将其修正为适用于婴儿、有严重智力障碍的人等。康德的观点把他们都排除在道德共同体之外了。因为康德自己的论证是以动物为例，在此我们仿效他的做法。如果有必要，我们可以再讨论其他情况。

康德认为，折磨或虐待动物是错误的，所以他接受该论证的第四个前提。他同时也接受这一论证的第一个前提。他认为，权利意味着要有自主性，动物缺乏自主性，因此就缺乏权利。因此，他认为他一定要驳斥第二个前提。

康德提出了两条论据来反驳第二个前提,但是都站不住脚。

他首先声称,伤害动物会让我们的心肠变硬,从而使我们更有可能去虐待自己的同类。虐待同类肯定是不道德的,所以我们也不能伤害动物。

康德关于我们有可能会伤害人类同胞的预言是经不起推敲的。我们大多数人在待人因人而异、看人下菜碟方面毫无问题。蛮横无理的老板通常对自己的上司毕恭毕敬。铁石心肠的狱警对自己的孩子可以是个慈父。那些对病人和护士放不下架子的大夫往往对自己的医生同事很有礼貌。所以,虐待一个群体并不一定会导致虐待其他群体。

更进一步,如果康德是对的,我们人类就是要比动物拥有无限大的道德重要性。任何人只要相信这一点,就不会伤害自己的人类同胞,即使他觉得伤害动物没什么了不起。

即使康德的预言是正确的,他仍然面临着另一个问题。他的论证是一个典型的滑坡推理的例子,是否合理要取决于后果主义的正确与否。[1] 康德之所以禁止我们虐待动物,只是因为这样做会产生极坏的结果(导致对人类的虐待)。但是,如我们所知,康德的理论出发点是行为的道德与否与结果无关,所以他的这一反驳答复是行不通的。

他的第二个反驳是这样的。假设我有一张桌子,这张桌子显然既不是理性的也不是自主的。然而,如果有人想用锤子去砸我的桌子,却肯定是错误的。这不是因为我的桌子会受到伤害,而是因为我会受到伤害。桌子没有权利,但是我有权利。我的权利是受到尊敬的。同样,即使我的两只猫没有权利,但是伤害它们还是不道德的。因为伤害我的猫,我的权利(作为猫的主人)就因此被侵犯了。

这一论点有两个主要的问题。首先,它没有对野生动物提供道德保护。其次,如果驯养动物是受自己主人的伤害,它就没有为驯养动物提供道德保护。如果我决定为了好玩把自己的桌子给砸了,我就没有什么错。既然康德认为动物在道德上与我的财产的地位不相上下,那就不能解释为什么我想虐杀自己养的动物有什么不对。

---

[1] 参见第九章"滑坡论证"一节的讨论。

还有更严重的麻烦。按照康德的原意，这一问题不仅适用于动物，也适用于所有缺乏理性和自主性的人。诚然，大多数人（婴儿、老人、暂时昏迷的人等）都有亲朋来关爱他们。因此，康德可能会说，如果有人伤害他们，也就是侵犯了我们（即缺乏理性的人的亲友）的权利。但是，如果是人类中那些最可怜的人——没人爱、被遗弃而又缺乏自主性的人呢？康德的理论赋予他们的地位与没人要的桌子或动物一样。他们是可以任我们随意处置的。因此，康德就将我们当中最脆弱的人群排除在了道德共同体之外。

结论

作为极为重要的道德理论，康德的伦理观丰富而且深具启发性。与在当今政治和经济圈中盛行的后果主义观点相比，它尤为有益。康德对后果主义的驳斥既深刻又彻底。以下是这两种理论的主要分歧点：

1．康德否认仁爱是核心的道德美德，相反，他认为正义和完整性是道德的核心。

2．康德认为，很多根本的道德准则都是绝对的，是我们绝不能违背的，哪怕违背这些准则会带来更好的结果。

3．康德否认行为的道德与否取决于行为的结果或者我们无法控制的因素，相反，行为的道德性只取决于我们能为之负全部责任的东西——我们的准则和自由的行动。

4．与第三点相关，康德拒斥把未来或者行为的后果作为衡量对错的唯一标准，相反，过去的行为和应得的奖惩才是道德评价的核心基础。

5．功利主义者认为，成为道德共同体的一员所需要的只是能感受到最低程度的幸福与不幸；而康德认为，自主性和理性决定道德地位。

6．康德否认幸福或福祉本身总是有价值的，相反，他相信善良意志——因为义务本身而去履行义务的那种坚定不移的献身精神——才是唯一在所有的情况下都有价值的东西。

康德的理论很好地解决了后果主义的许多缺点，但是后果主义者也能够欣然地投桃报李：康德的理论有自己的问题，而后果主义恰恰能够巧妙地解决其中的许多问题。下一章我们转而讨论社会契约论，另外一个重要的伦理观。信奉这一理论的哲学家希望能兼获上面两种伦理观的长处，同时避免它们面临的问题。

供讨论的问题

1. 康德的可普遍化原则与人性原则的关系是什么？这两个原则会不会提出相互矛盾的建议？如果是这样，你认为哪一个原则能更好地指导我们的道德义务？
2. 按照康德的理论，人权的起源是什么？他的观点对动物和残疾人的权利意味着什么？你觉得他在这个问题上的观点合理吗？
3. 康德所说的"善良意志"是什么意思？有没有可能一些人在做正确的事情，但却仍然缺乏善良意志？你是否同意只有出于善良意志的行为才是值得称赞的？
4. 康德支持同态报复法原则，即以眼还眼，我们应该像罪犯对待受害者那样去对待罪犯。你认为对此最强有力的反驳是什么？我们能驳倒这一反驳吗？
5. 分析下面这一论证：如果有道德运气，那么我们就要对自己无法控制的事情负责。我们无法对这些事情负责，因此道德运气是不存在的。
6. 什么是自主性？你认为我们有自主性吗？为什么有或者为什么没有？
7. 如果理性和自主性解释了人类在道德上的重要性，我们如何（如果有）解释婴儿和非人类动物的道德重要性？

第十三章
社会契约传统：理论与吸引力

程序主义的吸引力

伦理学研究最困难和最深刻的问题之一是：如何开始？

我们是否应该从一开始就必须假设，任何合乎情理的伦理学理论都应该禁止强奸、奴役和酷刑，都应该倡导同情和仁慈？如果是这样，那么这些假设就是具有决定性的检验。任何理论只要与这些假设相矛盾就应该被排斥。比如，如果有那么一天折磨或杀害无辜符合你的私利，那么伦理利己主义就要求你把这样的行动付诸实施。因此，伦理利己主义测试失败，这就足以证明伦理利己主义是错误的。

我们自然会问：基本假设是否合理，摒弃任何与这些假设相左的道德理论是否合理？如果理论与基本假设相矛盾，为什么一定是理论的错，而不是假设的错？比如，如果我们假定自我利益永远不可能证明酷刑或强奸是正当的，那么以此来反对伦理利己主义是不是就是循环论证呢？

然而，拥护这种研究方法的人会说，除此之外我们别无选择，道德研究必须要有一个起点——为什么不能从那些几乎每个人都接受的基本假设出发呢？为什么不能从大多数其他的伦理主张都视为基础的假设出发呢？我们无法证明这些假设是正确的，但这并不意味着它们是不合理的。

原因何在？每一个思想领域的基本出发点都是无法证明的。比如，人们终于意识到，所有科学研究背后的一个基本假设——即我们心智之外还有一个物质世界存在——是无法证明的。我们为了证明其存在而搜集的所有证据都已经假设了这样一个世界的存在。然而，这并不意味着每一个科学论断都是不可信或者站不住脚的。

许多哲学家仍然对这种研究方法不尽满意。我们最根本的道德观是应该能被证明的，而不是简单地被认定为理所当然的。我们可以制定一个程序（procedure），也就是制定区分对与错的步骤。遵循正确的程序就能产生正确的道德理论。我把这种方法称为**程序主义**（proceduralism）。

程序主义认为，道德问题研究不应该假定奴隶制是错误的，或者慷慨是正确的。在开始阶段不要做道德假设。相反，遵循正确的程序，然后看结论究竟是什么。如果我们小心求证，就会得出道德问题的正确答案。

黄金准则就是程序主义的一个例子，规则后果主义是另一个例子，康德的可普遍化原则也是如此。这些观点的共同之处是说为了揭示对与错，我们都需要遵循一定的步骤。这些原则尤其吸引人的地方是，比如，并不是一上来就理所当然地认为奴隶制是不道德的，相反都承诺要解释并且证明为什么奴隶制是不道德的。这三种理论分别是这样证明的：(1) 如果我们自己被奴役，我们会百般不乐意；(2) 最优化社会规则绝不会允许有奴隶制；或者 (3) 可普遍化的准则绝不会允许奴隶制。

如果我们依序阅读了前面的章节，就会知道属于程序主义的这三种道德理论都存在严重的问题，但这并不意味着程序主义的穷途末路，因为另外还有很多其他的程序主义理论。也许，其中最重要的就是**社会契约论**（social contract theory），现在被广泛称为**契约主义**（contractarianism）——道德是建立在社会契约之上的观点。

社会契约论的背景

契约主义最早是一种政治理论，后来才发展成为道德理论。契约主义的宗旨是，法律是公正的，当且仅当这些法律所表达的社会契约条款被自由、平等和理性的众人所接受，被当作他们共同生活的基础。契约主义的道德观直接起源于其政治理想：行为在道德上是正确的，只是因为我们的准则容许这样的行为。自由、平等和理性的人都会恪守这些准则，条件是其他人也同意遵循相同的准则。

这个理论的政治起源可以追溯到古希腊。在《理想国》的开篇，柏拉图的兄弟告诉苏格拉底，他们发现，社会契约观点既有吸引人的地方又令人不安。他们挑战苏格拉底，要他解释社会契约论有什么不对的地方。苏格拉底用了整章的篇幅来回答，以说明契约主义有多重要。

苏格拉底说，他听到有人说我们生来就是自私的，大多数时候甚至彻头彻尾是利己的。我们想要比别人强，想要人身安全有保障，想要财富还有口腹之欲的满足。而我们最深切的目标是想要高人一等。谁会不想拥有总统的权力或者比尔·盖茨的财富呢？——甚或最好两者兼得呢？

这就产生了一个显而易见的问题。每个人都想出人头地，而只有极少数人能做到。还有，没有人想做倒霉鬼，成为别人往上爬时被踩在脚底下的牺牲品。每个人都想做第一。但是我们都知道，成功的机会很渺茫。那么该怎么办？

如果我们是理性的，就都会同意要克制每个人自利的一面，转向相互合作。我们这样做是要讲条件的——条件就是其他人也要这样做。一个完全没有秩序、赢家通吃的状态会让每个人都感到痛苦。与其如此，不如我们都停止你争我夺，都同意互相谦让一点，结果反而每一个人都过得更好。

根据社会契约论，这就是理性和道德对我们的要求。契约主义的基本假设是，每个人在很大程度上都是以自我利益为中心的，而且这样做无可厚非。为了每个人都过得最好，契约主义认为，我们应该都同意限制一些对自我利益的直接追求，而接受一种让每个人都能过上体面生活的折中协约。人人都有这样的人生，意味着我们要放弃成就精彩绝伦人生的机会。然而，我们也保护了自己逃脱可怕和无望的人生，免受残酷的竞争，不需要时刻提防身边所有人的攻击。这是一笔很值得做的交易。下面就是我们的理由。

囚徒困境

试想一个基本的人生场景：资源稀缺导致竞争异常激烈。我们每个人都想要得到尽可能多的资源。我们每个人都有理性，想尽可能多地获取，但都清楚地知道如果自己拿得多就意味着别人拿得少。这样，事情会每况愈下，很快变得非常糟糕。

这就是成千上万渔民所遭遇的情况，他们一味扩大捕鱼量，把整个切萨皮克湾（Chesapeake Bay）都掏空了——几个世纪以来，切萨皮克湾都曾是世界上最大的渔场之一。同样的情况也发生在棒球运动员、环法自行车赛运动员和奥运会举重运动员身上。为了占据竞争优势，在利润丰厚的锦标赛夺冠，他们开始服用越来越危险的兴奋剂。同样，当一个政客在竞选中诋毁对手，另一方也不得不回敬相同的诽谤，不如此不可能在竞选中获胜。另一个例子是，两个贩毒集团经常你死我活地争夺非法毒品交易所得。

这些例子都具有相同的基本特征。它们都是对稀缺资源的激烈争夺，许多人都在千方百计要增加自己所占的份额。这似乎是合乎理性的，然而，如果每个人都谦让一点，每个人都会过得更好。切萨皮克湾会仍然有鱼，得以维系周围渔民的生计。每个运动员都会更安全，即使世界纪录没有那么辉煌。

我们把每个人都减少一点对自我利益的追求从而人人获益的情境称为**囚徒困境**（prisoner's dilemma）。这个名字最初是经济学家提出来的。在他们假想的例子里，两个小偷（阿尔和鲍勃）被抓并分别关在单独的囚室里。出于理性，阿尔和鲍勃事先曾约定，如果被抓，他们两个都会保持沉默，以挫败警察而保护自己。现在他们被抓了，警察对他们俩说了同样一段话："如果你保持沉默，对你的同伴信守承诺，而他把你供出来，那么他就会被无罪释放，而你要服刑六年。如果你把他供出来，他保持沉默，你就可以无罪释放，而他要服刑六年。如果你们两个都保持沉默，那么每人各判两年。但如果你们两个都认罪，那么每人各判四年。"

下表列举了所有的选项。每个数字代表判刑的年限。每对数字中的第一个数是阿尔的刑期，第二个是鲍勃的刑期。

	鲍勃 保持沉默（合作）	鲍勃 招供（背信）
阿尔 保持沉默（合作）	2, 2	6, 0
阿尔 招供（背信）	0, 6	4, 4

假设两个罪犯都知道所有的选项，并且他们都最关心一个问题：如何尽量减少自己的刑期。如果他们都是理性的，他们会如何行动？

我们可能会认为这是个无解的问题。我们对阿尔或鲍勃的为人、他们之间的关系、各自的可信度等毫无所知，无法做出有意义的猜测。但是，毫无疑问，他们两个人都会认罪，都会违背彼此的诺言，最终每人被判四年徒刑。两人都不可能被无罪释放，而且会比两人都保持沉默要多服一倍的刑期。

这里，至关重要的一点是，保持沉默是一种合作战略。沉默意味着信守诺言，遵守彼此达成的协议。认罪则是背叛、违背诺言，对同伴落井下石。

阿尔和鲍勃会互相背叛。这一点是肯定的。他们之所以这样做，是因为他们知道被判刑的概率，是因为两人都是以自我利益为先的，而且他们都是理性的。

他们为什么要认罪？因为不管他的同伙怎么做，他自己认罪都会得到更好的结果。

先来看阿尔的选择。假设：

鲍勃保持沉默。如果阿尔认罪，阿尔就会被无罪释放。如果阿尔也保持沉默，阿尔会被判两年徒刑。所以，如果鲍勃保持沉默，阿尔就应该认罪以免受牢狱之灾。这是他最想要的结果。所以，如果阿尔是理性的，他就会认罪。

现在再假设：

鲍勃认罪。如果阿尔认罪，阿尔会被判四年徒刑。如果阿尔保持沉默，他就会被判六年徒刑。所以，如果鲍勃认罪，阿尔也应该认罪。

这样，不管鲍勃如何行动，阿尔认罪、背叛鲍勃是他自己最好的选择。当然，鲍勃也肯定是这样推理的。因此，两个罪犯都会坦白认罪，最终各被判四年徒刑。

囚徒困境不仅仅是有意思的思想实验，也是现实生活。在现实生活中，我们可以找到无数的案例，人们理性地追求私利，从而导致拒绝彼此合作，最后得到的结果却要比合作糟得多。

切萨皮克湾渔民就是在一个囚徒困境里。世界级的运动员也是一样，一旦他们发现自己的竞争对手在服用兴奋剂。相互混战的黑帮成员也是如此。而相互合作的策略本可以挽回他们的生计甚至生命。

合作与自然状态

那么，为什么竞争对手不合作呢？答案很简单：因为风险太大。囚徒困境里的那两个罪犯可以合作，但这意味着把一切都押在同伴的诚信上，要冒被判六年刑期的风险。单方面地保持沉默、减少捕鱼量、拒服兴奋剂或放弃暴力等是傻瓜的策略。这样做的人可能是有德的，但他们会被无情抛弃，受牢狱之灾，在经济上苦苦挣扎，在奥林匹克运动会上一败涂地，或者死在敌对黑帮的枪下。如果有足够多的人都在为出人头地而不择手段，那么你要么同流合污加入竞争，要么就成为被牺牲的羔羊。

英国思想家托马斯·霍布斯是现代契约主义的创建者，他对其中一种囚徒困境尤为关注。在他的代表作《利维坦》（Leviathan）中，他请读者设想这样一种状态：没有政府、没有中央权威、没有哪一个团体有单独的将自己的意志施于他人的权力。他把这种状况称为**自然状态**（state of nature），他认为这是能想象的最糟糕的地方。

用他的话说，自然状态是一场"所有人对所有人的战争，而人生在这种状态下是孤独、贫困、肮脏、野蛮又短暂的"。人们为了任何能够获取的东西而残酷竞争。合作是虚假的，信任是不存在的。霍布斯本人经历了一种自然状态——英国内战时期——因此对这种苦难有切身的了解。如果你读过小说《蝇王》(Lord of the Flies)，你就很能理解霍布斯指的是什么。就在现在，如果我们打开电视，仍然能看到世界各地自然状态的图景——叙利亚、伊拉克和尼日利亚的部分地区等，场面极为惨烈。

霍布斯式的自然状态是一种囚徒困境。为了追求最大化的私利，每个人的状况反而都会变得更坏。在这样恶劣的环境下，每个人都以牺牲他人为代价，尽可能地争取一己私利。在如此的危急关头，一场你死我活的竞争对几乎所有人都是非常不利的。没有哪个人，哪怕他再聪明、强大、有人际资源，可以免受其害。

逃离自然状态的办法是有的，而且对所有囚徒困境来说，逃离困境的策略都是一样的。我们需要有两样东西：促进合作和惩罚背信的规则，以及确保这些规则得以贯彻的执法者。

这些规则就是社会契约的条款。社会契约要求我们放弃攻击和杀害他人的自由，放弃欺诈、殴打和威胁他人的自由，放弃掠夺他人的自由。作为放弃这些自由的交换，我们得以享受合作带来的种种好处。如果我们能有机会得到更好的结果，那么放弃某些自由是合乎理性的选择。在一个秩序良好的社会中，享受和平与稳定是值得的。这就是社会契约的承诺。

为摆脱囚徒困境，我们不但需要良好的合作规则，还需要一种方法来确保规则的执行。

当人们同意放弃无限度的自由，以互惠互利为条件彼此合作的时候，自然状态就结束了。但是，契约的问题在于，毁约的可能性是存在的。如果没有信守诺言的强烈愿望，囚徒困境中的人就会毁约，比如，上面提到的阿尔和鲍勃的例子。

我们需要的是一个强有力的人（或团体），其威胁足以让每个人都坚守自己的诺言。这一核心权力不一定非要是政府，可以是一个黑帮头目——威胁阿尔和鲍勃，如果背信招供，就置他们于死地，也可以是国际奥林匹克委员会，有权暂停或取消服用兴奋剂的运动员的参赛资格。但是，最普遍的情况是，面临无政府状态，试图摆脱彻底的无法无天的混乱局面，我们需要一个政府来贯彻合作的基本规则。

没有中央政府的控制,局势会每况愈下,不久就会成为各帮各派、军阀、黑帮头目的战场,各自争夺尽可能多的权力和财富。所有人对所有人的战争就为期不远了。

契约主义的优势

契约主义理论有很多优势。以下列举的是其中最重要的几种。

道德在本质上是一种社会现象

对于独居荒岛或偏僻山区的一个人来说,没有任何道德或不道德的行为可言。这是因为道德规则是一组特定的合作规则,而谈到合作,就至少需要两个人。

这解释了为什么我们没有自我关涉的(self-regarding)道德义务(只与我们自己有关的义务)。诚然,很多时候我们会作茧自缚,做对不住自己的蠢事。比如,我们可能成为瘾君子,毁了自己的前程。或者我们可能理财不当,变得一贫如洗。我们还可能入错了行,每天上班像是在服苦役。在所有这些例子里,我们的行为都是极为轻率、对自己不负责任的。但是,如果这些行为对他人没有造成任何影响(当然通常会影响到别人),契约主义会否认这些行为是不道德的。

契约主义解释并证明了我们根本的道德规则

按照契约主义者的观点,道德规则是用来指导社会合作的规则。至于哪些标准是真正的道德标准,契约主义者要求我们设想一群自由、平等、理性的人,他们寻求每个人都能合情合理地(reasonably)接受的合作条件。他们挑选出来管理合作行为的规则就是道德规则。而这些规则恰恰与我们一向都认为是理所当然的核心道德准则相吻合。

约翰·罗尔斯(John Rawls,1921—2002)是20世纪最著名的社会契约论思想家,他对于什么样的规则会被最理想的社会契约论者所接受,有一种专门的测试。在被公认为20世纪最重要的政治哲学著作《正义论》(*A Theory of Justice*)[1]

---

[1] 约翰·罗尔斯,《正义论》(Cambridge, Mass.: Harvard University Press, 1971)。

中，罗尔斯让我们设想立约人都站在**无知之幕**（veil of ignorance）后面。无知之幕是一道虚拟的装置，能抹去对我们各不相同特征的所有认识。幕布后面的人知道他们都具有人类的基本需要和愿望，但是他们不知道自己的宗教归属、种族、社会或经济地位、性别以及道德品质。这样做是为了让所有人都站在同样的起点上，由此做出的选择才是完全公平的。

站在无知之幕后面，或者处于其他平等和自由的条件之下，理性的人会选择什么样的社会规则？几乎毫无疑问，这些规则会包括禁止杀人、强奸、斗殴、盗窃和欺诈，以及必须信守诺言、有债必还、尊重他人等。因此，契约主义很容易解释我们现有核心道德规则的合理性——如果我们是理性的、利己的，那么在不受外界胁迫的前提下，只要其他人服从这些规则，我们就会同意服从同样的规则。

相互合作的规则必须是让每个人都受益，而不仅仅服务于少数人。否则，从理性上讲，就只有少数人会拥护这样的规则，而其他人应该理性地忽视这些规则。因此，契约主义者能轻而易举地解释为什么奴隶制、种族歧视和性别歧视是极其不道德的。如果政策向某一些人倾斜，就是破坏了道德的基本出发点——就是说，要制定每一个人都能够认同的、公平的合作条款。即使有时受压迫者认同压迫者的利益，甚至来捍卫歧视制度，歧视仍然是歧视。真正的道德规则应该是公认能促进相互利益的——而不是促进一个团体的利益，而以牺牲另一个团体的利益为代价。

契约主义提供了证明每条道德规则的方法

契约主义是程序主义的最佳例证。契约主义者有一种方法来确定某种行为是正确还是错误。他们要我们考虑一种行为是否遵守规则，是否遵循自由、平等和理性的人都同意恪守的规则。契约主义者不假定普遍意义上的道德邪恶是恶的；相反，契约主义者通过指出有理性的立约者共同选择的互利合作规则禁止这样的行为，来表明为什么这些行为是恶的。

因此，我们永远不必说："你难道就看不出某某行为是错的吗？"契约主义者永远不必这样来质问别人，这显然是一大优势，本来我们就不可能说服那些从一开始就和你意见相左的人。相反，契约主义者提出了证明每一条道德规则的方法。当然，对于如何应用这种方法经常会有争论，对于究竟自由、平等和理性的人会接受什么规则和方法有很大的讨论余地。但是，如果契约主义是正确的，那么我们总可以找到证明最根本道德主张的办法。

契约主义解释了道德的客观性

契约主义的道德观很有吸引力。在契约主义那里，道德规则是客观的。一般来说，任何人都有可能会误解道德的要求。个人观点从来都不是道德的最终权威，法律和传统智慧也同样不是至高无上的权威——整个社会可能有颠倒是非的时候，因为可能误读了什么是自由、平等和理性的人所认同的理想社会准则。

因此，契约主义者解决了经年长久的一个难题：如果道德不是人为创造的，它是从哪里来的？如果契约主义是正确的，那么道德既不来自上帝，也不来自凡人的观点。相反，道德是像你我一样、可能比我们更有理性、完全自由的人共同认可的一套规则，是他们选择的互惠互利的合作条款。

因此，契约主义者不必把道德规则认作永恒的真理。道德规则不同于逻辑规则，或者自然科学的规则——在这些领域，我们必须承认客观真理的存在。道德规则是理性选择的结果，是根据人性和人类所处的特定环境量身定制的。由此，道德的客观性就不再是一个无法解释的谜团。即使上帝不存在，只要平等、完全理性和自由的人可以达成互惠互利的规则，客观的价值就仍然可以存在。

契约主义解释了为什么有时违背道德规则是可以接受的

道德规则是为人们相互合作生活而设计的。但是，当彼此的合作失败时，道德的全部意义就消失了。当境况变得越来越不堪以至接近或已经陷入自然状态时，那么一般的道德规则就失去了力量。

换句话说就是，每条道德规则都有一个内设的例外条款：不许杀人、欺诈、恐吓等，只要其他人也遵守同样的规则。当我们周围的人都口是心非，而且只顾自己利益时，我们就摆脱了对这些人的道德义务。

道德的基础是相互合作。合作就需要信任。当信任消失的时候，我们实际上就处于一种自然状态中。道德规则不再适用,因为道德生活的基本要求——每个人都心甘情愿地在公平互利的条件下相互合作——不复存在。

这就解释了为什么我们可以违背被别人用枪顶着时所做的承诺,或者别人都在偷税漏税时我们也不必纳税。这还解释了为什么别人都在超车抢行时,我们不必一味耐心等待,或者别人违被宵禁令、持枪令时,我们也不必遵纪守法。当我们不能信任别人的时候,却还在为相互合作做牺牲就失去了意义。我们没有做冤大头的道德义务。

进一步的优势: 道德与法律

契约主义证明了遵守法律是基本的道德义务

社会契约论进一步表明为什么我们有时违法在道德上是被允许的。不过,在解释这一点之前,先考虑一下为什么有些情况会是例外,为什么根据契约主义者的观点,在通常情况下,道德要求我们必须遵守法律。

法律确保我们摆脱自然状态,从而得以享受稳定、和平的社会环境带来的一切好处。而且这些好处是真实的。我们可以安心地在网上购物、无忧无虑地在街上走,我们信任邮政的服务、信任法律合同的有效性,因为我们相信参与其中的大多数人都恪守彼此互利的规则。

我们在这中间也扮演着一个角色。我们遵守法律是在保护这一互惠互利的制度,而那些违法者就是在破坏这一机制。违法者同时也是在投机取巧却指望别人做出牺牲。这就是不道德的。因此,我们都有遵守法律的基本道德义务。

契约主义可以合理地解释法律惩罚

社会契约论对于为什么违法者要受到应有的惩罚有一个本质的解释。它的阐述融合了后果主义和康德理论的一些精华因素,并且同时解决了法律哲学中的两大难题。

如果惩罚不能防止犯罪,那么国家就不能有效地发挥其执法者的作用,因此所谓依法惩处就失去了意义。为了实现维护和平的目的,国家说要惩处违法犯罪,就一定要说到做到。要说到做到，就必须实施惩罚。所以当人们违反法律时，就必须被惩罚。这是我们避免陷入自然状态的唯一方法。

对于法律惩罚，社会契约论者还可以提供康德式的理论依据。当我们说法律是公正的，就是指法律制定了公平竞争的条款。当罪犯违反规则时，他们就是在从其他公民那里获取不公平的好处——一味索取，而不承担任何责任和义务。要重塑公正就必须收回罪犯的不义所得，而惩罚可以做到这一点。法律惩罚可以重新塑造一个公平的竞争环境，消除罪犯的不公正获益，重新找到社会中利益和负担的平衡，从而传达这样一条信息：法律面前人人平等。

罪犯的行径在于，一味地巧取豪夺，而不付出任何其他人要做出的必要的牺牲。这样做就是把自己放在了法律保护之外，而因此受到惩罚就是罪有应得。

契约主义证明了国家在刑事执法中的作用

契约主义者对惩罚的正当性论证干脆利落地回答了两个长期困扰哲学家的问题：（1）为什么国家，而不是普通公民，应该提出刑事指控和执行惩罚？（2）为什么我们非要制定刑法不可？为什么不能仅仅有民法（侵权行为、合同等），允许受害者起诉伤害他们的人？

社会契约论的回答是，国家的最终目的是帮助我们摆脱自然状态。这样，国家在决定谁在威胁社会的稳定问题上就具有特殊的权威。对社会构成最大威胁的行为——叛国、暗杀、劫持、攻击政府机构——是刑法所禁止的。鉴于刑法和民法的不同目的，这是合情合理的。民法的作用是纠正错误、弥补受害人的损失；刑法的作用是维护国家安定及其提供的一切利益。这就是为什么国家的代言人（比如地方检察官或联邦检察官），而不是个人，要发起刑事诉讼的原因。这就是为什么刑事处罚是国家事务，而不是公民之间的私事。

契约主义与公民不服从

契约主义很好地解释了我们为什么必须遵守法律，以及为什么当违反法律时罪犯要受到正当惩罚。但是，如果法律是不公正的，没有规定公平的合作条款呢？如果理想的社会准则和现有的法则相距甚远呢？在这种情况下，社会契约论者认为，（在某些情况下）违反法律在道德上是可以接受的。

当法律真实反映了自由和平等的公民都能接受的规则时，法律就是道德上合理的。因此当法律本身极不公平，或以歧视性的方式运用公平的法律时，法治社会的出发点就被破坏了。那些弱势群体一贯被要求为他人利益而牺牲自己的利益。这是不对的，而社会契约论解释了原因。道德的意义在于保证双方都从公平的合作条款中受益，歧视性的政策和规则无疑与这一目的背道而驰。

政府必须赢得公民的信任。政府赢得民众的信任靠的是让他们生活得更好，比在自然状态下要好。这才是民众同意要政府管理的原因。但是，当整个阶层的人都被奴役或歧视时，政府就失去了对他们的道德权威。这就严重削弱了他们遵守政府法律的道德义务。

事实上，这意味着不遵守法律在有的时候是合乎情理的。我们很难说究竟什么样的条件下是合理的，但是对于某些情况，答案是很明确的。比如，甘地（Gandhi）发起的反英国殖民统治的抗议活动，或者马丁·路德·金（Martin Luther King, Jr.）领导的反对美国南部种族隔离法的游行。这些公民不服从（civil disobedience）的案例都涉及非法活动，但是被挑战的法律都是非常不道德的。在这里，违法行为在道德上反而是强大的，因为：（1）在没有其他任何合法的途径可走的时候，抗议者才擅自行事把违法作为最后的手段；（2）他们是光明正大地行动，甚至不惜以牢狱之灾和遭受警察的殴打作为代价；（3）通常面对暴力，他们的行为却是非暴力的；以及（4）他们显然不是出于个人利益得失，而是出于对伸张正义的渴望。无论从哪一方面来看，这些经典的公民不服从事件在道德上都绝不能与普通犯罪相提并论。

非暴力抗议者的所作所为表现出的是对法律规则的尊重。这听起来很矛盾，但是他们要传递的信息是明确的。他们试图改变极不公正的法律。不是要用无政府状态取而代之，而是寻求一个公正的法律系统。他们认识到法治社会的巨大价值——公正的法律治理下的社会。当在一个社会中没有选择，只能继续忍受压迫的时候，诉诸暴力，还是公开地、非暴力地抵抗不公正，社会契约论选择非暴力抵抗。这难道不是最高尚的选择吗？

供讨论的问题

1. 什么是程序主义，它与其他伦理学方法有何不同？为什么契约主义是程序主义的一种？
2. 怎样的境况是"囚徒困境"？在囚徒困境中，理性的做法是什么？
3. 什么是自然状态，为什么霍布斯认为这是最糟糕的状态？霍布斯认为我们如何才能摆脱自然状态？
4. 契约主义者如何证明反奴隶制和反酷刑等的道德规则是正义的？你觉得他们对这些规则的解释是否有说服力？
5. 解释契约主义者如何辩护道德的客观性。你认为这种辩护是否合理？
6. 你认为契约主义对惩罚的辩护是否有吸引力？你能否找到一个例子，其中，契约主义者认为惩罚是正当的，但是这一惩罚后来却被证明是不道德的？你能否找到一个例子来说明某些行为应该受到惩罚，但是契约主义却不能证明惩罚是正当的？
7. 我们有遵守法律的义务吗？如果是这样，义务是绝对的吗，还是会有例外？契约主义者如何解释我们有遵守法律的义务？

第十四章
社会契约传统：问题与前景

为什么要有道德？

大多数道德理论都试图按它们各自的方式证明，为什么有道德是合乎理性的，而不道德是非理性的。社会契约论者也不例外。

对契约主义目标的经典论述是霍布斯在《利维坦》中提出来的。霍布斯在提到精于算计的无道德之人时，称他们为愚人（the Fool）。愚人承认背弃诺言是不公正的，但是他不在乎自己的行为是否公正。他只关心自己的私利。如果信守诺言对他有好处，他就信守诺言。如果没有好处，他就背弃诺言。他的理由是，有时不公正能给自己带来最大的好处。如果是这样，那么不道德的行为可以是合乎理性的。

霍布斯反驳说，他同意愚人的基本假设：自利是我们行为的根本原因。按照这种推理，如果我们增进了获取自我利益的机会，我们就是理性的。因此，霍布斯就必须证明，行事道德才最有可能促进自己的利益。这并不是轻而易举的事。

霍布斯让我们考虑这样一个例子：愚人与别人做了一笔交易，而另一方已经做了承诺要做的事。愚人这时是否应该信守他的诺言？

很多人会说不需要。他们的建议很简单：卷款而逃。这样做当然是不道德的。

但是，人们做不道德的事仍然可以不受惩罚的例子屡见不鲜。在这种情况下，人们得之所欲，却不付出任何代价。这是对正义的亵渎，但却似乎是最合乎理性的行为。

霍布斯对此不以为然。他承认人们有时行事不义却逃避惩罚，但这并不意味着不公正的行为是合乎理性的。不公正的行为只有在能增进自我利益的可能性时才是理性的。霍布斯说，这样的情况几乎不存在。虽然人们有时可以做坏事而逍遥法外，但是这样的机会寥寥无几。因此，不公正不是合乎理性的。

我们可以用神降天谴的可能性来证明霍布斯的主张。如果你是不道德的，那么上帝会惩罚你，不论你在凡世追求到什么，和天谴比起来都太不值得。但是，霍布斯摒弃了这种辩护，他在这里所指的愚人，同时也是那个在心里不承认上帝的愚人。因此，上帝的惩罚不会奏效。

霍布斯最难解释的是一个有关理性的经典难题：**搭便车问题**（free-rider problem）。当许多人相互合作以谋求共同利益的时候，往往会发生这种情况。只要有足够多的人参与，他们创造的利益可以供所有人享受——包括那些完全没有出力的人。这些就是搭便车的人。他们假手于人，自己不做任何牺牲却坐收渔利。这种拒绝为共同利益服务的行为似乎极不公平，但是看起来却也非常合乎理性。

让我们更具体一点，来考虑一些全民分享的公共利益：保持公园清洁，打造文明社会，民主选举，消除恶性疾病，增强国防，政府机构确保食品、药品和公路的安全等。这些都是真正意义上的全体利益，但是只有当社会中绝大多数人为此做出贡献，这些利益才能实现。这样的贡献意味着一定程度的牺牲，有时是很小的牺牲（花时间去投票、不随手扔垃圾），有时是很大的牺牲（参军服役、纳税）。

在多数情况下，任何一个人的贡献都是微不足道的。民主不会因为我没有去投票而崩溃；公园不会因为我扔一张碎纸而破败；无论我是否纳税，政府机构都会继续运作。既然如此，我可能会这样推理：任何机构资源都不依赖我的贡献；不管我出力与否，它仍然存在。那为什么我要做出牺牲呢？我不投票一样可以享受自由选举的利益，不服兵役一样可以享受强大国防的利益。我对公共利益没有贡献一分一毫，但却能坐享其成。还有什么比这种行为更合乎理性的吗？

当然，如果我们关心自己的同侪，不想时刻算计别人，那么为了共同利益而做出必要的牺牲就是理性的。我们不会把去投票、去打疫苗或者纳税看作沉重的负担，相反是为我们全心全意支持的事业做出贡献。但是，如果我们不这样认为呢？或者觉得为公共利益事业出力简直就是脑子有问题呢？霍布斯并没有假定人们都是慷慨和一心为公的。他想证明即使是完全自私自利的人，为公共利益做出他的那一份贡献仍然是合乎理性的选择。霍布斯是否能证明这一点？

我们可以替霍布斯说明两点。首先，正如霍布斯所言，做错事被抓到的风险总是大于错事可能带来的好处。但这完全是错误的。在有些情况下，被抓到的可能性很低，或者惩罚微不足道，而得到的好处却不能相提并论。对于霍布斯来说，理性在乎的是我们从一种行为可以期望得到多少收益，因此不公正有时可以是非常合乎理性的。

霍布斯可以反驳说，他指的是在一个秩序井然的社会里，不公正的行为总是不合理性的。对他来说，这样的社会绝不轻饶违反互利规则的行为。比如，偷税漏税是不理性的，如果你知道肯定会被抓住，而且随之而来的惩罚会非常严厉。[1]

然而，在我们不完美的社会里，执法多有疏漏，惩罚有时候又很轻，投机做不公正的事情确实可能是合乎理性的。只要我们像霍布斯一样理解理性——最大限度地增进自我利益——那么他就不能证明不公正总是不合理性的。

但霍布斯也许可以证明一个很相近的主张。比较这两个论断：

1．无论是谁，在任何情况下，行为公正总是理性的。
2．做一个公正的人总是理性的——公正的人珍视公平、拥护公正的政策、为人处世正直、听到不公正的事就感到气愤。

霍布斯不能证明第一个论断。但是他很可能可以证明第二个论断。如果他能证明第二个论断，那么他可能也能证明第三个论断：

---

[1] 有意思的是，按照霍布斯的思路，许多犯罪组织都会被视为是秩序井然的社会。例如，想想描述黑社会或贩毒集团的电视剧《黑道家族》(*The Sopranos*) 或《火线》(*The Wire*)，其中，向警署告密的人下场都非常惨。向联邦调查局或警方告密几乎就没有好结果，这是因为他们只要被发现就不可能逃脱极其严酷的惩罚。

3. 对于公正的人来说，行为公正总是理性的。

能证明这两点已经足够了，尽管我们对执意作恶的邪恶之人不能总是绳之以法这一点有些失望。

霍布斯对第二个论断的最佳论证是这样的。从长远来看，公正的人比不公正的人能得到更多的利益。正直的人晚上高枕无忧，有知心朋友，可以分享他的快乐和幸福，可以倾诉他的希望和恐惧。他不必像惊弓之鸟一样总是想着警察是否在跟踪他。当回顾自己的人生，他知道自己赢得了别人的信任。有德的人生是令人向往的。

相反，不道德的罪犯总是要担心有人会在背后报复他。他的生活没有起码的安全感。那些时时刻刻寻找机会偷奸耍滑、损人利己的人，最终会自食恶果。在一路作恶的过程中，他们可能会赢一两手，但是不可能一直赢下去。靠欺骗为生是不合理性的。

如果这是正确的，那么做有德的人就是理性的。这就是第二个论断所说的。此外，如果做一个公正的人是理性的，那么就应该一直公正下去。保持一贯善的品格的最佳策略就是持续做善事。因为一旦我们开始屈从于诱惑，美德就会慢慢被侵蚀。到时候再要悬崖勒马，不滑向真正的腐败就可能非常困难。因此，对好人来说，持续一贯地公正行事，抵制任何偏离美德的邪路就是理性的。这正是第三个论断所说的。

这是对第二个和第三个论断最好的论证，然而，霍布斯还是失败了——或者更确切地说，这并不是一个完全成功的论证。在秩序井然、稳定而且基本上公正的社会中，做一个有道德的人也许是理性的。但是当腐败猖獗，在弱肉强食的情况下，美德往往就可能意味着灾难。

以马琳·加西亚-埃斯佩拉特（Marlene Garcia-Esperat）为例，她是调查菲律宾农业部腐败事实的记者。当时的腐败已经达到非常严重的程度。为求自保，该部门的官员下令除掉她。2005年，一个男子敲开她的门，向她问候早安，然后当着她孩子的面杀了她。

从1986年到2015年，至少有100名菲律宾记者被谋杀，要么是为了报复他们的报道，要么是为了防止他们泄露高层的非法活动。加西亚-埃斯佩拉特的案件在某种程度上不同寻常，只是因为 20 年来杀人犯第一次被带上法庭受审。

当然，这些伎俩并不局限于菲律宾。据保护记者委员会（Committee to Protect Journalists）的统计，自 1992 年以来，世界各地有超过 1206 名记者被谋杀。[1] 记者、编辑——以及内部举报人、和平活动分子和其他企图揭露不道德行为的人——最终往往为他们的勇敢付出生命的代价。

霍布斯对人性持冷眼旁观的态度，他不承认美德本身就是对自己的奖励。如果他是对的，那么只有当我们确信结果会更好的时候——更长寿，更安全，或者有更好的机会得之所欲，做一个好人才是值得的。有时候结果会更好，但并非总是如此。如果结果不佳，霍布斯的理性观念就要求我们做不公正的事。

同意的作用

大多数人都相信我们有道德义务履行自己的承诺。契约是一种承诺——以承诺来换取某些预期利益。社会契约与其他契约的区别仅仅在于义务和利益的范围。因为我们在道德上必须遵守自己的承诺，因此我们就有义务遵守社会契约的条款。

但我们真的承诺过要履行任何社会契约吗？当移居美洲的清教徒在马萨诸塞州海岸前停下来，并于 1620 年共同签署《五月花号公约》（the Mayflower Compact）时，他们是做出了承诺。在古雅典，自由人被带到公共论坛前或者选择服从城邦，或者选择离开雅典而不受惩罚。美国的新归化公民入籍时一直都要宣誓效忠国家法律。但是，除此之外，如今真正做这种宣誓承诺的人寥寥无几了。因此，我们似乎就不是任何这样的契约的当事人，也就没有义务遵守其条款。

一些哲学家试图巧妙地绕开这一问题，他们论证说，我们实际上早已承诺要遵守法律。的确，我们大多数人都没有签订任何协约或大声宣誓要遵守法律。但是，对政府管理不提任何反对意见，或者保持沉默就是提供了**默认同意**（tacit consent）。默认同意是一种可能性：当我问班上的学生是否可以开始讨论一个新

---

[1] 参见保护记者委员会的年度报告，以及该组织发布的特别报告——《为所欲为》（"Getting Away with Murder"）。

的话题，如果没人回答，我就自然而然地认定大家都同意继续下一个话题。同样，表示同意政府的法律，我们只需要保持沉默、不大声疾呼要推翻政府、继续享受社会提供的福利。

但这是有问题的。有些人大声呼吁推翻政府，他们没有默认同意遵守法律。其他人也许因为担心当局的报复而无法自由表达自己的反对意见。他们的沉默并不意味着同意，而只是一种非常实际的决定。在许多这样的情况下，个人的反抗不太可能会带来社会的进步，自己反遭监禁、酷刑或非正常死亡。有多少政治犯尝尽苦头才明白这一点，又有多少人因此知难而退？

因此，似乎许多人既没有明确同意、也没有默认同意那些支配他们的社会规则。我们可以用同意论证（Consent Argument）来推理如下：

1. 仅当我们同意遵守法律，我们才有义务遵守法律。
2. 很多人并没有同意遵守法律。
3. 所以，很多人就没有遵守法律的义务。

我们刚刚讨论过第二个前提是正确的。但是，只有当第一个前提也是正确的时候，这个论证才有效。第一个前提的支持者认为，政府有可能暴虐无道，因此只有尊重公民意愿的政府，其权力才是正当的。这就要求公民必须同意被政府管理。政府的一个重要组成部分是有权令行禁止。一般来说，不经人同意而强力胁迫是错误的。当这种胁迫来自政府而不是个人时，道理也是一样。

这是证明第一个前提最有力的论据。下面是反驳这一前提同样有力的证据。

假设你仇恨自己的国家，拒斥国家的基本法律。留在国内仅仅是因为政府拒绝让你离境，或者更好的国家拒绝让你进入。你对自己政府的权威不以为然。但这是否意味着你没有义务遵守国家的规则？仅仅因为你放弃自己在社会契约中的身份，是否意味着在道德上你可以肆意地违反法律，去盗窃、诽谤、殴打和谋杀？这就是第一个前提所指的，这显然是很难让人接受的。

如果我们不讨论遵守法律，而把注意力集中在基本的道德义务上，第一个前提会更难让人接受。我们在道德上只需要做自己同意去做的事，这是非常不合情理的。我们有道德义务去扶贫济弱，即使我们对贫弱人群所处的困境无动于衷。在道义上，暴戾成性的老板对员工要以礼相待，即使老板自己不承认有这种义务，也没有做过任何这样的承诺。

如果契约主义者认为我们的道德义务只适用于那些同意接受该义务的人，契约主义理论会陷入很深的麻烦。但这不是契约主义的主张。确定我们基本道德义务的社会契约不是我们任何人亲口同意的；相反，如果我们是自由的、理性的并且都在寻求互利的合作条款，这些道德义务就是我们每个人都会同意的。所以，事实上，我们从未签署过任何社会契约或从未宣誓要忠于哪一个契约，并没有消弱契约的有效性。

契约主义并不要求我们盲目服从任何现有的法律和社会规范。这些标准在一定程度上是无知、过去的欺瞒、骗局以及不完美的政治妥协的产物。我们在道德上必须遵守的是自由、理性的人都会接受的合作的条款。可以肯定的是，没有哪一套现有的法律完全符合这些条款。

因此，契约主义并不是一个简单遵守现有社会规范的妙方。相反，它提出了评估社会实际规则的方法——拿这些规则与理想社会的规范相比较，理想的社会规范是当我们更自由、更平等、更理性时会采纳的规范。如果契约主义是正确的，那么这一理想社会规范就是道德法则。

立约人之间的分歧

如果社会契约论是正确的，那么道德规则就是自由、平等、理性的人都愿意恪守的。但是，如果这些人彼此意见不一呢？举例来说，如果这些理想化的立约人就一个国家在什么情况下应该参战，或者如何援助穷人无法达成共识，那该怎么办？将会发生什么？

罗尔斯认为，每个立约人都是另一个人的克隆，由此这个问题迎刃而解。在无知之幕后面，人们所有的区别特征都消失了。没有人与人之间的任何不同，因此也就没有任何产生分歧的理由。

但霍布斯和其他契约主义者对此不以为然。他们不能接受为什么我们要遵守其他人的规则——这个人是绝对理性的，但是我们对他的社会地位、他的家庭和友人状况、他的愿望、兴趣和希望一无所知。霍布斯和他的追随者坚持认为，道德规则是，处在我们自己位置上的我们会理性地同意的，当然，前提是其他人也会同意恪守这些规则。

要知道如何解决立约者之间的分歧并不容易。一方面，罗尔斯的观点可能更为合理，因为在我们选择要遵守的规则时，已经排除了任何可能影响我们决定的偏见信息。但是，霍布斯的观点也有他的道理，让每个人都按照道德规则生活是一个理性选择的过程。为什么我要遵守与我决然不同的人制定的规则呢？这是一个非常好的问题。

我相信大家都已经发现我不可能回答每一个好的伦理问题。这是另一个我要留给大家自己考虑的问题。这样我们就回到了最初的问题：当选择社会规则时，人们意见彼此不一怎么办？

也许罗尔斯是对的，立约者之间不会有任何分歧。但是，如果他错了呢？如果立约者意见不一，那么他们有分歧的行为或政策在道德上就是中立的。它们就既不是要求的，也不是禁止的。这是因为道德规则是所有立约者都会同意的，如果他们就某些事情不能达成一致，那么这些事情就不在道德规则的范围之内。

众口不一的结果可能会很糟，但也可能还好，这完全取决于分歧点（如果有）在哪里。如果分歧在相对琐碎的问题上，那么就几乎没有太大的影响，这就不成其为一个问题。但是，如果立约人在战争政策或者处决是否公正、如何善待穷人等问题上意见不一，该怎么办？这些都是道德必须要回答的重要问题，因此意见不一的结果就非常严重。

那么到底我们会有多少分歧呢？这不是一个容易知道的问题。只有在了解立约人和他们的立场选择后，我们才可能提供答案。他们是不是彼此的克隆，站在无知之幕的后面？还是各自会意识到彼此品格和生活境况各不相同？他们会或多或少地处于平等的地位，还是有些个人有更大的影响力？当我们说立约人是理性的人，我们想到的是康德的理性概念，还是霍布斯的——理性必须能够促进自我利益？还是其他的理性概念？

对这些问题的回答将对决定一种社会契约论会支持哪些具体的道德规则产生

重要的影响，也将决定立约人之间到底能达成多少共识。然而，找到这些答案没有捷径可寻。各种社会契约论莫衷一是，契约主义者必须捍卫自己的理论观点。这是一项艰巨的任务。而在这项任务完成之前，我们不可能知道道德规则是什么，以及立约人之间的分歧究竟有多大。

道德共同体的范围

> 衡量一个人的真正标准，是看他如何对待一个对他百无一用的人。
> ——塞缪尔·约翰逊（Samuel Johnson）

什么样的人拥有权利？什么样的人应当得到我们的尊重？功利主义者的回答是，任何可能受到伤害的人（或动物）。康德主义者的回答是，任何理性的和自主的人。契约主义者也有他们的回答：利益受立约人共同认可的规则所保护的任何人。

当立约人聚在一起协商大家要恪守的规则时，他们规则的保护对象是谁？不同的社会契约论者会有不同的回答。然而，理解不同回答的关键在于，认识到立约人首先是理性的和自利的。他们为什么应该是理性的这一点很容易理解，但是为什么要假定他们都是自利的呢？

对此的回答有两个部分。第一部分：自利和自私迥然不同。自利是深切关注自己的人生前途。而自私是太过看重自己的利益，而无视他人的利益。我们不必假设立约人是自私的，但是他们肯定不会对合作规则下自己的福祉漠不关心。

这听起来似乎很有道理，但是真正的问题是，我们是否应该假定立约人同时还是慷慨、仁慈和负有自我牺牲精神的。契约主义者的答案是否定的。原因何在？如果立约人都必须具有这些美德，那么社会契约论者就有弄虚作假的嫌疑，就是说把公认的道德准则作为立约的条件。这样做就失去了程序主义的优势，因为我们在决定道德观之前就已经假定了什么是对、什么是错。（也就是说，慷慨、仁慈、自我牺牲是对的，反之则是错的。）而且因此我们也就很难说明为什么人们遵守这些道德规则是合乎理性的，因为我们中的一些人并没有那么品德高尚。人们看着一群正人君子所制定、认同的规则，会不屑一顾地走开。要他们恪守这样的规则简直是无稽之谈。

因此，社会契约论的假设就是每个人在一定程度上都是自利的，而且自利是合乎理性的。

现在回到我们原来的问题。如果你是自由、高度理性的，有不多不少的私心，从一个平等的立场出发，你会把权利分派给谁呢？回答是：像你自己一样的人。立约者——自由、平等、理性的、协商制定生活准则的人——是享受特殊优待的群体。

立约者具有一些明确的特点。首先，他们既是潜在的威胁，也是潜在的施恩人。他们可以回报我们的善行，但是一旦受到伤害，又会对我们以眼还眼，穷追不舍。其次，从根本上说，他们与我们地位平等。拥有和我们大致相当的权力，既有帮助我们的权力，也有伤害我们的权力。最后，未经他们的同意，我们不能从他们那里得到任何东西。换言之，必须要有契约存在，才谈得上受惠和伤害。

乍一看，道德共同体的资格仅限于立约人这一点颇为奇怪。但是，想一想霍布斯的理性观，这就是很有道理的。根据霍布斯的说法，牺牲是需要补偿的。比如，当逃离自然状态时，我们就放弃了许多自由。但是因为我们由此可以信任和依赖他人，得到更好的人生的承诺，这种牺牲就是值得的。

有一个关键的问题是：如果我们真正能够得之所欲，而不必做任何牺牲，那么我们为什么还应该做出牺牲？如果霍布斯是正确的，这一问题就是没有答案的，的确没有理由做出这样的牺牲。

我们可以从树木、动物或者极端弱势的群体那里获得我们的需要，而不必付出任何代价。所以，我们也就没有理由来尊重他们。他们不符合立约人所要具备的条件。我们可以决定善待他们，比如，我们可以选择让一只鸡活下来，而不是送进我们的胃；或者放生一只实验鼠，而不是用它来做痛苦的实验。但这种善举是慈善，而不是义务。我们对这些弱势群体没有义务，因为我们的义务仅限于立约人——那些我们有理由尊重的人，因为如果我们不尊重他们，他们会对我们造成伤害，但如果我们尊重他们，他们就会让我们受益。我们不可能在立约人那里为所欲为，我们必须以必要的牺牲来换取与他们互惠互利的合作。

简言之，我们的道德地位、权利、获得的尊重完全是因为别人能够受益于同我们的合作。我们必须是社会契约的一员才能具有真正的道德重要性。植物没有资格，因为我们可以随心所欲地利用植物，而不必付出任何回报。动物也是如此，我们中间的最弱人群也是如此。这就是为什么道德共同体的成员资格仅限于立约人。只有与他们签订社会契约才是合乎理性的。对于所有其他群体，我们放弃一些东西（比如，放弃随意利用它们的自由），却不会得到任何回报。按照霍布斯的理论，这是非理性的。

因此，契约主义不能保护真正的弱势群体。如果我们愿意，我们可以保护它们的利益，但是理智不会要求我们这样做，因为我们可以从弱势群体那里得到所需要的，而不必付出任何代价。对他们来说，我们就像是更强大、更坚不可摧的外星人。要是他们愿意，外星人可以对我们很友好。然而，既然他们从中得不到任何好处，从理性或者道德上讲，他们就没有理由要尊重我们。他们完全有权利对我们强取豪夺。

这是因为，从社会契约的观点来看，道德来自互惠合作的规则，是有理性的各方都同意的规则。有理性又无所不能的外星人万万不会同意限制自己的自由，以换取人类为他们做事，因为我们不能伤害他们，他们可以对人类为所欲为而无所顾忌，却不需要放弃任何东西。

如果社会契约论是正确的，那么动物、生态系统、婴儿和有严重智力障碍的人所处的位置就和这个故事里我们面对外星人时一样。如果这样的外星人造访地球，对人类来说就是祸从天降。同样，对我们当中的所有弱势群体来说，社会契约论也是一则恶讯。

结论

契约主义是从一个很有前景的观点开始的：道德在本质上是一个社会问题，是由一组我们都能接受的规则组成的，如果我们都是自由、平等和完全理性的。其理论核心是，一个理想的社会准则是判断行为正确与错误的真正标准。

正如我们所看到的，社会契约论有很多优势，为我们提供了评估道德主张的程序，也因此大有希望来证明我们最基本的道德观点。它提供了对道德客观性的颇为有趣的解释。它解释了为什么通常我们必须遵守法律，为什么有时候我们又可以违反法律。它生动解释了为什么要惩罚罪犯。它也解释了为什么道德的行为通常（尽管并不总是）是合乎理性的。

这是一份了不起的清单。然而，像所有其他流行的道德理论一样，社会契约论并非十全十美的。有些人对社会契约论感到失望，是因为它认为不道德的行为有可能是合乎理性的。然而，这是否真是一个严重的问题仍然众说纷纭，因为我们很难知道履行义务是否总是合理的。不过，正如我们刚才看到的，这个理论至少有一个让人真正担忧的方面。它否认最弱势的群体是我们道德共同体的成员，由此这一群体就很有可能成为受剥削和压迫的对象。

我想提醒大家的是，这本书中所考虑的每一种道德理论都仍然是在发展过程中的。才华横溢的哲学家仍在继续发展这些理论，不断扬长避短。这同样适用于对社会契约论的评估。在此，我们对于社会契约论的成功并未盖棺定论，相反只是提供了一幅完整画面的开端。如果有谁深为其道德观的简约吸引，请尽管深入研究下去。同样，如果更喜欢其他相匹敌的理论，也一样可以继续探寻下去。

下面我们就来讨论与社会契约论相匹敌的其他理论。

供讨论的问题

1. 做一个搭便车的人是不道德的吗？这是不理性的吗？搭便车的人的存在是否给契约主义提出了严重的问题？为什么是或者为什么不是？
2. 霍布斯是如何捍卫不公正行为是不理性的这一主张的？你认为他的论点是否有说服力？
3. 有些人可能会说他们从来没有明确地签署过像"社会契约"这样的东西，因此也就不能受其约束。契约主义者会如何来反驳这一论断？
4. 假设一个社会的现行法律要求你去做你认为不公正的事情，社会契约论是否自然而然地支持现行法律的道德？为什么是或者为什么不是？
5. 自由、平等、理性的人必然会同意恪守相同的规则吗？如果不是，这对于契约主义者来说是不是一个问题？
6. 动物是否有权利？弱势和易受伤害的人群是否有权利？如果是这样，契约主义能解释这一点吗？

第十五章
伦理多元主义与绝对的道德规则

道德理论的结构

到目前为止，我们讨论的所有道德理论都有一个共同点：都是**伦理一元论**（ethical monism）的代表。

一元论认为，所有道德的基础是一条至高无上的规则。最高道德规则有两个决定性特征。首先，它是绝对的。这意味着我们绝不被允许违背这一规则。违反绝对规则就是自动在做不道德的事。其次，这一道德规则是**根本的**（fundamental）。不存在更深层的、更基本的道德规则可以用来证明至高无上的规则。

比如，功利主义者就是伦理一元论者。幸福最大化就是单一的终极道德规则。这一规则是绝对的。任何不能达到幸福最大化的行为都是错误的。这一规则是根本的。如果我们向功利主义者要论据，他们会否认有任何其他的道德规则能证明幸福最大化。道德研究，像所有其他的研究一样，必须有一个终止点。根本的道德规则就是这样一个终止点。

相形之下，在学校不许取笑没人缘的同学，或者外科医生做手术要先用麻醉药的道德规则就不是根本的规则。这些规则来源于更为普遍和根本的规则，比如，要尊重他人，或者避免造成不必要的痛苦。

几乎所有经典的道德理论都是一元论，各自捍卫一个单一绝对的、根本的道德规则（自我利益最大化、幸福最大化、唯上帝的命令是从、只按可普遍化的准则行事等）。然后将这一根本规则作为验证行为是否道德的最高标准。

一元论的吸引力是显而易见的。[1] 我们自然而然地寻求思想上的统一，而一元论无疑提供了这样的统一性。一元论可以为道德注入秩序，并参照至高无上的道德规则来整理所有的道德原则。然而，回顾伦理一元论最重要的几个版本，我们发现，每种一元论都存在着严重的问题。下一步该怎么办？

我们有三种选择：（1）尝试着去发现新版本的一元论，提出一种前所未有的至高道德规则；（2）我们可以固执己见坚持以往的一元论，通过抵挡反对意见不断完善现有的理论；或者（3）我们可以放弃一直驱动着很多道德哲学的一元论假设。第三种选择就是**伦理多元主义**（ethical pluralism）的道路。我们将在本章和下一章中探讨其核心主张。

伦理多元主义是一系列的观点，认为有多个根本道德规则。因此，多元论者否认我们可以根据单一规则整合伦理学。一些多元论者认为有两个根本的道德规则，另一些则认为有三个或更多。因为信奉不同的根本规则，多元主义因此有许多不同的版本。

幸好我们不必逐一研究每一种理论（何况实在太多，算不过来），而是把多元主义理论分为两个阵营。第一种是绝对主义理论，它认为触犯根本道德规则无一例外总是错误的。其他多元论者则反对这种观点。他们认为，有时打破一个根本道德规则在道德上是可以接受的。我们先来讨论绝对主义的观点，在下一章转向其对立面。

酷刑是否总是不道德的？

如果有任何绝对的道德规则，我们会认为禁止酷刑肯定是其中之一。让我们先来讨论一个案例。

---

[1] 有关一元论吸引力的更详细的讨论请参见导言"道德理论的作用"一节。

2003 年 3 月 1 日晚，部署在巴基斯坦首都伊斯兰堡郊外的美国中央情报局人员收到一条短信："我和 K. S. M. 在一起。" K. S. M. 是"911 恐怖袭击事件"的策划人哈立德·谢赫·穆罕默德（Khalid Sheikh Mohammed）名字的首字母。在等了几个小时后，为了不暴露情报人员的身份，中央情报局人员冲进住宅逮捕了谢赫·穆罕默德。他很快就被空运到阿富汗，然后到了波兰，在那里，他被拘留在一个"黑点"（black site）场所——一个官方不承认存在的拘留中心，其运作没有法律监督。

在接下来的两周里，谢赫·穆罕默德经历了一系列的折磨，长时间不让他睡觉，被打耳光，被冻，被实施"水刑"100 多次。水刑尤其可怕。把犯人绑在木板上，反复把水倒在他的嘴和鼻子上，以模拟溺水的感觉。当水灌满了肺，犯人几乎立刻会产生窒息反射，觉得自己必死无疑。水刑很少导致死亡，却总是非常痛苦，有时候也可能致死。最常见的是导致其他类型的伤害（持久的心理伤害、肺或脑损伤，以及一些时候由于身体挣扎而导致的骨折）。

在谢赫·穆罕默德的例子中，这种折磨的目的很明显——获取有价值的情报，从而逮捕其他恐怖分子并防止他们的谋杀计划。尽管中央情报局和联邦调查局的一些人员对这种对待犯人的方式持严重保留态度，但美国最高级的官员认为这样做在道义上是可以接受的。他们的论据非常简单：虽然水刑不大光彩，但却是两害相权取其轻。如果我们要在折磨恐怖分子以拯救数以百计无辜生命，还是不折磨他们而导致无辜人受难之间做出选择，哪种选择最好是显而易见的。

美国政府官员一再否认水刑是一种折磨。他们似乎接受绝对主义的观点，即酷刑无一例外总是不道德的。但的确如此吗？尽管人们普遍支持这一观点，但它可能并不一定经得起推敲。也许我们应该承认水刑是一种折磨，但直截了当地说，有时候折磨人在道德上是可以接受的，尤其是在许多无辜生命危在旦夕的时候。当我们想象各种野蛮酷刑的时候，很难认为这样的行为居然在道德上是能够被接受的。然而，正如我们要看到的，其实很难证明酷刑永远是不道德的。

防止灾难

谴责所有酷刑的人必须要能回答这样一个由来已久的挑战——"滴答作响的

炸弹恐怖分子"的挑战。这个恐怖分子知道炸弹的位置，而炸弹的威力足以杀死成千上万无辜的人。假设我们能够抓住这样一个恐怖分子，而他拒绝透露炸弹的位置。难道我们不应该为了知道炸弹的下落而折磨他吗？

我们应该从尽可能好的角度来考虑这一挑战，比如，可以假设我们施加的任何酷刑都不会致命，并且必须首先分别得到至少两名政府官员的批准。此外，只有在给予囚犯充分的合作机会之后，才能考虑动刑。如果囚犯决定合作，就不会用刑。假设所有这些条件都满足了，但囚犯还是拒绝合作。那我们就开始用极其痛苦却又不会造成持久伤害的方法折磨他——也许是用消毒过的针头深深地插进犯人的指甲下面。考虑到炸弹就要爆炸，这种行为是否合理呢？[1]

那些说"合理"的人认为道理是显而易见的：在这种情况下，酷刑可能会阻止灾难的发生。道德当然应该让我们能够防止灾难。绝对主义的反对者就是依据这一思想提出了以下防止灾难论证（Argument from Disaster Prevention）：

1. 如果有任何绝对的道德规则，那么我们就永远不可以打破。
2. 任何一条道德规则都有可能被打破，因为这样做对于防止灾难是必要的。
3. 所以，没有绝对的道德规则。

这是一个强有力的论证。它的第一个前提当然是正确的，因为从定义上讲，绝对的道德规则是那些我们永远不能打破的规则。第二个前提也是非常合理的。毕竟，有什么道德规则能有那么重要，值得我们为了遵守规则而牺牲成千上万无辜的生命呢？这是一个很难回答的问题，而如果没有满意的答复，那么论证的结论就是正确的。

值得注意的是，这个论证没有具体提到酷刑。它是要来反对所有绝对的道德规则。但我们可能将信将疑，酷刑不一定是一个好例子。也许在极端不寻常的情

---

[1] 哈佛大学法学教授艾伦·德肖维茨（Alan Dershowitz）为满足这样条件的酷刑做的辩护颇受争议。参见他的书《为什么恐怖主义猖獗：威胁及其挑战》（*Why Terrorism Works: Understanding the Threat, Responding to the Challenge*，New Haven，Conn.：Yale University Press，2003），第四章。

况下，使用酷刑折磨人是可以接受的。但这并不意味着我们已经驳倒了绝对主义，因为还会有比"酷刑是不道德的"更名副其实的绝对规则。比如，强奸有可能是可以接受的吗？或者故意杀害无辜呢？

绝对主义的反对者会说，这样的行为在道德上有可能是可以接受的，尽管他们也承认这样的情况极其罕见。比如，如果有人信誓旦旦地威胁说，除非我们杀死一个无辜的人，否则他就要在人口稠密的城市引爆一枚核弹，那么从道德上讲，也许我们就必须同意他的条件。我们不应该赞扬酷刑、强奸或杀人的行为，但是如果这样做可以防止一场可怕的灾难，那么绝对主义的反对者就坚持认为，我们可能被允许甚至可能被要求必须这样做。

双重效应学说

假设你是一名急救室的医生，一下子接到六个刚刚被送来的病人。他们都参加了同一个晚宴，误食了有剧毒的蘑菇。每个病人都生命垂危。在快速进行了一些化验之后，你发现你可以用所有的解毒剂救其中一个病人，或者各用五分之一的解毒剂来挽救另外五个病人。你应该救谁？

假设这六个病人都是好人，除了垂死这一条之外都有着不错的生活前景，似乎很明显你应该拯救五个病人。不是因为那个需要所有解毒剂的病人应该去死，而是因为一个人死亡总比五个人死亡好得多。

在其他的情形下，我们也会做出类似的决定。比如，一辆失控的有轨电车正朝着五个无辜的人驶去，你可以拉动操纵杆，把电车转到另一条轨道上；在那条轨道上（你大概已经猜到了）有一个被困住的不幸的人。你应该拉动那个操纵杆吗？

再比如，一次重要的军事行动需要一名士兵去送死，也可以让五个士兵去送死。如果一个士兵完成任务的可能性和五个人一样大，那么很显然，正确的行为是让一个人去赴汤蹈火，而保住另外五个人的性命。

在这些情况下的推理似乎直接把我们推向后果主义。我们的指令（以及防止灾难论证的要求）似乎很明确：尽量减少伤害。

然而，如果我们秘密地绑架少数几个健康人，然后对他们进行麻醉、切割，把他们的重要器官分别移植给一些将要死于器官衰竭的人，我们也是将伤害降到最低。为了把伤害降到最低，我们甚至可以"挑选"那些本来生活就不幸的人，即使他们不想死，生活也没有什么改进的指望。我们还可以用处决恐怖分子的子女或配偶作为反恐手段，来大大减少恐怖主义袭击。但是，这些减少伤害的方法却是令人发指的。

后果主义的推理在防止灾难论证和我们前面提到的三个例子中极其有说服力，却似乎使我们误入歧途。如果在前面的例子里后果主义是可信的，也许在后面两个极端的例子里后果主义也适用，我们不过是大惊小怪而已。

绝对主义者拒绝这种看法。事实上，许多人被绝对主义所吸引，正是因为他们认为绝对主义是抵制后果主义诱惑的唯一途径。但要抵制后果主义，绝对主义者就必须能够很好地解释这些不同的情况，而不依赖暗含的后果主义假设。绝对主义者必须能够将解毒剂、电车事故和军事任务的例子与刚刚描述的极端恐怖的例子区分开。

绝对主义者通常依靠**双重效应学说**（Doctrine of Double Effect，简称DDE）来达到这一目的。这一学说指的是行为可能产生的两种相关效应：我们想要产生的结果，以及我们可以预见到的效应，但并不以可预见的效应作为行为的目标。这一原则就是：

> 如果我们的目的是值得的，那么有时我们可以去做会造成可预见伤害的事情，但是我们绝不能有意去造成这种伤害。

双重效应学说没有说故意伤害他人无一例外总是错误的。比如，伤害性的惩罚有时是可以接受的。双重效应学说只是说，有一些伤害永远不应该作为行为的目标，即使这些伤害作为行为的附带结果（即"间接伤害"）是可以接受的。这样的伤害是哪些？应该是绝对的道德规则所禁止的那些伤害。

如果双重效应学说是正确的，就会有两个非常重要的意义：(1)可以回击防止灾难论证；(2)可以反驳功利主义和所有形式的**行为后果主义**（act consequentialism）。

对防止灾难论证的回击

防止灾难论证的建议是,我们以小伤害来防止大伤害或更多的伤害发生。支持这一论点的人认为,比如,我们可以杀害无辜,只要这样做能减少无辜死亡的总人数。

与此相反,双重效应学说要求我们绝不能把某些伤害作为目标,即使这是防止灾难的唯一方法。归根结底,绝对主义者坚持认为有些行为是应该绝对禁止的,无论其结果如何。双重效应学说否认为了达到目的可以不择手段。某些目的是永远不应该去追求的,即使达到目的有可能把伤害降到最低。

对行为后果主义的挑战

如果双重效应学说是正确的,那么即使两个行为会产生相同的坏结果,其中一个行为却可能是正确的,而另一个是错误的。这是功利主义者和其他行为后果主义者所无法容忍的。他们认为,一个行为是否道德完全取决于结果。任何两个结果相同的行为在道德上都必然是等价的。

相比之下,双重效应学说认为,行为的道德性在一定程度上取决于我们内心的想法。如果双重效应学说是正确的,那么某些故意伤害行为就是不道德的,而另一些意不在伤害的行为却是可以接受的,即使两者造成的伤害相同。

绝对主义者可以这样来应用双重效应学说。一方面,像许多绝对主义者所说的,假设故意杀害无辜无一例外都是错误的,那么为了拯救他人而杀害健康的患者,为了暂时防范恐怖主义而杀害无辜的孩子,或者想方设法淘汰我们当中最悲惨的人,都永远是不道德的。因为每一个这样的行为都是故意杀害无辜,因此就必然是错误的。

另一方面,派遣士兵执行危险的侦察任务,明知生还的可能性不大,但是我们的目的不是让士兵去送死,而是完成合乎道德的军事任务。把解毒剂分给五个病人,我们知道那个需要所有剂量的病人会死,但是我们不是故意要害他;如果他侥幸活下来,我们会喜出望外。把电车开到另一条轨道上,尽管我们预见到一个人会牺牲,但是我们是想挽救五条生命。这些例子中的行为都是在道德上可以接受的;尽管在每一种情况下都可以预见到有人可能会送命,但我们的目的是行善,而不是造成伤害。

由此,双重效应学说就在道德上把即使结果相同的行为区分出来了(在这些情况下,都是一人牺牲,五人获救)。这一区分表明,我们仍然遵循禁止故意杀害无辜的绝对命令。通过在具有相同结果的行为之间划一条道德的分水岭,双重效应学说是对所有行为后果主义的挑战。

区分意图与预见

由此可见,双重效应学说对绝对主义者来说功不可没。但是,双重效应学说有一个问题必须先要解决,才能让绝对主义者心悦诚服。这个问题就是,我们不能明确区分意图(intention)和预见(foresight)。没有明确的区分,双重效应学说就不能辨别行为的道德与否,或者会得出看似完全错误的结论。

比如,那些暗中绑架无辜以切割他们的器官来做移植的人可以说,他们只是想挽救更多无辜的生命。如果那些无辜的被害者(奇迹般地)在手术后还活着,他们也会欣喜若狂。由此可见,他们并不是有意要杀死被害人,他们只是预见到会有死亡。因此,双重效应学说不会谴责他们的行为。

很难想象会有人大言不惭地这么说,但是,要准确地解释这种说法的错误却并非易事。我们首先必须对意图做出明确的定义。此外,这一定义必须清楚地区分意图和预见,表明为什么故意伤害比预见的伤害要严重得多。我们是否能做到这些?来看下面的一些定义:

(A)你意图做 X = 你希望 X 成为行为的结果。

但是,把绑架的受害者进行切割的外科医生可能并不想让他们死,他可能只是想挽救很多需要器官移植病人的生命。所以根据(A),外科医生就不是打算杀死被绑架的人,而实际上他杀死了被绑架的人,这就使(A)变得不合理。

(B)你意图做 X = X 是你行为计划的一部分。

让我们再考虑电车出轨的一个变例。在这里，失控的电车正朝着五个人的方向行驶，但这一次没有支线可以变轨。把车停下来的唯一方法是在最后一刻把一个大块头的旁观者推到铁轨上。他庞大的身体可以让电车停下来，然而他自己却必死无疑。在这里，同样我们以一个人的代价救下了五条性命，但怎么想这件事似乎都不是滋味。

然而，如果我想把这个大块头推到电车前，我可以否认他的死是我计划的一部分。我的计划很有限，就是找一个人推下去、让电车停下来。如果大块头能免于一死，我会大喜过望。根据（B），那我就是不打算杀大块头，但我还是害死了他。所以，（B）是成问题的。

（C）你意图做 X = 如果 X 不是行为的结果，你会很懊悔。

再以上面的电车事故为例，似乎很明显，我有意杀害了那个被我推到铁轨上的人。但如果他万幸活下来，我却不会懊悔。因此，根据（C），我就是并不打算杀害他。所以，（C）也不成立。

（D）你意图做 X = X 是你行为的必然而不是偶然结果。

这里的问题是，所有仅仅是预见的结果现在都将成为我们意图产生的结果。当急救室医生把解毒剂给他的五个病人时，第六个病人就会死亡。医生知道这一点，第六个病人死亡不是偶然事件。因此，根据（D），医生就是故意见死不救。这似乎也是错误的。

（E）你意图做 X = 如果你要实现你的目标，你的行为就必须导致 X。

在第二个电车的例子中，如果我要实现我的目标，大块头的旁观者不一定必须去死。必须发生的是他用他的身体让电车停下来。所以，根据（E），我就不是故意要害死他，双重效应学说不应谴责我的行为。然而，我的行为肯定是可鄙的。

如何定义意图行为并不局限于上面这些可能性，但是对绝对主义者来说，定义意图是件极其困难的事情，尤其这一定义必须要能够说出来为什么行为在道德上是对的或错的。因此，如果我们热衷于双重效应学说，我们的任务就是要澄清意图的结果和仅仅是预见的结果之间的区别，并且表明，为什么故意伤害，仅仅因为是有意图的，在道德上就要比预见的伤害更严重。这是一件任重道远的任务，不是轻易就可以完成的。

道德冲突与矛盾

对于热衷于伦理多元主义的人，给你个任务：把你喜欢的道德规则列一个表放在一起。有了一组道德规则后，请再考虑：如果这些规则相互冲突，该怎么办？如果每一条规则都是绝对的，那么道德冲突就会导致相互矛盾。这是件非常糟糕的事情。

考虑一个非常简单的例子。假设我们绝对的道德规则清单上包括这两条：信守诺言，还有不要故意伤害无辜。试想某人待你恩重如山，为表感激之情，你答应在他有需要时为他效力。这下麻烦来了，你的恩人求你遵守诺言，去他对手的家，劈头盖脸暴打他一顿。我们再假设，这个对手是完全无辜的，并没有做任何错事。

在这种情况下，从道德上讲，你应该信守诺言。但是，即使信守诺言，你的行为还是不合乎道德的，因为你要违反禁止伤害无辜的规则。如果反过来你决定不伤害无辜，这是合乎道德的，但是这样做，你就违背了自己的承诺，这又是道德所禁止的。因此，不管怎样行动，你的行为都是在道德上必须的，同时又是被禁止的。这就是相互矛盾。

虽然这是一个简单的例子，但却揭示了多元主义理论的一个严重问题。如果多元论承认绝对的道德规则的存在，当道德规则相冲突的时候，多元论就会给出自相矛盾的建议。由此多元论就会不攻自破，因为自相矛盾对任何理论来说都是致命的缺陷。矛盾论证（Argument from Contradiction）可总结如下：

1. 如果有不止一个绝对的道德规则，那么迟早这些规则之间必然会发生冲突。

2．如果绝对规则之间发生冲突，那么就会产生矛盾。
3．如果一个理论自相矛盾，那么这个理论就是错误的。
4．所以，任何确信有不止一个绝对的道德规则存在的理论都是错误的。

第二个前提和第三个前提是正确的，在哲学界无可非议。真正的争论集中在第一个前提上。如果相信绝对的道德规则不止一个，那么我们就必须证明这些规则永远不会互相冲突。

避免冲突的一个办法是必须假定绝对的道德规则都有一定的局限性：规则禁止我们以特定的方式行事，但规则却从不要求我们一定要去做任何事。有一些行为是绝对禁止的，比如强奸、酷刑和恐吓。我们可以通过不为（inaction）来遵守这些规则。只要通过不为来服从所有的绝对规则，那么绝对规则就始终不会相互冲突。

这就意味着大多数我们熟悉的道德规则不可能是绝对的，因为要遵守这些规则我们必须付诸行动——实施简单的营救、防止灾难的发生、保护我们的孩子不受伤害、信守诺言。如果道德规则要求我们有所作为，而不仅仅是不为，那么不同的规则就有可能要求我们做互不相容的事情。这就是导致矛盾的冲突。相反，如果仅仅坐以待旦就能满足所有绝对的道德规则的要求，那么就可以避免矛盾。

道德绝对主义是非理性的吗？

很多人认为故意杀害无辜在道德上是永远不能被接受的。为什么？想必是因为无辜的生命具有极其重要的价值。但是，如果无辜的生命是最重要的，那么为什么我们不应该杀死一个无辜的人而拯救更多无辜的生命呢？

乐观主义者会说这样的事情永远不会发生。但是这的确有可能发生。

1961年，有人来问波兰华沙的大拉比希蒙·埃弗拉蒂（Shimon Efrati）一个困扰了他多年的问题。这个人在第二次世界大战期间和其他一群犹太人一起藏在贫民窟的地道里，试图躲避纳粹巡逻队的捕杀。当时藏身之处有一个婴儿在哭，有人就在婴儿的脸上压了一个枕头，以防他的哭声暴露了位置。婴儿因窒息而死，而其他人则幸存了下来。

你可能认为没有必要杀了这个婴儿，肯定应该有其他方法既可以不杀死这个婴儿，又可以不暴露行踪挽救其他人。但是彼时彼地，即使我们再乐观，似乎也想不出更好的办法。

这一事件基本上与1943年埃弗拉蒂的哥哥亲临的情况相同。为了逃避纳粹巡逻队的追捕，他和其他难民挤在一个小地道里。其中一个难民是带着婴儿的母亲。婴儿的哭声马上就要招来杀身之祸。大家竭尽全力想让婴儿安静下来，但是无济于事。其中一个人想把婴儿掐死，但是埃弗拉蒂的哥哥把他拉开了。结果，孩子的哭声直接引来了纳粹士兵，埃弗拉蒂的哥哥和其他19人被围捕并被立即处决。

像这样的例子让捍卫禁止杀害无辜的绝对禁令显得极其非理性，因为有时我们可以通过违反禁令而更好地保护无辜的生命。这表明这一禁令不应该是绝对的。这就是非理性论证（Argument from Irrationality）：

1. 如果对规则的彻底服从反而会背离规则的根本目的，那么规则就是非理性的。
2. 彻底服从任何绝对的道德规则有时会背离规则的根本目的。
3. 所以，绝对的道德规则就是非理性的。

这看起来有点像防止灾难论证，但是它们有一个重要的区别。这里的指责并不是说服从绝对规则可能会造成灾难，相反是指出绝对主义立场存在着本质上自相矛盾的地方。

我们会情不自禁捍卫绝对规则，认为这是对最重要价值的维护，比如保护无辜生命的价值。但是，如果违反这些规则反而能更好地实现这些价值，那么就应该打破这些规则。这就意味着这些道德规则并不是绝对的。

为回应这一挑战，绝对主义者反对论证的第二个前提。再来考虑绝对禁止杀害无辜的禁令。我们自然而然会认为这样一条规则的核心是为了保护无辜生命，但绝对主义者否认这一点。如果我们的目标是尽量减少无辜生命的损失，那么我们有时应该故意杀死一个无辜的人以挽救更多的无辜，因为这样最接近实现我们的目标。但某些绝对主义者认为，我们永远不应该杀害另一个无辜的人以挽救更多的无辜。

如果禁止杀害无辜的目的不是为了拯救无辜，那又是为什么呢？答案是完全要看规则字面上的意思。禁令的目的就是禁止杀害无辜，唯一满足这种要求的方法就是不杀害无辜。当然，为了遵守这一规则，你可能会（就像大拉比埃弗拉蒂的哥哥那样）招致更多无辜的死亡。但绝对规则的要求并不是要你阻止杀害无辜，而是你自己不杀害无辜。

换句话说，绝对的道德规则的本质所在是，禁止人们以某种方式行事，而不是尽量减少违反规则。

如何来捍卫这样的观点？最直截了当的方法是说无辜的生命有极其重要的价值，因此必须有绝对的规则来加以保护。但是正如我们所看到的，这一捷径是行不通的，因为有时违背禁止杀人的规则反而能够更好地保护无辜的生命。比如，当我们必须杀一才能救百的时候。

因此，我们需要的是来捍卫这样一个关键观点：

（A）道德规则禁止我们以某些方式行事，尽管并不总是要求我们去阻止此类行为的发生。

绝对主义者找到了为（A）做辩护的办法，这就是"做与允许学说"。

做与允许学说

在导演克里斯托弗·诺兰（Christopher Nolan）的第一部漫画英雄电影《蝙蝠侠：侠影之谜》（*Batman Begins*）的大结局，蝙蝠侠和他的死敌拉尔斯·艾尔·古尔（Ra's al Ghul）在高架火车上决一死战。这列火车即将滚向深渊，而蝙蝠侠终于制服敌人，只差最后致命的一击。但他却没有动手。相反，拉尔斯·艾尔·古尔听到的最后一句话是："我不会杀你，但我也不必救你。"

蝙蝠侠的话揭示了绝对主义者一直信奉的一条宗旨。这就是**做与允许学说**（Doctrine of Doing and Allowing，简称 DDA）：

造成伤害比允许同样的伤害发生在道德上更糟糕。

比如，杀人比允许受害者被杀更糟糕，自己做恐怖分子比允许别人做恐怖主义分子犯罪更糟糕。

如果做坏事总是比允许坏事发生更糟糕，那么为绝对主义的思想做辩护，我们就可以说，绝对的道德要求只应该适用于我们的所作所为，而不适用于我们允许发生或者未能阻止的事情。如果做与允许学说是真的，那么我们自己绝对不能杀人、折磨人或强奸，但是我们并非有绝对的义务去阻止这些行为。

因此，做与允许学说可以解释为什么我们自己作恶特别不可原谅，也可以解释为什么我们自己的手上一定不能沾血，尽管这有可能会让他人的行为导致更大的伤害。做与允许学说支持了原则（A），这一点对绝对主义的辩护是至关重要的。

由此我们可以用做与允许学说来应对棘手的道德困境——在这种情况下，我们面临着两难的选择，一边是要做极为可怕的事情；一边是拒绝行恶，但却明明知道这种拒绝会让另一个良知泯灭的人取而代之，造成更大的伤害。

比如，几个纳粹军官开始意识到他们从事的事业是极其不正义的。因此，他们会担惊受怕。如果他们的想法被人知道，他们会被枪决。但是，如果他们辞职不干或试图逃跑而被抓获，同样是死路一条。除了这些恐惧之外，还有另外一个理由让他们中的一些人决定留下来。

这些军官认为，如果他们不遵守纳粹命令，那么会有坚信纳粹信条的人取而代之，会毫无疑问执行纳粹计划。那将是更可怕的灾难。

这些军官留在自己的岗位上，无疑是在助纣为虐。但是像其他被逼到这种境地的人一样，他们认为，让道德上堕落的政权少做伤天害理事情的最好办法是从内部瓦解敌人。当然，问题是，在内部就免不了要同流合污做坏事。邪恶组织考验成员的忠诚度，就是经常要求他们做各种恐怖的事情。那些最终服从命令的人经常为自己为虎作伥的行为辩护，声称其他的选择只会带来更大的伤害。在这一点上，他们很可能是对的。

正如道德绝对主义，做与允许学说禁止某些行为，但是并不要求我们去阻止其他人这样做。显而易见，纳粹的暴行是邪恶的，做与允许学说会禁止德国军官实施这些暴行，要求他们离职不再助纣为虐。尽管这样做无疑是自杀行为，而且很可能是听任后来者造成更大的伤害。

有时我们会被迫要在两难之间做出选择：一方面是做坏事永世背上恶名，另一方面是拒绝作恶，却又明明知道因此会给恶人一个可乘之机。在这种情况下，做与允许学说还是要求我们远离邪恶，即使这样做意味着更多的人受到伤害，或者把自己立于危墙之下。对做与允许学说的信徒来说，有些事情比尽量减少对他人的伤害甚至比挽救生命更重要。保全我们的道德操守就是其中之一。

但是，做与允许学说是正确的吗？很可能是。下面两个案例显示了这一原则的吸引力。

案例1：我去一家体面的饭店吃饭，花30美元吃晚餐从道德上讲是被允许的——但是，如果我把这笔钱寄给联合国儿童基金会，可以防止三名索马里儿童在饥荒中死亡。我们大多数人会认为把钱花在晚餐上是可以接受的，即使会让那三个孩子死去。但是，直接杀死这三个孩子却肯定是错误的。

案例2：我是战场上的一名步兵，看到同伴在我旁边中弹倒下。我不知道他是否受了致命伤。他在呻吟，要我帮他。射杀我的同伴肯定是错误的，但是，如果我为了服从命令从战场上撤退，不得不对他坐视不救，让他等死并没有错。

在这两种情况下，有些行为是被严令禁止的，但是如果仅仅是允许这些行为发生，却是说得过去的。做与允许学说对此做出了绝好的解释。

然而，有的人还是对做与允许学说持怀疑态度。考虑另外两个案例。

案例3：我是一名护士，负责每四小时给长期卧床的病人一粒救命药。但是，我偏偏是一个邪恶的护士，等到时间的时候，我手里拿着药却不给病人，在一边冷眼旁观，眼睁睁地看着他们死去。还有一种情况是，我拿到了一粒毒药丸，给病人服用，而不是给他救命药，结果他死了。如果做与允许学说是正确的，那么给病人毒药丸在道德上要比故意不给救命药更糟糕。但是，难道真是这样的吗?

案例4：我是一个扳道工，刚看到一辆失控的电车在铁轨上飞驰而来，朝着一个被困在狭窄通道上的无辜者驶去。我赶快切换轨道，把电车换到支线上运行。我这么做是因为当时有五个人在支线上，而我想杀死尽可能多的人。五个人果然都死了。相反，再假设失控的电车朝着五个人而不是一个人的方向飞驰，我只是幸灾乐祸地站在一边旁观，而不是动动手指让电车驶到只有一个人的轨道上。做与允许学说认为，我要是行动了，在道德上要比我不行动而袖手旁观更糟糕，也就是说，拉动操纵杆换轨道在道德上比不拉动操纵换轨道更糟糕——尽管这两种情况都会导致相同人数的死亡，而且在这两种情况下，我都有同样的动机、意图和对可能结果的认识。

这些都是很模式化的、描述不充分的案例。有些简直就是天方夜谭。但是，举这样的例子就像是做科学实验。设计准确的实验往往会把两组成员放在完全相同的环境下，而只变换一个变量，以测试其重要性。比如，我们给控制组的成员服用安慰剂，给对照组的成员服用新药物，然后比较结果来确认新药是否有效。

我们在伦理学上可以进行同样的思想实验。想像不同的境况在所有方面都相同，但只有一个因素不同，然后我们来考虑这一差异是否在道德上会造成任何不同。这就是前面四个案例所描述的。每个案例都呈现了两种情况，除了一点之外，其他各个方面都极其相似。在第一种情况下，这个人做了会造成伤害的事情，而在第二种情况下，这个人允许同样的伤害发生。由于其他所有方面都相同，我们就可以过滤掉任何不相关、也许会影响我们对案例反应的细节。然后，我们就可以来决定做与允许之间的区别本身在道德上是否相关。

做与允许学说的问题在于，有时候就像在案例3和案例4（以及其他很容易想到的例子）中看到的一样，做与允许在道德上根本看不出有任何区别。这对于做与允许学说是一个严峻的挑战。当然，每个人对这些案例的看法各不相同，也许在每一种情况下，有人会坚持认为伤害就是比允许伤害发生更糟糕。

然而，即便如此，做与允许学说还有另一个潜在的问题：做与允许之间的不同实际上是很难区分的。考虑一个"拔插头"的经典案例。当病人的生命靠呼吸机来维持时，那么似乎拔掉插头或是关掉机器是一件"做"的事情。医生或护士也并不是无所事事地干站着。然而很多人认为，关掉呼吸机是让病人的生命顺其自然，换句话说，我们根本就没有做任何事情，而只是允许一些事情自然发生。

在能够应用做与允许学说之前，我们需要有一个合理的方法来区分"做"与"允许"。一般而言，这不容易做到，但是有很多一目了然的情况，在这些情况下，分清做与允许是易如反掌的事情。也许这对绝对主义者来说就足够了，给了他们足够的希望，即有一天我们能够制定出分辨标准，可以一劳永逸地将做与允许区分开。

我们讨论做与允许学说的优势，是为了看绝对主义是否能够抵挡得住说它是非理性的指控。如果绝对主义者能够证明为什么有些特定伤害行为我们绝不可以做，即使这些行为反而会减少这种伤害，那么绝对主义就是经受住了考验。做与允许学说是绝对主义这块拼图的一角。它坚称做出伤害比允许同样的伤害发生在道德上更糟糕。最终，做与允许学说是否可信将取决于绝对主义者能不能正确区分"做"和"允许"，以及它是否顶得住案例3和案例4的反例。

结论

当反思自己的道德观时，我发现自己就是认为有某些行为是永远不应该去做的，我很难抵御这种想法。在我的清单上，首当其冲的是恐怖主义——蓄意杀害平民的恐怖行为，目的是激发人们的恐惧，从而实现某些政治目的。当我的脑海里浮现恐怖暴行的时候，我就不禁感到深深的厌恶和愤怒。我倾向于认为恐怖主义总是不道德的。

但是，以我对自己的了解足以认识到我的错误。我的出离愤怒并不是检验行为道德与否的最终标准。也许在极个别的情况下，恐怖主义在道德上是可以接受的。这一点也同样适用于其他令人发指的行为，例如强奸或酷刑。这些行为是否总是错误的，取决于绝对主义者能否充分地反击防止灾难论证、矛盾论证以及非理性论证。

矛盾论证最让人担心，因为任何自相矛盾的理论都是错误的。因此，绝对主义者必须表明，他们所热衷的道德规则永远不会相互冲突。要确保这一点，唯一的办法就是限制我们绝对禁止的东西。有两种限制可以做到这一点。

首先，我们可能绝对禁止故意去造成某些伤害。其次，我们可能绝对禁止去做某些有害的事情。但是，为什么避免故意伤害或者不去做故意伤害的事如此重要呢，尤其是当我们的意图或行为是为了减少伤害的时候？双重效应学说和做与允许学说都提供了各自的答案。绝对主义的命运取决于这两个学说是否真正站得住脚。

供讨论的问题

1. 伦理多元主义与伦理一元论有何不同？你觉得哪种观点更有说服力，为什么？
2. 为了拯救一千个无辜的人而杀掉一个无辜的人在道德上是被允许的吗？请为你的回答辩护。
3. 什么是双重效应学说，为什么说这一学说是对后果主义的威胁？你认为这个学说合理吗？为什么是或者为什么不是？
4. 你能想出一个普遍的方法来区分我们的意图和仅仅是我们的预见吗？由此，我们意图造成的伤害在道德上比我们预见到的伤害更严重吗？
5. 如果禁止故意杀害无辜的绝对规则不能用我们必须保护无辜生命来证明，那么怎样来证明这一规则（如果有）呢？
6. 为什么有多个绝对的道德规则的观点会产生矛盾？伦理多元主义者如何能反驳这种可能性，从而来捍卫他们的理论？
7. 造成伤害总是比允许伤害更糟糕吗？是否总是可以在两者之间做出区分？

第十六章
伦理多元主义：显见义务与伦理特殊主义

罗斯的显见义务论

到目前为止，我们所考虑的每一种道德理论都属于绝对主义，而且大多是一元论，都认为只存在唯一的、绝对的道德规则。但是，正如我们在上一章看到的，有一些绝对主义者拒绝接受一元论。他们认为，有很多道德规则是永远不能打破的。现在是一个来讨论另外一些道德理论的好时机，既拒绝一元论，又拒绝绝对主义。

这些理论都是多元的；它们支持至少两个根本的道德规则，而且每一个规则都不是绝对的，在某些情况下，道德允许我们违背这些规则。牛津大学教授 W. D. 罗斯是最早提出这样一种多元论的哲学家。他为这些非绝对规则起了一个特别的名字，称它们为**显见义务**（prima facie duty）原则，我们在此沿用这个标签。

显见义务是非绝对的、持久不变的，而且有绝佳的理由去做（或者不做）的一些事情——信守诺言、感恩、避免伤害他人等。正如罗斯所见，每一项显见义务都具有根本的重要性。没有哪一项义务可以从另一项义务中推衍出来，也不可以从任何其他更基本的原则中推衍出来。至关重要的一点是，每一项显见义务有时都可能被另外的显见义务所否决。尽管我们总是有很好的理由要履行显见义务，比如遵守诺言或者防止伤害他人，但是道德有时要求我们要背信或者伤害他人。别的显见义务也是一样。

罗斯深信任何形式的绝对主义都是不合理的。那些支持多元绝对的道德规则的理论必然会产生矛盾。那些只支持单一绝对的道德规则的理论又太狭隘了，没有考虑到有很多相互独立的重要的道德考虑。例如，一方面，罗斯接受功利主义强调的趋利避害，另一方面，他又认同康德的观点，认为正义本身在道德上是重要的。

罗斯列出了七项显见义务，每一项都代表了道德要求的不同基础：

1. **忠诚**（fidelity）：信守诺言，忠于我们的承诺。
2. 补偿（reparation）：修复我们造成的伤害。
3. 感恩（gratitude）：对他人给予的恩惠表示感激。
4. 正义（justice）：确保奖善惩恶。
5. 慈善（beneficence）：促进他人的智力发展、美德或快乐。
6. 自我改善（self-improvement）：增进自己的智力和美德。
7. 不伤害（non-maleficence）：防止伤害他人。

罗斯没有说这是一个完整的清单。他承认可能还有其他显见义务存在，但他断定这七项义务都无疑属于我们的显见义务。

"显见义务"一词可能会产生一些误导。这是因为这些事情不是真正的义务，而是永久不变的道德理由，这些理由部分地决定了一个行为最终是否符合道德要求。比如，所谓慈善的显见义务是说：

1. 我们总是有很强的理由要去做慈善，为他人造福。
2. 这一理由有时会被做其他事情的理由压倒。
3. 如果做慈善是唯一适用于一种特定情况的道德理由，那么在深思熟虑之后，慈善就成为我们的义务。换句话说，慈善就是此时此地道德真正并且最终要求我们去做的事情。

先来看第一点，这给我们提供了测试罗斯提出的具体原则是不是显见义务的方式。比如，在某些情况下，如果我们完全没有理由去做慈善，那么慈善就不是一项显见义务。

要是有兴致，你可以自己测试一下。而我最感兴趣的是显见义务的总体理论，不是某一个具体义务。即使罗斯的七大规则包括了太多或太少这样的义务，这并没有破坏显见义务理论。测试所能显示的（这当然很重要）是罗斯列出来的义务也许哪一个名不副实，但我们肯定能找到一份更好的显见义务清单。

因此，我们可以从大局出发，来讨论罗斯的道德理论的优势和不足。先从优势谈起。

罗斯观点的优势

多元主义

显见义务论的最大吸引力在于它印证了我们的直觉——根本的道德观念可以有不止一个。对罗斯来说，对我们大多数人也一样，似乎做了承诺本身就是一个要说到做到的理由，即便我们信守诺言不一定能带来幸福、回报、解除痛苦或任何结果。我们做承诺本身就是履行诺言的充分理由。

承诺还不是唯一自身就具有道德意义的东西。再比如，对于忘恩负义，不管怎么说，我们都觉得它是不道德的——即使是在不寻常的情况下，以怨报德是说得过去的。

不管我们是否赞同罗斯的全部观点，我们都能承认，至少忠诚和感恩这两个原则本身就是具有道德重要性的。而一旦承认这一点，无疑就与一元论分道扬镳了。

违背道德规则有时是被允许的

罗斯的立场也很容易解释为什么我们有时违背道德规则是可以接受的。虽然我们总是应该信守诺言——但是，如果我女儿得了急病需要送医院，我就可以违背要去与学生一起喝咖啡的承诺。我们都承认，在某些情况下，违背承诺、伤害别人、放弃自我改善的机会等在道德上是可以接受的。罗斯的理论直截了当地解释了这一点。

道德冲突

显见义务论还很好地解释了我们可能感受到的道德冲突。当我们不能履行所有的义务时，就会出现义务的相互冲突。根据绝对主义的观点，这种冲突会导致矛盾。然而，罗斯的理论轻而易举地避免了这种情况。

设想一个穷困的单身母亲，她的孩子因生病不能去上学。她自己有工作，就有义务要去上班。当初她接下这份工作时承诺过要准时出勤。再假设她刚刚搬到这里，无亲无故，没有人可以帮她照顾孩子，又不允许带孩子去上班。她有义务照顾自己的孩子，特别是在没有其他人可以照顾她的孩子时。这时，她该怎么办？

罗斯的理论可以说，这是显见义务相互冲突的例子。她有很强的理由去上班，同时又有很强的理由照顾自己的孩子。有时候我们不能两者兼得。但是在此并没有矛盾发生，因为我们可以区分做一件事的常规理由（显见义务）和在深思熟虑之后决定去做这件事的最终义务。只有当最终义务相冲突时，才会有矛盾——比如，最终决定既绝对需要去工作，又绝对需要照顾孩子。罗斯的理论视两者为显见义务，从而完全避免了这个问题。

在这个例子中，我无意做任何具体的裁决。如果罗斯是正确的，那么关键点是具体的处境会决定到底哪个显见义务更重要。这些义务（信守诺言、防止伤害、有错必纠等）的核心观念在于，它们在道德上总是重要的，但却不是在道德上具有决定性的。这正是显见义务与绝对义务的区别所在。

道德懊悔

罗斯的理论很好地处理了道德冲突，他对道德懊悔的认识是另一个例子。当道德义务发生冲突时，我们不可能履行所有的义务，于是因为要放弃一些重要的东西而感到懊悔是理所当然的。感到懊悔是有价值的东西被牺牲掉的证据。当显见义务相冲突时，一个义务占了上风，但这并不意味着占下风的义务就消失了。

它仍然具有一定的分量,尽管在特定情况下,它在道德上与另一个义务相比没有那么强大。懊悔感就是我们意识到自己不能尽责,承认在义务冲突时不得不放弃一些有价值的东西。

实际上,这为我们了解我们的显见义务是什么提供了一个合理的测试。测试很简单:显见义务就是那些如果我们没有去做就会确实感到懊悔的义务。比如,如果感恩没有任何价值,那么我们错过了表示感恩的机会就不会觉得懊悔。但我们的确会感到懊悔,这就表明感恩是很重要的,即使不是最重要的。罗斯就是这样认为的。

应对反绝对主义的论证

罗斯的观点也直接回答了前一章中提到的三个反驳绝对主义的论证。正如我们刚看到的,矛盾论证变得很容易应对。对罗斯来说,道德规则之间的冲突并不意味着矛盾,因为我们支持的道德规则不是绝对的。

防止灾难论证在罗斯这里根本也不是问题。这一论证认为,为了要避免灾难的发生,任何道德规则都可以被打破,因此,没有哪一条道德规则是绝对的。罗斯自然同意这一点,他的道德规则都不是绝对的。因此,当遵循规则的代价实在太高时,牺牲任何一条道德规则都是可以接受的。

非理性论证指责绝对主义有不一致的问题,因为有时违背道德规则反倒可以更好地实现此规则所代表的核心价值。罗斯也同意这种批评。如果我们必须违背一个承诺,以确保能够信守其他更多的承诺,那么罗斯认为违背一个承诺是可以的。绝对主义主张,无论结果如何,我们必须遵守某些规则,这一点是非理性论证要驳斥的。罗斯反对这种绝对主义的主张。

然而,罗斯同时又反对我们因此走向后果主义,最后两个论证的核心都是后果主义。这两个论证都试图证明我们的行为道德与否取决于行为的结果。试想,如果服从道德规则会导致灾难性的结果,或者会导致我们不得不更严重地违反这一规则,那么这些规则就不可能是绝对的。这两个都是后果主义用来拒绝绝对主义的理由。

当然,罗斯相信道德规则不是绝对的。但是,与后果主义者不同,他并不认为我们的道德义务总是让好的结果最大化。尽管他同意功利主义者的观点，认为结果在道德上是重要的，但他否认结果是最重要的。例如，正义或追求自我改善，有时都要比做最优化的事更重要。

甚至为了反对后果主义，罗斯让我们设想一种情境，在此情境下，我们面临这样一个选择——我们是应该帮助甲还是帮助乙。我们对甲承诺过要帮助他，所以我们可以信守诺言帮助甲。或者我们可以帮助乙更多一些，尽管我们没有向乙保证过要帮助他。如果帮助乙，我们就违背了诺言。此外，乙没有期望我们的帮助。罗斯认为，在这种情况下，很明显我们应该遵守对甲的承诺，即使我们帮助乙会有更好的结果。

这个思想实验让罗斯确信了两件事。第一，忠诚是一种显见义务。信守诺言在道德上总是重要的。第二，后果主义是错误的，因为在某些情况下，一种选择（比如帮助乙）会产生最好的结果，但是在道德上却是错误的。因此，虽然罗斯同意反绝对主义的论证，但他却否认我们因此应该走向后果主义。

罗斯观点的问题

在罗斯看来，**不伤害**（non-maleficence，防止伤害他人）在道德上总是很重要的。有时候这是我们能做的最重要的事情。但却并非总是如此。公正赏罚也同样是非常重要的。如果康德是正确的，那么公正总是优先于防止伤害。如果功利主义者是正确的，那么公正就永远不会优先于防止伤害。如果罗斯是正确的，那么公正就有时会优先于防止伤害，有时不会。

这自然而然就引出了罗斯理论最严重的一个问题。罗斯否认绝对的道德规则的存在，任何一条道德规则有时都可以被打破。但是，在什么时候呢？

回答这一问题最简单的方法是对道德规则进行永久排名，把道德规则按重要性从低到高排序。当低一级的规则与高一级的规则相冲突时，高等级的规则就会胜出，并由此决定我们的道德义务。

罗斯反对这一策略。他认为，各种显见规则没有固定的排名，我们无从评价它们的重要性。很多人会同意他的观点。虽然从原则上讲，排名是可能的，但在实践中，从来就做不到这一点。有时感恩比不伤害在道德上更重要，但并非总是如此。有时诚实待人比不伤害更重要，但也并非总是如此，等等。

问题是，如果我们没有一个即定的道德规则排名，那么当不同规则发生冲突时，我们就会无所适从。这是因为显见义务本身没有任何内置的道德分量。这些义务都很重要，但是究竟有多重要取决于具体情况。然而，我们没有任何指导方针可以帮助我们根据具体情况来确定什么时候一个显见义务优先于另一个。如果一项义务有时比另一项更重要，但又并非总是如此，那么究竟应该履行哪一项义务呢？

这是一个非常困难的问题。但在我们能做出回答之前，似乎我们必须先回答一个更困难的问题：我们如何才能知道哪些显见义务是真的，哪些只是冒充的？比如，自我改善真的是一项显见义务吗？罗斯是这么认为的，但很多人认为放任自流算不上是道德上的失败。对此，我们如何作答？似乎我们必须首先要有一张名副其实的显见义务清单，然后才能来考虑如何解决显见义务相冲突这样更具体的问题。

知道根本的道德规则

伦理学中最困难的问题之一，就是我们怎么知道最根本的道德规则是什么。证明其他规则的标准方法在这里行不通。我们不能引用更普遍的规则来证明道德规则。如果规则真的是最根本的，那么就不可能由更深层次的规则引发而来。当我们质疑这样的规则时，有什么办法来证明其正确性吗？

罗斯的回答是，他的显见义务都是**自明的**（self-evident）。一个主张是自明的，就是说只要充分理解这个主张就有足够的理由信其为真。自明的真理就是只要仔细反思就有足够的理由信其为真。如果我们仔细考量这样的主张，并由此对这些主张深信不疑，我们就获得了知识。

我认为下面这些主张就是自明的：

- 所有单身汉都是未婚的。
- 如果艾利斯比鲍勃高，鲍勃又比查理高，那么艾利斯比查理高。
- 10年前发生的事肯定是发生在今天之前的。

- 身为叔叔的人一定有（或者有过）兄弟。

这其中的一些主张是显而易见的，另外一些我们可能需要一些时间来想一想。自明的主张不一定非要是显而易见的，关键在于只要仔细反思就能理解。

假设一些道德规则是自明的，那么对于道德问题，我们就不再需要无休无止地一直追问下去。我们的停止点就是自明的主张，不需要任何进一步的证明。

如果罗斯是正确的，那么他的七项原则就都是自明的，可以通过仔细思考原则本身来理解。如果我们能摆脱自己的偏见、草率的判断和过度的情感介入等，我们就会深信忠诚、不伤害、正义、感恩等总是有它们的道理的。

自明性与道德理论测试

罗斯认为他的显见义务理论以及他对显见义务自明性的确信都深深植根于常识判断。正如他所见，这是他的义务论的一大优势。我们不应该推翻一切常识判断，仅仅因为它们与我们钟爱的理论相冲突。

罗斯用一个审美的例子来说明这一点。我们大多数人都确信《蒙娜丽莎》是一幅杰作。我们不应该仅仅因为一些艺术理论宣称只有印象派绘画或中世纪的祭坛画才是真正美的，而不再相信《蒙娜丽莎》的美。在抛弃我们根深蒂固的审美信念之前，我们应当先放弃这样的理论。

道德判断与艺术判断的情形一样。我们可以从罗斯对后果主义的驳斥中看到这一点。罗斯十分清楚后果主义的诱惑力。但是，他坚持认为，后果主义的致命缺陷在于，它不能充分意识到各种最根本的道德关切。后果主义为道德思考带来了秩序、体系和一体化的原则，但是他认为，我们必须抵制后果主义的吸引力。因为对于究竟什么是有真正道德重要性的东西，我们往往持有很深的信念，这与后果主义是相冲突的。我们对忠诚、正义、补偿等这些独立价值的信心，是不应该受某一个理论的束缚的。

如果罗斯是正确的，我们就可以把根深蒂固的常识性信念——其中一些是自明的——作为检验道德理论的方法。自明的信念在道德思考中有一定优先权，但这并不是说我们的每一个道德信念都是超越检验的。恰恰相反，如果一旦发现它们与更合理的信念相冲突，我们就必须抛弃一些道德观，甚至是我们最为珍视的道德观。总之，正如罗斯所说，我们伦理的思想就是那些经过仔细反思后保存下来的道德信念。自明的原则是我们道德思考的起点。任何道德理论都必须能够解释自明的原则。只有当我们能证明这些根本信念不可能全部为真时，才必须放弃。

如果一种道德理论容不下这些信念，那么我们必须放弃的就是这一理论。比如，这就是罗斯对后果主义和康德理论所做的判断。这两种理论对道德的理解都过于狭隘，都只限于一个最根本的道德规则。罗斯认为，经过仔细反思后，我们会认识到至少有七条这样的规则——而且没有哪一条是绝对的。

罗斯意识到他的观点并不能说服那些不同意七条原则的人，但是他没有做进一步的辩解。比如，一个人思考正义，但是却看不到它的道德重要性，罗斯能做的就是请他更深入仔细地思考正义究竟是什么。有多种方式来研究正义是什么，我们可以为他举例，提供能够揭示正义重要性的类比案例，区分正义与其他的相关概念，或者确认那些反对正义重要性的信念不是基于谬误。但是，假设历经所有这些进一步的思考后，他仍然不相信正义的重要性，按照罗斯的说法，道德讨论可以就此打住，唯一的结论只能是这个人错了。无论我们说什么都不能说服他。

听起来罗斯有些固步自封，但是起码我们可以在两点上替他辩护。首先，我们有其他的选择吗？要证明自己的信念总是必须不断地提供新证据吗？如果证明自己信念（无论是伦理的还是非伦理的）的过程确实有一个停止点，那么一旦我们到达了这个停止点，唯一可能做的就是请怀疑者重新考虑自己的立场。

其次，我们应该考虑这样一种可能性，即在非道德的情境下，即使找不到任何支持，我们有时仍然坚信自己是正确的。比如，对于地平说学会（the Flat Earth Society）的成员，不管我们怎么论证都不可能让他承认他是错的；这对于相信吸血鬼存在的人或者要做一个正方形的圆形的人也是一样。即使我们不能总是说服那些和我们意见相左的人，我们的信念还是有可能是合情合理的。这一点既适用于非道德信念，也适用于道德信念。

知道做正确的事

即使显见义务是自明的，我们仍然面临着在义务相互冲突时不知所措的问题。罗斯认为，我们永远不能确定在这种情况下达到的平衡是正确的，除此之外，他对这个问题缄口不言。他承认，在任何特定的情况下，经过我们深思熟虑之后的道德义务不是自明的。尽管我们对某些情况下的选择是非常肯定的；大多数道德情境一目了然，我们可以不假思索地做出决定。然而，在任何特定的情况下，从对显见义务的理解到做出正确的道德判断，我们无章可循。

具体情况下的道德思考必须从了解什么是道德上重要的事情入手，也就是说，明确理解当时当地的显见义务。当时有没有做出承诺？有没有做错事？在此有没有自我改善的机会？等等。但是，一旦我们回答了这些问题，做决定就要完全靠自己了。我们用经验和洞察力来思考特定情况的每一个细节。遗憾的是，我们没有任何固定的或千篇一律的程序可循。

这实在是差强人意。道德理论的目的之一，就是为我们决定如何生活提出建议。罗斯否认有任何这样可遵守的一般规则存在。这一点真是让人好不失望。

但同样，要心安理得地接受这个结论，我们还是有几点可以说明的地方。首先，一个以一概全的道德决策程序，也就是能为所有道德问题提供明确答案的程序，可能本身就是不合理的。当面对令人困惑的伦理问题时，我们可能想要一套具体的指导方针来帮助我们做决定。但是难道我们真的相信有这样的灵丹妙药吗？每个我们熟悉的选择（比如，效用原则、黄金准则或者"如果每个人都这样做呢？"测试）都有它的问题。也许在这里最好的解释就是，我们在寻找原本就不存在的东西。

其次，罗斯的理论并不是唯一放弃道德决策程序的伦理观。我们下一步要考虑的理论——美德伦理学和女性主义伦理学——也同样否认有任何发现道德真理的万无一失的方法。正如我们已经看到的，即使是后果主义也未能提供能确定我们道德义务的一套程序[1]。如果不止一样东西具有内在价值，那么当我们可以使一种

---

[1] 参见第十章"衡量幸福"与"不正义问题"两节的相关讨论。

价值最大化而不是另一种价值最大化的时候，我们同样无所适从。

最后，缺乏得出结论的决策程序实际上是所有思想领域（只有数学及其相关学科除外）的一种默认状况。比如，如果数据与受欢迎的理论相冲突，科学家没有统一的方法来决定是应该修正理论还是重新考虑他们的数据。而且，即使数据无可争议，选择最好的理论来解释这些数据同样不是简单的事情。科学家必须依靠良好的判断力，因为选择哪一种理论就是要权衡各种理论的优缺点。科学家同样没有确切的规则可以遵循。

在评价理论的时候，有很多的优点可以考虑：简约性（使用更少的假设）、保守性（尽可能保留我们已经相信的东西）、概括性（解释面最为广泛）、可测试性（接受实验的挑战和确认），等等。假设一种理论更简约也更保守，但是另一种理论更具概括性、可测试性，或者假设一种理论更保守但是不够概括，而且相对来说也不够简约。科学并没有确切的程序来确定更好的理论。有时很明显，一种理论要比另一种更好或更差。但是，在类似的情况下，科学家却别无选择，只能靠自己的判断力。

而这正是我们在道德问题上的处境。在许多简单的案例中，道德判断是显而易见的，很少会引起我们的注意，因为完全不需要任何辛苦的思考。但是，艰难的案例——不同的选择会遵从一些显见义务，但却会违背其他一些显见义务——需要我们的判断力。我们永远不能肯定自己是不是做出了正确的判断。面对一个困难的伦理问题，我们无法说服自己已经找到了正确的答案，更不用说能说服对手了。我们从罗斯的伦理观中找不到行为选择的指导，往往会感到不安而且缺乏自信。这是很遗憾的事情，但却很可能是不可避免的。

伦理特殊主义

显见义务论是对绝对主义和一元论的严肃挑战。然而，有一种被称为**伦理特殊主义**（ethical particularism）的观点，提出了更为极端的挑战。特殊主义者反对绝对主义、拒绝一元论，同时也否认有任何显见义务的存在。

显见义务的一个核心特征是，这些义务代表着始终很重要的一些道德理由。

比如，每次我们做错了事，就有很好的理由去修复错事带来的伤害。如果做出了承诺，就无一例外地要信守诺言。真正的显见义务所代表的是那些在道德上总是很重要的东西。

特殊主义者否认有任何东西符合这样的描述。他们认为，道德重要性完全取决于情境。如果他们是正确的，那么有的时候补偿、慈善、不伤害等就完全谈不上有什么好处。这些事情的道德价值完全取决于情境的细节。我们必须先考虑特定情境的所有特征，然后才能知道其中任何一个特征的道德重要性。

显见道德规则是要表明，这些规则的某些特征（比如忠诚、自我改善、不伤害等）在道德上总是重要的。绝对的道德规则更进一步表明，某些特征不仅在道德上总是重要的，而且在道德上具有决定性——这些特征一劳永逸地解决了我们的道德义务问题。特殊主义则认为，显见的或绝对的道德规则根本不存在。

这听起来相当极端。毫无疑问，特殊主义代表了道德理论的一极，而一元的、绝对主义的理论（比如伦理利己主义或行为功利主义）占据了另一极。如果特殊主义者是正确的，那么道德就完全取决于特定的情境；而那些能够引导我们为人处世的道德规则根本就不存在。

来看一个特殊主义思想的例子：信守诺言通常很重要，但并不总是如此，所以罗斯把忠诚作为显见义务就是一个错误。比如，人质对绑匪的承诺就毫无意义，把承诺过的凶器还给一个明目张胆的杀人凶手也没有什么好处。如果特殊主义是正确的，那么有的时候就根本没有信守诺言的必要。

特殊主义者认为，这样的批评适用于所有的显见规则。对于罗斯的每一项显见义务，以及其他任何义务，特殊主义者都会试图提出反例来证伪。一个显见规则说 X（自我改善、正义等）在道德上总是很重要的，特殊主义者就会试图想出 X 根本没有道德价值的例子。如果他们是正确的，那么就没有任何东西具有固定的道德重要性。道德价值因此总是取决于一个情境中的其他因素。

特殊主义者经常引用非道德领域的例子来安抚我们去接受他们的核心思想。约瑟夫·玛罗德·威廉·透纳（Joseph Mallord William Turner，1775—1851）绘画的强烈色彩是他风景画如此美丽的一个重要部分。但是这样的颜色却会毁掉詹姆斯·阿博特·麦克尼尔·惠斯勒（James Abbott McNeill Whistler，1834—1903）的作品。杰克逊·波洛克（Jackson Pollock，1912—1956）的滴画法让他的作品格外与众不同，但却会彻底破坏克劳德·莫奈（Claude Monet，1840—1926）的作品。也就是说，某些东西是否会对审美产生影响，完全取决于情境。美本身没有规则，因为没有任何特征因素总是会增强（或破坏）一样东西的美。

有时，一人之私言就可以让我们深信不疑，但有时又不会（比如，我们在玩"骗人"游戏的时候）。如果一种行为会违反法律，这通常就是不这样做的理由。但并非总是如此（比如，正当的公民不服从）。通常随心所欲是可以的，满足欲望往往是去做一件事的理由，但有时却不是（比如，一个瘾君子的欲望）。在这些情况下，有些事情有时可以作为理由，有时却不可以。如果是这样，这些特征因素在显见规则或者绝对规则中就是微不足道的。

在非道德领域，特殊主义者的观点是被普遍接受的。然而，当应用于道德问题时，伦理特殊主义却遭到极大的抵制。下面是三个主要的原因。

伦理特殊主义的三个问题

缺乏统一性

基于对显见义务的讨论，我们应该已经对前两种批评特殊主义的观点非常熟悉了。一元论者对罗斯的理论十分不满，用一位批评家的话说，是因为显见义务论只给了我们"一堆毫不相关的义务"。一元论者对我们有好几个根本的道德原则而不仅仅是一个原则忧心忡忡。的确，正如其所言，哲学家梦寐以求的道德理论是一个统一的、系统性的、相互关联的、源于单一真理的理论体系。罗斯的理论在这方面无疑令人失望，特殊主义则完全打破了这一希望。从特殊主义的角度来看，道德领域错综复杂，根本没有道德规则来指引方向。

但这不能成为对特殊主义压倒性的批判。我们可能都追求简洁和优雅的理论，但是道德领域可能比我们想象的要复杂混乱得多。我们不能从一开始就假定一元论是正确的，然后批评特殊主义不能接受有一个终极道德规则的存在。道德领域是像一元论者所相信的那样井然有序，还是如罗斯所说存在一定的结构秩序，还是像特殊主义者所坚持认为的混乱无序，都只有经过大量道德辩论才能得出结论。

对道德知识的解释

第二个批评是，特殊主义不能指导我们如何去获取道德知识。罗斯的理论在这方面就备受争议，因为当显见义务相互冲突时，他的理论不能提出普遍的建议来平衡不同的义务。特殊主义则更有过之。罗斯理论至少能够告诉我们在可能面对的一切情况下应该注意什么。显见规则可以作为路标，指向我们的道德义务。

相比之下，特殊主义者认为，任何曾经是善的行为，换一个时间就可能在道德上没什么意义，或者是至恶的。我们完全没有办法事先知道事情会如何发展。在特定情况下，也没有任何方法可以引导我们做出正确的道德判断，没有任何规则来告诉我们什么是道德上重要的，在特定的情况下该如何来理解我们的道德义务。

如果每件事的道德重要性都取决于环境，那么想认清自己的道德义务就没有捷径可循。实际上，除了一些非常宽泛的忠告（注重细节，切忌混淆利己与道德，实事求是等），特殊主义几乎不能提供任何具体的建议。归根结底，特殊主义就是说只有全面了解一个特定环境情况的所有相关特征，才有可能谈道德知识。就像欣赏一幅画的美，需要注意到各个不同的特征如何相互影响、相互作用；理解一个行为的道德与否也是一样，需要认清所有的重要特征因素及其相互作用。因为没有任何特征因素具有永久的道德重要性，那么我们就不可能预先知道哪些因素在一个特定环境下是有意义的。

因此，特殊主义不能为获得道德智慧提供远景规划。然而，只有在真有这样的蓝图存在的情况下，没有规划才算得上是特殊主义的严重失败。但是，究竟有没有这样的蓝图，我们还要拭目以待。

有些东西具有永久的道德重要性

也许领会对特殊主义最深刻的批评是来讨论它的核心论点。我们称之为特殊主义论证（Particularist Argument）：

> 1. 如果没有任何东西具有永久的道德重要性，那么就没有显见的或绝对的道德规则。

2. 没有任何东西具有永久的道德重要性。

3. 所以，就没有显见的或绝对的道德规则。

4. 如果没有显见的或绝对的道德规则，那么特殊主义就是正确的。

5. 所以，特殊主义是正确的。

这个论证有三个前提。第一个前提完全无可争议。只要有任何道德真理存在，第四个前提也无懈可击。（我们将在第二十章讨论道德真理不存在，道德都是虚构的可能性。）因此，如果我们对特殊主义有疑问，需要关注的是第二个前提。

批评家们果然是从第二个前提下手。他们坚持认为这个前提，也就是特殊主义的中心主张——没有任何东西具有永久的道德重要性——是错误的。如果这个前提是错误的，那么至少有一些显见道德规则存在。当然，是否有绝对的道德规则存在则取决于是否有一些特征因素（比如，幸福的最大化或者上帝命令）在一切环境下都是具有道德决定性的。

反驳特殊主义，我们必须要能举出一些特征因素在道德上总是很重要的例子。比如，罗斯提出的"正义"。根据前面提到的"懊悔测试"，当我们做出任何不正义的行为的时候，似乎总会感到懊悔，即使是在特定情况下，当不正义行为是我们的唯一选择的时候。这当然只是我自己的看法，不足以动摇整个论证。但是，即使抛开正义不谈，我们仍然可以说特殊主义是有问题的。我们可以看到许多显见义务的存在，即使不是罗斯提出的那些义务。

例如，我认为我们总是有最坚决的理由禁止下面这些行为：羞辱他人、伤人取乐、滥杀无辜、背叛朋友的信任、因贪婪违背誓言或者强奸等。也许这些都不代表绝对的规则；也许在非同寻常的情况下，每一种这样的行为在道德上都是可以接受的。但是，这样做的时候总会感到懊悔，这就是我们有显见义务禁止这些行为的很好的证据。

除此之外，当然还有其他规则。但是，如果我列出来的清单（或者我们能想到的更好的清单）是可信的，那么特殊主义就是错误的。道德需要的秩序感和结构要远多于特殊主义者所允许的。特殊主义的核心观点是，脱离具体的情境，我们永远不可能预先知道某件事在道德上是不是重要的。如果有任何显见道德规则的存在，那么特殊主义的这种观点就是错误的。

结论

显见义务伦理学有很多优势。它是多元理论，因此拒绝了整个道德体系最终可以由一个单一道德规则来解释的观点。它拒绝绝对主义，因此解释了为什么有时候违背道德规则是可以接受的。它可以轻而易举地处理道德冲突而不至陷入自相矛盾。在思考道德重要性时，它解释了懊悔所起的微妙作用。显见义务论很好地处理了几个道德绝对主义最严重的问题。

然而，正如我们讨论过的所有道德理论，罗斯的理论也有自己的问题。也许最棘手的是，我们怎么知道在特定情况下该如何行动。由于显见规则没有固定的次序排名，我们也没有准确的方法来确定如何权衡相互冲突的显见规则，这使得我们几乎无从理解道德的真正要求是什么。

对于如何获取显见规则的知识，罗斯的解释也差强人意。我个人认为，如何理解根本道德规则的问题是极其困难的。不仅仅是罗斯，每一个道德理论家都面临同样的难题。我概述了罗斯的首选解决方案是引用自明的真理，但这仅仅是任何深入讨论的开始。

正如我们所看到的，那些既反对绝对主义又反对一元论的人不一定非要喜欢显见义务论。他们可以进而采纳否认任何道德规则存在的特殊主义。按照特殊主义的看法，没有任何东西总是具有道德重要性，更不必说道德上的决定性。特殊主义是一个大胆的理论。但无论有多么振聋发聩，我们似乎觉得确实有一些东西在道德上是有永久重要价值的。如果是这样，那么显见规则就确确实实是存在的。

对于那些认为道德是基于规则的人来说，特殊主义仍然是一种挑战。设想在深思熟虑之后，我们能够确定十几项显见义务。然而，我们在生活中遇到的大多数道德上很重要的特征可能仍然没有包括在这些义务中，因为这些特征因素有时重要，有时又可能微不足道。

比如，假设我之前关于信守诺言的观点是正确的，在某些情况下信守诺言没有任何益处或价值。然而，事实上，我们的承诺本身往往在道德上就是很重要的，即使（在目前的假设下）没有绝对或显见的道德规则明确地声明这一点。讲真话也是同样如此——我们通常有很强的理由说真话，即使在某些情况下讲真话没有任何道德价值。

如果道德真的是这样——许多道德上重要的特征因素有时却又微不足道，那么我们就有了一种混合的观点，罗斯理论和特殊主义的混合。就像罗斯所说，有些行为具有永久的道德重要性，其他行为则不然。如果真是这样，我们所面临的道德世界就要比一元论和绝对主义所描绘的复杂得多。这是否是我们的世界？只有我们自己可以来做决定。

供讨论的问题

1. 究竟什么是显见义务？显见义务论与一元论和绝对主义的伦理学理论有何不同？
2. 你认为罗斯的显见义务清单是准确和完整的吗？如果不是，解释为什么清单上的有些义务不是显见义务，或者提出其他应该包括在他清单上的显见义务。
3. 懊悔现象是否能支持罗斯的理论？为什么是或者为什么不是？
4. 罗斯的理论在多大程度上为我们提供了决定在特定情况下应该如何行事的方法？这是他理论的优势还是劣势？
5. 你认为我们在任何情况下都有一个决定道德义务是什么的公式吗？如果是，那是什么？
6. 自明的信念是指什么？你认为有自明的道德真理吗？
7. 伦理特殊主义与罗斯的显见义务论有何不同？你能想出任何反对特殊主义中心主张的反例吗？

第十七章
美德伦理学

我应该成为什么样的人？对这一问题的回答能提供一些最至关重要的信息。然而，我们迄今为止所讨论的伦理学理论都在回避这一问题。这些理论会说：我们应该成为的那种人应该……追求幸福的最大化，尊重他人，遵守自由、平等的人认可的规则，或遵从绝对规则。这是一个相当肤浅的回答。

这样的回答究竟遗漏了什么？举一个警官的例子。试想一个迫不得已才遵纪守法的警官，平时能不做事就不做事。如果能逃脱惩罚，他就会敲诈人钱财、虐待囚犯、篡改证据。他没有做这些坏事只是因为害怕被抓、被罚。

如果只关心警官的所作所为，我们就忽略了道德整体的一大部分。这一部分就是，我们必须考虑他的品格。这家伙不是个好人。我们不会敬仰这样的人，也不会希望自己的孩子长大了像他一样。尽管这家伙的行为中规中矩，但是他懒惰、暴虐、完全不值得信任。如果我们只考虑他是否履行了职责，那么似乎没有什么可以批评的地方。但这只表明我们的视野太窄，除去道德义务之外，我们还应该多关注人格标准。沿着这一思路走下去，就是**美德伦理学**（virtue ethics）的研究。

迄今为止我们所回顾的所有道德理论都有一个共同的假设：伦理学家的首要任务是界定我们道德义务的本质。按照这一观点，"我应该怎么做？"是头等重要的道德问题。一旦我们能回答这一问题，我就知道我应该成为什么样的人——就是那种会可靠地履行职责的人。

但是，如果我们从不同的出发点来探讨道德呢？如果我们一开始考虑的是什么能够造就一个理想的人生，我们需要怎样的品质和人格条件才能始终精进不休，又会怎么样？那么我们就不会从道德义务的理论开始，相反会从研究一个美好人生是什么样的以及一个好人是什么样的开始，并参照这些标准来界定我们的义务。而这正是美德伦理学所倡导的。[1]

美德伦理学不是一个单一的理论，而是一组理论，一直可以追溯其历史（西方史）到古希腊哲学。亚里士多德写于大约2400年前的《尼各马可伦理学》（*Nicomachean Ethics*），在美德伦理传统中影响最大，并且仍然是大多数延续这一传统的哲学家主要的灵感来源。亚里士多德的著作孕育并发展了大部分美德伦理学的主要论题，时至今日，这些论题仍然定义着通往道德人生的美德伦理方法。下面我们来考虑其中一些最重要的论题。

正确行为的标准

美德伦理学坚持认为我们要理解正确的行为，就是参照一个有德之人，看他会怎样一如既往地行动。更正式一点，就是说：

> （VE）一种行为在道德上是正确的，只是因为一个有德之人在这种情况下依照其性格总会这样做。

根据美德伦理学的观点，行为正确与否不取决于其结果，也不是因为遵循明确的规则。相反，是因为品德高尚的人会这样去做。这就是所谓的**道德榜样**（moral exemplar）——作为优秀的典范，为我们其他人树立的榜样。真正的品德

---

[1] 实际上，有一派美德伦理学完全摒弃了道德义务和道德要求的研究，相反，建议道德评价只局限于好与坏、善与恶的评价。我请大家自己考虑放弃道德责任和要求的得失利弊，但在本章的讨论中，我将假定美德伦理学有这些概念的一席之地。

高尚的人是我们孜孜以求的目标，即使在现实中我们都不大可能达到这一目标。

美德伦理学实际上是一种伦理多元主义。尽管有单一的终极标准——做有德之人之所为——但是在很多情况下，这个建议实在太笼统，几乎无法应用。在这种时候，我们需要一套更具体的道德规则。美德伦理学同样可以提供这些规则。对于每一种美德，都有一条对应的规则告诉我们如何行动；对于每一种恶习，都有一条规则告诉我们如何避免。因此，我们就有了一整套道德规则——言而有信，忠诚，临危不惧，待人公正，智慧，有节制，不暴饮暴食，不出轨，不胆怯、懒惰、吝啬、粗心大意，摆脱偏见等。

当这些规则发生冲突时，我们怎么知道应该怎么做？追随有德之人的引导。当然，在谁能称得上是有德之人，以及他究竟会如何行动上，我们不可避免地会有分歧。但是分歧并不会消弱我们的立场。对于究竟谁是有德之人以及为什么，可以有很多严肃的讨论空间。但是最后，我们必须要能够求同存异，因为几乎没有可能去说服一个道德观与我们完全相反的人。比如，那些从小就崇拜希特勒的人，会持有一种扭曲的道德观，几乎完全不可能让他们意识到自己的错误。美德伦理学家认为这并不代表正确的道德标准不存在，相反只是表明有些人可能永远对这样的标准视而不见。

道德复杂性

许多道德哲学家都希望找到一个简单的规则，或一种确切的方法，能够准确地告诉我们在每一种情况下我们的道德义务是什么[1]。更重要的是，每个稍有智慧的人都能准确无误地应用这一规则或方法。一个经典的例子就是"己所不欲，勿施于人"的黄金准则。即便是一个5岁的孩子都能运用这一规则。

美德伦理学家否认有任何能决定如何行动的简单公式存在。在《尼各马可伦理学》的开篇，亚里士多德警告说，我们不能期望所有的研究领域都具有相同程

---

[1] 关于人们为什么会有这样的愿望的进一步的讨论，请参见导言"道德理论的作用"一节关于道德理论结构的讨论、第十三章"程序主义的吸引力"一节关于程序主义的讨论、第十六章"知道做正确的事"一节关于了解自己义务的讨论。

度的精确性，暗示道德缺乏像数学那样精确的思维规则和方法。说到道德，我们必须允许普遍性原则存在例外。

在这一点上，美德伦理学家一直追随亚里士多德的思想。对他们来说，道德是一个复杂、棘手的决策领域，需要成熟的心智以及健全的判断力。比如，黄金准则的一个问题就是，即使是一个孩子也能运用自如。亚里士多德认为，很明显，即使是最有洞察力的孩子也还远远缺乏真正的道德智慧。

美德伦理学家有时让我们用一本想象的道德规则书来解释道德的复杂性。这本书会包含所有真正的道德规则，以及所有如何应用这些规则的确切方法。它会说明什么时候规则可以有例外，什么时候又不可以。它可以被公式化地套用，不需要任何判断力。

这样的书是否真有可能呢？美德伦理学家的回答是否定的。道德不像几何或者土木工程。在大多数情况下，一般性的道德规则可以帮助我们处理大多数情况，但是拘泥于这些规则却必然会导致错误。而且规则之间有时还会发生冲突。我们需要的是在一切情况下的敏感性，这与一板一眼地应用规则有很大的不同。

这并不意味着道德上的一切都是不确定的。一门学科的精确度是一回事，但是，其原则、方法和结果是否只是见仁见智的个人意见又完全是另一回事。道德可能是一门不精确的学科，但这并不意味着每个人的道德观都同样合理可信。亚里士多德及其大多数追随者都坚信客观道德标准的存在（那些独立于个人情感或观点之外的真实标准）。至于他们的道德客观性观点是否正确，我们会在本书的最后一部分详加讨论。

道德理解

在美德伦理学家看来，道德理解不仅仅是了解一堆道德事实。不然，一个小神童可能就是我们当中在道德上最具智慧的人了。美德伦理学认为，这是绝不可能的。试想一下，我们会不会向这样一个神童讨教如何与难缠的同事打交道、如何帮助吸毒成瘾的朋友安全戒毒，或者如何用最好的方式和恋人分手。

道德理解是一种实践智慧。想想其他的实践智慧，比如，知道如何修理汽车发动机,如何熟练地演奏乐器,或者如何鼓励队友团结一致完成一个重要的项目。这类知识确实需要了解某些事实,但却远远不止于此。我们都知道纸上谈兵的书痴没有正确的决策能力。道德智慧是一种需要大量训练和经验的实践智慧,而非凡的高智商或长长的书单并不是必备条件。

为了获得道德智慧,我们需要经验、成熟的情感与大量的思考和训练。我们必须知道如何洞察人,熟悉人们可能遇到的各种麻烦,了解各种会阻碍我们发展的人格缺陷,具备敏锐的社交能力。我们不可能只从书本上学到这些东西。

进一步证明这一观点,我们需要认识到情感在道德理解中所起的关键作用。以下三点尤其重要。

1. 情感通过对每个特定环境的察言观色,帮助我们了解哪些因素是与道德相关的。恐惧预示着危险,内疚可以揭示我们的道德缺陷,同情告诉我们有人需要我们的帮助。如果我们总是戴着眼罩走来走去,从来没意识到别人的挣扎或潜在的不适,即使心里知道应该去帮助有需要的人也是没有用的。具有同情心、恻隐之心和善良这些美德的人会看到别人错过的东西。经过良好训练的情感,能够准确无误地让我们认识到生活中有重要道德意义的特征因素。

2. 情感也可以帮助我们分辨对与错。如果我们道德高尚,那么我们在考虑某些行为时所感到的焦虑就极好地说明这些行为是不道德的。我们往往在没有很明确的解释之前,就能事先感觉到此路不通,或者有些事情刻不容缓一定要去做。一个正直的人感到自豪,往往是认为自己做了好事;而他的愤怒也是一个可靠的迹象,表明有人做了错事。

3. 情感还激励我们去做正确的事情。我们有应当怎样做的想法,而情感是这些想法的后盾。知道什么是正确的行为是一回事,坚持去做正确的事又是另一回事。在道德上明智的人更容易做到知行合一,因为他的情感与对道德要求的理解会相互协调。与意志薄弱或者无法控制自己不当冲动的人不同,在道德上明智的人会全心全意地去做正确的事。相对来说,他们鲜有内心冲突,做正确的事情会欣然自乐。

道德智慧是一种极其复杂的技能，它确实需要了解世界的运作方式，但还远远不止于此。我们还必须有高情商。道德上的美德需要道德智慧，因此需要高智商和高情商的结合。一个不大能体会人生复杂性，或者情感生活一片空白的人，在道德上必然是盲目的。美德伦理学完美地解释了这一点。

道德教育

美德伦理学家坚持认为对道德的理解只能通过训练、经验和实践来获得，这和亚里士多德的观点是一脉相承的。诚然，有些人天生比其他人更善良或更慷慨。然而，出于天性和冲动的善良或慷慨是不够的。没有道德智慧，这些天性特质只会偶尔导致正确的行为。比如，我们不应该什么时候都慷慨解囊或者面面俱到地照顾别人，因为别人可能利用你的慷慨去做坏事，或者有时别人需要的是严加管束，而不是放纵。明智的人会知道什么时候要慷慨，什么时候又要拒绝。

所以，美德不是与生俱来的，需要经年累月的积累，也需要合适的教师和环境。亚里士多德甚至认为，我们是否能成为有德之人，在一定程度上取决于道德运气[1]。我们从小的成长环境对于我们是否能成为有德之人起着关键作用，而显然我们无法选择自己成长的环境。如果我们足够幸运，明智、关怀的父母和老师会引导我们走上美德之路。但很多人远远没有这样幸运。那些在腐败社会中长大、身边都是坏榜样的人（并非他们自己的过错），可能就没有培养美德的机会。道德教育最重要的阶段是在我们的少年时期——以至亚里士多德怀疑一个在恶劣环境中长大的孩子会有任何可能去真正改变他的品格。

孩子接受道德教育的目的是帮助他们获得美德，道德教育关键在于发展他们获取道德智慧的能力。美德伦理学家把孩子掌握道德智慧比作学徒学习以获得非常复杂的技能。

先来想想学徒在其他领域是如何接受训练的，一个专业厨房的学徒首先要列

---

[1] 关于道德运气的深入讨论，请参见第十二章"人性原则的五个问题"一节关于道德运气的讨论。

出一系列应该做和不应该做的事情，以及一套要严格遵守的规则。随着时间的推移，他慢慢认识到这些规则的局限性，什么时候要严格遵守，什么时候可以打破。没有一本通用规则书教会他这些知识，他只有通过不断尝试和犯错，通过专家的建议，通过对烹饪方法和原料的深入了解来掌握。在这样成功的教育结束后，他就能达到一种出神入化的境界。

道德教育也是如此。我们从小像学徒一样，把父母和教师制定的规则视为金科玉律。在道德训练的早期阶段，孩子们学习简单的规则，视规则为绝对的命令：永远不许说谎、不许偷窃、不许打人、不许打小报告等。这些规则简单粗暴，但要求我们的孩子去遵守是没有错的。这是小孩子能够接受的教育方式。

随着孩子慢慢成熟，他们将通过经验和指导，开始体会到规则需要有例外的时候。我们逐渐从孩提时代学到的规则退后一步，来仔细思考它的来龙去脉。成功的教育培养出来的是独立的思考者，一个不需要借助过时的、过于简单的规则来处理每一种新情况的思考者。比如，一般来说，诚实是上策。但是有时候诚实会伤人至深，而收获甚少，避而不谈可能是更好的选择。原则上说，我们应该对朋友忠诚，但这并不意味着朋友如果监守自盗，我们还要替他撒谎隐瞒。

这就是为什么美德伦理学家否认立见分晓的道德测试，否认有所有人——无论其道德成熟度如何——都可以套用的公式。这样的测试不仅忽视了道德的极其复杂性，而且忽略了人与人之间有道德智慧水平的差别。对初学者的建议肯定不适合行家里手，反之亦然。

美德的本质

道德教育的最终目标是使我们成为更好的人。一个更好的人就是一个道德更高尚的人——更勇敢、公正、克己和明智等。

美德是一种品格特征，不仅仅是一种习惯，也不是以某种方式行事的倾向。习惯不能定义一个人，但是品格特征却可以。有些人习惯于忠诚或者慷慨，然而他们有可能并不具有美德，因为他们不理解为什么忠诚或者慷慨的行为是符合道德的。美德需要有智慧知道什么重要以及为什么重要。习惯是某种行为的模式，而美德的要求则多得多。除了日常的良好表现，道德高尚的人还有独特的感知、思想和动机。

考虑一些美德的具体例子，比如慷慨。慷慨的人与吝啬的人往往对事情会有不同的感知。慷慨的人会注意到街上有无家可归的流浪汉，会注意到教室里有害羞的孩子，会意识到一个受伤的人需要帮助开门。吝啬的人往往会佯作不知。

慷慨的人和吝啬的人有不同的思想。慷慨的人会考虑如何帮助别人，不会只考虑自己的需要，注重为他人服务，深信周贫济困的重要意义。

慷慨的人和吝啬的人动机不同。慷慨的人不会吝惜自己的时间，对别人的痛苦感同身受，乐于助人。

其他的美德也是一样。比如，勇敢是我们正确地感悟到周围的各种威胁或者危险，能控制自己的恐惧，并且在崇高目标的感召下，采取相应的行动。尽管亚里士多德通常讨论的是在战场上的勇敢，和所有其他美德一样，勇敢同样适用于更普通的情况。比如，新来的孩子敢于据理力争，和别人唱反调，尽管他希望得到其他同学的认可和友谊。又如，甘地的非暴力抵抗，直面英国殖民警察的警棍和恶犬。再如，实名检举人敢于揭露雇主的腐败行为，明明知道可能因为说实话而被解雇或起诉。

因此，我们说一个人品德高尚，并不仅仅是指他的行为，而且指他的内心世界。他的所见、他的信念和他的感悟都与卑劣的人有所不同。他知道什么是重要的、什么是正确的以及为什么是正确的。他想去做的都是正确的事情。

只有当认知和情感很好地融合在一起时，我们才是品德高尚的人。品德高尚的人是知行合一的，知道什么是正确的事情，也就因此有强烈的愿望去付诸实施，不带任何懊悔或者不情愿。在亚里士多德看来，以及在美德伦理学的传统中，这就是真正的美德与仅仅是**自制的**（continent）区别所在。自制的人，有自我约束的能力，会设法做正确的事情，但却很少或根本不能从中得到快乐，他们是通过抑制强烈的相反欲望来做正确的事的人。亚里士多德坚持认为，"对于热爱美德的人来说，有德的行为会带来快乐。"[1] 这是区分真正的美德和仅仅是自制的一个标准。

---

[1] 见《尼各马可伦理学》，1099 a12。

美德与美好人生

亚里士多德认为，显而易见，我们都在寻求"**幸福**"（eudaimonia），这个词也可以翻译成"快乐"或"繁荣"，幸福的人生是美好的人生。亚里士多德所说的幸福不仅仅是享受。幸福不仅是一种精神状态，更是一种活动和快乐的结合。亚里士多德认为，美好的人生应该充满明智的选择和有意义的追求。无论坐在电视机前看《辛普森一家》(The Simpsons)能得到多大的乐趣享受（我自己就是个忠实的粉丝），只看电视的一生不能算是美好的人生。亚里士多德不信奉快乐主义。

亚里士多德认为，美德是美好人生不可或缺的要素。在此，他和自己的老师柏拉图不谋而合。然而，与柏拉图不同的是，亚里士多德认为，我们经受巨大压力的时候不可能幸福。美德不能保证一个美好的人生；它是幸福的必要条件，但不是充分条件。大多数当代美德伦理学家都站在亚里士多德一边——足够多的不幸会对人生造成巨大伤害，使我们几乎无法忍受。比如，如果一个有德之人在战争或灾难中失去了所有的至爱家人，或者成为流言蜚语的牺牲品，或者负债累累，或者有严重残疾，那么无论他有多高的美德，都无法获得真正的幸福。

然而，美德对美好人生真的是至关重要的吗？[1] 试想那些逍遥法外的罪犯，不但没有牢狱之灾反而得以享受奢侈的生活。再设想一个铁腕暴君，能够颐享天年，寿终正寝。没有人认为他们是有德的，但他们似乎一生安好。

美德伦理学家论证说，在这里，我们看到的只是表面的假象而已。这些人可能真的心满意足，并从自己的生活中得到很多乐趣。（或许再仔细观察一下，我们会发现罪犯是生活在恐惧和不安全感之下的。）但是，美德伦理学家否认享乐是美好人生的全部和最终目标。没有美德的享乐是没有价值的。最快乐的人生或许是清贫的一生。

怎么来为这样的观点辩护呢？亚里士多德提出了一个由三部分组成的测试，

---

[1] 更详细的讨论参见第八章"为什么要有道德？"、第十四章"为什么要有道德？"以及本章第一部分中的概括性讨论。

以此来确定我们终极的善是什么，同时要证明享乐、财富、权力和名声都不是人生的全部目标。

首先，我们终极的善不应该是只具有工具性价值的东西。这就解释了为什么金钱和名声被排除在外，因为这些东西本身并没有价值，只是获得其他有价值东西的手段。

其次，我们终极的善还必须是自足的。拥有善本身就足以使人生充满价值。政治权力没有通过这一测试。拥有对他人颐指气使的权力并不能赋予人生价值。权力之所以重要，只是因为领导者可以拿权力来指使别人而已。

最后，我们终极的善必须包含一些使我们与众不同的东西，我们人类独有的东西。我们需要食物来生存。但是，获得营养不是我们最终的善，因为动物、植物都需要营养。动物还能体验到快乐，因此我们人生的价值不可能只是获得快乐。

我们与众不同的地方在于我们的理性。那么，终极的善就必须与我们运用理性相关。显然，推理混乱没有任何好或者善可言，那么我们终极的善就在于出色地运用理性能力。这正是美德所包含的。

有德的人生是魅力无限的。想想我们抚养自己孩子长大时的期盼和愿望。我们希望孩子善良、公正、慷慨、自信和明智。我们希望他们有勇气，知道如何做一个清交素友，学会如何怜贫疾苦。这其中的每一项都是一种美德，能拥有所有这些美德的人在很大程度上就是在过美好的人生。当然，如果亚里士多德是正确的，拥有这些特质并不能保证有美好的人生。比如，一个品德高尚的人有时可能会引来他人的嫉妒和憎恨，会成为高尚灵魂的殉道者。但这并不意味着美德对于美好人生是不必要的。尽管有美德的人生不一定能确保幸福和繁荣，没有美德的人生却肯定是贫瘠的。

怀疑论者总是说好人会被欺负，在美德的祭坛上白白牺牲了自己的利益。美德伦理学家对此无疑有现成的回答。成为品德高尚的人本身就会让我们过得更好（自然灾害除外）。美德确保我们去追求有价值的目标。品德高尚的人往往更幸福，尽管卑劣的人可能有时会有更多的享乐。这是因为人类的幸福是以美德来定义的。美德就是成就幸福人生的高尚品格。没有美德，人类的生活就和兽禽无异，甚至更糟。

对美德伦理学的反驳

美德伦理学对人生的描述有许多吸引人的地方。我在此讨论了它比较重要的几个特征。但是考虑到它对道德的研究如此标新立异,美德伦理学颇受批评也就不足为奇了。以下是最重要的几个反驳。

悲剧困境

先来考虑美德伦理学用来解决道德问题的两个核心主张:

1. 一个品德高尚的人按照他的本性所做出的行动在道德上就是正确的。
2. 只要是出于美德,这种行动就值得我们称赞。

如果这两个观点有问题,那么美德伦理学就会陷入窘境。而悲剧困境(tragic dilemma)充分体现了这样的问题。

一个悲剧困境是指一个好人的人生将被毁灭,无论他做什么。他的所有选择都会导致灾难。品德高尚的人通常能够避免这样的处境,因为灾难通常是严重的道德错误的结果。比如,很多电影的套路都是头脑简单的人,突然捡到飞来的横财,愚蠢地据为己有,结果不得不面对一系列致命的选择。

但是,也有可能完全不是自己的过错,却发现自己突然面临一个悲剧困境。比如,在威廉·斯泰伦(William Styron)的小说《苏菲的选择》(*Sophie's Choice*)中,主人公苏菲被关押在纳粹集中营,进而得到了一个可怕的消息:她的两个孩子中的一个会被送往毒气室。她必须在两个孩子中选择一个,如果她拒绝做选择,两个孩子就都会被杀掉。

不管苏菲怎么做,她的人生都会毁于一旦。但她不能在厄运前退缩,她必须做出选择。一个有德之人(按他的品格行事)会做出选择,因为选择意味着拯救两个心爱的孩子中的一个。如果美德伦理学的主张是正确的,那么选择一个孩子去赴死在道德上就是正确的,是值得我们称赞的行为。这看起来似乎不可思议。

下面的悲剧困境论证（Argument from Tragic Dilemmas）旨在阐发这一问题：

1. 如果美德伦理学是对道德的正确表述，那么苏菲选择她的一个孩子去赴死在道德上就是正确的，在道德上就是值得称赞的。
2. 这在道德上既不是正确的，也不是值得称赞的。
3. 所以，美德伦理学不是道德的正确表述。

第一个前提假设品德高尚的人都会像苏菲那样做——也就是说，选择她的一个孩子去赴死。另外，这个前提假定有正确的也有错误的方法来做选择。一个品德高尚的人会看到背后的悲剧，不会奋不顾身地去做出选择，也不会对即将发生的事有任何喜悦感。这正是苏菲的反应。她的动机和其他品德高尚的人的一样——清楚地认识到要面对可怕的悲剧、对自己孩子的挚爱以及万般无奈的懊悔。

反驳第一个前提的唯一方法，是否认当处于苏菲的境地时，品德高尚的人会同样选择杀死其中一个孩子。这有可能是正确的——品德高尚的人可能会拒绝向邪恶妥协，不屈从于施虐狂的淫威，不做选择。然而，这样做的结果是两个孩子都会送命，很难想象品德高尚的人会宁愿两个孩子都死，而不去救其中的一个。当然，我可能在这一点上是错的，可能有人会拒绝做选择。如果是这样，那么我们就可以拒绝第一个前提。

尽管如此，我认为美德伦理学家更好的选择是反驳第二个前提。处于这种艰难境地，一个品德高尚的人会尽量减少无辜死亡的人数。这意味着他必须做出悲剧的选择，而不是拒绝做出选择。做出选择的确是正确的，尽管是绝对令人心碎的。

做这样艰难的选择还可能是值得称赞的。拒绝做选择的人，尽管情有可原，但我们仍然会觉得她是承受不了压力、缺乏勇气面对困难。在这样的绝境中做选择需要勇气和坚忍不拔的毅力，是值得称赞的。有时，生活给我们的只是在不同的邪恶中做选择。在这种情况下，能找到内在的力量两害相权取其轻，并不是一种道德上的失败，相反是相当令人钦佩的。而当她明知道选择的结果会摧毁她对幸福的所有渴望时，我们对她的钦佩只会增加。

如果以上的分析是正确的，那么美德伦理学家就可以充分地回应悲剧困境论证。他们可以说，在极端情况下，某些选择可以是有德的，因此做这样的选择就是正确的和令人钦佩的，即使在更平常的情况下，任何这样的选择都绝对是邪恶的。

美德伦理学能否提供足够的道德指导？

美德伦理学经常受到的批评是，不能在解决道德难题方面提供足够的帮助。当我们在决定如何行动时，我们期待更具体的建议，而不仅仅是做一个品德高尚的人会做的事。

然而，美德伦理学的确能够提供更多的建议。它会告诉我们遵从大多数的道德规则，每一个规则都是基于做有德之事而避免邪恶之事的理念：要做有节制、忠诚、谦虚、慷慨、有同情心、勇敢的事情等，而避免所有贪婪、欺骗、心怀恶意、不公正、易怒的行为等。我们有一个很长的美德和恶习的清单，也许真能帮助我们决定应该做什么。

然而，美德伦理学家同样必须面对道德冲突问题。当道德规则相互冲突时，该怎么办？比如，假设你正在度假，碰巧看到闺蜜的丈夫和另一个女人在亲昵。一个品德高尚的人会不会告诉闺蜜自己的所见？当然，诚实是一种美德，所以应该告诉自己的朋友。但是，无事生非以及急着下结论却是恶习；毕竟这是别人的婚姻，窥探他人隐私是不道德的事情。

说的都有道理，但是我们必须有所行动。我们如何解决这场冲突（以及不计其数的其他冲突）呢？因为品德高尚的人遇到这种情况肯定会做出某种选择，所以处理这一情况是有正确答案的。但是，美德伦理学家几乎没有提供任何具体的指导。一旦我们认清了情况涉及哪些美德和恶习，我们就要自己去平衡它们之间的关系。

当然，这样的回答对很多人来说不尽如人意。我们希望伦理学理论能提供处理任何情况的明确规则。显然，美德伦理学是不可能满足如此高的期望的。

然而，不出所料，美德伦理学家反驳说，这样的高期望是不合理的，没有哪一种理论可以做到。他们绝口否认道德就是给人们提供明确的规则或机械性的决策程序来应对每一个复杂的道德境况。回想一下美德伦理学家先前对这一观点的批评，他们认为，道德建议必须基于每一个人的智慧和经验水平；没有统一的道德指南，没有公式可循，也没有通用的规则来告诉我们如何行动。我们必须通过思考、讨论和经验自己解决问题。

美德伦理学家还可以辩驳说，其他的理论也面临着同样的问题。大部分伦理学理论都会包含一条必须信守诺言的规则。但是，难道有时候我们不是会违背这条规则吗？既然如此，是不是还有另外一条规则可以精确地告诉我们什么时候可以违背诺言？试试这一命题："当且仅当 _____ 的时候，我们才可以违背诺言。"但是，我不知道怎么填这个空白处。当然，这并不能说明没有答案。但是任何能找到答案的人也肯定知道在困难的情况下如何平衡信守诺言以及其他的考虑。

归根结底，几乎每一个道德理论都要求我们在运用规则时要有良好的判断力。美德伦理学在这方面要求更多。只有当道德比美德伦理学家所想象的要精确时，这才是美德伦理学的一个缺点。但是否如此，还有待观察。

美德伦理学是否要求过高了？

美德伦理学告诉我们，要像品德高尚的人在同样情况下会去做的那样行动。但是，如果一个真正的品德高尚的人设定的标准太卓越，我们（几乎）不可能达到怎么办？

1933年，甘地发起绝食抗议运动，几乎因此丧生。古往今来的确有人以死抗议不公正。某些抗议不是基于个人的不满，而是对社会不公的愤怒表达。假设这些绝食者都是品德高尚的人，按照他们的品格行事，那么美德伦理就似乎要求我们都像他们一样行动。

道德有时对我们的确要求甚高，但用生命做代价似乎过于苛刻了。当然，有一种可能性是，这样的要求并不过分。也许在正义抗争中，我们就是应该准备流血牺牲的。和后果主义者始终坚持的一样[1]，美德伦理学可以声称，道德确实对我们提出了很高的要求，比我们想象的高得多。我们从小生活的环境对我们的期望值实在是太低了，如果我们从小受到的教育是一直提倡做出高尚牺牲的重要性，那

---

[1] 有关后果主义严格要求的讨论请参见第十章"功利主义是非常严苛的"一节。

么我们就会更倾向于追随甘地这样的榜样。我们不愿牺牲自己这一点并不是对美德伦理学的冲击，而只能说明我们放纵自己，贪图安乐而已。

但是，美德伦理学家还可以坚持一种不那么过激的立场，论证只有在相当特殊的情况下，极端的措施才是合适的。比如，如果拉斯·谢弗－兰多（Russ Shafer-Landau，我自己）进行绝食抗议，几乎不会有人理我，所以我一个劲地禁食就很可能弊大于利。考验一种行为正确与否，是来问一个品德高尚的人处于我这样的境地会如何行动。由于我的境况和甘地这样世界闻名的政治领袖所处的境况大相径庭，因此我就没有必要来尝试绝食。

但这一立场还没有让我们轻易过关。即使在日常生活的情境下，一个真正品德高尚的人仍然要比我们无私克己，乐于助人。如果他处于我们的位置，他仍然会做很崇高的事情。因此，美德伦理学可能的确是对我们要求过高了。

谁是道德榜样？

如果美德伦理学是正确的，那么我们就只能通过了解品德高尚的人在同样的情况下会如何行动来解决道德难题。然而，谁是我们的道德榜样？我们如何决定道德榜样应该是谁，特别是如果不同的人推崇不同的榜样？

这是一个很困难的问题。毕竟，在很大程度上，我们选择自己的榜样是看他是否最好地实现了我们由来已久的关于对与错的道德信念。有些人把自杀式炸弹袭击者作为榜样，而有些人想到这样的人就作呕。

解决这一问题的一个方法是相对主义——也就是说，选择榜样的标准因人而异、因文化而异。由此就导致了道德标准也会因人而异的观点。我们将在第十九章详细讨论相对主义，在此我们继续讨论其他的解决方案。

有些人在道德上无可挑剔，即使我们没有意识到他们的高尚。我们不能选择正确的榜样，通常意味着我们自己的道德有缺陷。比如，温斯顿·丘吉尔（Winston Churchill）本人虽然有许多美德，但他极尽全力维护英国对印度的统治，以至从未意识到自己对印度人的种族歧视态度。丘吉尔曾经说过："我讨厌印度人。他们是一个信奉野蛮宗教的野蛮民族。"因为他的种族主义，他不可能把甘地视为道德榜样，甚至丘吉尔做了充分准备要看着甘地绝食而死。丘吉尔声称，甘地"应该被捆绑在德里的大门前，然后被一头巨象踩踏，新总督（印度的英国统治者）则坐在大象的背上"[1]。丘吉尔的道德缺陷严重影响了他的判断力，他认为甘地应该去死，因为他威胁到了英国的帝国野心。

我们只有在总体上更有道德智慧，才能更明智地选择道德榜样。正如我们已经看到的，选择榜样没有固定的方法。道德教育是终生的事业，我们永远不可能在道德上真正达到洞若观火。因此，在选择榜样的时候，我们的确会偏离目标。

当然，这还不是选择道德榜样的全部。完整的描述会更详细地解释我们如何获得道德知识，包括如何正确辨别道德榜样的知识以及如何解决道德冲突的知识。然而，在这一点，美德伦理学家和其他道德理论家一样，都必须回答如何获得道德智慧以及如何解决根本道德问题的分歧这样的难题。

冲突与自相矛盾

我们在前面的章节已经看到某些道德冲突会导致自相矛盾的结论[2]。自相矛盾是所有理论的致命伤。美德伦理学可能有自相矛盾的地方，如果真是这样，那么它就会不攻自破。

问题很简单。有很多品德高尚的人，如果他们对于在特定的情况下应该怎么做意见相左，我们应该怎么办？如果处于我的境地，一些品德高尚的人会采取一种行事方式，而另一些品德高尚的人会采取完全不同的行事方式，那么同样的行为似乎就是既正确的（因为有些道德榜样会这样做），又错误的（因为其他道德榜样不会这样做）。这就是一种自相矛盾。

我们认识的聪明人想法各异，看待事物的眼光各有不同。他们允许用慈悲来调和正义，但是程度又各不相同。对于在教育孩子的过程中纪律应该扮演怎样的角色，他们的看法莫衷一是。某些人更乐观，某些人更倾向于要求更多的个人牺

---

[1] 引自：约翰·哈里（Johann Hari），《两个丘吉尔》("The Two Churchills")，《纽约时报书评》，2010年8月15日，第11页。哈里评论的是理查德·托伊（Richard Toye）的书《丘吉尔的帝国：创造他的世界和他创造的世界》(*Churchill's Empire: The World that Made Him and the World He Made*, New York: Henry Holt, 2010)。

[2] 参见第十五章"道德冲突与矛盾"一节的讨论。这一问题在第十九章"伦理主观主义与文化相对主义的一些启示"一节关于"伦理主观主义与自相矛盾问题"的介绍还有详细的讨论。

牲。因此，在同样的情况下，我们的道德榜样可能会做出不同的选择。这就会产生矛盾。

解决这个问题有几种不同的办法[1]。第一种方法是，坚持只有一个真正品德高尚的人，因而所有导致矛盾的分歧都会消失。第二种方法是，坚持说每个品德高尚的人在任何情况下都会做完全相同的选择。我觉得这两个回答都不太合理，当然也许这两个回答要比我想象的更复杂，值得进一步的讨论。

我认为，更好的解决方案是稍微修改一下美德伦理学关于正确行为的观点，就是本章一开始标记为 VE 的命题。假定品德高尚的人在同样的情况下有时会做不同的事情，我们应该说：

1. 在特定情况下，一种行为在道德上是必须的，就是因为所有品德高尚的人都会这样做。

2. 在特定情况下，一种行为在道德上是被允许的，只是因为有一些但不是所有品德高尚的人都会这样做。

3. 在特定情况下，一种行为在道德上是被禁止的，只是因为没有一个品德高尚的人会这样做。

这些命题真的能解决相互矛盾的问题。在同样的情况下，如果不同品德高尚人的行为有所不同，那么我们就不再非要说某一行为即是对的又是错的。相反，我们说这一行为是被允许的，不是被禁止的，也不是必须的。如果不同品德高尚的人处于我们同样的境况下会有不同的行为，那么我们就可以选择像他们中的任何一个人那样做。在这种情况下，美德理论不会告诉我们要追随哪一个道德榜样——从道德上讲，选择完全取决于我们自己。

优先性问题

我们如何来理解美德的本质？通常的方法是我们首先要明确自己的义务，然

---

[1] 社会契约论也面临类似的问题，参见第十四章"立约人之间的分歧"一节。

后将美德定义为一种能够让我们有确凿不移的理由去履行义务的品格特征。比如，为了理解慷慨这一美德，我们首先意识到每个人都有扶危济困的义务，然后将慷慨定义为我们出于正确的理由去帮助他人的一种品格特征。

美德伦理学家拒绝这种方法，因为他们认为，在知道品德高尚的人会如何行动之前，我们不可能知道自己的义务。对他们来说，美德先于义务——在知道我们必须做什么之前，我们必须知道什么是美德以及品德高尚的人会如何去做。

美德伦理学在这方面是独一无二的。所有其他的道德理论都认为义务是最基本的道德概念。对他们来说，只有在认清义务的概念之后，我们才能理解美德。

问题在于，哪个概念在道德上是最根本的——是美德还是正确的行为。要弄清这个问题，试想下面这个问题：人们是因为正确的行为才有美德，还是品德高尚的人这样做才使得这些行为成为正确的行为？其他道德理论都选择前者，只有美德伦理学选择后者。这导致不少问题。

试想一下我们如何解释强奸的邪恶。美德伦理学家说品德高尚的人永远不会强奸他人，所以强奸是错误的。但这似乎是本末倒置的解释。显而易见，品德高尚的人不可能是强奸犯。但他们对强奸的否决并不能解释为什么强奸是错误的。强奸是错误的，因为它表达出来的是对受害人的蔑视，传递的是强奸犯强势的错误信息，侵犯受害人的权利，严重伤害人的身体。我们用强奸是错误的来解释为什么品德高尚的人不会去强奸别人，而不能通过用好人不会强奸别人来解释为什么强奸是错误的。

解释其他正确的行为也是一样。当路人看到一个刚刚学步的孩子要走进车流，他应该把他拉住以防止事故发生。为什么？不是因为品德高尚的人会这样做（当然他会这样做），而是要拯救一个孩子的生命，或者至少防止他受到严重伤害。这并不是说因为品德高尚的人会这样做，所以这样做是正确的行为；相反，他们会这样做，是因为这样做是正确的行为。

如果这一论证听起来似曾相识，是因为这个理论的结构与游叙弗伦的神命论（在第五章讨论过）非常相似。神命论否认，除了上帝的命令外，我们可以有其他任何方式认识自己的义务，因为上帝的命令创造了我们的义务。美德伦理学对道德的理解与此类似，尽管它的许多版本包括亚里士多德的版本去除了宗教色彩。

美德伦理学告诉我们，品德高尚的人的行为，而不是上帝的命令，决定了什么是对或错。根据美德伦理学家的观点，人之所以是有德的，不是因为做出了正确的行为；相反，行为之所以是正确的，是因为它们是有德之人做出的行为。

美德伦理学与神命论有共同的基本结构，因此也就有一个共同的弱点。我们可以通过一个熟悉的两难困境来认识这一点。品德高尚的人的行为或者有或者没有正当的理由：（1）如果他们缺乏正当理由，那么他们的行为就是任意的，不应当成为道德标准；（2）如果他们的行为有充分的理由，那么就是这些理由而不是单纯好人的选择，决定了对与错的标准。

第二个选项更符合情理。我们必须假设品德高尚的人的行为是有正当理由的，否则他们就不是真正有德的。再来考虑强奸的不道德性，以及它是错误的许多原因。有德之人就是那些清楚地认识到这些原因并且铭记在心的人。强奸是错误的，不是因为好人反对强奸。好人反对强奸是因为强奸是错误的。

这种方法让品德高尚的人得以保有他们的正直、智慧和善良。但是，这自然而然要付出很昂贵的代价。代价就是美德伦理学家对正确行为的解释直接受到了威胁。美德伦理学的解释是说，行为在道德上是正确的，只是因为所有有德之人都会在这种情况下选择这样的行为；行为在道德上是错误的，只是因为品德高尚的人会抑制自己不去做这种行为。然而，我们刚刚看到，品德高尚的人所做出的选择并不能决定行为的对与错。

我们仍然可以寄希望于道德榜样为我们如何行动提供可靠的指导。但是，他们的选择并不能使原本中立的行为成为正确（或错误）的行为。榜样的力量没有那么强大。品德高尚的人能敏锐地洞察到行为合乎道德或不道德的原因。他们能够感受到这些原因的强大力量，从而采取相应的行动。这就是他们成为品德高尚的人的原因。

如果这样的批评是切中要害的，我们就可以理解为什么众多的道德理论认为义务先于美德。我们需要从义务的角度来解释美德，否则就只是品德高尚的人做随意的选择而已。但如果真是这样，美德伦理学就会陷入困境，因为它的基本点是用品德高尚的人的选择来定义行为的对与错。

结论

美德伦理学代表着一个古代传统理论让人振奋的延续。它有各种各样的吸引力，尤其是对道德品格重要性的强调。它是研究道德的一种多元化的方法，对于道德复杂性、道德教育、道德智慧的重要性和美好人生的本质都有许多独到的见解。美德伦理学面临的很多批评，都可以通过更深入一点的解释或者在理论上稍加修正迎刃而解。

但是，每一种伦理学理论，至少在目前的状态下，都有自己的弱点和问题，美德伦理学也不例外。对美德伦理学最严重的批评是针对它的核心主张的：正确的行为必须通过美德来理解，而不是通过正确的行为来理解美德。也许美德的确有这样的优先权，但要证明这一点还需要做大量的工作。

供讨论的问题

1. 一个人做了正确的事却可能仍然不能在道德上得到认可。美德伦理学如何解释这一点？
2. 根据美德伦理学，我们怎么知道在特定情况下正确的行为是什么？这个关于道德知识的解释与先前讨论过的其他理论有什么不同？你觉得哪种解释更有吸引力？
3. 亚里士多德认为，做一个品德高尚的人对于美好人生来说是必不可少的。你同意吗？有什么理由可以来支持这一立场？
4. 什么是悲剧困境？悲剧困境给美德伦理学带来了怎样的问题？
5. 美德伦理学是否对我们要求过高了？为什么是或者为什么不是？
6. 品德高尚的人有时对行为是否正确有不同的看法。对于美德伦理学来说，这是不是一个问题？为什么是或者为什么不是？
7. 美德伦理学的优先性问题是什么？你认为美德伦理学家对这个问题是否做出了充分的回答？

第十八章
女性主义伦理学

女性主义伦理学的要素

迄今为止,我们讨论过的最著名的伦理学理论,其创立者和支持者都有一个共同点,就是他们都是男性。他们大多数人生活的社会和时代无一例外地歧视女性。即使是最杰出的思想家也必然会反映时代的一些共同特征,因此许多重要的哲学家对女性所持的看法恐怕都会让生活在当下的我们感到尴尬。

亚里士多德说:"男人天生就优越,女人天生不如男人;一个统治,另一个被统治。"[1] 阿奎那说:"就她的本性而言,每个女人都是有缺陷的和不正常的。"[2] 康德写道:"吃苦耐劳地学习或者痛苦地思考,即使一个女人在这方面取得了巨大的成功,也会掩盖她们的长处……也就是会削弱她们对异性的魅力……女人的哲学不是去思考,而是去感觉。"[3] 卢梭说:"女人抱怨男人制定的法律不平等是不对的;这

---

[1] 亚里士多德,《政治学》(*Politics*),1254 b13。

[2] 托马斯·阿奎那,《神学大全》(*Summa Theologica*),问题92,第一节。

[3] 康德,《论优美感与崇高感》(*Observations on the Feeling of the Beautiful and Sublime*,1764),第三节。

种不平等不是男人造成的，或者无论如何，这些法律不是偏见的结果，而是理性的结果……（女人）必须接受训练，从一开始就被套上枷锁，这样她们就不会感觉到枷锁的存在，从而来控制自己的任性，服从男人的意志。"[1]

我们也许想淡化这些论断对女性的侮辱，声称这些评论没有影响到这些思想家的主要论点。在某种意义上，这是正确的——几乎没有哪个重要的男性哲学家在过去几个世纪中写过很多关于女性的文章。但是在另一种意义上，这又是不正确的——这些哲学家在两方面亏待了女性。第一，对她们的一味贬低和打击。第二，忽视了女性的感受和观点。几个世纪以来，这两点都是伦理学思考的范式。**女性主义伦理学**（feminist ethics）试图要弥补这两个缺陷。

女性主义伦理学不是一种单一的理论，而是由四个核心主张所界定的研究伦理学的方法：

1. 女性和男性在道德上是平等的，因此，任何要证明女性低人一等或是要贬低她们权益的观点都是错误的。

2. 我们应当尊重女性的经历和感受，这对于全面准确地理解道德至关重要。如果哲学家忽视这些经历和感受，他们的理论必然是不完整的，而且很可能是有偏见和不准确的。

3. 传统上与女性有关的特质——同理心、同情心、关怀、利他主义、怜悯、恻隐之心——至少在道德上与传统的男性特质同等重要，如竞争好斗、独立性、对公平分享的争取、时刻准备诉诸暴力以及坚持个人尊严。

4. 传统上，女性的道德思考方式，如强调合作、灵活性、对不同观点的开放态度以及与家人和朋友的联系等，往往都优于传统上强调公平、抽象和严格遵守规则的男性思考方式。

有两点需要注意。第一，没有人相信每一个女性都是富有同情心和关怀备至的，也没有人相信每一个男性都是好斗和争强好胜的。这些都是在某种程度上的

---

[1] 卢梭，《爱弥儿，或论教育》（*Emile or On Education*，1762）。

概括，应该允许有很多例外。第二，当我谈到传统上的男性和女性特征时，我的意思是一般传统。这些特征是长期以来我们的文化将其与男性和女性联系在一起的。这些特征不是与生俱来的。我们把某些群体与许多特征联系起来是社会环境影响的结果。实际上，刻板印象往往没有任何事实依据。但即使有事实依据，这些事实往往也是险恶的环境和有限的机会所造成的，而不是某种天生品格的表现。

道德发展

女性主义伦理学真正形成是在 20 世纪 80 年代。在此之前，女性主义哲学家的零散著作已经出现了至少两个世纪。1982 年，哈佛大学心理学家卡罗尔·吉利根（Carol Gilligan）出版了《不同的声音》（*In a Different Voice*）一书。[1] 不夸张地说，这本书的出版开创了哲学思考的一个新流派。

吉利根认为，女性对世界的思考和体验不同于男性。这并不是新闻——心理学家很早就认可这一点。然而，不同之处在于，吉利根拒绝接受主流观点所认为的女性的思维不如男性。

20 世纪 70 年代最具影响力的道德思维模式之一是由吉利根的老师和同事劳伦斯·科尔伯格（Lawrence Kohlberg）提出的。科尔伯格把道德发展分为六个阶段。在最初的阶段，作为孩子，我们只把道德规则看作潜在的威胁，是出于害怕惩罚才守规矩。随着成长，我们认为道德（在科尔伯格的第三阶段）取决于我们的社会角色和我们与周围的关系。道德要求就源于这些角色和关系，道德的意义在于强化这样的角色和关系。最后，在第六也就是最高阶段，我们认为道德就是要服从公平正义的抽象规则。这些规则要求我们冷眼看待自己的处境，赋予每个人同等的重要性。这些规则具有普遍性，不依赖或者涉及我们的品格或者所处的情境。

吉利根指出，许多女性用科尔伯格的尺度来衡量都表现不佳——她们从未超

---

[1] 卡罗尔·吉利根，《不同的声音》（Cambridge, Mass.: Harvard University Press, 1982）。

过第三阶段。她认为，女性对自己的决策持有关怀和同情态度，关注摆在她们面前的每一个具体细节。她们很少诉诸抽象的道德原则。她们并不认为正义是至关重要的。她们对家人、朋友、爱人格外偏袒，而不是对所有人一视同仁。在决定该做什么时，她们尽可能地寻求妥协，不会把相关的道德规则视为绝对的。在冲突面前，她们总是试图找到"折中方案"，愿意倾听与自己不同的观点。她们更倾向于用试探和谦逊的口吻来表达自己的观点，而不是表现出极大的自信和有把握。

吉利根没有说所有女性都是这样。她也没有断定女性天生就偏爱这样的思维方式。然而，她在研究中的确发现女性有很强的倾向性，都是用同样的方式应对道德冲突的情况——与她采访的男性采用的方式截然不同。吉利根认为，这并不能说明女性在道德上不成熟，相反表明了科尔伯格六阶段模型的失败。她认为，科尔伯格强调正义、公平和规则，却贬低传统上女性化的道德思维方式是出于根深蒂固、由来已久的偏见而已。

吉利根是一位心理学家，而不是道德哲学家。她认为自己的研究是描述男性和女性思维的差异，并没有把重点放在阐述她的研究的伦理意义上。而哲学家们很快就承担起了这项任务，发展出一种新的道德思维模式，试图在许多方面挑战主流的伦理学智慧。让我们把注意力转向其中一些最重要的挑战。

女性的经历

在讨论"女性视角"的时候，要时刻注意过分简单化的危险。严格地说，没有所谓百分之百的女性视角。女性的经历以及她们对人生的看法和反应，都是非常多样化的。在任何重要的问题上，都有女性站在截然相反的两端，男性也一样。许多男性认同吉利根归结于女性的那些视角，而许多女性在道德思考上持一种更"男性化"的态度。

然而，尽管没有纯粹的"女性视角"，但还是有一些独特的女性经历（比如，最明显不过的是生育），以及被很多女性广为分享而男性很少有的经历，这些经历在很大程度上被哲学家忽视了。其中之一就是，女性更容易遭遇强奸，另外一个是遭遇家庭暴力,还有一个是体制性的同工不同酬。再有就是,有一系列的职业,女性完全或者几乎完全被排除在外(比如,总统、飞行员、焊工、泥瓦匠、消防员、电工等)。当然还有很多例子,我们可以连篇累牍地举例子,尤其是如果再考虑性别歧视更成问题的其他国家。

当然,并不只是女性受到这些威胁和限制。许多男性也曾被强奸或殴打,经历过各种形式的歧视。但是,女性遭受这些痛苦的可能性比男性要大很多。然而,直到20世纪80年代初,哲学家们几乎完全无视这些问题,几乎从没有考虑过与此相关的伦理问题。女性主义哲学家的一个目标是,把这些问题放在研究的视野中,让哲学家和决策机构投入更多的时间和精力去研究如何解决这些问题。

另外,还有一个与普通女性经历相关的问题值得一提:就是女性依赖性的增加,自主性的下降。与男性相比,女性的选择和出路几乎总是要少很多,对人生重要方面的掌控也要少很多。在许多国家,女性仍然需要丈夫或者男性亲属的许可才能出远门。在许多地方,女性仍然无法自己选择配偶。女性比男性更有可能被卖为性奴隶。女性无法涉足许多类型的工作,几乎没有可能进入政府部门以及各种社会机构,而她们被拒的唯一理由只是因为她们是女性。

这些都是司空见惯的现象——但却是实实在在、令人担忧的现象。对大多数女性来说,有两样东西贯穿她们的一生,一个是她们的依赖性,另外一个是经常要放弃自己的利益,会被要求把自己的利益放在次要的位置。比如,已婚女性一般来说很少能选择住在哪里,如果她们的丈夫因为工作需要搬家,那么她们就只能跟着走。如果一对夫妇决定必须有人待在家里照顾孩子,那么妻子而不是丈夫往往会放弃自己的事业。在过去,甚至现如今在世界上很多地区,女性仍然依靠男性来维持经济生存。她们很容易受到丈夫或男性亲属的身体虐待。在法律上,她们也会受人摆布,因为整个司法体系都是由男性掌控的。

依赖他人这一点往往迫使我们不得不重新思考我们的道德假设。举一个众所周知的例子:我们应该保护自己的权利,捍卫自己的荣誉。但是,如果一个女性没有受过多少教育,也没有受过多少职业培训,她会决定离开供养她却虐待她的丈夫吗?她会与丈夫对质抗争,甚至要求离婚吗——明知道丈夫会杀了她,或者之后她会身无分文、衣食无着落?

当依赖他人维持生计、依赖他人为自己遮风挡雨的时候，我们就容易受人摆布，自己的选择也会受到约束。这是大多数女性和所有儿童面临的状况。这也是不少男性的处境。如果哲学家希望解决多数人的现实生活状况，他们就必须听取女性主义思考者的建议，更加关注人与人之间的依赖方式。

大多数女性（大多数男性也是一样）的选择反映了她们在家庭中所扮演的角色——对年迈的父母来说，她是成年的孩子；她是丈夫的配偶，而丈夫的需要和愿望往往和自己的大相径庭；同时，她还有兄弟姐妹，他们有时需要她的鼎力支持和帮助。我们无法选择自己的父母或兄弟姐妹，不管我们喜欢与否、意愿如何，我们都对父母、兄弟姐妹负有义务。道德对我们的要求往往取决于我们的血缘关系，而这一点通常是我们无法控制的。

脆弱性、无法控制人生的重要方面、依赖性以及与他人的联系等这些道德生活的特征都是女性主义伦理学所关注的。我们应该如何驾驭人生，大到人生规划，小到日常选择，往往就是要认清我们最关心的人对我们来说有多重要。我们必须考虑到伴侣或配偶的利益和愿望。家里有小孩子的人想必都知道孩子有多难缠、多么需要呵护，即使是最乖的孩子也是如此。至交好友有时也会要求苛刻。在所有这些人际关系中游刃有余通常意味着要抛开我们自己的利益，或者把自我利益视为依赖于我们所关心的他人的利益。

这并不是说只有女性才有复杂的人际关系。我们中的大多数人都深陷于人际关系的网络中，很多关系还不是我们自己选择的。女性主义者认为，这应该迫使我们重新思考所谓我们生而自由、孤立而且完全独立的理念。一旦我们确确实实认识到与他人的联系，基于自我利益或完全自主理念的道德哲学可能就会失去吸引力。

女性主义者特别强调关怀在建立和维持紧要的人际关系中的重要性。女性通常扮演的角色是哺育者——体贴入微地关心别人的需要。当然，并不是所有的女性都是一样的贤妻良母。但重要的是要认识到，社会的良好运转在很大程度上取决于家庭的和睦——儿童是否丰衣足食、是否有良好的教养、家庭是否稳固。只有当人们致力于关怀他人，社会才有可能存在。没有照顾他人的人，老弱病残都无以为生。很多人的工作不涉及照顾他人，但是他们之所以能够置身事外专心于事业，都是因为家里有人在打理一切。那个人通常是女性，妻子、母亲或者是家里的帮佣——几乎无一例外也是女性。

在常规伦理学理论中，道德的主旨是追求自我利益（利己主义）、行事正义（康德主义）、寻求互利（契约主义），或者公平仁爱（功利主义），而许多女性主义者认为，关怀——尤其是母亲般的关怀——是道德关系的典范和伦理的基础。这种母爱模式衍生出一种新的道德理论，女性主义哲学家称之为关怀伦理学（ethic of care）。下面我们来更仔细地讨论这一新的道德理论。

关怀伦理学

到目前为止，我们讨论过的主要道德理论都没有考虑家庭和家庭生活。但是，既然几乎所有我们最重要的人生时刻都是与挚爱亲朋一起度过的，而且在各种亲密无间的人际关系背景下我们要做许多道德选择，那么为什么不能想象一种以家庭生活为出发点的伦理学呢？特别是许多女性主义伦理学家认为，我们应该把一位慈母对孩子的关爱作为所有道德行为的典范。

为了更好地理解关怀伦理学，我们可以先来看看它与其他伦理学的不同之处。与伦理利己主义不同，关怀伦理学否认自我利益总是第一位的。母亲往往为了子女的利益而牺牲自己的利益。与康德主义不同的是，关怀伦理学否认正义具有绝对的重要性。在亲子关系中，正义问题并非完全不存在，但肯定不是我们主要的关注点。在家庭中，重要的是母慈子孝；而坚持自己的权利，坚持公平分享，坚持赏罚分明，并不是家庭关系的核心。

契约主义理论在另一方面认为道德的立法人往往对他人的需要漠不关心，只有当有机可乘能得到回报时才愿意为他人做出牺牲。而好的父母看待问题的眼光与此截然不同。母亲的关怀完全不以孩子是否遵守互利的规则为条件。合理追求自我利益不是最终的目标；如果帮助孩子的唯一方法是牺牲自己的利益，好的父母会毫不犹豫这样做。

与功利主义要求公平仁爱相反，体贴的父母更关心自己的孩子，而不是别人的孩子。一个称职的母亲肯定会更偏爱她自己的孩子，会给予他们更多的关怀和关注。爱和关怀不能平等地分配给每个人。

除了这些特别的差异之外,关怀伦理学还包括以下特征。大多数这些特征代表了关怀伦理学与传统伦理学理论的不同之处,但同时又与美德伦理学和罗斯的伦理多元主义存在着一些相似的地方。

情感的重要性

关怀是一种情感,或者说是很多不同情感交织在一起,比如,同情、共情、体贴和爱的组合。像所有的情感一样,关怀既有思考又有感觉的因素。我们的心思会集中在被关怀者的需求和愿望上。这种感觉是积极的、友好的、与人为善的、滋养的,而且常常是充满爱心的。关怀帮助我们去了解别人的所需,父母往往比任何人都更了解自己孩子的需要。关怀激励我们去满足这样的需要,即使是当自己精疲力竭、极不情愿甚至愤怒的时候。有多少父母会从安睡中醒来去抚慰他们哭泣的婴儿?是关怀把父母从睡梦中唤醒。

功利主义在思考行为的对与错时并不重视情感的作用。计算幸福与不幸的数量不是一件需要情感的任务。康德对情感更是不屑一顾,他认为只有理性才能告诉我们义务所在并激励我们去付诸实施。[1] 康德认为,我们的情感不能失控,这当然是正确的——我们需要的是一种关怀伦理学,而不仅仅是关怀本身。但女性主义哲学家认为,即使关怀并不是道德的全部,关怀及其相关的情感也是道德动机和道德发现的核心。

捍卫关怀伦理学的人有时认为,关怀伦理学是美德伦理学传统的延续。因为美德伦理学不仅关注我们做什么,而且强调我们如何去做。我们做事的方式往往和我们做什么事一样重要。

比如,假设我母亲打电话给我,要我花一个下午帮年迈的父亲做一些家务。我照她的话去做了,但满心不情愿,而且我的肢体语言和举止还表现出我的勉为其难。我做了正确的事,但是方式却不对。因此,我的行为就没有表现出美德,也没有表现出对父亲的关怀。

---

[1] 参见第十二章"人性原则"和"理性与自主性的重要性"两节的讨论。

反对单一化

大多数传统伦理学理论都提供一条至高无上的道德准则来决定所有的行为是否道德。女性主义伦理学极力反对有这样的规则存在。我不能举出一个简而化之的公式来描述女性主义所谓正确行为的条件，因为根本就没有这样的公式。伦理学是不应该系统化的。如果女性主义者是正确的，就没有终极的规则可以用来解释或证明我们所有的道德义务。

这一结论具有很多深远的意义。[1] 其中之一是，我们无从得知道德对我们的要求，因为没有屡试不爽的测验。道德既复杂又混乱，寻找一条单一的至上规则来统一所有的道德，这样的愿望当然无可厚非，规则能使伦理学更清晰、更具结构化。但是，女性主义者认为这是异想天开的愿望。

在日常生活中，我们可以看到许多这样的例子，无论女性还是男性都常常要面对来自孩子、工作、配偶以及其他方面相互冲突的要求。比如，你的父母打电话给你，批评你的男朋友。男朋友后来问你和父母谈了些什么。明知道他听了会不高兴，以后更不容易和你父母相处，你会不会实言相告呢？再比如，你的丈夫相信要严厉管教孩子，你对此不认可。他因为一点小事打了儿子，过几天又故伎重演，你会怎么做？

这些都不是生死攸关的大事，更确切地说，都是些家常琐事。女性主义哲学家讨论这些例子的时候说，虽然每种情况都有孰是孰非，然而我们却不能从某个单一的规则中找到答案。相反，我们必须要认清道德义务的不同来源。我们的义务主要来自与他人的关系。而这些关系相互之间可能会发生冲突。当冲突发生的时候，我们往往很难知道该怎么做。这时候，我们会盼望有章可循，有直截了当的公式套用。但是，如果女性主义哲学家是正确的，就不可能有这样的公式。在道德上日渐成熟的标志就是能认识到这一点，能面对生活中的艰难选择，而不是沉湎于寻找过于简单的答案。

---

[1] 我们在第十五章和第十六章详细讨论过其中的很多方面。在这两章，我们讨论了各种形式的伦理多元主义。多元主义理论认为，我们有许多不同的根本的道德义务，而不仅仅只有一种。美德伦理学同样支持这一观点，参见第十七章"道德复杂性"一节的讨论。

反对一视同仁与抽象性

哲学家之所以如此被至上的道德规则吸引，有许多原因。其中一个原因就是，规则越抽象、越普遍化，就越能远离偏见。一个规则如果仅适用于某些人或某些特定情况，眼界就未免肤浅。哲学家长期以来一直在寻求一种不带偏见和歪曲的视角，一种适合于任何时间、任何人的视角。

为什么寻找这样的规则如此重要？传统的回答是，这样的规则可以确保一视同仁的公平性。我们必须把每个人都看作在道德上平等的，这意味着当决定对与错时，每个人都具有相同的权重。很显然，女性主义者完全拒绝这样的做法。对于我们关心的人，偏爱和给予特殊待遇是合情合理的。

女性主义伦理学家极力反对哲学中随处可见的抽象性。道德推理不应该以单一、普遍化的规则为中心，相反应该是对具体情况更为深刻和复杂的理解。

比如，罗尔斯认为，在决定正义原则时，我们应当去除所有具体的、特别的、有关个人的知识（见第十三章"契约主义解释并证明了我们根本的道德规则"），女性主义者对此不以为然。他们同样不能接受功利主义所强调的不偏不倚。他们否认任何以一盖之的规则能够阐明正义的本质，如同态报复法（见第十二章"决定应得的奖惩"）。相反，要理解正义的本质，我们必须对具体境况的细节和复杂性有敏锐的观察和理解，而不是试图寻找某种普遍的道德规则来概括观察到的各种特征以解决道德问题。如果关怀伦理学是正确的，那么我们的道德决策就没有一以贯之的规则可循。

反对竞争

男性经常力捧竞争的好处，这一点不足为奇。竞争支配着商业、政治和体育世界。长久以来，这些都是只限于男性的领域，只是到最近才对女性开放。道德理论家也时时强调竞争的重要性。伦理利己主义者认为，如果他人的利益与我们自己的利益相冲突，我们就应该去伤害他人。契约主义者认为，社会交往是一系列的囚徒困境（见十三章"囚徒困境"一节），其中，每个人的利益都与其他人的利益相冲突。

关怀伦理学倡导的是更注重合作而不是竞争的伦理观念。健康的亲子关系不是竞争的关系，不会把父母的利益与子女的利益对立起来。它是体贴、愿意为彼此做出牺牲的关系。好的父母会认为自己的利益与孩子的利益密不可分，而不是相互竞争的。

女性主义者认为，我们应该努力把竞争环境转变为合作环境。与其强调有利益冲突的地方，不如设法寻求和解。尽可能把对别人的要求转化为请求，试着为对方着想，在与他人的交往中学会变通。尽管我们不可能像对待至爱亲朋那样关怀他人，但是总可以尽量把关怀作为人际关系的基础。试想如果大家的驱动力都是关怀而不是自我利益和竞争，那么商界、政治界和社会将会有多么大的不同。这会是一个截然不同的世界，如果女性主义者是正确的，这会是一个更好的世界。

淡化权利

女性主义者经常论证说，道德理论过于强调正义。力争我们的权利，要求别人尊重我们的利益，确保自己的权益不受侵犯——这些都是在强调人与人之间的彼此独立，而不是我们之间的彼此联系。谈论彼此的权利很快就会造成人与人之间的分裂，比如，有关堕胎问题的辩论就常常因此陷入僵局。一旦我们开始谈论胎儿的权利，而另一方坚持妇女的权利，讨论很快就会进入绝境，双方几乎不可能找到任何共同点。

试想，反过来，我们以关怀备至的父母对待孩子的模式为基础，强调对彼此的责任而不是各自的权利。社会不再是单纯追求合理自我利益的所在，而是相互合作的舞台。在这个舞台上，我们互相负责，尤其要帮助我们当中最需要帮助的人。例如，在社会政策领域，我们会更加重视教育、扶贫以及确保每个人都能获得良好的医疗保障。

强调权利的主旨在于，要首先保证我们不受胁迫，不受不必要的干涉。权利保护我们的自主性和独立性。比如，没有人可以干涉我们在自己家说什么话、看什么书、做什么我们喜欢做的事情。

但是，许多（虽然不是全部）女性主义者对权利的优先性提出了尖锐的批评。

他们认为，权利往往是在我们周围竖起的栅栏，把自己与他人对立，任何人不经允许不得入内。追求个人权利往往要以牺牲共同体的利益为代价。权利强调的是人与人之间的分离，而不是团结和合作。

毕竟慈爱的父母在孩子需要他们的时候，不会坚持自己的权利，不会认为自己和儿女是相互独立的。女性主义者认为，与其不断寻求与他人隔离起来的栅栏，不如寻找更多的机会让人们互相帮助。我们应该强调对他人的责任，而不是对他人的权利。权利阻碍了共同体建设和与他人建立密切联系，多数女性主义者对其持怀疑的态度。

女性主义伦理学面临的挑战

女性主义伦理学是一种思考道德的方法，而不是所有女性主义者都认同的一种单一的理论。因此，它强调的是概括性的思维方式，而不是所有女性主义者都会接受的具体论证和观点。

女性主义伦理学的发展是最近的事情，因此它目前面临着不少质疑就不足为奇了。以下是其中一些最重要的挑战。

1. 女性主义关怀伦理学极大地限制了道德共同体的范围。早期的关怀伦理学家甚至认为，我们只对自己关心的人负有道德义务。现在这一观点不再流行，说我们对陌生人或完全不喜欢的人没有任何道德义务似乎行不通。但是，如果我们要把亲子关系作为道德行为模式，我们需要弄明白如何把这样的关怀应用到素昧平生的他人身上。毕竟，在道德上，我们可以说自己取得了些许进步，是因为我们把道德共同体的范围扩展到了我们周围及亲近之人之外。

2. 我们需要进一步探索情感在道德上的作用——情感如何帮助我们认识行为的对与错并鼓励我们为善。处理某些问题时，我们必须要克服漠不关心的态度，投入更多的情感才能看清其中的道德意义。但在其他情况下，情感却会影响我们的判断。我们需要认清哪些情感是合理的，在哪些场合这些情感是合理的，因为同样的情感有时能让人豁然开朗，而有时则恰恰相反。像愤怒这样的情感往往让我们对事实视而不见，妨碍我们做正确的事，因此是需要严加管束的情感。但是，愤怒有时却能正确地提醒我们有严重的道德败坏行为发生，能促使我们克服恐惧，去做正确的事。在道德生活中，我们需要更深刻地认识情感的作用。

3．淡化一视同仁的重要性是有代价的。正如我们在前面章节（见第九章"一视同仁"）中所看到的，一视同仁的重要性是不可低估的。它是法官和其他公职人员必须具备的美德，是对偏见和歧视的重要修正，也是我们寻求男女平等最好的理由之一。一视同仁也许并不总是正确的选择，但它通常是我们做重要道德决定的最佳出发点。

4．拒绝所有最高道德准则就很难知道该如何解决道德冲突。可普遍化原则或效用原则的一个优点是，无论面对怎样棘手的问题，我们总是有一个确定的标准可循。失去了这样一个标准，对于道德允许或要求我们做什么，我们大多时候就只能自己在黑暗中摸索。

5．虽然合作往往是一件好事，但我们仍然需要策略来应对拒不合作的人或政府。如果我们都能和睦相处、求同存异，世界无疑会变得更好。但是，众所周知，真诚和变通性有时遭遇到的却是冷嘲热讽和铁腕攻击，我们需要有所准备。此外，竞争有时是件好事。它可以提高工作效率，让体育比赛更激动人心，还可以激励我们尽可能地追求个人卓越。因此，我们不应该完全放弃竞争。这就意味着我们要用成熟的眼光来看待合作和竞争，判断什么时候合作优先，什么时候竞争更合适。

6．虽然正义和权利不是道德的全部，但仍然是道德的重要组成部分。为什么压迫女性是不道德的？因为性别歧视的行为和政策侵犯了女性的权利。女性有权利不受身体的虐待，她们在道德上有权利享受同工同酬，强行给少女（或成年女性）行割礼是残忍的不公正行为。权利是道德保护的一种形式，而女性往往是最需要保护的人群。因此，一种合理的女性主义伦理学必须要能认识到道德权利和正义诉求的重要性。

结论

女性主义者通常被描述为是那些认为应该像对待男性一样对待女性的人，但这是错误的理解。女性主义者不是要争取平等待遇——毕竟，男性的很多待遇在道德上很成问题。确切地说，女性主义者主张的是同等考虑。女性的利益与男性的利益同等重要。在制定社会政策、评估传统或试图解决男女冲突时，仅仅因为她们的性别而贬低女性的利益是不道德的。女性在道德上与男性是平等的。如果我们能认真对待这一简单的观念，我们的世界会发生根本的变化。

也许卡罗尔·吉利根认为的女性和男性的道德思维有显著的不同是正确的。在她之后，许多神经生物学家和认知科学家都赞同她的这一基本观点。但即使吉利根弄错了（有些人是这样认为的，当然不可能每个人都会同意这种说法），我们仍然可以通过传统的女性视角来重新看待道德哲学，从而更深入地认识道德问题。

我们中的许多人，无论男女，都比传统道德理论所能容许的更脆弱、更具依赖性。在现实世界中，财富和权力的严重不平等随处可见，因此当决定我们各自的道德理念时，能够体察入微地看待脆弱性、依赖性是有意义的。把关怀作为道德生活的中心，让情感和人与人之间的亲密关系在道德思考中发挥更大的作用，能够使我们的道德观发生实质性的变化。

女性主义伦理学不仅仅是针对女性的。它提出的种种建议既适用于女性，也适用于男性。强调关怀和情感的重要性，重视合作，强调变通和妥协，寻求正义之外的道德标准——所有这些方面对男性和女性都同样重要。

女性主义伦理学最好被看作研究道德的一种总体方法，还不是一种成熟的理论，成熟到可以与传统的道德理论相匹敌。但这不一定是弱点。相反，这正说明，如果我们像对待男性利益那样来重视女性利益，我们就可以从中发展出很多不同的道德理论。

供讨论的问题

1. 女性主义者认为传统伦理学理论忽视了哪些独特的"女性的"经历？你认为道德哲学应该更加关注这些经历吗？如果是这样，应该如何将女性的经历整合到伦理学理论中？
2. 大多数伦理学理论强调一视同仁对道德行为的重要性。为什么女性主义伦理学家否认这一点？你认为这样做是否正确？
3. 像罗斯的多元主义一样，女性主义伦理学反对单一至上的道德原则。这种方法的优点是什么，缺点是什么？
4. 你认为把亲子关系作为人与人之间道德关系的模式是否合理？
5. 女性主义伦理学与美德伦理学有何相似之处？二者又有哪些不同之处？
6. 比较情感在康德伦理学、美德伦理学和女性主义伦理学中的作用。
7. 考虑到女性主义经常与妇女权利的概念联系在一起，女性主义伦理学淡化权利的重要性这一点似乎有些奇怪。女性主义伦理学家为什么要这么做？你是否认为这是女性主义伦理学的一个优势所在？

第三部分

元伦理学：
道德的地位

第十九章
伦理相对主义

道德怀疑主义

我们每个人都有对道德产生怀疑的时候。其中大部分表现为偶尔对什么是对、什么是错的困惑——比如，我们不能确定说谎是不是总是错误的，或者是不是可以违背在临终之人床前许下的诺言。

但是，还有另外一种怀疑，这种怀疑会动摇我们对道德的信心。这种困惑不是针对道德的内容——道德要求或道德允许我们做什么——而是关于道德的地位。具体来说，我们担心**道德怀疑主义**（moral skepticism）[1]——否定客观道德标准的存在——是正确的，因此道德缺乏任何真正的权威性。

客观性（objectivity）概念，像我们看到的许多其他概念一样，是模棱两可的。**客观道德标准**（objective moral standards）是指适用于任何人的标准，即使人们不相信这样的标准，即使人们对这样的标准漠不关心，即使遵循这些标准不能满足

---

[1] "道德怀疑主义"一词有时是指获得道德知识是不可能的观点。（例如，我在导言中提到道德怀疑主义时就是用的这一含义。）在本章，我要用它的另外一个含义——就是如上所述，所有否认客观道德标准存在的理论。

任何人的欲望。如果道德主张能够准确地告诉我们这些客观道德标准是什么，或者这些标准要求我们做什么，那么这些道德主张在客观上就是正确的。

客观真理不计其数。随手拈来三个：木星的质量比水星大。约翰·弥尔顿（John Milton）写了《失乐园》（*Paradise Lost*）。伽利略已经去世了。我们对这些主张的看法完全无关紧要。无论我们是否在意这三个主张，无论相信这些主张是否满足我们的任何欲望。即使没有任何人相信，这些主张仍然是真的。无论是个人的观点还是传统的智慧都不能改变其真实性。

但是否有任何客观的道德真理？答案却不是一目了然的。我们有很多理由来怀疑客观道德真理的存在，本书的最后一章会着重来讨论其中最流行和最重要的一些理由。如果这种怀疑是正确的，那么**伦理客观主义**（ethical objectivism）就一定是错误的。伦理客观主义是指某些道德标准在客观上是正确的，某些道德主张在客观上是真的。

在讨论对伦理客观主义的批评之前，让我们先考虑其他的选择。我们要先理清各种不同形式的道德怀疑主义。（很抱歉，我要用到更多的术语标签。）基本上说，道德怀疑主义有两种形式：**道德虚无主义**（moral nihilism）和**伦理相对主义**（ethical relativism）。

道德虚无主义认为，根本不存在任何道德真理。如果我们可以把所有的东西分为两组，真的和假的，那么虚无主义者会毫不犹豫地把道德放在后一组。世间本没有任何道德特征。我们谈论种族灭绝的极不道德或杀人犯的邪恶本质完全是一叶障目。这种讨论或者是彻头彻尾虚假的，或者只是一种发泄我们情感（仇恨、厌恶等）的方式罢了。

根据道德虚无主义者的观点，如果我们能从自己的情感中后退一步，就可以看到没有什么对与错。科学总有一天能够充分地描述这个世界，而科学不需要道德范畴。用杰出的苏格兰哲学家大卫·休谟的话来说，我们用自己的情感和欲望为一个本没有价值感的世界镀了金和染了色。当我们说一个杀人犯是邪恶的，或者一个救援工人是高尚的，我们分别表达的是自己的愤怒或钦佩。我们并没有在说一件事实。我们也不可能是在表述一件事实，因为没有道德的事实可以表述。因此，结论就是没有任何道德主张是真的。

相反，伦理相对主义者认为，的确有一些道德规则是正确的，这些规则决定了哪些道德主张是正确的，哪些是错误的。很多道德主张可以是正确的。我们在道德上有时会做出正确的判断，当我们的信念与正确的道德标准相符合时，我们就会做出正确的判断，得出正确的道德主张。

然而，这些标准在客观上永远不可能是正确的。相反，这些标准只可能相对于每个人或者每个社会来说是正确的。一个道德标准是正确的，仅仅是因为一个人或一个社会对这一标准全心全力的投入。这意味着适用于某些人的标准可能并不适合其他人。能够指导人生的永恒不变的客观、普遍道德原则是不存在的。道德是人类自己的创造——我们虚构出来的——就像法律，或者像味道的标准一样，没有唯一正确的规则可以遵循。

这两种道德怀疑主义是截然不同的，我们应该分开来讨论。在本章，我们将着重讨论伦理相对主义，下一章再转向道德虚无主义。

两种伦理相对主义

我们可能已经注意到，伦理相对主义不仅仅是一个单一的学说，它实际上有两种类型：**文化相对主义**（cultural relativism）和**个人相对主义**（individual relativism）［通常被称为**伦理主观主义**（ethical subjectivism），从现在起我会用这个名称］。文化相对主义认为，正确的道德标准是相对于文化或社会而言的；伦理主观主义认为，正确的道德标准因人而异，标准是由个人认可的。两者的不同之处在于，是社会还是个人在决定对与错上有最终发言权。这无疑是一个重要的区别，然而，正如我们要看到的，文化相对主义和伦理主观主义的优点和缺点却非常相似。

先来考虑主观主义。它说的是，一种行为在道德上是正确的，仅仅是因为（a）我赞同，或者（b）我的信奉（commitments）允许。一种行为是错误的，仅仅是因为（a）我不赞同它，或（b）我的信奉禁止。我的信奉是我所支持的原则，是我所支持的价值观。在这种思维方式下，个人的信念是道德的终极标准。

主观主义者认为，在道德上有正确的答案，但正确的答案总是相对于每个人的价值观而言的。没有至上的道德准则可以用来衡量每个人的道德观是否正确。

因此，如果主观主义是正确的，那么每个人的终极道德标准都同样合理。

相反，文化相对主义把道德的终极标准定位在每一种文化的信奉中。它说，一种行为在道德上是正确的，仅仅是因为这一行为是被社会的指导理念所允许的，而一种行为在道德上是不正确的，仅仅是因为这一行为是被社会的指导理念所禁止的。这两种相对主义的根本区别在于，是个人还是社会在道德问题上有最终发言权。

出于不同的理由，人们认为主观主义或相对主义各具吸引力。其中很多理由是消极的——旨在批判伦理客观主义，对此我们会在第二十一章详述。我们先来关注积极的理由。其中一个就是道德因人类而创造，在人类进入历史之前，世界上没有道德。而一旦我们的星球升温到无法忍受的程度，或者巨型小行星撞击地球，我们的物种会消失，道德也会随之消失。主观主义和相对主义很容易解释为什么道德要求不适用于蛇、蟑螂或红嘴蓝鹊——因为道德是人类为自己创造的一套规则，其他动物缺乏创造或遵守规则的脑力。在这一观点上，道德是人类创造的，也是为人类创造的。

由此又有了第二个吸引力——主观主义和相对主义为道德提供了一个直截了当、在科学上相当得体的解释。道德裁决没有什么神秘之处——道德反映了个人或社会的品味准则，既不多也不少。

如影随形的第三个吸引力是，主观主义者和相对主义者很容易解释道德知识的可能性。对于主观主义者来说，只要知道自己信奉什么，就可以知道在道德上被要求做什么以及被禁止做什么。对于相对主义者来说，道德知识来自全社会的信念，只要能触摸到社会的脉搏，就能够知道对与错。

最后一点是，在这些理论面前人人平等，很多人认为这是主观主义和相对主义的一大优势。根据主观主义，几乎每个人都是道德的最佳评判，因为每个人都对自己信奉的理念了若指掌。物理、工程或数学领域各有各的专家，主观主义者否认有任何道德专家（或者每个人都是道德专家），因为每个人都有获取道德知识的均等机会。根据相对主义，不同文化的道德准则没有高下之分，因此我们无权对另一种文化说三道四。这在许多人看来是为道德领域带来了一种令人耳目一新的平等感。

尽管这两种理论在究竟是个人还是社会的观点在道德上最具权威性方面存在

着分歧，但伦理主观主义和文化相对主义存在很多共同点，很容易放在一起评估。我们一起来看看。

伦理主观主义与文化相对主义的一些启示

道德的一贯正确性

主观主义和相对主义介于道德虚无主义和伦理客观主义之间。它们承认有真的道德标准存在（与虚无主义相反），但是其真实性完全取决于我们对标准的支持和拥护（与客观主义相反）。

然而，主观主义者和相对主义者彼此却经常存在分歧。主观主义者对文化相对主义持怀疑态度，因为他们认为一个社会在对与错上有时候会大错特错。如果一个社会准则的核心原则包含着严重的道德错误，那么文化相对主义就会陷入困境，因为文化相对主义认为社会最珍视的原则在道德上是正确的。

相对主义者承认有一些社会信念在道德上有可能是错误的。这些信念与社会最珍视的理念相冲突。但是，如果相对主义者是正确的，那么这些理念就绝不可能是不道德的，因为这些理念是每个社会的终极道德标准。

主观主义者对此的批评似乎是合理的。有些文化的核心理念似乎的确是大错特错。以努兰·哈利托古拉里（Nuran Halitogullari）为例。努兰是一个14岁的女孩，住在土耳其伊斯坦布尔。一天，她在从超市回家的路上被绑架。她被强奸了6天，然后被警察解救。在与家人团聚后，她父亲却认定因为她被强奸，玷污了家族的名誉。他于是行使了他所认为的作为家长的正当权力。就如他对报纸记者所说，"我决定杀了她，因为我们的荣誉被玷污了。我没有听她哀求；我把铁丝绕在她的脖子上，用力拉，直到她断气。"[1]

这种"荣誉杀戮"（honor killings）通常不受法律惩罚。因为他们所处的文化通常认为这种行为是正当的。在这种文化下，一个家庭的荣誉被认为取决于其女

---

[1] 苏珊·弗雷泽（Susan Fraser），《土耳其人杀死14岁的女儿》（"Turk Kills 14-Year-Old Daughter"），美国联合通讯社，2004年4月29日。

性的"纯洁"。这种纯洁性的衡量标准是，女人的衣着、她们和谁有关系以及她们是否被玷污过。仅仅在过去的20年里，就有数千名女孩和妇女被杀害，因为她们穿着"太西化"，有婚前性行为，有信不同宗教的男朋友，或者被强奸过。

这样的杀戮还得到文化中几个深层假设的支持：（1）男性应该对女性拥有生杀予夺的权力；（2）女性应该无条件地服从丈夫、父亲和兄弟；（3）如果女性给男性带来羞耻感，他就有足够的理由杀掉这个女性。

这些假设是许多文化的核心。如果伦理相对主义是正确的，那么从道德上讲，这些文化中的男性可能就必须要杀死自己的妻女或姐妹，因为她们露了小腿、亲了不该亲的男人，或者被强奸。

荣誉杀戮的核心是极端的性别歧视，让人不能不对文化相对主义满腹怀疑。而性别歧视还只是众多理由中的一个。毕竟，还有的社会植根于奴隶制、军国主义、宗教偏执或者种族压迫的原则之上。文化相对主义会把这样的核心原则变成铁定的道德义务，由此全民都成为奴隶制、性别歧视和种族主义的帮凶。**反传统主义者**（iconoclast）——那些强烈反抗传统智慧的人——顾名思义就永远在道德上是错误的。这一点让许多人觉得非常难以置信。

主观主义也面临同样的问题。根据文化相对主义，社会在道德问题上是一贯正确的（不可能犯错），至少社会的根本原则是这样。而在主观主义者那里，每个人的根本信奉在道德上是一贯正确的。诚然，主观主义者承认人们会犯道德错误，但是犯错是因为他们没有意识到自己的真正信奉是什么。当涉及根本信奉本身时，主观主义否认有任何错误或不道德的可能性。

所谓"永远正确"的问题在于，终极的道德原则——无论是由每个人还是每个社会所制定——都有可能是基于偏见、无知、肤浅的思考甚或被洗脑，却仍然被认为是正确的。无论根据哪一种相对主义，我们根本的道德信念的起源是无关紧要的。不管这些信奉源自何处，相对主义者坚持认为我们的终极道德信念是不会出错的。

如果道德存在于信奉者的眼中，每个人对道德的看法各异，那么每个人对事物的看法都是同样正确的。数百万人曾真心实意地拥护种族清洗、男尊女卑和蓄奴制度。主观主义把这些偏见变成了道德真理。

道德的同等性

主观主义者承认，他人的道德价值观即使很可能与自己的正相反，同样也是正确的。无论是偏执狂还是冥顽不化分子都不能说只有自己掌握着真理。

伦理主观主义是一种倡导道德同等性的学说，每个人的根本道德观都是同样合理的。这听起来是相当解放和宽容的思想，并且可以狠狠地教育那些傲慢、唯我独尊的人。这些人通常声称自己发现了真理，而且自认为有特殊的许可把自己的思想强加于人。如果主观主义是正确的，那么这些自大狂的观点就并不比其他人的思想更高明。

当然，自大狂的观点也坏不到哪里去。如果伦理主观主义是正确的，那么希特勒的道德观与诺贝尔和平奖获得者的道德观就同样是合理的。正如我们将在最后一章看到的（第二十一章"道德客观性支持不宽容"一节），如果所有人的道德观都是同等的，那么这是对宽容的威胁，而不是对宽容的倡导。因为我们把那些狭隘、不宽容的道德观与仁厚、包容的道德观相提并论。

文化相对主义者的观点要稍微好一点。他们否认每个人的道德观都同样合理。有些人在道德问题上更睿智，因为他们能审时度势，更好地把握社会的脉搏。但是，当涉及评估每个社会的根本准则时，相对主义者必须承认所有准则都不分伯仲。因为最终的道德标准是由每个社会认可的，因此就没有高下之分。这听起来像是平等和开放的思想。但在实践中却意味着，在道德上，极端歧视女性或少数族裔的社会准则和尊重女性及少数族裔的社会准则相比没有好坏之分。这一点无论如何不容易接受。

质疑我们自己的信奉

如果主观主义是正确的，那么只要我知道自己赞成什么，就知道什么是对的。这是因为我的赞成与否（根据主观主义）是对道德的最终测试。然而，有时候我们会怀疑自己的信奉是否值得，如何解释这种情况呢？在这种境况下，我们知道自己喜欢什么，但仍然对其价值不知所以。

这种困惑似乎是有道理的。我们都曾面对这样的情况，怀疑自己的判断，比如，对某人一往情深是不是对的，或者对某些行为百般挑剔是不是错的。然而，如果主观主义是正确的，这种怀疑就讲不通，因为我的赞成与否本身就应该是对与错的最终标准。

文化相对主义面临着同样的问题。这一理论不允许我们再去掂量自己社会的指导理念，因为这些指导理念本身（根据定义）就是正确的道德标准。然而，我们似乎应该有权利质疑一个社会的基本原则是否在道德上是可以接受的。但是，说到底，如果相对主义是正确的，有这样的疑问就只能说明我们对相对主义的道德观一无所知。

道德进步

无论个人还是社会似乎都有可能在道德上取得进步。当我们的行为比从前更道德的时候，我们就是在进步。但我在这里要讲的是我们在道德信念上的进步。当我们更多的道德信念是正确的，尤其是当我们最根本的信念变得更好的时候，社会就是在进步。

比如，美国种族歧视和性别歧视态度的日渐减少就代表了这样的道德进步。第二次世界大战后，德国社会进行（并仍在进行着）的那种忏悔式自我反省，比起纳粹时期的意识形态也有了明显的改善。当我审视自己的人生时也一样，我意识到年轻时持有的一些道德观点，在现在看来是大错特错的。也许你也会有同感。

而相对主义和主观主义的问题在于，这两种理论都无法解释最基本的道德进步。如果一个人或一个社会最深层的信念被定义为是正确的，那么这些信念就不可能变得更好。这些信念当然可以改变，但是这种变化并不会标志着道德上的提高。

要衡量道德进步，我们需要一个标准。在伦理学中，这一标准就是终极的道德规则（如果我们是多元主义者，就会有多个规则）。如果主观主义是正确的，个人的观点就是最终的规则。如果相对主义是正确的，那么社会的根本理念就是终极规则。这一点是毋庸置疑的。比如，如果一个社会逐渐从根深蒂固的性别歧视态度中摆脱出来，根据这一标准，这就不可能算是道德上的进步，而只是道德准则的转换。如果相对主义是正确的，不同的道德准则就没有好坏之分，它们在道德上是同等的。

如果主观主义是正确的，那么在监狱里洗心革面的囚犯，即使决定悔改向善，也不能说他在道德上有了进步。如果相对主义是正确的，那么一个摒弃了前期种族纯化和种族灭绝思想的社会也不能说在道德上取得了进步。这无疑是令人难以置信的。

伦理主观主义与自相矛盾问题

对于这两种理论存在的最后一个问题，我们大概已经了然于胸了，那就是自相矛盾问题。当一个命题同时既为真又为假的时候，就是出现了矛盾。比如，一边肯定又一边否定帝国大厦在纽约就是矛盾的。自相矛盾的理论没有逻辑、混乱不清，于是也就不可能是真的。

看起来主观主义会导致矛盾，我们可以通过下述主观主义对真与假的测试来理解：

（S）当道德判断准确地报告了一个人的感受或信奉时，就是真的，否则就是假的。

如果命题（S）是正确的，那么任何一个道德问题辩论的双方就都是正确的。赞成堕胎的人说堕胎在道德上是正确的，这是在说真话。反对堕胎的人说堕胎是不道德的，同样也是在说真话。但是，堕胎不可能既是对的又是错的。这就是自相矛盾。

我们可以用主观主义矛盾问题论证（Contradiction Problem for Subjectivism）来概括如下：

1. 任何会产生矛盾的理论都是错误的。
2. 伦理主观主义理论会产生矛盾。
3. 所以，伦理主观主义是错误的。

第一个前提肯定是真的。如果一个理论告诉我们同样的主张既为真又为假，那么这个理论就是不合逻辑的。因此，主观主义者就必须要攻击第二个前提。

他们的确是这样做的。有一种主观主义的反驳可以避免自相矛盾，尽管要付出一定的代价。他们的解决方案是说，人们在道德辩论中往往言非所指，我们的所说和所指不是一回事。比如我们说：

- 死刑是不道德的。
- 堕胎是错误的。
- 我们吃动物制品是没关系的。

但我们的所指是：

- 我认为死刑是不道德的。
- 我不赞成堕胎。
- 如我所见，吃动物制品是没关系的。

于是，主观主义的自相矛盾就不复存在了！

假设你和你的朋友在吃动物制品是不是错误的问题上争执不休。你说是错误的，他说不是错误的。在主观主义者看来，你是在说你不赞成吃肉，你的朋友在说他赞成吃肉，这两种说法并不矛盾。这种言非所指的策略适用于所有的道德主张，因此主观主义就从自相矛盾的问题中走了出来。

这样做要付出两个代价。第一，主观主义者必须指责几乎所有人都误读了他们自己的道德主张。第二，这种观点完全无视道德分歧存在的可能性。

为了说明第一点，我们来考虑以下对话：

> **我**：种族灭绝是不道德的。
>
> **主观主义者**：我听到你说——你不赞成种族灭绝。
>
> **我**：是的，我不赞成种族灭绝。但我不是这么说的。我不是在谈论我的态度。我说的是种族灭绝。你在改变话题。

主观主义者听不懂我的回答。不是我的回答可能是错误的。相反，我的回答完全不知所云。因为我在假定道德讨论涉及我的信奉以外的事情。当然，我们大多数人都会这么想,道德不应该只是我们自己的态度问题。然而,如果主观主义是正确的,那么我们就是错误的。

为了避免自相矛盾问题,主观主义者不得不说,我们的道德主张只反映我们自己的信奉。当我说种族灭绝是错误的,我并不是说种族灭绝具有"错误"的特征。我是说我不赞成种族灭绝,或者我的原则禁止种族灭绝。我是在谈论我自己。然而,当大多数人在做出道德判断时,他们不只是在谈论自己。

第二个问题更为严重。主观主义无法解释道德分歧的存在。为了避免产生自相矛盾,主观主义者必须把所有道德判断都理解为是对个人赞成与否的叙述。吃肉是错误的主张就变成了我不赞成吃肉的主张,勇敢是一种美德的判断就变成了我很钦佩勇敢的主张,等等。然而,如果是这样,涉及激烈分歧的道德辩论就变得面目全非了。也就是说,人们不可能在道德上有任何真正意义上的分歧。

试想前面讨论过的一个争论:

你说:吃肉是错误的。
你朋友说:吃肉没关系。

主观主义者将其翻译为:

你的意思是:我不赞成吃肉。
你朋友的意思是:我赞成吃肉。

矛盾确实消失了,但两人的分歧也消失了。如果你们两个人都是郑重其事地就事论事,就会互相同意对方的主张。如果道德判断所做的只是表述人们的不同观点,那么就不可能在道德上反对别人诚恳地说出自己的想法。但这显然不是道德分歧的意义所在。

简言之,主观主义面临一个困境。如果我们用所言就是所指来理解道德主张,那么主观主义就会产生自相矛盾,因此就一定是错误的。如果我们把道德主张重新解释为是我们的态度,那么矛盾会消失,但道德分歧也会消失。

文化相对主义与自相矛盾问题

文化相对主义也面临同样的困境。文化相对主义认为一个道德判断是真的,只是因为它正确表述了一个社会的核心立场。比如,如果不同的社会对于女性的合法政治地位各执己见,那么各自社会成员在肯定(或否定)女性的道德平等时就都是正确的。但他们不可能都是正确的,女性是否应当享有完全平等的政治权利的陈述不可能同时既为真又为假。

相对主义者可以用同样的方式来回避这个问题。他们声称,道德判断只是社会的共识。在这种思维方式下,道德判断就像法律判断。比如,说吸大麻既合法又非法并不矛盾,只要我们指出它在某些地方是合法的,而在其他地方是非法的。

相对主义者会说,我们所有的道德主张都必须参照社会共识来理解。当你说吃肉是对的,而你从加尔各答来的信奉印度教的朋友说吃肉是错的,两人真正要说的是:

你:我的社会习俗允许吃肉。

你的朋友:我的社会习俗禁止吃肉。

同样,这两个说法就都是正确的。自相矛盾消失了,没有哪一个判断同时既为真又为假。

但同时跨文化的道德分歧也一并消失了。我们在吃肉的例子里看到的相同模式会不断地重复。如果我们做道德判断只是在发布社会学报告,来指出我们社会的核心立场,那么跨文化的道德分歧就不复存在。我们不再是在谈论吃肉、堕胎或吸毒,我们是在谈论各自社会对这些事情的看法。

然而,这似乎并不是严肃的道德辩论的意义所在。例如,我们可能会意识到,一个社会可能会允许让妻子作为家庭奴隶,但是人们也许对这一政策是否道德会争论不休。但是,如果相对主义解决了自相矛盾问题,我们就不可能有这样的意见纷争。

因此,文化相对主义者与主观主义者面临着相同的困境。如果仅仅从字面上来理解道德主张,那么相对主义就会产生矛盾。如果道德主张被装扮为对文化共识的表述,矛盾就消失了,但是跨文化的分歧就变得不可能了。

甚至，相对主义者在某种程度上比主观主义者更脆弱，文化相对主义者可能根本无法摆脱自相矛盾的羁绊。

如果有人从属于亚文化群体——一个处于较大文化群体中的较小文化群体——那么他们往往要面临一个常见的问题。他们被迫要在效忠更大的社会还是效忠自己的亚文化之间做出选择。他们至少是两个社会的成员，而当两个群体的道德准则发生冲突时，这些不幸的人就要面对相互矛盾的道德意见。

这并不是某些哲学家的虚构，相反，这种情况经常发生。我们可以很容易地找到很多这样的例子，但下面这个著名的宪法案应该足以说明问题。

让我们来考虑威斯康星州诉尤德案（Wisconsin v. Yoder），这是1972年由美国最高法院裁决的案子。当时，威斯康星州要求所有16岁以下的儿童都要接受学校教育。三个老派阿曼派（Old Order Amish）家庭的儿子在八年级后就不再去上学了，因为他们的父母相信继续受教育会与他们的宗教价值观相冲突。三个学生被判违反了威斯康星州法律，但是州最高法院推翻了该判决。威斯康星州随后向美国最高法院提出上诉，最高法院支持阿曼派家庭。在裁决中，联邦最高法院多数派认定：

> 他们（阿曼派家庭）反对高中和高等教育，因为高中和高等教育的价值观与阿曼派的价值观和生活方式有明显的差异；他们认为中学教育让孩子们饱受"世俗"的影响，这与他们的信仰相冲突。这些影响包括，过于强调智力和科学上的成就、个人奋斗、竞争、世俗的成功以及与其他学生的社交生活。阿曼派社会强调通过实践进行非正规学习；追求"行善"的人生，而不是发挥智力的人生；追求智慧而不是技术知识；崇尚社区共同利益而不是竞争；与当代的世俗社会相分离而不是融合。

这些学生同时生活在（至少）两个社会中：他们的阿曼派社区和更大的威斯康星州。如果相对主义是正确的，那么我们的行为是否道德完全取决于社会标准是否允许这样的行为。但是，如果我们生活在不同的社会，其道德准则就必然会有冲突，那么我们的行为就会既是道德的又是不道德的。这显然会产生自相矛盾。

如果我们能分辨出哪个社会准则更重要，我们就能够解决这个问题。然而，相对主义不允许这样做。根据相对主义理论，各个社会的道德准则没有高下之分。我们还可能想让孩子们自己来决定，认为孩子们喜欢的准则应该是更重要的准则。然而，这样做就完全违背了文化相对主义，这是用个人的好恶来决定行为的道德与否。如果我们可以选择自己的行为准则，这就是主观主义，而不是相对主义。

事实上，文化相对主义的批评者经常说，这一学说的确最终会瓦解为主观主义。当我们的观点和社会的观点发生冲突时，为什么认为社会总是正确的？如果道德是由人创造的，那么很难证明道德智慧总是掌握在大多数人而不是个人手中。多数人可能有权力强迫少数人随波逐流，然而强权不等于真理。

主观主义者声称，在个人和社会的信奉相冲突时，个人在道德问题上总是更明智。文化相对主义者持相反的观点。但也许事情并没那么简单，有时个人的意见占上风，有时社会的共识占上风。有时即使是最深刻的信奉，个人或者社会也许都搞错了。如果真是这样，那么我们就必须往别处去寻找对道德真正本质的解释。

理想观察者

有一种自然而然的方法可以用来解决主观主义和相对主义所面临的问题。我们必须确保制定道德法则的人（无论是个人还是整个社会）不是从无知出发做出选择，而是掌握了充分的信息。我们还要确保立法人推理清晰，不犯逻辑错误。换言之，我们不应该允许像我们自己一样的人（有缺点）成为道德立法的权威，相反应该让位于**理想观察者**（ideal observers），他们的愿望和选择应该成为道德的最终标准。理想观察者能够更冷静、更有见识、更理性地审时度势。他们比我们这些凡人更有资格制定道德法则。

根据这种改良之后的主观主义，行为的道德与否取决于我是否赞成这一行为，但是这里的我必须是完全理性、掌握所有的信息。改良之后的相对主义则认为，行为的道德与否取决于如果一个社会的成员完全理性、掌握所有的信息，是否会赞成这一行为。

理想观察者并不真正存在，没有任何人，也没有任何文化，能够无所不知，也没有任何人或任何群体可以做到完全理性。但是，这样的观察者不存在并不影响理想观察者观点的合理性。我们都知道要消除思维中的误区——比如，忽视相关的事实、情感偏见、非理性和不合逻辑的思维。理想观察者理论让我们反思理想的自我会喜欢什么，这并不是因为我们中的任何人是理想的，而是因为在理想条件下的选择应该是具有道德权威的。

这种理想观察者的观点肯定会纠正我们已经注意到的一些问题：（1）即使现在，我们个人和社会的核心道德信念也有可能是错误的，因为没有能达到理想观察者的标准。（2）个人和社会的观点在道德上是不对等的，因为有些观点会更接近理想观察者的观点。（3）对奴隶制和种族灭绝的全心支持在道德上不会自动就具有权威性，因为这种支持几乎无一例外是基于无知和非理性。（4）当个人和社会的道德观反映了理想观察者的观点时，道德进步将成为可能。（5）相互冲突的道德观点之间会有真正的分歧，因为道德判断不再是个人观点或文化共识的表述，而是理想观察者所认可的主张。

这些都是对主观主义或相对主义切实的改进，然而，理想观察者观点也并不是没有自己的问题。事实上，有两个问题颇为严重。第一，如果理想观察者之间存在任何分歧，就会产生矛盾。理想观察者观点认为，完全有理性和足够智慧的人通过他们的选择创造道德。倘若如此，那么一旦这些人做出相互冲突的选择，矛盾就在所难免。自相矛盾无疑是任何理论的致命伤。

也许绝顶智慧和绝对有理性的人对任何事情都不会有异议。但是，我们是否可以这么乐观？比如，那些深谙所有胚胎学知识的专家，在道德上仍然可能对堕胎各执一词。根据理想观察者观点，这些天才要去评估一种行为是否道德，而并不是要试图理解其道德性。毕竟在他们做出决定之前，行为还没有道德性可言。理想观察者的任务不是去评价一个已有道德特征的世界，相反，他们的偏好和选择创造了道德。但是，在决定道德的时候，理想观察者还是会有相互冲突的偏好和态度，若如此，就会产生矛盾。

我认为，对于这个问题，有一个很好的解决办法。我们可以借用前几章提到过的一个策略[1]，这个策略在解决社会契约论和美德伦理学出现的类似问题时还算得

---

[1] 参见第十四章"立约人之间的分歧"一节以及第十七章"对美德伦理学的反驳"一节关于"优先性问题"的讨论。

心应手。这个策略是说，只有在所有理想观察者对某一行为都持相同态度时，才能决定在道德上应该要求或是禁止这一行为。如果所有理想观察者都赞成一种行为，那么这种行为在道德上就是必须的。如果他们都反对这种行为，那么这种行为在道德上就是被禁止的。如果他们意见不一，那么这种行为在道德上就是被允许的——既不是必须的也不是被禁止的。如果道德取决于所有理想观察者整体的态度，而不是每个观察者各自的态度，这一理论确实可以避开自相矛盾问题。

但是，第二个问题要棘手得多。理想观察者理论是说，没有任何事情在本质上就是正确的；一件事情是正确的仅仅是因为理想观察者认同它。但是，如果这些人认为消灭心智残障人士是个好主意呢？如果他们认为施虐比仁慈更可取呢？如果他们赞同种族歧视政策怎么办？

我们也许会认为这样的假想不可能发生。但是为什么不可能呢？邪恶之人不一定必然无知或不合逻辑。知识渊博的人也不一定有同情心。高超的逻辑技能不会自动转化为更大的仁慈之心。即使我们中最为理性和最有见地的人仍然有可能是偏执、可恨和残忍的。

回顾一下我们的整个思路。主观主义和文化相对主义允许用个人或社会的基本观点来决定最终的道德标准。然而，这些基本观点很可能来源于无知、偏见和错误的推理。我们试图用理想观察者概念来修正相对主义理论，将道德的创立者看作理想化的个体。理想化的个体拥有最完善的信息和完美的逻辑技能。然而，如上所见，这个修正版的理论同样有自己的问题，并且无法走出相对主义最初的困境。最智慧的人也可能是最冷血和最残忍的人。

对于理想观察者理论来说，这是一个严重的问题。实际上，这是一个似曾相识的问题，同样也困扰着我们讨论过的神命论[1]。神命论认为，没有本质上是对或错的行为，行为的道德性完全取决于上帝的认可与否。按照这一观点，行为的道德与否完全取决于上帝的许可或禁止。

在此，最根本的症结在于，行为的正确与否不仅仅因为某人（甚至上帝）碰

---

[1] 关于神命论更详细的讨论请参见第五章。

巧认可。回想一下我们之前讨论过的欧蒂弗罗困境[1]。要么上帝的命令是有理由的，要么是没有理由的。如果是没有理由的，那么上帝的命令就是任意的，不能为真正的道德提供基础。但是，如果上帝的命令确实有他的理由，那么这些理由而不是上帝命令本身，才是行为正确的真正原因。上帝可以正式核准道德，对每一条标准都了如指掌，把道德标准传给我们。但是，上帝不是道德的缔造者，否则道德就是建立在任意的基础上的。

游叙弗伦困境也同样威胁到我们在本章中考虑的所有相对主义的观点。主观主义、文化相对主义和理想观察者理论都具有相同的基本结构。根据这些理论，任何事情本身无所谓对与错。行为的道德性完全来自我们个人或社会对这一行为的认可；或者如果我们足够有智慧，我们将会对这一行为的认可。为什么我们的决定会有如此强大的威力，以至原本没有价值取向的行为转身被赋予了道德性和正确性？

这些在道德上全能的人，他们做出的决定或者有或者没有充分的理由。如果没有充分的理由，那么这些决定就是任意的，不可能成为值得我们每个人遵守的道德的基础。但是，如果有充分的理由来支持这些决定，那么这些理由而不是决定本身，决定了行为的道德性。

比如，假设我（我的社会、理想观察者或者上帝）有充分的理由大力反对酷刑。因为酷刑会带来痛苦，严刑逼供之下得到的信息不一定可靠，酷刑是对人的极大侮辱，以及它使得受害者变得完全无助无力。如果这些确实是反对酷刑的很好的理由，那么这些理由本身就足够证明酷刑是错误的。我的赞成与否并没有增加任何分量。如果我是真正明智的人，那么我的反对可以表明某种行为是不道德的，但是我的赞成与否并不能使一种行为从无所谓对与错变成被禁止的行为。

苏格拉底反对神命论的论证，可以同样有力地用来反对主观主义、相对主义和理想观察者理论。如果他的推理路线是正确的，那么我们的认可本身就不足以表明事情的正确与否。一种行为是正确的，是因为背后有充分的理由支持这样的行为，而不是因为个人或团体碰巧认可这样的行为。

---

[1] 参见第五章"道德与宗教的三个假设"一节关于"第二个假设：上帝是道德的创造者"的讨论以及第十七章"对美德伦理学的反驳"一节关于"优先性问题"的讨论。

结论

文化相对主义和伦理主观主义的主旨是挑战道德是客观的观念。但是，如上所示，这两种理论都面临着一系列类似的问题。它们认为，所有的道德观点或社会准则在道德上是同等的，认为每个人或每个社会最核心的信奉在道德上都是不可能出错的，即使是出于无知或偏见的信奉也不例外。这两种理论无法评估我们的指导理念，因为这些指导理念一开始就被定义为真。这两种理论都不能解释根本的道德进步。两种理论都会产生矛盾，而只有通过放弃道德分歧的可能性，才能消除自相矛盾问题。

正因为这一系列的问题，文化相对主义和伦理主观主义并不受哲学家的欢迎。对于那些怀疑道德客观性的人来说，虚无主义可能会更有前途一些。

供讨论的问题

1. 文化相对主义和伦理主观主义有什么区别？为什么这两种理论都与伦理客观主义不相容？
2. 为什么有人会觉得这两种相对主义各有其吸引力？
3. 在什么意义上伦理主观主义使我们在道德上是一贯正确的？这一点是这种理论的长处还是短处？
4. 伦理相对主义能解释道德进步的观念吗？道德进步真的存在吗？
5. 有人可能反对伦理主观主义是因为这一理论会产生自我矛盾。主观主义者如何回应这种批评？他们的回应是否充分？
6. 一种行为是否可以同时在多个社会中付诸实施？如果是这样，而且如果文化相对主义是正确的，这是否会导致矛盾？文化相对主义者能躲过这一问题吗？为什么能或者为什么不能？
7. "理想观察者"的概念如何解决了相对主义和主观主义的一些问题？你认为对理想观察者理论最严肃的反驳是什么？这一理论是否能够顶住这样的反驳？

第二十章
道德虚无主义

在决定道德的地位时，基本上有三种选择。第一，道德可能是客观的，其规则适用于所有人，完全独立于我们的意见和欲望。第二，道德可能是相对的，其权威性取决于个人或文化的偏好。第三，道德可能只是一种空想，一组复杂的规则和建议，而背后没有任何真实的东西。这最后一种观点被称为道德虚无主义（来自拉丁语"*nihil*"，意思是"无"）。

和相对主义者一样，道德虚无主义者也反对伦理客观主义。道德完全是人类的创造，在这一点上，虚无主义者和相对主义者是意见统一的。但是，虚无主义者并不热衷于伦理相对主义。相对主义者相信道德上的善、道德义务和美德。虚无主义者则不相信这些。虚无主义者否认有任何道德品质的存在，否认有任何道德要求的存在。没有什么是道德上善的，也没有什么值得称赞或责备。

根据虚无主义者的观点，大千世界存在着严格的**事实-价值区分**（fact-value distinction），这基本上是说事实和价值之间存在着根本的不同。虚无主义者认为，价值是在这一区分的错误的一端。事实存在，价值不存在。价值判断不是事实判断，因此不可能是真的。事实判断告诉我们一些东西；价值判断则不提供任何信息，因为价值判断不做描述。我们可能认为背信弃义是不道德的是不争的事实，或者乐善好施是美德也是事实。但如果虚无主义是正确的，就没有这样的事实。事实是真实的，而价值不是。

道德虚无主义有两种重要的形式：**错误论**（error theory）和**表达主义**（expressivism）。错误论者声称，我们的道德判断总是错误的。表达主义者否认这一论断，但是同时也否认道德判断可以准确地描述现实。相比之下，表达主义更为复杂一些，因此我们先从错误论开始讨论虚无主义。

错误论

在内心深处，我们是不是有时隐隐有一种感觉认为道德完全就是一个骗局？道德只是我们从先人那里继承下来的一套传统规则而已，很有可能是出于当初的无知、迷信和恐惧？也许道德只是信手拈来的虚构，根本没有深层的权威性。

道德的错误论就是建立在这样的怀疑之上的，它包括以下三个基本主张：

1. 这个世界根本没有道德特征。也就是说，任何事情没有道德上的好与坏、对与错、美德与邪恶。如果我们仔细研究世上万物，可以列举一系列的科学品质：对称、液态、两英尺长、以碳为基础、球形等。但这样一份清单不会包含任何道德特征。

2. 任何道德判断都是假的。为什么？理由很简单：因为没有可以是真的东西。因为没有道德事实。因此，任何道德主张都不可能是准确的，因为没有道德事实可供记录。

3. 我们真诚的道德判断试图描述事物的道德特征，但总是无一例外地会失败。因此，我们在道德层面的思考总是会出错。当我们做道德判断时，我们试图描述事物的道德品质。但是，由于没有任何事物有道德品质，所有的道德主张就都是错误的。这就是错误论所谓的错误。

因此，错误论还有第四个主张：

4. 道德知识是不存在的。知识需要真理，如果道德真理不存在，道德知识也就不存在。

错误论者不是在发动对道德小打小闹的攻击，不是在批评我们目前的福利政策或者批评死刑，进而试图找到更好的政策取而代之。相反，他们认为，所有的道德观点都同样毫无价值。所有信奉道德的人都犯了一个严重的错误，而错误论者一定要揭露这一错误，从而揭示真理：道德只不过是一种虚构。

如果我们喜欢类比，可以把错误论之于道德，比作无神论之于宗教。错误论者和无神论者都否认道德或宗教世界观的真实性，尽管这样的世界观被广为接受。他们试图在世界观体系的核心找到错误，而由此来全盘否定道德或宗教体系。

无神论者实际上就是宗教领域的错误论者。他们认为，世界没有宗教特征，没有任何宗教主张是真的，宗教信徒试图（但总是失败）描述关于上帝的真理。无神论者否认有任何宗教知识。其核心解释很简单，如果无神论者是正确的，那么所有普遍的宗教主张（上帝对我说话，上帝创造了宇宙，上帝是全知的）都是错误的，因为这些主张都是基于上帝存在的错误假设。

如果无神论者能够说服我们宗教信仰的核心存在致命的错误，他们才能成功地捍卫自己的观点。同样，道德错误论者只有证明道德的核心存在致命的缺陷，才能证明错误论的观点。

这还取决于道德的根本错误是什么。原则上说，根据道德所犯的根本错误，我们可以阐发出无数不同的错误论。但实际上，只有一种最致命的错误。

所有错误论者都一致认为，彻底动摇道德基础的致命错误是道德假定有客观的道德标准存在，而无论我们每个人的喜怒好恶如何，都必须绝对服从这样的道德标准。错误论者认为，正如宗教从根本上依赖超自然的力量一样，道德在本质上依赖道德标准的客观性，及道德所提供的**绝对理由**（categorical reason）——我们必须服从于道德的理由，而无论服从的结果如何，我们是否得之所欲。[1] 如果这一中心假设是错误的，那么整个道德大厦就会坍塌。

---

[1] 有关绝对理由的更多讨论，请参见第十一章"道德与理性"一节的相关讨论。

错误论者必须要让我们相信两个基本点。首先，他们必须证明，坚信道德就意味着对道德客观性和绝对理由的信奉。很多人对这一点颇不以为然，比如主观主义者和相对主义者，以及我们接下来要讨论的表达主义者。如果道德并不依赖这些假设，那么错误论者对道德的批判就是无的放矢。

但是，假设道德思想和实践的一致性确实依赖这两个假设：道德是客观的，而且道德为我们提供了绝对理由。错误论者必须让我们相信的第二点是，这两个假设中至少有一个是错误的。

也许两者都是有可能的。我们已经讨论过很多有关"为什么要有道德"的论证[1]，接下来我们要（在下一章）来讨论反对道德客观性最著名的一些论证。在本章，我们不再重复这些尝试，而是主要关注错误论的意义。

尽管在哲学界以外，几乎没有人听说过错误论，但是错误论带来的忧虑却深入人心。而且人人都无法想象放弃道德将产生怎样绝对可怕的结果。哪怕我们只是想一想道德可能是虚构的，都是心智沦丧的表现。因此，错误论是不被信任的。一旦人们放弃了道德，就可以随心所欲、为所欲为，这离世界大乱就为时不远了。

在这里，有两种对错误论的批判，但它们都是错误的。第一种我们称之为灾难性结果论证（Argument from Disastrous Results）：

1. 如果广泛接受一种观点会导致灾难性结果，那么这种观点就是假的。
2. 错误论被广泛接受将导致灾难性结果。
3. 所以，错误论是假的。

第二个前提是否正确是个有趣的问题，我们可以暂且不讨论，也不需要讨论，因为第一个前提肯定是错误的。一个理论的真假不取决于如果每个人都接受会产生的结果。

要认识这一点，可以先考虑反无神论的一个类似论证。有些人认为，普遍接

---

[1] 参见第八章"为什么要有道德？"一节、第十一章"道德与理性"一节以及第十四章"为什么要有道德？"一节的相关讨论。

受无神论会带来灾难。我不知道这是否正确，但是假设会带来灾难性结果。然而，没有证据可以证明上帝存在。再比如，如果有人泄露了国家机密，并且其内容被广泛接受，这可能会造成巨大的灾难。但是这很难证明这些秘密文件的内容是假的。因此，我们不能说如果普遍接受错误论会导致文明的毁灭，错误论就不是真的——即使人类文明真的会毁灭。

有些人认为第一个前提很像是真的，这大概是因为与另外一个相近的论证混为一谈了：

> 1a. 如果一种特定行为盛行一时会导致灾难性结果，那么这种行为就是不道德的。

这两个命题不应该相提并论，第一个前提所说的是理论及其真，而不是行为及其道德地位。即便如此，正如我们在前面的讨论中所看到的，1a 也是错误的[1]。如果每个人都独身，那么人类会灭绝，这对人类来说是灭顶之灾。然而，这并不表明独身是不道德的。

还有人将第一个前提与另外一个具体版本弄混了：

> 1b. 如果广泛接受一种道德理论会产生灾难性结果，那么这一道德理论就是错误的。

这一版本的命题不太容易反驳。许多哲学家认为 1b 是正确的，尽管其他哲学家——大多是功利主义者——不以为然[2]。幸运的是，我们不必纠缠于这一命题是否正确。因为错误论不是道德理论。它并非要教导我们义务在哪里，或者哪些品格特征是美德。错误论否认所有的道德理论，认为每一种理论都是错误的。由于错

---

[1] 参见第十一章"一致性与公平"一节的相关讨论。
[2] 许多功利主义者认为，尽管效用原则是正确的，但普遍接受这一原则实际上可能会产生相当糟糕的结果。关于这一点的讨论，请参见第十章"功利主义是非常苛刻的"一节关于"动机"的相关讨论。

误论不是道德理论，原则 1b 就没有针对性。

如果错误论不是道德理论，那么是什么？用晦涩一些的术语来说，错误论是一种**形而上学**（metaphysical）理论——关于世界本来是什么样子以及实际上存在什么的理论。有神论是一种形而上学理论，它说上帝是存在的。其他形而上学理论试图捍卫灵魂的存在，或自由意志的存在，或不朽性的存在。

灾难性结果论证的基本问题是，形而上学理论不能用第一个前提所宣称的方式来检验。比如，我们不能靠表明（如果可以）如果放弃对自由意志的信仰，可怕的结果就会发生，来证明自由意志的存在。形而上学理论试图描述世界是什么样子的，这些理论可能包含一些苦涩的真相，这些真相如果被广泛接受，将导致心痛，或者失去信仰，甚至长期的习俗和社会实践的崩塌。（这就是真相之所以苦涩的原因。）然而，充其量这样的结果是不把真相公诸于世的理由，却不是证明理论为假的理由。

另外一个对错误论的反驳针对的是错误论者自己。如果错误论者拒绝接受绝对理由，拒绝接受道德客观性，那么他们就必定是不值得信任的人。只有当我们认识到道德义务的真实性，道德义务是外部施加给我们的一组规则，这种规则对我们有真正的权威时，我们的道德良知才能够抑制自己时时反社会的冲动。错误论者拒绝接受这些前提，那么自私、不管不顾的冲动就会来掌控他们的行为决定。由于错误论者不值得信任，那么他们提出的观点也就一样不可信。

但是这种思维方式是错误的。错误论者很可能对他人关怀备至，并且很可能强烈反对那些传统上认为不道德的行为（杀戮、强奸、偷窃等）。当然，如果他们表里如一，他们不会认为这些行为是不道德的。但他们可能仍然坚决反对这些行为，可能是发现这些行为令人作呕、毫无成效、不得人心或者就是让人不快。

不过，有人可能会争辩说，错误论者并不能保证自己行为得当。这肯定是真的。但是，同样，对拒绝错误论的人来说，也不可能做到这样的保证。每年有多少以道德的名义对不同道德信仰的人实施的暴行？远远超过错误论者所做的！

除此之外，这种批评完全不能解决错误论本身是否正确的问题。事实上，这是一种经典的谬误——**诉诸人身攻击**（ad hominem attack），即在批评一种理论的时候，不是去批评其立场的真实性，而是去批评支持这一立场的个人。不喜欢信件的内容？那么就攻击信使。这种怨天尤人的批评不但有失风度，而且这样的策略完全没有意义。我们想知道是否道德都是虚构的，人身攻击不可能来回答这个问题。

要回答这个问题，唯一可行的是做两件事。首先，我们需要确定错误论者认为道德依赖两个基本假设是否正确。这两个假设是：(1) 道德是客观的；(2) 无论我们的欲望如何，道德提供了服从它的绝对理由。对我来说，我不能肯定当我们想到道德的时候是不是坚信这两点。主观主义者和相对主义者毫无疑问否认这两个假设。因为他们不认为道德依赖假设（1）和（2），所以他们否认有任何错误的存在。

但是，假设道德的确要依赖这两个假设，那么要捍卫错误论的观点，他们就必须证明不存在绝对理由，而且道德不是客观的。我们拭目以待来看他们是否能做到这一点。

表达主义

表达主义是否认道德客观性的另一组观点。事实上，表达主义者接受错误论的前两个主张：

1. 这个世界根本没有道德特征。
2. 任何道德判断都是假的。

然而，与错误论者不同的是，表达主义者认为道德本身状态良好。我们的道德思想核心并没有致命的错误。但是如果主张 1 和 2 都是真的，这怎么可能呢？

很简单，表达主义者拒绝错误论的第三个根本主张：

3. 我们真诚的道德判断试图描述事物的道德特征，但总是无一例外地会失败。

根据表达主义者的说法，我们在做道德判断时并不是要实话实说。我们不是在竭力描述世界的样子，不是在描述各种行为、动机或政策所具有的道德特征。相反，我们是在宣泄自己的情感，命令别人以某种方式行事，或者公开一个行动计划。比如，当我们谴责酷刑时，我们是在表达自己的竭力反对，表明我们对酷刑的深恶痛绝，公开声明我们不愿意去实施酷刑，并且强烈鼓励其他人不要参与其中。我们在表达这些意思时可以完全不牵扯到真假问题。

表达主义背后的一个基本观点是，道德主张与直截了当的事实判断大相径庭。事实判断试图描述世界的真实存在。而如果表达主义是正确的，道德主张的目的就大不相同。

这一点听起来很奇怪，我们可以用下面的例子来更好地加以解释：

（A）酷刑是不道德的。

从表面上看，这句话与下面这句话的作用相当：

（B）水是湿的。

句子（B）告诉我们水有一定的特征——是湿的。句子（A）与此类似，它告诉我们，酷刑有一定的特征——是不道德的。（A）和（B）没有什么不同。所有的道德主张似乎都在赋予某些东西一种道德品质。但是，如果这样的品质不存在，那么我们的道德主张是不是总是错误的？

不一定。如果表达主义是正确的，那么（A）和（B）的相似性就只是表面上的。当我们说酷刑是不道德的，我们并不是在描述酷刑。我们不是说酷刑有任何特征，我们甚至不是在描述对酷刑的感受（主观主义的观点）。相反，我们似乎是在说：

- 酷刑——啊！
- 不许用酷刑折磨人！
- 让我计划一个没有酷刑的人生。
- 大家都停止酷刑不好吗？

这些表达没有真假可言。这也就是表达主义和错误论之间的核心区别。错误论者认为，我们真诚的道德主张是在陈述真理，而由于没有任何道德真理，这些道德主张就都是错误的。相比之下，表达主义者认为，道德主张基本上是正确的，因为这些主张在做它们意图要做的事情。

意图要做的事情是什么？表达主义者认为，道德主张不是要反映真实的世界。道德主张的功能是宣泄情感，下达命令，表明我们的信奉立场。既然道德主张达到了这些意图，我们就没有理由指责说道德是错误的。

表达主义背后的基本哲学动机很简单。表达主义者在否定道德客观性的同时希望找到对道德的信心，同时还希望避免文化相对主义和伦理主观主义所遭遇的困难。

相对主义和主观主义（如在前一章所见）的最大问题是，这些观点或者会产生自相矛盾，或者无法解释真正的道德分歧。而表达主义可以轻而易举地处理这两个问题。

当同一主张既为真又为假时，就会产生自相矛盾。如果表达主义是正确的，那么任何道德主张都没有真假可言，因此就不可能有道德上的矛盾。

表达主义者把道德分歧看作情感或个人信奉立场的冲突。比如，有关堕胎的辩论揭示的不是堕胎问题的道德特征（因为道德特征不存在），而是不同派别的不同感受。一方对堕胎感到愤怒和不安，另一方则没有。如果我们相信表达主义对道德分歧的分析，那么我们在许多道德问题的辩论中看到的情感冲突就是不出所料的。

然而，表达主义者仍然无法摆脱道德同等性的困扰。表达主义的正式立场是，道德价值和道德真理都不存在。如果是这样，那么所有的道德观点都是同等的。有些观点可能更有逻辑性，有些观点可能更注重事实，还有一些观点可能让人觉得更幸福或更有满足感。然而，所有的道德观点都没有真理可言。

表达主义还有更多的困扰。下面这三个困扰看起来尤为严重。

从逻辑上对道德进行论辩何以可能？

如果如表达主义者所言，道德主张没有真假，那么就很难理解道德论证如何可能。逻辑论证是保真（truth preserving）的——在逻辑上有效的论证被定义为如果前提为真，那么结论必须为真[1]。如果道德主张不能是真的，那么我们如何用道德

---

[1] 有关逻辑和有效性的更多讨论请参见导言"道德推理"一节的相关讨论。

主张来论证支持其他的主张呢？

要理解这种逻辑上的困扰，可以考虑以下论证：

1．一切使人丧失人性的行为都是不道德的。
2．酷刑使人丧失人性。
3．所以，酷刑是不道德的。

这个论证在逻辑上似乎无懈可击。如果接受前两个前提，我们就必须接受结论。毕竟这一论证与哲学上的经典论证有着完全相同的逻辑结构：

1．所有人都是有死的。
2．苏格拉底是人。
3．所以，苏格拉底是有死的。

每个人都承认这个论证在逻辑上是有效的。鉴于前两个前提为真，结论就不可能是假的。

从逻辑的角度来看，这两个论证似乎完全相同。自然而然的解释就是：每个论证的前两个前提可能是真的，如果它们是真的，那么结论就一定是真的。然而，表达主义者不能接受这样的解释，因为他们否认道德主张有真假。

我们来看第一个论证，如果第一个前提真正要说的是：

1a. 使人丧失人性的行为——啊！
1b. 不要使人丧失人性！

那么这个前提就不可能在逻辑上支持任何结论。但很显然，我们一直在用这样的方式做逻辑推理。即使我们怀疑其前提的真实性，第一个论证的逻辑本身却滴水不漏。有关道德的逻辑论证似乎是一种真正的可能性，我们一如既往地在使用逻辑（本书也一直在做这样的论证）。表达主义似乎无法解释这一点。

表达主义与非道德主义者

非道德主义者是真诚地提出道德主张,但完全对道德主张无动于衷的人。表达主义很难解释非道德主义者的存在[1]。

表达主义者告诫我们不要因为事实论断(水是湿的)和道德论断(酷刑是不道德的)表面上的相似性而被愚弄。道德主张没有任何所指,它们什么也没有描述。道德主张表达的是我们的感受。事实上,这就是表达主义者认为的道德判断能够一以贯之地激励我们的原因。道德判断传达我们的感受,而感受激励我们付诸行动。

如果是这样,那么有人一方面认为慈善事业的确令人钦佩,但另一方面自己却一毛不拔就是不可能的。或者有军人一方面认为面对敌人是他的义务,而另一方面见到敌人火力就闻风而逃也是不可能的。如果表达主义是正确的,这样的例子就不可能发生,但我们的确有这样的证据。非道德主义很少见,但并非闻所未闻。

实际上,表达主义与心理利己主义面临同样的问题[2]。利己主义者在解释支持利他主义的证据时坚持认为,利他的动机不是在自我欺骗就是在欺骗他人。表达主义者对支持非道德主义证据的解释如出一辙。所有这样的证据都必然不合格。真正缺乏道德动机的人或者是在做道德主张时不够真诚;或者如果他是真诚的,那么他就肯定有道德动机,如果说没有就是在说谎或者自我欺骗。这样的分析有可能是正确的,但是只有表达主义者自己才能证明。

道德判断的本质

对于我们的道德判断究竟意味着什么,长久以来一直有一种主导性的观点。表达主义者挑战这种观点是不是正确的。伦理客观主义者、伦理相对主义者和错误论者之间几乎没有多少相同之处。但是,他们在一点上达成了共识,即道德主张试图表明的是事物真正具有的道德特征。道德判断可能为真也可能为假,这取决于它们是否准确描述了事物的道德品质。

---

[1] 关于非道德主义者的更多讨论,请参见第十四章"为什么要有道德?"一节关于霍布斯对愚人的讨论。另见第二十一章"道德动机动摇了道德客观性"一节的讨论。

[2] 参见第七章"让证据来决定"一节的相关讨论。

表达主义者否认这一点，他们拒绝承认道德主张要表现的是事物的本来面貌。他们否认道德特征的存在，否认道德判断能够提供对现实的准确描述。我们怎么知道表达主义的假设是否正确？

回到我们最初的例子，再来看"酷刑是不道德的"主张。如果我们从字面上理解，这句话说的是酷刑具有一定的特征——是不道德的。如上所言，表达主义者不这样理解。他们必须改写这句话，而不赋予酷刑任何特定的特征。我们刚刚讨论过表达主义对"酷刑是不道德的"主张的几种翻译。但是对于下面这些主张呢？

- 除了杰夫，没人知道老板在跟前时该怎么表现。
- 我不知道酷刑是不是可以接受的，但是我确信比我聪明的人会有正确的答案。
- 说一种行为是必须的、在道德上是善的、是有德的和值得称赞的，是有区别的。
- 有些行为履行了道德义务，但是缺乏道德价值。
- 罚当其罪。
- 美德本身就是奖励。
- 如果战争是不道德的，那么军事将领的美德就是可疑的。

对客观主义者、主观主义者、相对主义者或错误论者来说，这些主张的句子结构是显而易见的，内容是简单明了的。但是，对于表达主义者如何把这些主张改写成命令、情感表达或者行动计划，我们却不是很清楚。

人们说话有各种目的。判断别人是在开玩笑、提问、发出邀请还是在陈述事实的最好方法是直截了当地问他们。在这方面，大家通常还是值得信任的。（当然，也有说话故意误导别人的时候，比如玩扑克牌或者谈生意的时候。）因此，尽管有例外，每个人都是自己意图的最佳评判，他们的回答通常是靠得住的。

这是很平常的一个结论，但却直接关系到表达主义的合理性。当我们问大家如何看待他们自己的道德主张时，几乎每个人都会拒绝表达主义的分析。在大多数情况下，我们确确实实认为我们的道德主张是真的，认为对手的观点是假的。

我们的确把道德谴责视为描述种种不道德的品质特征，比如，内幕交易的不公正，或者暴君的道德腐败等。从根本上讲，我们并不仅仅把道德判断当作情感爆发或者对命令或计划的传达。

我们很可能都是在自欺欺人。但到目前为止，更说得过去的观点是，我们的所言即所指。在做道德判断时，我们确实是想陈述事实，说明真相。我们的目标是要准确地描述所处情境的道德细节。如果真是这样，那么表达主义的麻烦就比较严重了。

结论

我们很多人都相信的道德观——认为道德是一套客观的义务和规则，为每个人提供强有力的履行义务、遵守规则的理由——很可能在本质上就是错误的。这是主观主义者和相对主义者的立场。错误论者和表达主义者也是这样认为的。错误论者是其中最为极端的，他们认为道德是一个完全缺乏价值的（破产的）事业。错误论认为我们的道德思想建立在错误的假设之上。如果道德思维方式的基础不复存在，那么整个世界观必然会瓦解。无神论者是这样看待宗教主张的，错误论者也以同样的方式看待道德问题。

表达主义者没有那么悲观。他们和错误论者一样否认伦理是客观的，否认道德义务是我们必须服从的绝对理由。但是，由于表达主义者不相信道德思想是建立在这些假设基础之上的，他们觉得没有必要指责信仰道德的人是错误的。道德对话完全可以我行我素——宣泄情感，表达我们对事物的感受，并传达我们的信奉立场等。所以，我们没有必要担心整个道德的坍塌。

但是，如上所见，表达主义确实提出了一些值得关注的问题。表达主义的道德图景摆脱了错误论所谓的根本错误，解决了自相矛盾问题，而且清楚地解释了道德分歧的本质。同时，表达主义承认情感是道德判断的核心部分。然而，表达主义很难解释我们为什么有可能做逻辑上的道德论证，不能解释非道德主义的存在，同时也不能解释我们通常认为的道德判断的意向所指。

表达主义者在努力研究这些问题。在世界各地的哲学界，有关表达主义利弊的讨论现在仍然如火如荼。在过去的十年里，有关表达主义的对话已经达到了几十年前难以想象的复杂程度。现在来判断表达主义是否会被淘汰，或者它面临的问题是否能有更好的解决方法可能还为时过早。

即使最终我们能证明表达主义的短处比长处更多，也并不能说明客观主义的优越性。也许正如错误论者所说，道德可能就是虚构的。我们大多数人（尤其是我们这些写伦理学教科书的人！）当然不希望是这样。然而，希望并不是一种证据。道德是否有价值取决于有关道德本质最有力的论证所指。我们在下一章要来讨论这些论证的重要性。

供讨论的问题

1. 道德虚无主义的两种类型是什么？它们之间的主要区别是什么？每种理论与伦理客观主义相一致的地方在哪里，不一致的地方又在哪里？
2. 错误论者认为我们道德实践的核心"错误"是什么？他们的两个假设对我们的道德思想真的很重要吗？如果是这样，你同意这是一个错误吗？
3. 有些批评者认为错误论不可信，因为（1）错误论者是不可信的，（2）如果大多数人接受错误论会有灾难性结果。为什么这些批评是有问题的？
4. 对表达主义者来说，"偷窃是错误的"意味着什么？你觉得表达主义的翻译是可信的吗？为什么是或者为什么不是？
5. 为什么人们能对道德问题进行逻辑论证是对表达主义的挑战？表达主义者如何应对这一挑战？
6. 什么是非道德主义者？表达主义能否解释非道德主义者的存在？如果不能，这是否说明这是表达主义的一个问题？
7. 仔细想一想当你在做自己的道德判断时究竟是在做什么。表达主义对道德判断的分析是否准确地捕捉到了你在做的事情？为什么是或者为什么不是？

第二十一章
反驳道德客观性的 11 个论证

伦理客观主义是认为存在客观道德标准的观点。鉴于我们对客观性这个概念的理解，客观道德标准就意味着这些道德标准适用于每个人，即使有人相信自己是个例外，即使遵守道德标准并不能得之所欲，也不能改变这一点。当道德主张准确地告诉我们这些道德标准是什么，或者这些标准要求或允许我们做什么的时候，这些道德主张在客观上就是真的。

对于道德怀疑主义，我在这里把它定义为，认为伦理客观主义是错误的观点，因此它否认客观道德规则和客观道德真理的存在。毫无疑问，赞成和反对伦理客观主义和道德怀疑主义的理由正好截然相反。像任何两个矛盾对立的立场一样，赞成一方立场的重要原因往往是因为对另一方的立场极端不满意。可能许多人对道德持怀疑态度的最大原因是怀疑道德不可能是客观的。

当然，客观主义者也是一样，他们往往是通过质疑道德怀疑主义来捍卫自己的立场。我们在前面的两章中讨论了怀疑主义的两种主要观点（相对主义和虚无主义），以及它们各自面临的一系列困难。如果怀疑主义无法解决这些困难，而客观主义能够抵挡怀疑主义的批评，那么客观主义就转败为胜无疑了。相对主义、虚无主义和客观主义是关于道德地位的三种选择。如果其中两个被击败，那么最后一个屹立不倒的理论就必定是正确的。

客观主义者当然相信他们的理论是最后岿然不动的赢家。客观主义者是否能坚持到最后取决于他们处理众多批评的能力。现在时机成熟，到了关注这些批评的时候了，让我们看看客观主义能否卓有成效地予以反击。

对客观主义的怀疑有多种来源。正如我们将看到的，一些最流行的的论证也往往最不合理。但是，其他一些论证却的确是对客观主义的迎头痛击。对于最严肃的批评，不可能只用一两页的篇幅就做出最后的裁决，所以在此我们只能浅尝辄止。这一章的目标是要表明，尽管人们普遍怀疑伦理客观主义，但没有哪一种怀疑主义的观点一望而知就是正确的，相反有一些论证根本就是错误的。而对于那些更为严肃的批评，客观主义者还是很有希望很好地给予回击的。

我们从最不合理的论证开始，然后再讨论对客观主义更为严肃的批评。

客观性要求绝对主义

很多人声称，如果道德是客观的，那么道德规则就必须是绝对的。既然道德规则不是绝对的，那么道德就不可能是客观的。绝对主义论证（Argument from Absolutism）是这样的：

1. 如果道德主张在客观上是正确的，那么道德规则就是绝对的。
2. 没有绝对的道德规则。
3. 所以，道德主张在客观上不是正确的。

绝对的道德规则是指违背它就是错误的，没有例外。

我不知道是否有绝对的道德规则[1]。如果存在，很可能会包括禁止强奸、禁止滥杀无辜这样的规则。幸运的是，我们完全不需要在此解决这一问题，因为即使第二个前提是真的，即没有绝对的道德规则存在，第一个前提也是假的。

---

[1] 对这一问题更详细的讨论请参见第十五章。

第一个前提是说，在任何道德问题上，客观和绝对都是等值的。然而，事实并非如此。禁止我们说谎的道德规则很可能不是绝对的；在某些情况下，道德可能允许我们说谎。然而，即便如此，不许说谎的规则仍然可以是客观的。比如，罗斯认为根本的道德规则是客观的[1]，但他否认这些规则是绝对的。同样，如果上帝存在，上帝创造了道德律法，或者把道德律法昭示天下，那么道德就是客观的。但是，上帝可能允许我们在某些情况下说谎，也可能允许我们（在不寻常的情况下）打破其他的道德规则。在客观道德的概念中没有任何绝对性的要求。

原因很简单。客观性指的是道德规则的地位：道德规则是否正确不依赖我们个人的看法。绝对性指的是道德规则的严格性（stringency）：是否违背道德规则是万万不可的。地位和严格性之间没有直接的联系。当我们谈到自然法则时，这一点是很清楚的。各种生物学和心理学法则都承认有例外的存在，因此这些法则不是绝对的，然而它们却是客观的。

这当然不能证明道德规则是客观的。然而，这的确说明即使道德规则是客观的，客观的道德规则也不必是绝对的，因此，第一个前提是错误的。因此，这一论证没有威胁到伦理客观主义。

任何真理都是主观的

在某些圈子里，有一种流行的观点是，论断仅仅相对于个人视角而言是真的，因此根本不存在客观的真理。暂且不论道德——即使是逻辑、化学或历史论断也不可能在客观上是真的。客观的道德只不过是一种假象而已。反对客观真理论证（Argument Against Objective Truths）再简单不过：

1. 不存在客观的真理。
2. 所以，不存在客观的道德真理。

---

[1] 对于罗斯的观点请参见第十六章。

首先要注意的是，如果这一论证是有效的，那么道德就并不是什么特例。大多数道德怀疑主义者试图证明道德在某些方面是二流的，不能与更精确的学科（如数学和物理）相提并论。相反这一论证却是要全盘否定所有的学科。

这个论证的问题在于它的前提[1]。前提要么为真要么为假。如果该前提为假，那么整个论证就随之垮掉。因此，我们假设该前提是真的。然而，这是不可能的。该前提不可能为真，因为如果它是真的，那么就至少存在一个客观真理——这个前提。如果至少存在一个客观真理，那么该前提就是错误的！因此，无论我们如何假定，这个前提都是错误的。

既然如此，那么就至少有一些客观的真理存在，也许并不是道德真理。但是，无论如何，我们不能依靠这一论证来支持怀疑主义。

同等权利意味着同样有理

无数的道德纠纷似乎最后都有一个和事佬式的结尾："好吧，每个人都有权发表自己的意见。公说公有理，婆说婆有理。也许我们都是对的。"

这样的老生常谈有时会进一步演绎成：既然每个人都有自己的道德观点，那么道德观点就没有高下之分。如果每个人的道德观点都具有同等重要性，那么就不存在客观的道德真理。

这些想法可以整合为平等权利论证（Argument from Equal Rights）：

1. 如果每个人都有发表观点的同等权利，那么所有的观点都是同样有理的。
2. 每个人都有发表道德观点的同等权利。
3. 所以，所有的道德观点都是同样有理的。
4. 如果所有的道德观点都是同样有理的，那么伦理客观主义就是错

---

[1] 与我们在本书中看到的几乎所有其他论证不同，这一论证只有一个前提。但是一个论证只有一个前提本身并不是问题。事实上，这个论证的逻辑是无懈可击的。如果前提为真，那么结论必定为真。

误的。

    5. 所以，伦理客观主义是错误的。

    毫无疑问，第四个前提是正确的。如果道德标准在客观上是正确的，那么显然一些人的观点要离真理远一些，而另一些人的观点则一语中的。

    我也相信第二个前提是正确的。每个人都有思想自由的道德权利。每个人在道德上都有权决定自己相信什么，而不是被洗脑按别人的意志去思考。

    如果我对第二个前提的看法是错误的，那么这一论证只会更糟，因为整个论证显然要依赖第二个前提。然而，即使第二个前提是真的，这个论证仍然是失败的，因为第一个前提是假的。

    从我们每个人都有权发表自己的观点这一主张，不能得出每个人的观点都是合理的这一结论。有一次，我和一个朋友在森林里散步，我的朋友对树木颇有研究，而我是个树盲。我说我刚才看的是一棵白蜡树，他说不是，他知道那是一棵落叶松。尽管我们俩都有权发表自己的观点，但我们俩的观点并非同样有理的。

    有无数的例子表明，人人都有发表自己观点的同等权利——也就是说，即使自己的观点是错误的，我们也有不被迫改变主意的权利。即使我们每个人都有权对历史持有自己的观点，但有些历史观点是真的，有些则是假的。关于经济学、三角学、怎么打篮球或怎么酿啤酒也是一样。我对这些科目的了解有限，因此我对这些问题的看法远不如其他人的观点可信，然而我仍然有固执己见的权利。

    论证的第一个前提混淆了两个完全不同的概念：一个人是否有权发表观点，以及该观点是否有任何可信度。这种混淆削弱了第一个前提，也就动摇了这一论证本身。

道德客观性支持教条主义

    自大狂、暴君或者政治狂热主义者的共同点就是，他们都是道德客观主义者。这些人相信大写的道德真理，这样的真理不可能再真了。而他们自己毫无疑问已经发现了这样的真理，而且千方百计要把这样的大写的真理传递给我们。传递真理有时就需要大声疾呼，可能还需要威逼利诱，甚至还可能需要杀一些人，掌握真理嘛，当然要付出代价。

由这幅几乎令人发指的画面，我们可以得出教条主义论证（Argument from Dogmatism）：

1. 如果存在客观的道德标准，那么**教条主义**（dogmatism）就是可以接受的。
2. 教条主义是不能被接受的。
3. 因此，不存在客观的道德标准。

教条主义是思想封闭、极端自以为是的品格特征。教条主义是一种恶习，如果一种理论视任何异己观念为敌，那么这种理论就是不合理的。因此，第二个前提看起来很有道理。但是，伦理客观主义并不提倡教条主义的态度，所以，这个论证的第一个前提是错误的。

就其本身而言，有客观道德标准存在这一论断和我们是否思想开放没有多大关系。伦理客观主义是关于道德主张地位的观点，不能告诉我们什么在道德上是可以接受的、什么是不能接受的。伦理客观主义只是说，正确的道德准则，不管是什么，在客观上都是真的。

进一步延伸，如果道德真理不是来源于我们自己，那么就不总是显而易见的。这一事实应该是鼓励我们更谦虚，而不是一味的狂妄自大、思想封闭。天文学家、地质学家和化学家总是带着一丝好奇来看待世界，时刻意识到个人的智力限制，深刻体会到不管你多么智慧，都永远不可能掌握自己学科的全部真相。他们之所以有这样正确的态度，正是因为这些学科中存在着客观真理。科学家不可能对现实的本质盖棺定论，后世的思想家总是有可能纠正前辈的理论。

如果伦理学也是一门存在客观真理的学科，那么我们也应该对道德问题持开放的态度。我们说有些问题的答案在客观上是真的，但却并不确定答案是什么，这两者并不矛盾。在伦理学上，如果自己的观点没有成为定论，那么我们就总是应该欣然接受对观点的修正。

诚然，我们中最极端的狂热主义分子都是伦理客观主义者。但这一点并不是对这一理论的反驳，相反是对误用这一理论的人的反驳。

伦理客观主义没有说道德智慧是唾手可得的。甚至与可匹敌的理论相比，伦理客观主义的道德智慧之所以更加难获得，正是因为客观主义否认个人或社会对道德上的对与错有最终决定权。所以，客观主义并不是教条主义的通行证。因此，这个论证的第一个前提是错误的，由此整个论证就是不合理的。

道德客观性支持不宽容

拒绝伦理客观主义的另一个很常见的原因是出于对宽容的关注。在一个开放的社会，人们格外重视宽容。但是，许多人认为，如果道德标准的正确与否是客观的，那么就会对宽容构成威胁。如果一些道德准则比其他准则更好，那么如何阻止那些自以为是的人对信奉错误的行为准则的人横加指责呢？

的确，这些批评家说，倡导宽容最好的方法就是对所有的道德观点一视同仁。如果能这样做，就不会有人能压制持不同意见、不合拍的其他人和他们的生活方式。因为没有人的道德观高人一等，我们就必须求同存异。这才是倡导宽容的必要条件。

这就是宽容论证（Argument from Tolerance）：

1. 只有当不同人的道德观是同样有理的时，宽容才是有价值的。
2. 如果伦理客观主义是真的，那么不同人的道德观就不是同样有理的。
3. 所以，如果伦理客观主义是真的，那么宽容就没有价值。

第二个前提是正确的。伦理客观主义反对道德观同等的观点，有些道德观就是要比其他观点更好。

然而，第一个前提是错误的。实际上，与道德怀疑主义相比，伦理客观主义更加倡导宽容。其根本原因在于，如果所有的道德观都是同等的，那么宽容的道德观就与不宽容的道德观不分伯仲，一个极端偏执狂的观点就和你我的观点一样合理。

的确，我们可以毫不费力地构造一个反论证，来说明宽容的价值对怀疑主义而不是客观主义构成更大的威胁：

1. 如果所有道德观点都是同样有理的，那么倡导宽容的道德观与倡导压制与不宽容的道德观就是同样有理的。
2. 倡导压制与不宽容的道德观不是与倡导宽容的道德观同样有理的。
3. 所以，并非所有的道德观都是同样有理的。

第一个前提肯定是正确的。如果我们重视宽容，那么也就一定希望第二个前提同样是真的。于是结论就为真。

那些赞成宽容的人往往认为宽容是一种普世价值——每个人和每个社会都会从中受益。尤其是最不宽容的社会是最需要宽容的地方。然而，如果人人都对什么是道德的有最后发言权，那么那些极端不宽容的人——从根本上、在最深刻的信仰上不宽容的人——就没有错。个人如此，社会也是如此。如果社会准则而不是个人准则是衡量道德的标准，那么极端不宽容的社会就与自由、宽容的社会别无二致。对宽容的拒绝就像对它的支持一样合理。这对于那些重视宽容的人来说是不能接受的。

那些认为宽容很重要的人会说，即使是对宽容不屑一顾的人或者社会，宽容在道德上仍然是必需的。这一观点与伦理客观主义是完全相容的。

道德客观性不允许正当的文化差异

如果存在客观的道德标准，那么这些标准就应该适用于每个社会中的每个人。比如，如果用滥杀无辜来取乐在客观上是错误的，那么在任何地方这种行为都是错误的，不仅是在你我的社会，而且是在每个人的社会。

这一点听起来很有道理，但是，客观主义却不大容易解释其他的例子。因为在道德的令行禁止方面，似乎确实存在着显而易见的文化差异。在向我太太求婚之前，我没有向我未来的丈人献上一头牛，这在道德上是说得过去的。但是，如果我住在苏丹的某些地区，而没有这样送彩礼，我的行为就是不道德的。从垃圾堆里捡东西来喂养孩子在我住的小镇上是不道德的，但在某些亚洲贫民窟，这样做在道德上是可以接受的。在许多新英格兰社区，赤身露体上学或上班是桩很严重的罪过，但在裸体主义者的聚居地，这种行为却无可厚非。

这样的差异是对伦理客观性的挑战，我们可以用文化差异论证（Argument from Cultural Differences）概括如下：

1．如果伦理客观主义是真的，那么所有的道德标准都普遍适用于每个社会中的每个人。

2．有些道德标准并不是普遍适用的，只适用于某些文化或社会，而不适用于其他情况。

3．所以，伦理客观主义是假的。

伦理客观主义者会坚持认为，有一些道德标准——比如上面提到的禁止以杀人取乐——的确是普遍适用的。但是，其他一些道德标准——比如禁止在公众场合裸体——则不是普遍适用的。因此，客观主义者可以反驳文化差异论证的第一个前提。

客观主义可以游刃有余地解释其中的理由。核心理念很简单：基本的道德原则适用于任何地方的任何人。但当我们将这些原则应用于不同的生活环境时，可以产生更多允许某种程度文化差异的不同的具体道德建议。

例如，尊重自己挚爱亲朋的道德义务可能是普遍的。无论你是谁，无论你来自哪里，我们在道德上都有尊重他人这种义务。履行这一义务通常还意味着爱屋及乌，我们连爱人的家人都一样要尊重。不同的社会发展出表达这种尊重的不同方式。在苏丹的某些部落，来提亲而不带一头牛做彩礼就是对人不尊重的表现。在我们的社会，我们则用其他方式来表达这种尊重。

对文化差异自然而然的解释是说，尽管尊重他人的基本规则是普遍的，但是，这条规则在不同的环境下可以表现为不同的道德建议。在苏丹，这样的规则要求提亲时送头牛，在美国就没有这条标准。之所以存在这样的道德差异，客观主义者认为，这是因为送彩礼的道德标准不是一条基本的道德规则。如果必须送彩礼，这一定是因为有更深层的道德原则——在我们的例子里，也许更普遍的道德原则是我们应该表现对所爱之人的尊重。

这个例子说明，通常情况下，习俗和传统有助于我们形成具体的道德义务。苏丹部落的成员在某种程度上与美国公民有不同的义务。但是，所有这些来自不同文化或社会的差异，最终都可以通过适用于任何地方任何人的道德原则来解释。这些普遍的道德规则在客观上很可能是正确的，即使在不同文化或社会中表现为不同的具体道德义务。

道德分歧动摇了道德客观性

反对道德客观性的一个经典论证来自这样一个随处可见的现象：伦理学上的分歧要比科学上的分歧大得多。现成的解释是，科学家们试图理解客观现实的本质，而在伦理学中则没有客观现实可言。说到道德，我们只是在表达个人的观点而已。我们从小的成长环境或多或少塑造了我们的观点。不同的环境教养形成不同的道德观。然而，无论各自的宗教或文化背景如何，来自世界各地的科学家都很容易在科学真理上达成一致。

分歧论证（Argument from Disagreement）很好地概括了这一思想：

1. 如果博学、开明、理性的人总是对某些主张持不同意见，那么这一主张在客观上就不是真的。
2. 博学、开明、理性的人始终对所有的道德主张持不同意见。
3. 所以，所有的道德主张在客观上都不是真的。

也许第二个前提太绝对了，很可能存在一些每个博学、开明、理性的人都接受的道德主张。但是，不假思索就否定第二个前提似乎还为时过早。

很显然，对于任何一个看起来无懈可击的道德主张，总会有人认为它是错误的。但这并不意味着第二个前提是正确的。存在意见分歧很可能是因为一些人不够博学、开明或者理性。

的确，很多道德分歧是因为混乱的推理、缺乏足够的证据、个人的利益与道德讨论的结果息息相关，或者就是普遍的偏见。要是我们能纠正这些错误呢？以平权法案为例，试想如果我们对所有的细节都了如指掌，不带任何个人偏见和其他的成见，而且推理缜密，那么也许我们就都能在平权运动是否道德的问题上达成共识。

也许可以这样。但我在这里同意怀疑主义者的看法，我不能确定即使是最理想的思想者是不是对每一个道德问题都能达成共识。因此，我们暂且假定第二个前提是真的，而转而考虑第一个前提。

这个前提肯定是错误的。反例有很多。卓越的物理学家对物质的基本元素是不是亚原子粒子争论不休，杰出的考古学家对如何解释在古代遗址发掘的遗迹各执一词，最优秀的哲学家始终在争论上帝是否存在。然而，在每个领域都有客观的真理。关于物理世界的基本性质、各种史前部落的性质以及是否有上帝都有客观的真理。获取这些真理可能很困难，在某些情况下甚至是不可能的。但我们在这些问题上的信念要与其背后的客观事实相符合。我们的观点并不能使物理、考古或哲学主张成真；事实就是事实，独立于我们对事实的看法。

第一个前提还有另外一个问题：人们对这一前提本身就存在深刻的分歧。好多智慧的人仍在争论这个主张是不是真的。因此，如果分歧就足以动摇客观真理的根基，那么第一个前提本身，应用它自己的标准加以判断，在客观上就不可能是真的！当然，也不可能是"相对"真的——仅仅我个人和我所在的社会相信其为真。由此，第一个前提就是错误的。

所以，即使是最聪明的头脑之间的深刻分歧也不足以证明这一领域的怀疑主义就是正确的。因此，我们可以说，伦理学中的许多分歧与道德客观性是完全相容的。

无神论动摇了道德客观性

回想（在第五章）伊万·卡拉马佐夫——陀思妥耶夫斯基塑造的杰出人物——的著名宣言："如果上帝死了，那么就可以为所欲为了。"他的指导思想是，真正的道德只有在上帝的权威下才可能存在。如果上帝不存在，道德就是一场骗局，因为道德只有出自上帝，才可能有唯一坚实的基础。

一些无神论者用这样的思维方式来证明道德怀疑主义。如果他们是正确的，那么只要上帝不存在，道德就不可能是客观的。无神论论证（Argument from Atheism）是这样的：

1. 只有上帝存在，道德才是客观的。
2. 上帝不存在。
3. 所以，道德不可能是客观的。

让我暂且搁置第二个前提，这样能大大简化我们的任务。如果第二个前提是错误的，也就是说上帝存在，那么整个论证已然不攻自破。所以，我们假设上帝不存在，看这一论证能否经得住考验。

如果第一个前提是真的，客观的道德确实依赖上帝，那么道德怀疑主义就是正确的。很多人认为第一个前提的确为真，原因如下。道德法则和其他法则一样，必须有立法者。但是如果法则是客观的，那么（根据定义）它们就不可能是人为的。如果我们不是立法者，那么会是谁？有三种猜测。

这样的推理一直很流行[1]。然而，它却是错误的。它是建立在这样一个关键假设之上：法律需要立法者。如果这个假设是正确的，那么客观的法则同样需要立法者。但是人类不能扮演法则立法者的角色，因为客观真理之所以是客观的，就是不依赖你我的观点。因此，只有上帝才能胜任法则立法者的角色。

但是，如果无神论是正确的，这一关键的假设就是错误的。法则并不需要立法者。无神论者相信存在客观的法则——无论是在逻辑学、物理学、遗传学还是统计学等中。然而，如果上帝不存在，这些法则就没有立法者。是人类发现了这些法则，也是人类发明了描述这些法则的语言。然而，这些法则的真并不是因为我们的信念和观点。真理是客观的，而不是主观的。如果无神论者是正确的，客观的法则就没有立法者。

因此，如果无神论是正确的，客观的法则就不需要立法者。由此，客观的道德法则也同样不需要立法者。

---

[1] 有关这一推理更详细的讨论请参见第五章"道德与宗教的三个假设"一节关于"第二个假设：上帝是道德的创造者"的相关讨论。

无神论者可能会说，道德法则需要立法者，尽管其他法则可能不需要。但是为什么道德这么特殊？在无神论者能够解释为什么道德法则需要不同的标准之前，最好还是一视同仁，坚持所有客观的法则都不需要立法者的立场。

因此，无神论论证就是缺乏说服力的。很明显，这一论证对宗教信徒来说没有任何说服力，因为第二个前提假定他们一开始就是错误的。但是，即使无神论者是正确的，没有上帝存在，第一个前提仍然疑点重重。因为这一前提最佳的论据来自法则需要立法者的假设，而无神论者自己都不应该接受这样的假设。

缺乏绝对理由动摇了道德客观性

很多人认为，我们所有的道德义务都预装了一种特殊能力。每种义务都自带了人们一定要服从义务的理由，而不论我们的意愿如何。比如，如果我们真的有义务偿还贷款，或者赡养年迈的祖父母，那么我们就有足够的理由这样去做，即使做这些事情不会满足我们的任何欲望。

这一点很不寻常。我写这本书、在跑步机上跑步或者听音乐的理由是因为这些事情对我来说很重要。大多数的理由都是这样的。然而，道德的理由却是绝对的，不管我们的意愿是怎样的，都一定要有道德。[1]

许多哲学家否认绝对理由的可能性。这就是反驳伦理客观主义的一个强有力的论证——绝对理由论证（Argument from Categorical Reasons）：

1. 如果存在客观的道德义务，那么就存在服从这样的义务的绝对理由。
2. 不存在绝对理由。
3. 所以，不存在客观的道德义务。

这一论证说服了不少智慧的哲学家。他们之所以被说服可能不无理由。但是，如果我们更倾向于客观主义，那么有两条反驳这一论证的路线。绝对理由论证在

---

[1] 对绝对理由的讨论请参见第十一章"道德与理性"一节。

逻辑上是无懈可击的，那么客观主义者就必须反驳第一个前提或第二个前提。

不少人挑战第一个前提，否认客观的道德义务为我们提供了行动的理由。也许有些人并不觉得有理由要遵循道德的要求。有没有客观的道德标准是一回事，道德标准是否能提供遵守这些标准的理由又是另一回事。即使我们对第二个问题不以为然，但仍然有可能对第一个问题给出肯定的回答。如果这一思路是正确的，那么我们就不得不放弃由来已久的希望，即每个人有道德都是有理由的。[1]

另一种策略是肯定第一个前提，但是拒绝接受第二个前提。也就是说，客观的道德义务确实提供了绝对理由——这些理由确实存在。我们以某些方式行事都是受绝对理由支配的，即使这样的行为对我们毫无益处，也不能满足我们的任何欲望。

但是，这样的反驳如果能成功，我们就必须拒绝对理由最常见的解释，即我们去做某件事的理由，只可能是因为做这件事能够促进自我利益，或者能够让我们得之所欲。

我们可以用一个反例来回击这种对理由的常见解释。（回想第八章"伦理利己主义的最佳论证"一节的相关讨论。）假设你在悬崖边的小路上举步维艰，这时你注意到一个心不在焉的陌生人正从相反的方向往悬崖上走来。你看着他马上就要失足掉入深渊。这时候，你就有理由大喊，提醒他前边有危险。你有理由这样做，即便你对这个陌生人一点都不关心，也不在乎事后别人的赞扬。这就是说，提醒陌生人是有理由的，而这个理由支持你这样做，证明你这样做是合理、正当的。所有这些不同的说法都是在表达同一个意思：你有绝好的理由去救这个陌生人的性命，即使这样做对你并无益处，也不会满足你的任何欲望。

简言之，道德客观主义者必须能表明道德义务不必提供绝对理由，或者论证这样的理由存在。当今很多哲学家正在极力寻找这样的策略，当然也有许多哲学家（令人惊讶！）正在努力寻找反击的策略。

---

[1] 如果这一思路是正确的，那么我们也就有了足够的证据来反驳错误论者。他们声称，道德思考假定了绝对理由的存在，然而绝对理由并不存在，因此道德岌岌可危。如果道德没有做这样的假定，那么即使没有绝对理由，道德概念就依然无恙。

道德动机动摇了道德客观性

扪心自问：如果我们真诚地认为某一种行为是自己的义务，我们是不是自动就有了要去这样做的动力（至少一点点）？如果我们认为一个计划或一项政策在道德上是善的，我们是不是会受驱动希望在某种程度上帮助它去实施？如果回答是肯定的，那么我们就是相信道德判断在本质上是有驱动性的。道德判断的本质就是鼓励人们行动起来。

道德判断能够可靠地驱动我们去行动并不仅仅是巧合或某种奇迹。它之所以有这样的能力，是因为道德判断的核心正是要表达那些促使我们行动起来的东西——我们的欲望、关怀、信奉和情感。如果我们判断一种行为是错误的，那么我们要表达的是我们对它的厌恶或憎恨，希望人们不要这样做的欲望，以及对可能受害者的关心。道德判断表达了我们的感受，而感受是我们的基本动机。这就是为什么我们的道德判断可以轻而易举地让我们行动起来。

与道德判断不同的是信念。信念不是要让我们以某种方式去行动，信念关注的是陈述事实，报道真相，描述现实。如果我相信我面前有一台电脑显示器，旁边蹲着两只猫，脚下有一块波斯地毯，我不会因为这样的信念去做任何事。如果我想上网，或者摸摸我的猫，或者给地毯吸尘，那么这些信念有助于指导我的行为。在此的关键是，信念只有通过依附于我的欲望才能指导行为。如果我不想上网，不想抚摸我的猫，也不想清理地毯，那么这些信念对指导我的行为就没有任何用处。

道德判断与信念之间的这种强烈对比激发了大卫·休谟构建了如下动机论证（Motivational Argument）。几代的道德怀疑主义者都认为这一论证非常有吸引力：

1. 道德判断本身就能驱动做判断的人。
2. 信念本身永远不能驱动那些持有信念的人。
3. 所以，道德判断不是信念。
4. 如果道德判断不是信念，那么它们就不可能是真的。

5. 所以，道德判断不可能是真的。

与前面所有的论证有所不同，动机论证的结论没有明确地说伦理客观主义是错误的。但这对客观主义者来说是于事无补的安慰。如果这一论证的结论是正确的，那么道德判断就不可能是真的。如果道德判断不是真的，那么它们就不可能在客观上是真的。如果它们在客观上不是真的，那么伦理客观主义就是错误的。

在这个论证的三个前提中，命题4似乎没有什么问题。如果道德判断不是信念，那么它们就是对计划、命令、信奉、欲望或者情感的表达。这样的表达没有真假之分。[1] 假设我说奴隶制是邪恶的。再假设我并不是在陈述一个信念，而是表达我的情感或信奉。我真正要说的是"不要奴役他人！"或"奴隶制——啊！！！（表示愤怒的拟声词）"。这些陈述无所谓对与错。所以，如果道德判断不是信念，那么它们就不可能是真的。

这样一来，客观主义者就只有两种方法来反击这一论证。他们可以反驳第一个前提，或者反驳第二个前提。不出预料，客观主义者尝试了两种策略。

一些客观主义者接受第二个前提，但是抵制第一个前提。他们坚持认为道德判断就是信念，信念本身不能驱动我们去行动，因此，道德判断本身也不能驱动我们去行动。就像所有的信念一样，道德判断需要额外的欲望才能驱动人们去行动。

客观主义者是从这样一个假设开始的：哪怕是真诚的道德判断仍然有可能让我们无动于衷。[2] 尽管大多数人都很在乎道德，并且（多多少少）希望成为有德之人，道德判断会驱动他们去付诸行动。但有些人就是对道德熟视无睹。他们判断事情是对是错，却完全不为所动。这就表明第一个前提是错误的。道德判断本身不一定能驱动人去行动。

另外一些客观主义者接受第一个前提，但是拒绝第二个前提。他们坚持认为，信念本身就可以驱动人们去行动。很显然，不是任何信念都能做到这一点。我相

---

[1] 回顾第二十章"表达主义"一节对这些表达的探究。

[2] 那些对真诚的道德判断完全无动于衷的人是非道德主义者。关于非道德主义的更多讨论请参见第二十章"表达主义"一节对"表达主义与非道德主义者"的相关讨论以及第十四章"为什么要有道德？"一节。

信三加三等于六，或者秘鲁在南美洲，这样的相信不会驱动我去做任何事。但是**评价性信念**（evaluative beliefs）——那些告诉我们好与坏或对与错的信念——本身有可能会驱动我们去行动。如果真是这样，那么第二个前提就是错误的。

康德属于拒绝第二个前提的阵营。回想一下他的主张（参见第十二章"善良意志与道德价值"一节的相关讨论），善良意志只涉及我们的理性，而不涉及我们的欲望或情感。理性告诉我们有些行为是我们的义务，由此仅仅是这样的信念本身就足以驱动我们去付诸行动。但是正像康德自己所承认的，我们不知道是不是真有人仅仅基于善良意志而在没有任何欲望的协助下就会去付诸行动。

这些问题至今仍然是哲学家讨论的中心。要想驳倒动机论证，客观主义者必须能够表明：(1) 道德信念本身就能驱动人们去行动，或者 (2) 信念本身不能驱动人们去行动，但是这也没关系，因为不是所有的道德判断都能驱动人们去行动。

科学世界中没有价值的位置

哲学家在相互匹敌的理论之间做选择时使用的一种工具被称为**奥卡姆剃刀**（Occam's razor），这一名称来自中世纪逻辑学家奥卡姆的威廉（William of Occam, 1285—1349）。奥卡姆剃刀原理是，如无必要，勿增实体。这在实践中的意义很简单。当我们试图区分事实与虚构时，为了解释世界上发生的事情，不到不得已不需要假设更多东西的存在。

比如，奥卡姆剃刀原理解释了为什么我们不应该相信鬼魂一类东西的存在。鬼魂能解释的现象——墓地里的恐怖感觉，老房子里吱吱作响的声音——不必假设鬼魂真的存在也能解释。鬼魂的存在对解释我们的感受来说是多余的。因此，奥卡姆剃刀原理就说鬼魂不存在。

许多人认为客观的价值就像鬼魂——是我们想象出来的。要解释世界的运作方式，我们不需要依靠任何道德特征。科学是我们认识现实本质的途径。科学家在解释分子结构、生物适应、热量传递或其他任何问题时，从不需要考虑道德特征。道德或不道德的标签就像是一种奢侈品，对理解现实的终极本质毫无帮助。

我们可以把这种思路概括为现实的科学检验论证（Argument from the Scientific

Test of Reality）：

1. 如果科学不能证实 X 的存在，那么最好的证据显示 X 不存在。
2. 科学不能证实客观道德价值的存在。
3. 所以，最好的证据显示客观道德价值不存在。

这一论证体现了这样一种基本信奉立场：超自然事物不存在，世界上的一切最终都可以用科学来解释。既然科学研究并没有告诉我们行为的善与恶、道德与不道德，这似乎就是把客观道德排除在了世界之外。

伦理客观主义者对这一论证有两种回应。第一种回应接受第一个前提，但是拒绝第二个前提。他们相信科学是对现实的终极检验，但是同时相信道德可以通过科学的考验。其他的客观主义者对此深表怀疑，并因此拒绝第一个前提。让我们依次讨论这两种回应。

许多客观主义者对科学及科学对世界本质的洞察力惊叹不已，他们坚持认为道德也值得科学的研究。因此，客观主义者就必须在科学世界中为道德价值找到一个位置。要做到这一点，他们就要表明道德特征是科学可以研究的平常、普通的品质。尽管我们用不同的词汇来描述道德——善与恶、对与错，而不是中微子、夸克、分子和蛋白质，但是使用什么样的语言并不重要。重要的是，正如这些思想家所见，自然世界是唯一的世界。所以，如果道德特征存在，那么它们就必须是自然世界的一部分。这样的观点被称为**道德自然主义**（moral naturalism）。

比如，道德自然主义者可以说，在道德上正确无非就是做到使得幸福最大化，在道德上是善的就是做到得其所欲。我们可以用科学的方法来检验幸福是不是最大化的，或者人们是否真的有得到某个东西的欲望。按照这样的观点，道德特征只是另一类科学特征，并没有任何神秘之处。因此，道德自然主义者就摒弃了论证的第二个前提，因为他们认为道德特征只是我们世界的自然的（而非超自然的）特征。

如果这是正确的，那么道德价值就必须能通过奥卡姆剃刀原理对现实存在的测试。这个测试是说，只有当事物的存在对解释某一事情至关重要的时候，我们才有理由相信其存在。这也就是为什么我们不再相信鬼魂（或者牙仙、超人）的原因。我们有理由认为像建筑、苹果或飞机等物体是真实存在的，因为如果它们不存在，我们就不能解释为什么我们能看见、尝到或者听见这些东西。

但是，我们真的需要道德特征的存在来解释任何行为吗？自然主义者的回答是肯定的。比如，他们认为，希特勒的邪恶本质是他把数百万人送进死亡集中营的原因。奴隶制的错误性解释了为什么奴隶和废奴主义者极力反对这一制度。虐待儿童的不公正解释了我们的愤怒、孩子们的怨恨以及我们想保护孩子免受虐待的努力。

许多人怀疑我们是否真的需要依靠道德特征来解释世界上发生的一切。例如，我们不需要提及希特勒的邪恶本质，来解释为什么那么多人被关进奥斯维辛集中营。相反，他的信仰、恐惧、计划和欲望就足以解释他为什么会如此行动。我们可以选择在道德上对行为做出评估，但是，这对于解释希特勒为什么这样做并不必要。道德特征完全是可有可无的，当我们以最好、最严谨的方式解释我们的行为和经历时，道德特征是不必要的。

对自然主义持怀疑态度的客观主义者由此接受现实的科学检验论证的第二个前提。他们承认科学不能证实客观道德价值的存在。既然如此，这些客观主义者就必须反驳第一个前提，也就是拒绝科学是对现实的终极衡量手段。

他们的最佳策略是说明道德特征是**规范性特征**（normative features）。规范性特征是那些告诉我们事物应该是什么，或者我们应该如何行事的特征。规范性特征依赖规范——为我们提供理念或要求的行为标准。

拒绝第一个前提的基本思路是这样的。科学告诉我们事情是怎样的，却并不能告诉我们事情应该是怎样的。科学做描述，道德制定规则。科学有其局限性。让科学告诉我们人类的终极目的、我们应该达到的目标或者我们应该遵循的标准，超出了科学力所能及的范围。科学能告诉我们许多，但却不是万能的。

我们的确有理由来否认科学在一切事情上都有最终发言权，考虑这样一个命题：

（T）只有科学能够证实的命题才是真的。

命题（T）不可能是真的，因为科学无法证实这个命题。（T）不是科学陈述，因此我们不能通过分析我们看到的、听到的、尝到的、感觉到的或闻到的东西来检验其真实性。我们也不可能用数学方法来检验。没有哪种实验能证实这一命题。因为（T）是错误的，那么就有一些真理是科学无法证实的。也许道德真理正是其中之一。

再来考虑这样一条原则：

（B）只有科学能够证实的命题，我们才有理由去相信。

（B）也是成问题的，因为科学无法证实这一命题。只有哲学能够论证其真假。若是只看表面，我们没有理由认为（B）是真的。因此我们没有理由认为科学是所有真理的源泉。

这一回应并不能证明客观道德价值的存在。但是，如果它能成功地证明客观道德价值存在，那么这就实实在在地表明科学并不是一切问题的最终答案。这意味着至少有一些非科学的主张是正确的，而且有可能是高度可信的。道德主张可能就是其中之一。

结论

我们对以上11个论证的讨论没有揭示出一个可以证实客观道德价值存在的论证。这是经过深思熟虑的选择。我用前面两章的篇幅讨论了对客观主义的批判，并展示了每一个反客观主义的理论都遭遇到不少严重的问题。

因此，公平起见，我们在本章花了一些时间来处理人们对道德客观性的诸多疑问。在本章，我们概述了一些非常流行或者深具威胁性的反客观主义论证。最流行的论证似乎也最容易反驳，而鲜为人知的论证倒是更难回击。

没有哪一个简单快捷又能一拳打倒伦理客观主义的论证，同时也没有哪一个论证能证明客观主义为真。我们在此讨论这些论证以及它们各自的回应，不是要找到胜出的一方，而是要揭示在这一哲学领域各种思想论证可以变得极其错综复杂。我们不可能得出道德怀疑主义肯定是正确的或肯定是错误的结论。像伦理学领域的其他问题一样，这一问题没有直截了当的答案。

供讨论的问题

1. 我们如何做一个伦理客观主义者，却同时能做到宽容而不教条？
2. 对于普遍存在的道德分歧，最好的解释是什么？道德分歧的存在是否意味着不存在客观的道德真理？
3. 一个伦理客观主义者如何解释有些道德标准只适用于某些文化，而不适用于其他文化？
4. 什么是绝对理由？绝对理由是否存在？如果绝对理由不存在，这是否动摇了道德客观性的根基？
5. 你认为有没有可能我们做道德判断，但是却完全不为所动，没有任何动力将道德判断付诸行动？这个问题与道德客观性有什么关系？
6. 如果伦理学不是一门科学，道德事实与科学事实截然不同，这是否会威胁到道德客观性？如果是这样，它是怎样威胁到道德客观性的？
7. 说到底，你相信道德是客观的吗？你认为支持你立场的最有力的论证是什么？

参 考 文 献

Aquinas, Thomas. *Summa Theologica*. Available in many translations.
Aristotle. *Nicomachean Ethics*. Available in many translations.
———. *Politics*. Available in many translations.
Batson, C. Daniel. *Altruism in Humans* (New York: Oxford University Press, 2011).
———. *The Altruism Question: Toward a Social-Psychological Answer* (Hillsdale, N.J.: Erlbaum Publishers, 1991)
Bellow, Saul. *Humboldt's Gift* (New York: Viking, 1975).
Bentham, Jeremy. *An Introduction to the Principles of Morals and Legislation* (1781). Available from many publishers.
Colfax, Richard. *Evidence Against the Views of the Abolitionists, Consisting of Physical and Moral Proofs, of the Natural Inferiority of the Negroes* (New York: James T. M. Bleakley, 1833).
Committee to Protect Journalists, "Getting Away with Murder." Special Report. https://cpj.org/reports/2015/10/impunity-index-getting-away-with-murder.php.
Dershowitz, Alan. *Why Terrorism Works: Understanding the Threat, Responding to the Challenge* (New Haven, Conn.: Yale University Press, 2003).
Doctorow, E. L. *The March* (New York: Random House, 2004).
Dostoevsky, Fyodor. *The Brothers Karamazov* (1880). Available in many translations.
Feinberg, Joel. "What Is So Special about Mental Illness?" in Joel Feinberg, *Doing and Deserving* (Princeton, N.J.: Princeton University Press, 1970), pp. 272–292.
Fireside, Harvey. *Soviet Psychoprisons* (New York: W. W. Norton, 1982).
Foot, Philippa. *Natural Goodness* (New York: Oxford University Press, 2001).
Fraser, Flora. *Pauline Bonaparte: Venus of Empire* (New York: Alfred A. Knopf, 2009).
Fraser, Suzan. "Turk Kills 14-Year-Old Daughter," Associated Press, April 29, 2004.
Gilligan, Carol. *In a Different Voice* (Cambridge, Mass.: Harvard University Press, 1982).

Golding, William. *The Lord of the Flies* (1954). Available from many publishers.
Grayson, William John. *The Hireling and the Slave* (Charleston, S.C.: John Russell, 1855).
Hare, R. M. "What Is Wrong with Slavery," *Philosophy and Public Affairs* 8 (1979): 103–121.
Hari, Johann. "The Two Churchills," *New York Times Book Review,* August 15, 2010, p. 11.
Hobbes, Thomas. *Leviathan* (1651). Available from many publishers.
Hooker, Brad. *Ideal Code, Real World* (New York: Oxford University Press, 2000).
Hornby, Nick. *How to Be Good* (New York: Riverhead Books, 2001).
Hume, David. *A Treatise of Human Nature* (1739). Available from many publishers.
Huxley, Aldous. *Brave New World* (1932). Available from many publishers.
Kant, Immanuel. *Groundwork of the Metaphysics of Morals* (1785). Available in many translations.
———. *Observations on the Feeling of the Beautiful and Sublime* (1764). Available in many translations.
Karr, Mary. *The Liars' Club* (New York: Penguin, 1995).
Kennedy, Kelly. *They Fought for Each Other: The Triumph and Tragedy of the Hardest Hit Unit in Iraq* (New York: St. Martin's Press, 2010).
Kesey, Ken. *One Flew over the Cuckoo's Nest* (New York: Viking Press, 1962).
Kidder, Tracy. *Mountains Beyond Mountains: The Quest of Dr. Paul Farmer, a Man Who Would Cure the World* (New York: Random House, 2003).
Levi, Primo. *The Drowned and the Saved* (New York: Alfred A. Knopf, 1986).
McEnroe, John, with James Kaplan, *You Cannot Be Serious* (New York: Berkeley Books, 2002).
Mill, John Stuart. *The Subjection of Women* (1869). Available from many publishers.
———. *Utilitarianism* (1861). Available from many publishers.
Moore, G. E. *Principia Ethica* (Cambridge, UK: Cambridge University Press, 1903).
Nozick, Robert. *Anarchy, State, and Utopia* (New York: Basic Books, 1974).
Plato. *Euthyphro*. Available in many translations.
———. *Republic*. Available in many translations.
Rawls, John. *A Theory of Justice* (Cambridge, Mass.: Harvard University Press, 1971).
Reddaway, Peter, and Sidney Bloch. *Soviet Psychiatric Abuse: The Shadow Over World Psychiatry* (Boulder, Colo.: Westview Press, 1984).
Ross, W. D. *The Right and the Good* (Oxford, UK: Oxford University Press, 1930).
Rousseau, Jean-Jacques. *Emile or On Education* (1762). Available in many translations.
Smart, J. J. C. "Extreme and Restricted Utilitarianism," *Philosophical Quarterly* 6 (1956): 344–354.
Styron, William. *Sophie's Choice* (New York: Random House, 1979).
Toi, Miho, and C. Daniel Batson. "More Evidence that Empathy Is a Source of Altruistic Motivation," *Journal of Personality and Social Psychology* 43 (1982): 281–292.
Waugh, Alexander. *Fathers and Sons* (New York: Doubleday, 2007).
Wisconsin v. Yoder, 406 U.S. 205 (1972).

进一步阅读建议

从哪里开始

本书讨论的多数主题也出现在本书的姊妹卷《道德人生：伦理和道德问题基本阅读》（*The Ethical Life: Fundamental Readings in Ethics and Moral Problems*, Oxford University Press，2017，第四版）中。该书提供了几十位哲学家原著的节选，包括许多我们在本书中涉及的哲学家。《道德人生》中的节选，我主要是针对初学者选择的，所以大部分资料应该很适用于入门级的哲学研究。如果想找一本篇幅相对简短又涵盖本书讨论的主要问题，另外也涉及许多具体道德问题，如堕胎、死刑和动物权利等的著作，那么这本书可能是一个很好的起点。

另外一个极好的资料来源是"斯坦福哲学百科全书"（*Stanford Encyclopedia of Philosophy*）网站。这是一个免费的资源网站，涉及所有哲学领域的问题，而不仅仅局限于伦理学问题。它的条目文章都是由各个领域的专家撰写的。这些文章往往也是针对那些对论题不甚了解的读者撰写的。

还有很多向初学者介绍道德哲学领域的教科书，其中比较好的有：詹姆斯·雷切尔斯（James Rachels）和斯图亚特·雷切尔斯（Stuart Rachels）的《道德的理由》（*The Elements of Moral Philosophy*）（有好几个版本）；马克·蒂蒙斯（Mark Timmons）的《道德理论》（*Moral Theory*，Rowman and Littlefield，2012，第二版）；朱莉娅·德赖弗（Julia Driver）的《伦理学：基础要义》（*Ethics: The Fundamentals*，Blackwell，2006）。其中，雷切尔斯父子的教科书最适合没有哲学背景的生手，德赖弗和蒂蒙斯的书要高深一点。

此外，还有三本很棒的文集提供了对伦理学以及其主要理论的概述文章。一本是彼得·辛格（Peter Singer）主编的《伦理学指南》（*A Companion to Ethics*，Blackwell，1991）。另一本是休·拉福莱特（Hugh LaFollette）主编的《布莱克韦尔伦理学理论指南》（*The Blackwell Guide to Ethical Theory*，Blackwell，2000）。最后是戴维·科普（David Copp）主编的《牛津道德理论手册》（*The Oxford Handbook of Ethical Theory*，Oxford University Press，2007）。由休·拉福莱特主编的《国际伦理学百科全书》（*The International Encyclopedia of Ethics*，Wiley，2013）在多数大学图书馆都可以找到，这本书涵盖了本书讨论过的所有议题的相关词条。

快乐主义

伊壁鸠鲁的著作有很多版本，L. 格尔森（L. Gerson）和 B. 英伍德（B. Inwood）主编的《伊壁鸠鲁读本》（*Epicurus Reader*，Hackett，1994）是一个可靠的版本，而且不贵。这本文集还收录了《致美诺西斯的信》（"Letter to Menoeceus"），这篇文章总结了伊壁鸠鲁哲学的主要学说。W. D. 罗斯（W. D. Ross）在《正当与善》（*The Right and the Good*，Oxford University Press，1930）第五章用"两个世界理论"对快乐主义进行了反驳。罗伯特·诺齐克（Robert Nozick）关于体验机器的讨论，见于他的《无政府、国家与乌托邦》（*Anarchy, State and Utopia*，Basic Books，1974），第42—45页。约翰·斯图尔特·密尔（John Stuart Mill）的快乐主义学说见于他的《功利主义》（*Utilitarianism*）第二章和第四章（这本书有多个版本）。杰里米·边沁（Jeremy Bentham）的快乐主义理论是在他的《道德与立法原理导论》（*An Introduction to the Principles of Morals and Legislation*，1781）一书中阐述的，这本书也有多个版本。弗雷德·费尔德曼（Fred Feldman）清晰流畅的《快乐与美好人生》（*Pleasure and the Good Life*，Oxford University Press，2006）也许是当代对快乐主义最错综复杂的辩护。L. W. 萨姆纳（L. W. Sumner）在《福利、幸福和伦理学》（*Welfare, Happiness and Ethics*，Oxford University Press，1995）中指出，那些靠得住的和自主的幸福是美好人生的关键，该书还概述了围绕着美好人生本质的一些问题。

对于刚入门的学生来说，乔尔·库珀曼（Joel Kupperman）的《关于美好人生的六个神话》（*Six Myths about the Good Life*，Hackett，2006）是一部浅显易懂、引人入胜的著作，涵盖了快乐主义、欲望理论和本书没有涉及的其他理论。如果对这一领域的经典文献节选感兴趣，可以参考查尔斯·吉格农（Charles Guignon）主编的《美好人生》（*The Good Life*，Hackett，1999）。有关快乐主义和幸福更普遍的观点，请参见尼古拉斯·怀特（Nicholas White）的《幸福简史》（*A Brief History of Happiness*，Blackwell，2006），以及史蒂文·卡恩（Steven Cahn）和克里斯蒂娜·维特拉诺（Christine Vitrano）的《幸福：古典与当代哲学阅读文本》（*Happiness: Classical and Contemporary Readings in Philosophy*，Oxford University Press，2007）。

得之所欲

得之所欲理论是说我们实际欲望的满足是美好人生的关键，由于这些欲望通常建立在无知、偏见和错误的推理基础上，很少有哲学家支持这样的观点。以下这些当代哲学家的观点算是比较接近欲望满足理论的：马克·墨菲（Mark Murphy）的《简单的欲望满足理论》（"The Simple Desire-Fulfillment Theory"），载于《努斯》（*Nous*），1999年，第33期，第247—272页；西蒙·凯勒（Simon Keller）的《福利和目标的实现》（"Welfare and the Achievement of Goals"），载于《哲学研究》（*Philosophical Studies*），2004年，第121期，第27—41页，这篇文章浅显易懂而且趣味盎然；克里斯·希思伍德（Chris Heathwood）的《出人头地和得之所欲》（"Faring Well and Getting What You Want"）一文就欲望满足对美好人生至关重要这一观点的辩护很容易领会。

詹姆斯·格里芬（James Griffin）的《福祉》（*Well-Being*，Oxford University Press，1985）的第一部分讨论了欲望满足理论面临的种种困难，同时也提供了对此观点的合理辩护。此外，以下哲学家的著作支持修正过的欲望理论，也就是认为满足那些经过挑选的、更靠得住的欲望是人类福祉的基础：约翰·罗尔斯（John Rawls），《正义论》（*A Theory of Justice*，Harvard University Press，1971），从第417页开始；理查德·勃兰特（Richard Brandt），《善与正当理论》（*A Theory of Good and Right*，Oxford University Press，1979），第126—129页；以及彼得·雷尔顿（Peter Railton）的《事实和价值》（"Facts and Values"），收录在他的重要文章选集《事实、价值和规范》（*Facts, Values and Norms*，Cambridge University Press，2003）中。

理查德·克劳特（Richard Kraut）在《什么是善和为什么？》（*What is Good and Why?*，Harvard University Press，2007）的第二章，引用了很多反例来讨论对欲望理论的精彩批判，间接地肯定作者自己的一种更接近亚里士多德的观点。另一个比较难懂一点的批判性讨论，是康妮·罗萨蒂（Connie Rosati）的《个人、视角以及对善的完整信息解释》（"Persons, Perspectives, and Full Information Accounts of the Good"），载于《道德》（*Ethics*），1995年，第105期，第296—325页。琼·卡泽兹（Jean Kazez）的《事物的分量》（*The Weight of Things*，Blackwell，2006）令人拍案叫绝，在这本书中，现实生活中的故事和有趣的例子随处可见，她在第五章和第六章论述了福祉是客观的观点。

道德与宗教

柏拉图的《游叙弗伦篇》（*Euthyphro*）有多个译本。该篇对话活波生动，而且篇幅很短，是柏拉图早期的代表作。G.M.A.格鲁伯（G.M.A. Grube）和约翰·库珀（John Cooper）翻译的《五部对话》（*Five Dialogues*，Hackett，2001）是个很棒的选择。

对神命论的辩护往往相当复杂而且难懂。比较容易一点的版本是已故菲利普·奎因（Philip Quinn）的介绍文章，收录在休·拉福莱特主编的《布莱克韦尔伦理学理论指南》一书中。罗伯特·亚当斯（Robert Adams）是神命论的另一位著名的捍卫者，他的著作对初学者来说有一定难度，但是，《一种新的神命论》（"A New Divine Command Theory"）这篇文章是个不错的起点，载于《宗教伦理杂志》（*Journal of Religious Ethics*），1979年，第7期，第66—79页。这篇论文浅显一点的改写版收录在我主编的《伦理学理论选集》（*Ethical Theory: An Anthology*，Blackwell，2011，第二版）中。这部文集触及伦理学的各个领域。

《上帝？：一个基督徒和一个无神论者之间的辩论》（*God?: A Debate Between a Christian and an Atheist*，Oxford University Press，2004），由威廉·莱恩·克雷

格（William Lane Craig）（是基督徒）和沃尔特·辛诺特-阿姆斯特朗（Walter Sinnott-Armstrong）（是无神论者）合作完成，尽管也关注了很多其他的问题，但这本书主要围绕神命论阐述了经常被引用的一些辩护和批评，文笔非常生动。对神命论的基本评估，在"从哪里开始"中提到的大多数导论性书籍中都可以找到。对神命论的批判性讨论可参见埃里克·韦尔伦伯格（Erik Weilenberg）的《无神宇宙中的价值和美德》（*Value and Virtue in a Godless Universe*，Cambridge University Press，2005）第二章，这本书很容易读。凯·尼尔森（Kai Nielsen）的《没有上帝的伦理学》（*Ethics Without God,* Prometheus，1990）清晰表述了宗教和道德领域的一系列问题，作者的立场是，道德是自立的，不需要宗教的介入。

自然法

在西方哲学中，把道德建立在人性基础上的传统可以一直追溯到亚里士多德。要了解亚里士多德的伦理学，可以从他的《尼各马可伦理学》（*Nicomachean Ethics*），特别是第一卷和第二卷开始。特伦斯·欧文（Terence Irwin）的译本（Hackett，1999，第二版）出类拔萃。中世纪哲学家托马斯·阿奎那（Thomas Aquinas）的著作对罗马天主教道德神学的影响一直持续至今，他是过去700多年来自然法研究的理论源泉。阿奎那的著作比较晦涩难懂，但如果你想浅尝辄止，可以看一下他的《神学大全》（*Summa Theologica*）第90—94题。《神学大全》有5卷、1000多页，但这一部分几乎可以在任何阿奎那的选集中找到。初学者的首选是由拉尔夫·麦金纳尼（Ralph McInerny）主编的《阿奎那文选》（*Aquinas: Selected Writings*，Penguin，1999）。

当代重要的自然法哲学家包括约翰·芬尼斯（John Finnis），他的《自然法与自然权利》（*Natural Law and Natural Rights*，Oxford University Press，1980）一书对在当今学术界复兴这一伦理传统影响重大。努德·哈孔森（Knud Haakonssen）的《自然法与道德哲学：从格劳秀斯到苏格兰启蒙运动》（*Natural Law and Moral Philosophy: From Grotius to the Scottish Enlightenment*，Cambridge University Press，1996）是一部优秀的学术类史学著作。菲利帕·富特（Philippa Foot）是当代重要的道德哲学家，她的《自然之善》（*Natural Goodness*，Oxford University Press，

2001）一书令人陶醉。

心理利己主义

尽管心理利己主义在当今学术圈是一个有争议的话题，但托马斯·霍布斯（Thomas Hobbes）在其杰作《利维坦》(*Leviathan*)的几个段落中似乎对心理利己主义深信不疑。这本书有多个版本；如果你对 17 世纪的英语情有独钟，那么你会很喜欢霍布斯生动活泼的风格。18 世纪的主教约瑟夫·巴特勒（Joseph Butler）对心理利己主义的批评，直到今天仍然很有说服力，参见他的《罗尔斯教堂的十五场布道》(*Fifteen Sermons Preached at the Rolls Chapel*)，其中最重要的部分收录在由斯蒂芬·达沃尔（Stephan Darwall）主编的《五次布道》(*Five Sermons*, Hackett，1983）一书中。大卫·休谟（David Hume）以文笔优美著称，是大师级的文体家，他在《道德原则研究》(*An Enquiry Concerning the Principles of Morals*)的附录二中同样批评了心理利己主义。

乔尔·范伯格（Joel Feinberg）的论文《心理利己主义》("Psychological Egoism")，非常清晰易懂地解释了心理利己主义的动机及其问题，收录在由乔尔·范伯格和我主编的《理性与责任》(*Reason and Responsibility*, Cengage，有许多版本）一书中。C.D. 巴特森（C.D. Batson）在他的《利他主义的问题：朝向社会心理学的回答》(*The Altruism Question: Toward a Social-Psychological Answer*, Erlbaum，1991）一书中仔细回顾了心理利己主义的实证研究。埃利奥特·索伯（Elliot Sober）和戴维·斯隆·威尔逊（David Sloan Wilson）在《对待他人：无私行为的进化和心理学》(*Unto Others: The Evolution and Psychology of Unselfish Behavior*, Harvard，1999）一书中提出了一种在科学上有充分证据、在哲学上推理缜密的方法来研究心理利己主义。

伦理利己主义

我所谓的"伦理利己主义的最佳论证"可以从霍布斯在《利维坦》中的几个主张综合而成。大卫·高蒂尔（David Gauthier）在他的重要但有些高深的著作《协商一致的道德》(*Morals by Agreement*, Oxford University Press，1986）第二章支持利己主义的主张：我们有理由只做利己的事情。罗伯特·谢弗（Robert Shaver）的《理性利己主义》（*Rational Egoism*，Cambridge University Press，1999）对这一论点的历史成因和理由做了清晰的概述。

安·兰德（Ayn Rand）在她的许多著作中都极力推崇伦理利己主义。《危急时刻的伦理学》（"The Ethics of Emergencies"）一文浓缩了她大有影响力的观点，而且写得清楚易懂。该文收录于她的《自私的美德》（*The Virtue of Selfishness*，Penguin，1963 年重印本）一书中。

有两篇支持伦理利己主义的文章很容易读，它们是布赖恩·梅德林（Brian Medlin）的《终极原则与伦理利己主义》（"Ultimate Principles and Ethical Egoism"）和杰西·卡林（Jesse Kalin）的《论伦理利己主义》（"On Ethical Egoism"），一并收录在大卫·高蒂尔主编的《道德与自我利益》（*Morality and Self-Interest*，Prentice Hall，1970）一书中。莱斯特·亨特（Lester Hunt）的《繁荣的利己主义》（"Flourishing Egoism"）一文，旨在阐明伦理利己主义并不要求我们违反传统的道德规则，载于《社会哲学与政策》（*Social Philosophy and Policy*），1999 年，第 16 期，第 72—95 页。格雷戈里·卡夫卡（Gregory Kavka）的佳作《和解方案》（"The Reconciliation Project"）探索了在多大程度上自我利益和传统道德能够达成和解。他比亨特要悲观一点，但也只是一点点。他的这篇文章收录在戴维·齐梅曼（David Zimmerman）和戴维·科普主编的《道德、理性和真理》（*Morality, Reason and Truth*，Rowman and Allanheld，1984）一书中。

后果主义

研究后果主义要从约翰·斯图尔特·密尔的《功利主义》一书开始。这本书短小精悍，文笔流畅，有很多个可选择的版本。而有史以来最著名的功利主义论著也许是亨利·西奇威克（Henry Sidgwick）的《伦理学方法》（*The Methods of Ethics*，1907，有多个版本）。但是，西奇威克的写作风格比较晦涩，没有引来众多读者尤其是初学者的青睐。相比之下，R. M. 黑尔（R. M. Hare）的文风简洁优雅，他对功利主义的精辟辩护可以在他的《道德思维》（*Moral Thinking*，Oxford University Press，1981）一书中找到。

J. J. C. 斯马特（J. J. C. Smart）在《极端和受限制的功利主义》("Extreme and Restricted Utilitarianism") 一文中对行为功利主义进行了辩护并且批评了规则功利主义，这篇文章颇具影响力，载于《哲学季刊》(*Philosophical Quarterly*)，1956 年，第 6 期，第 344—354 页。斯马特和伯纳德·威廉斯（Bernard Williams）合著的《功利主义：赞成和反对》(*Utilitarianism: For and Against*, Cambridge University Press, 1973)，是一本极好的书，为下一代道德哲学家的辩论设定了规则。布拉德·胡克（Brad Hooker）以清晰易懂的方式为规则后果主义进行了辩护，参见他在休·拉福莱特主编的《布莱克韦尔伦理学理论指南》一书中的文章以及他的《理想准则，现实世界》(*Ideal Code, Real World*, Oxford University Press, 2000) 一书。

有好几本有关后果主义的文章和书摘结集质量都很高，内容大多反映了哲学家们目前的研究成果，也多是针对哲学家同行所写的，所以读起来并不太容易。对于刚入门的学生来说，可能最好的选择是乔纳森·格洛弗（Jonathan Glover）的《功利主义及其批判》(*Utilitarianism and Its Critics*, Prentice Hall, 1990)。塞缪尔·谢弗勒（Samuel Scheffler）的《后果主义及其批判》(*Consequentialism and Its Critics*, Oxford University Press, 1988) 一书中有许多很棒的文章，但一样读起来有一定难度。斯蒂芬·达沃尔在他的《后果主义》(*Consequentialism*, Blackwell, 2002) 一书中收录了不少有关后果主义的经典文本和当代重要的研究论文。

康德伦理学

康德的著作实在是不容易理解。其中最容易读的（或者说最不那么晦涩的），也是最短的是《道德形而上学的奠基》(*Groundwork of the Metaphysics of Morals*)。这本书不到 60 页；第一部分和第二部分（总共有三部分）很容易懂，偶尔也能读得饶有趣味。最好的译本是由玛丽·格雷戈尔（Mary Gregor）翻译的，克里斯蒂娜·科斯加德（Christine Korsgaad）为此译本写了精彩的导言（Cambridge University Press, 1998）。刘易斯·怀特·贝克（Lewis White Beck）和 H. G. 佩顿（H. G. Paton）的译本也不错。保罗·盖耶（Paul Guyer）的《康德的〈道德形而上学的奠基〉：阅读指南》(*Kant's Groundwork of the Metaphysics of Morals: A Reader's*

Guide，Continuum，2007）可以作为手边书，对阅读原著很有帮助。如果无畏的读者想要更深入地了解康德，不妨读读他的《道德形而上学》（*Metaphysics of Morals*），这本书也是玛丽·格雷戈尔翻译的（Cambridge University Press，1996）。

不少优秀哲学家都曾著述解释或应用康德的道德哲学，并阐述康德在当代的重要意义。这些著述都非常引人入胜。可以试试芭芭拉·赫尔曼（Barbara Herman）的《道德判断的实践》（*The Practice of Moral Judgement*，Harvard University Press，1993）和《道德素养》（*Moral Literacy*，Harvard University Press，2008），小托马斯·E. 希尔（Thomas E. Hill, Jr）的《自主性与自尊》（*Autonomy and Self-Respect*，Cambridge University Press，1991）和《尊严与实践理性》（*Dignity and Practical Reason*，Cambridge University Press，1992），克里斯蒂娜·科斯加德的《创造目的王国》（*Creating the Kingdom of Ends*，Cambridge University Press，1996），或奥诺拉·奥尼尔（Onora O'Neill）的《理性的建构》（*Constructions of Reason*，Cambridge University Press，1990）。

关于正直和良知价值的讨论，参见乔纳森·贝内特（Jonathan Bennett）的精彩文章《哈克贝利·费恩的良知》（"The Conscience of Huckleberry Finn"），载于《哲学》（*Philosophy*），1974年，第49期，第123—134页。

社会契约论

研究社会契约论要从霍布斯的《利维坦》开始。如果时间紧张，可以直接阅读第13—15章，有时间再往下读。约翰·洛克（John Locke）的《政府论（下篇）》（*Second Treatise of Government*）和让－雅克·卢梭（Jean-Jacques Rousseau）的《社会契约论》（*The Social Contract*）（两本书都有多个版本）也是这一传统中的重要经典著作。洛克这本薄薄的书深刻影响了撰写《独立宣言》和制定宪法的美国开国元勋们的思想。

大卫·高蒂尔的《协商一致的道德》是对霍布斯式道德观的一次重要而且复杂的更新。格雷戈里·卡夫卡的《霍布斯式的道德和政治理论》（*Hobbesian Moral and Political Theory*，Princeton University Press，1986）无论是作为评论还是思路缜密的哲学研究都非常精彩。

罗尔斯的《正义论》一出版就被认为是一部杰作。《正义即公平：重述》（*Justice as Fairness: A Restatement*，Harvard University Press，2001，第二版）是对罗尔斯核心思想的简短介绍。顾名思义，他的理论是一种正义理论而不是要研究整个道德体系。尽管如此，《正义论》对伦理学以及社会和政治哲学产生的影响不可低估。

T. M. 斯坎伦（T. M. Scanlon）的重要伦理学理论可以说是社会契约论的一个当代分支，他自己称之为"契约主义"（contractualism），他在《我们对彼此负有什么义务》（*What We Owe to Each Other*，Harvard University Press，1998）一书中对此做了论述。然而，这本书很长，对于初学者来说极其难读。想要简单了解他思想的读者建议阅读他的论文《契约主义和功利主义》（"Contractualism and Utilitarianism"），这篇文章收录在阿马蒂亚·森（Amartya Sen）和伯纳德·威廉斯主编的《功利主义及其超越》（*Utilitarianism and Beyond*，Cambridge University Press，1982）一书中。

斯蒂芬·达沃尔的《契约主义》（*Contractarianism/Contractualism*，Blackwell，2002）一书收录了社会契约论哲学家的著作节选和论文，是一部很不错的文集。

伦理多元主义

乔拉姆·哈伯（Joram Haber）的《绝对主义及其批判》（*Absolutism and Its Critics*，Rowman and Littlefield，1994）是一本很不错的论文集，其中包括不少捍卫或者批判绝对主义的文章。约翰·马丁·费希尔（John Martin Fischer）和马克·拉维扎（Mark Ravizza）主编的《伦理学：问题与原则》（*Ethics: Problems and Principles*，Wadsworth，1992）是一本不同寻常的伦理学导论书，包含了不少关于双重效应学说（DDE）和做与允许学说（DDA）的文章。

菲利帕·富特的论文《堕胎与双重效应学说》（"Abortion and the Doctrine of Double Effects"），重新激发了人们对双重效应学说和做与允许学说的兴趣，载于《牛津评论》（*Oxford Review*），1967年，第5期，第5—15页。富特对哲学界的贡献不仅仅是提出了现在已经很著名的"电车难题"，而且提出了很多在过去几十年中被广为讨论的其他例子。另见朱迪思·贾维斯·汤姆森（Judith Jarvis Thomson）

的文章《电车难题》("The Trolley Problem")与《杀人、任由死亡和电车难题》("Killing, Letting Die, and the Trolley Problem")。这两篇文章都收录在她不同凡响的著作《权利、补偿和风险》(Rights, Restitution, and Risk, Harvard University Press, 1986)一书中。在富特最初例子的基础上,汤姆森引入了一些重要的变化形式来论证一种反后果主义的原则,这一原则的主旨是解释为什么只有在某些时候,而不是所有的时候,把伤害降到最低是被允许的。

斯蒂芬·达沃尔的《义务论》(Deonology, Blackwell, 2002)一书涵盖许多重要的论文,这些文章探讨了某些行为在本质上就有对与错的观点,并且讨论了是否存在绝对的道德规则的问题。

W.D. 罗斯在他的《正当与善》第二章提出了他的显见义务伦理学理论。戴维·麦克诺顿(David McNaughton)在他极其出色的论文《一堆不相关的义务?》("An Unconnected Heap of Duties?")中为罗斯的观点辩护,反驳了各种批评,这篇文章载于《哲学季刊》,1996 年,第 46 期,第 433—447 页。麦克诺顿早期拥护伦理特殊主义;他的《道德视野》(Moral Vision, Blackwell, 1988)一书提供了对伦理特殊主义的辩护,这是一部写得非常好而且很鼓舞人心的伦理学导论书。乔纳森·丹西(Jonathan Dancy)在 20 世纪 80 年代通过一系列文章推广了伦理特殊主义观点;他在他的《没有原则的伦理学》(Ethics Without Principles, Oxford University Press, 2004)一书中阐释了对这一问题的最新认识。杰拉尔德·德沃金(Gerald Dworkin)在他非常清晰易懂的文章《无原则的伦理学》("Unprincipled Ethics")中论述了特殊主义者如何获得道德知识,这篇文章载于《中西部哲学研究》(Midwest Studies),1995 年,第 20 期(1995),第 224—238 页。

美德伦理学

美德伦理学的研究要从亚里士多德的《尼各马可伦理学》开始,这本书有很多好的译本。除了在上面"自然法"部分提到的特伦斯·欧文的译本外,我们的老朋友、他所在年代杰出的亚里士多德学者 W. D. 罗斯的译本也非常优秀,该译本后来由 J. O. 厄姆森(J. O. Urmson)和 J. L. 阿克里尔(J. L. Ackrill)做了更新(Oxford University Press, 1998)。克里斯托弗·罗(Christopher Rowe)的译本也很棒，他的译本还加上了萨拉·布罗迪（Sarah Broadie）深刻和极具启发性的注释（Oxford University Press，2002）。

强烈推荐由理查德·克劳特主编的《亚里士多德的〈尼各马可伦理学〉布莱克韦尔指南》（*The Blackwell Guide to Aristotle's Nicomachean Ethics*，Blackwell，2006），其中收集了极具盛名的学者所撰写的关于亚里士多德伦理思想许多重要方面的文章。

我读过的最好、最简短的美德伦理学概述是朱莉娅·安纳斯（Julia Annas）为戴维·科普的《牛津道德理论手册》撰写的文章。有两本关于美德伦理学的优秀著作值得一提，一本是斯蒂芬·达沃尔的《美德伦理学》（*Virtue Ethics*，Blackwell，2002），另一本是迈克尔·斯洛特（Michael Slote）和罗杰·克里斯普（Roger Crisp）的《美德伦理学》（*Virtue Ethics*，Oxford University Press，1997）。

美德伦理学在美国和英国沉寂过很长一段时间，阿拉斯代尔·麦金太尔（Alasdair MacIntyre）备受瞩目的《追寻美德》（*After Virtue*，University of Notre Dame Press，1981），重新激起了人们对这一传统的兴趣。在这一方面的近期其他重要的著作还包括罗莎琳德·赫斯特豪斯（Rosalind Hursthouse）的《美德伦理学》（*On Virtue Ethics*，Oxford University Press，2000）、迈克尔·斯洛特的《源自动机的道德》（*Morals from Motives*，Oxford University Press，2003）和克里斯蒂娜·斯旺顿（Christine Swanton）的《美德伦理学：一种多元论的观点》（*Virtue Ethics: A Pluralistic View*，Oxford University Press，2005）。

玛莎·努斯鲍姆（Martha Nussbaum）是一位了不起的作家，她在研究亚里士多德和伦理学方面做了大量的工作。她在她的一篇最重要的论文《美德不是相对的：一种亚里士多德式的研究方法》（"Non-Relative Virtues: An Aristotelian Approach"）中为亚里士多德和美德伦理学做辩护，抵制相对主义。这篇文章载于《中西部哲学研究》，1988年，第13期，第32—53页。

女性主义伦理学

要了解女性主义伦理学可以从希尔德·林德曼（Hilde Lindemann）的《女性主义伦理学的邀请》（*An Invitation to Feminist Ethics*，McGraw-Hill，2006）开始，

这本书的写作对象是初学者和非哲学专业的读者。第一章是对女性主义伦理学的概述，第四章简要回顾了女性主义对功利主义、康德主义和社会契约论的批评。整本书都值得一读。

如果对关怀伦理学感兴趣，应该从卡罗尔·吉利根（Carol Gilligan）的《不同的声音》（*In a Different Voice*, Harvard University Press, 1982）开始，然后读一下内尔·诺丁斯（Nel Noddings）的《关心：伦理和道德教育的女性路径》（*Care: A Feminine Approach to Ethics and Moral Education*, University of California Press, 1984）。最近两本重要的关怀伦理学的研究著作是迈克尔·斯洛特的《关怀与同情伦理学》（*The Ethics of Care and Empathy*, Routledge, 2007）和弗吉尼亚·赫尔德（Virginia Held）的《关怀伦理学：个人的、政治的、全球的》（*The Ethics of Care: Personal, Political, Global*, Oxford University Press, 2007）。在戴维·科普主编的《牛津道德理论手册》一书中，赫尔德撰写的《关怀伦理学》（"The Ethics of Care"）一文对这一领域进行了简洁但仍然很有分量的概述。

对女性主义伦理学领域中大量工作的总结可以参见艾莉森·贾格尔（Alison Jaggar）的《女性主义伦理学：研究、问题与前景》（"Feminist Ethics: Projects, Problems, Prospects"），收录在克劳迪娅·卡德（Claudia Card）的《女性主义伦理学》（*Feminist Ethics*, University Press of Kansas, 1991）一书中。另一个很棒的概述是由罗斯玛丽·童（Rosemarie Tong）和南希·威廉斯（Nancy Williams）为"斯坦福哲学百科全书"网站撰写的"女性主义伦理学"辞条。

如果对从女性主义角度去体验许多道德问题感兴趣，不妨尝试读一下由珍妮特·库兰尼（Janet Kourany）、詹姆斯·斯特巴（James Sterba）和罗斯玛丽·童主编的《女性主义哲学》（*Feminist Philosophies*, Prentice Hall, 1992）。切希尔·卡尔霍恩（Cheshire Calhoun）的《设定道德的方向：女性哲学家论文集》（*Setting the Moral Compass: Essays by Women Philosophers*, Oxford University Press, 2004）收录了一批杰出哲学家就女性主义哲学及其相关问题撰写的论文。

道德的地位

研究元伦理学的大部分著作对初学者来说都过于艰深。我写过一本关于元伦理学的入门书，即《善与恶究竟发生了什么？》（*Whatever Happened to Good and Evil?*，Oxford University Press，2004），这本书是专为没有哲学背景的读者写的。罗伯特·奥迪（Robert Audi）的《道德价值和人类多样性》（*Moral Value and Human Diversity*，Oxford University Press，2007）也同样是以入门级读者为对象撰写的。对于更深入一些的研究，可参见亚历山大·米勒（Alexander Miller）的《当代元伦理学导论》（*An Introduction to Contemporary Metaethics*，Polity，2012，第二版），这是一个不可多得的资料来源。另外，斯蒂芬·达沃尔在他的《哲学伦理学》（*Philosophical Ethics*，Westview，1997）一书中对元伦理学观点进行了历史回顾。

休谟的《人性论》（*A Treatise of Human Nature*）第三卷的前几章为过去两个半世纪的元伦理学讨论奠定了基础。休谟的著作激励了很多当代重要哲学家，比如吉尔伯特·哈曼（Gilbert Harman），他的著作《道德的本质》（*The Nature of Morality*，Oxford University Press，1977）是一部非常引人入胜的伦理学导论书。哈曼在这本书（前两章）中提出了现实的科学检验论证最有影响力的版本，我们在第二十一章讨论过。哈曼也是当代最杰出的道德相对主义者。他的论文《道德相对主义的辩护》（"Moral Relativism Defended"）很值得一读，载于《哲学评论》（*Philosophical Review*），1975年，第85期，第3—22页。这篇及其他四篇捍卫相对主义的文章收录在他的《解释价值》（*Explaining Value*，Oxford University Press，2000）一书中。

J. L. 麦凯（J. L. Mackie）在《伦理学：发明对与错》（*Ethics: Inventing Right and Wrong*，Penguin，1977）一书的第一章提出了对错误论的辩护，如今这已成为一个经典的论证。澳大利亚哲学家理查德·乔伊斯（Richard Joyce）在他的《道德神话》（*The Myth of Morality*，Cambridge University Press，2001）一书中也满怀热情地捍卫了错误论。

表达主义是A. J. 艾耶尔（A. J. Ayer）在20世纪30年代于《语言、真理与逻辑》（*Language, Truth and Logic*）一书的第六章提出的。艾耶尔言无不尽，是个平易近人的作家，他的这本书很值得一读。在当代表达主义哲学家中，西蒙·布莱克本（Simon Blackburn）的著作最容易读，尽管他的写作对象是他的哲学家同行。

他的《准实在论论文集》(*Essays in Quasi-Realism*, Oxford University Press, 1993)一书包括了许多重要的论文。但是,一个更好的选择是从布莱克本所著的哲学导论《思想》(*Think*, Oxford University Press, 1999)一书的第八章开始,这本书更容易读,而且文笔优美。

迈克尔·史密斯(Michael Smith)在他的重要著作《道德问题》(*The Moral Problem*, Blackwell, 1994)一书中提出了一种对理想观察者观点的辩护,为元伦理学中的许多问题提供了极好的解决途径。史密斯还为此写了一篇介绍性文章《实在论》("Realism"),重点介绍他著作中的一些主题,这篇文章收录在由彼得·辛格主编的《伦理学》(*Ethics*, Oxford University Press, 1994)一书中。

戴维·布林克(David Brink)的《道德实在论与伦理学基础》(*Moral Realism and Foundations of Ethics*, Cambridge University Press, 1989)一书为伦理客观主义提供了清晰明了的辩护。布林克是一位道德自然主义者,他的书详细讨论了元伦理学中的大多数主要问题。另外一个对伦理客观主义的辩护,来自反自然主义阵营的戴维·伊诺克(David Enoch),他的《严肃对待道德》(*Taking Morality Seriously*, Oxford University Press, 2011)一书写得很棒,直率,还颇具煽动性。

有关元伦理学的很多经典和当代文章收录在特伦斯·库尼奥(Terence Cuneo)和我主编的《伦理学基础论文选》(*Foundations of Ethics: An Anthology*, Blackwell, 2006)一书中。该书还包括了十几篇很有价值的导论性文章,很适合初学者阅读。

术 语 表

绝对的（absolute）：决不允许被打破的；违背一个绝对的道德准则总是错误的。

行为后果主义（act consequentialism）：一种规范伦理学理论，认为一种行为在道德上是正确的，只是因为它产生最好的实际或预期结果。

行为功利主义（act utilitarianism）：行为后果主义的一种，认为只有幸福是有内在价值的，因此，说一种行为在道德上是正确的，是因为它促进了整体幸福的最大化。

诉诸人身攻击（ad hominem attack）：通过批评对方的动机或人格来削弱对方的立场。

不可知论者（agnostic）：对上帝是否存在问题悬置判断的人。

利他主义（altruism）：直接关注改进他人而不是自己的福利。

模棱两可的（ambiguous）：有两个或两个以上的含义。

非道德主义者（amoralist）：真诚地相信道德有对与错，但是不在乎行为是否符合道德的人。

论证（argument）：一个思想链，由提出的前提来支持一个特定的结论。

无神论（atheism）：认为上帝不存在的信念。

自主性（autonomy）：自己决定自己生活原则的能力。也可以指根据自己的人生计划来决定生活的能力。

乞题（beg the question）：用只对已经接受了论证结论的人有吸引力的理由来做论据的论证。

绝对命令（categorical imperative）：要求一个人去服从理性命令，而完全不介意这种服从是否能得之所欲。

绝对理由（categorical reason）：必须去做某件事的理由，而不论其本身的欲望。

概念真理（conceptual truth）：只依靠理解就可以认识真理的主张。一个主张的正确性只依赖它所包含的概念——这就是为什么理解就意味着认识。比如，单身汉就是未婚男子。

默认同意（consent, tacit）：见默认同意（tacit consent）。

后果主义（consequentialism）：一组规范伦理学理论的总称，这些理论的共同特征是认为行为、政策、动机或规则的道德性取决于它们产生的最佳的实际或预期结果。另见行为后果主义（act consequentialism）、规则后果主义（rule consequentialism）、行为功利主义（act utilitarianism）、规则功利主义（rule utilitarianism）。

自制的（continent）：做正确的事情，同时抑制不去履行义务的欲望。

契约主义（contractarianism）：见社会契约论（social contract theory）。

文化相对主义（cultural relativism）：认为正确的道德标准是相对于文化或社会而言的。一种行为在道德上是正确的，是因为这一行为是被社会的指导理念所允许的；一种行为在道德上是不正确的，是因为这一行为是被社会的指导理念所禁止的。

决策程序（decision procedure）：任何指导我们成功地仔细做决定的方法。

自然神论者（deist）：相信上帝存在，认为上帝创造了宇宙，但不会干涉人类事务。

欲望满足理论（desire satisfaction theory）：一种人类幸福理论，认为满足我们的实际或合理的欲望是提高人生福祉的充分必要条件。

神命论（divine command theory）：认为一种行为是道德的，只是因为它是上帝命令的；一种行为是不道德的，只是因为它是上帝禁止的。

做与允许学说（Doctrine of Doing and Allowing，简称DDA）：认为造成伤害比允许同样的伤害发生在道德上更糟糕。

双重效应学说（Doctrine of Double Effect，简称 DDE）：如果我们的目的是值得的，那么有时我们可以去做会造成预见伤害的事情，但是我们绝不能有意去造成这种伤害。

教条主义（dogmatism）：思想封闭、极端自以为是的品格特征。

同情-利他主义假说（empathy-altruism hypothesis）：同情可以激发利他主义动机的假说。其中一个推论就是，一个人对他人的同情反应越大，就越有可能出于无私的动机提供帮助。

经验真理（empirical truth）：只有通过感官获得的证据才能认识真理的主张。理解本身并不足以认识到主张的真实性，必须"对照世界"来检验。比如，帝国大厦有 1453 英尺（约 443 米）高。

错误论（error theory）：认为世界上没有道德特征的元伦理学观点；没有任何道德判断是真的；我们真诚的道德判断试图描述事物的道德特征，但总是无一例外地会失败；不存在道德知识。

伦理利己主义（ethical egoism）：一种规范伦理学理论，认为行为的道德与否在于是否能达到自我利益的最大化。

伦理一元论（ethical monism）：认为只有一条道德规则是绝对的和根本的。

伦理客观主义（ethical objectivism）：认为至少有一条客观道德标准存在的观点。

伦理特殊主义（ethical particularism）：认为既没有绝对的也没有显见的道德规则的观点。根据伦理特殊主义，世界上没有哪一个特征总是与道德相关，也没有哪一个特征总是在道德上具有决定意义。

伦理多元主义（ethical pluralism）：认为至少存在两种甚至更多根本道德规则的观点。

伦理相对主义（ethical relativism）：正确的道德标准是相对于个人或文化的信奉而言的。伦理相对主义可以有两种形式：文化相对主义或伦理主观主义。

伦理主观主义（ethical subjectivism）：一种行为在道德上是正确的，仅仅是因为（a）我赞同它，或者（b）我的信奉允许。一种行为是错误的，仅仅是因为（a）我不赞同它，或者（b）我的信奉禁止。

幸福（eudaimonia）：一种生活得好的状态；快乐或繁荣。

评价性信念（evaluative beliefs）：明辨好与坏或对与错的信念。

道德榜样（exemplar, moral）：见道德榜样（moral exemplar）。

警戒性惩罚（exemplary punishment）：惩罚一个人来警告其他人。

表达主义（expressivism）：道德虚无主义的一个版本，否认世界上有任何道德特征；声称道德判断没有任何对与错的基础；认为道德判断只是情感、命令或承诺的表达——没有真假对错可言。

事实－价值区分（fact-value distinction）：认为事实与价值之间存在着巨大差异的观点；价值主张不是事实，因此不可能是真的。

女性主义伦理学（feminist ethics）：强调女性的道德平等，在道德观念和思想的发展中更关注女性经历的一组理论。

忠诚（fidelity）：忠于承诺，信守诺言。

适应度（fitness）：有机体生存和繁衍的能力。

搭便车问题（free-rider problem）：指一些人完全不做贡献却享受共同利益的情况。这种拒绝为共同利益服务的行为看起来非常合乎理性（只要不被发现，就可以不做牺牲而坐收渔利）。问题是，如果有足够多的人按这样的理性行事，那么就没有足够的资源来创造共同利益，从而伤害到每个人。

根本的（fundamental）：一种道德规则是根本的，是指它不依赖任何更普遍或更基本的道德规则来证明其合理性。

黄金准则（golden rule）：一种规范伦理学原则，指的是我们对待他人的行为在道德上是可以接受的，当且仅当我们愿意接受完全相同的对待。

善良意志（good will）：能够合理地决定我们的义务是什么的能力，并且为了义务本身的原因而去履行义务。

快乐主义（hedonism）：认为快乐是唯一有内在价值的东西，而痛苦（或不快乐）是唯一本质上坏的东西的观点。

假言命令（hypothetical imperative）：一种理性的命令，要求我们做任何必须做的事情来得到我们想要的东西。

反传统主义者（iconoclast）：其观点与社会的传统智慧截然不同的人。

理想观察者（ideal observers）：那些（可能并不存在的）最有见识、完全理性、最有资格决定什么是道德的人。

绝对命令（imperative, categorical）：见绝对命令（categorical imperative）。

假言命令（imperative, hypothetical）：见假言命令（hypothetical imperative）。

个人相对主义（individual relativism）：见伦理主观主义（ethical subjectivism）。

先天的（innate）：与生俱来的。先天的特质是天生的，而不是出生后获得的。

工具性物品（instrumental goods）：其价值在于它带来的好处。例如疫苗、樟脑球和钱。

内在价值（intrinsic values）：本身存在价值，即使它不会带来任何别的好处。人们对哪些东西有内在价值颇有争议，但是幸福、欲望满足、美德和知识是常常被提及的候选。

同态报复法（lex talionis）："以眼还眼"的报复原则，我们应该用施害者对待受害者的方式来对待他们。

逻辑有效性（logical validity）：一个论证的特征，表明前提在逻辑上支持结论。具体地说，一个论证是在逻辑上有效的，如果它的前提都为真，那么结论必然为真。或者说，在逻辑上有效的论证是那些当所有前提为真时结论不可能为假的论证。

准则（maxim）：为自己制定的行为原则。包含了意向的行为以及这样做的理由。

元伦理学（metaethics）：伦理学理论的一个领域，关注规范伦理学主张的地位问题。比如，主张是否为真；如果为真，是不是个人、文化信奉或者神命使得它们为真；我们能否获得道德知识；如何获得道德知识；道德要求是否给了我们去履行它们的充足理由等。

形而上学（metaphysics）：哲学的一个分支，讨论现实的本质、什么存在以及什么不存在。

伦理一元论（monism, ethical）：见伦理一元论（ethical monism）。

道德行动者（moral agent）：可以通过理性推理来指导自己行为的个体，因此可以为自己的行为负责，为自己的行为受到奖励或惩罚。

道德共同体（moral community）：利益在本质上具有重要性的一组人。成为道德共同体的一员意味着可以赢来对自己的尊重，有道德权利，其他成员对你的自我利益负有道德责任。

道德榜样（moral exemplar）：具有杰出道德品格的人，能作为他人的道德角色模范。

道德运气（moral luck）：一种行为或一个决定是否道德取决于我们无法控制的因素。

道德自然主义（moral naturalism）：认为道德特征是自然的（即不是超自然的），其存在可以通过自然科学来证实。

道德虚无主义（moral nihilism）：道德怀疑主义的一种形式，认为世界上没有道德特征，因此没有任何道德主张是正确的。其两种主要形式是错误论和表达主义。

道德怀疑主义（moral skepticism）：否认客观道德标准的存在。道德怀疑主义有时也指我们不可能获得道德知识的观点。

道德价值（moral worth）：一种履行道德义务的行为值得称赞的特征。

自然法理论（natural law theory）：一种规范伦理学理论，认为合乎自然的行为就是正确的，不合乎自然的行为则是错误的。评价个人的好坏也是一样——越能实现自己的真实本性就越好。

不伤害（non-maleficence）：防止伤害他人。

规范（norm）：评价的标准。规范告诉我们应该怎样做。它们代表了我们要据此生活的标准。

规范伦理学（normative ethics）：伦理学理论的一个领域，关注确定行为的对与错，检验各种道德规则的合理性，决定哪些品格特征是美德、哪些是恶习。

规范性特征（normative features）：告诉我们事物应该是什么，或者我们应该如何行事的特征。它们依赖规范来做到这一点。

客观道德标准（objective moral standards）：是指适用于任何人的道德要求，不管人们对这样的义务有什么意见，也不依赖于履行这些义务是否能满足人们的任何欲望。

人类福祉的客观性理论（objective theory of human welfare）：有很多这样的理论，其共同特征是声称某些东西对人们有益，不管我们是否相信，也不管这些东西是否满足我们实际或合理的欲望。

奥卡姆剃刀（Occam's razor）：如无必要，勿增实体原则。如果从相互匹敌的理论中选择，这一原则告诉我们应该选择能够做出同样的解释但做最少假设的理论。

全知的（omniscient）：无所不知。

最优化的（optimific）：产生可能的最好的结果的。

最优化社会规则（optimific social rule）：一种在社会中被普遍接受的规则，与其他规则相比会产生最好的结果。

家长式作风（paternalism）：把成人当作孩子对待的原则。更具体地说，这是一种以为他人好的名义限制他人自由、违背他人意志的原则。

伦理多元主义（pluralism, ethical）：见伦理多元主义（ethical pluralism）。

前提（premise）：论证中用来支持结论的理由。

显见义务（prima facie duty）：我们有持久不变的、绝佳的和非绝对的理由去做（或者不做）的一些事情。

人性原则（principle of humanity）：康德的论题，始终把人（包括你自己）当作目的，而绝不仅仅是一种手段。

可普遍化原则（principle of universalizability）：康德的论题，一种行为在道德上是可以接受的，当且仅当这一行为的准则是可普遍化的。

效用原则（principle of utility）：终极的功利主义道德标准，即一种行为在道德上是正确的，当且仅当它比任何你能在这一条件实施的其他行为都更能促进整体的幸福。

囚徒困境（prisoner's dilemma）：通过每个人减少对自我利益的追求，从而使得人人获益的情况。

程序主义（proceduralism）：认为我们必须遵循一种程序来判断哪些行为在道德上是正确的，或者哪些道德主张是正确的观点。

心理利己主义（psychological egoism）：认为我们的一切行为都是由自我利益

所驱动，利他主义是不可能的观点。

警戒性惩罚（punishment, exemplary）：见警戒性惩罚（exemplary punishment）。

替受性惩罚（punishment, vicarious）：见替受性惩罚（vicarious punishment）。

文化相对主义（relativism, cultural）：见文化相对主义（cultural relativism）。

个人相对主义（relativism, individual）：见伦理主观主义（ethical subjectivism）。

规则后果主义（rule consequentialism）：一种规范伦理学理论，认为行为在道德上是正确的，仅仅因为它们是最优化社会规则所要求的。

规则功利主义（rule utilitarianism）：规则后果主义的一个版本，认为幸福是唯一有内在价值的东西。

自明的（self-evident）：一个主张是自明的，就是说，（1）它是真的；（2）只要充分理解这个主张，我们就有足够的理由相信它是真的。自明的主张的最好的例子是概念真理。

自我关涉的行为（self-regarding actions）：只影响自己的行为。

自我关涉的欲望（self-regarding desires）：只与自己有关的欲望。

滑坡论证（slippery slope argument）：一种功利主义的推理方式，通过预测允许某些社会革新会产生极为可怕的结果，尽管在短期内这样的结果并不明显，从而来反对社会革新的论证。

社会契约论（social contract theory）：政治哲学中的一种观点，认为政府权力是合法的，当且仅当自由、平等和理性的人在意图选择相互合作的生活原则时接受它。这也是规范伦理学理论中的一种观点，认为行为在道德上是正确的，当且仅当它们是被自由、平等和理性的人一致同意遵守的规则所允许的。

可靠性（soundness）：某些论证的一个特点。可靠的论证是指（1）在逻辑上有效的，并且（2）只包含真前提的论证。这保证了论证结论的真。

正确性标准（standard of rightness）：一条用来确定行为（或其他事情）在道德上是否正确的必要而且充分条件的规则。

自然状态（state of nature）：没有一种核心权威有排他的权力来强制执行自己意志的状态。

纯粹的良知行为（strictly conscientious action）：因为义务本身而选择去履行自己义务的行为，而不是出于其他外在的目的。

超义务（supererogation）：远远超出自己义务的值得称赞的行为。

默认同意（tacit consent）：通过保持沉默或不行动所表达的同意。

有神论者（theist）：相信上帝存在的人。

可普遍化（universalizability）：每一个理性的人都能够始终如一地按一条准则行动的特征。可以通过一个三部分测试来检验准则的可普遍性：（1）准则是经过深思熟虑的；（2）试想在一个世界中，每个人都愿意按照这一准则行事；（3）确定在这样一个世界里是否能达到准则所设定的目标。如果是，这一准则就是可普遍化的；反之，该准则则不是可普遍化的。

有效性（validity）：见逻辑有效性（logical validity）。

价值理论（value theory）：伦理学的一个领域，关注什么是本质上有价值的，并解释什么是幸福的本质。

无知之幕（veil of ignorance）：一道虚拟的装置，能抹去我们对一个人社会、经济和宗教立场，一个人的品格特征以及其他个人显著特征的所有认识。它的目的是确保社会契约的立约人做出公平的选择。

替受性惩罚（vicarious punishment）：对无辜受害者的蓄意惩罚，旨在威慑第三方。

邪恶的（vicious）：有很多恶习的，是"有德的"（virtuous）反义词。

美德伦理学（virtue ethics）：一种规范伦理学理论，认为一种行为在道德上是正确的，只是因为一个有德之人在这种情况下依照其品格总会这样做。

译 后 记

10月底的旧金山湾区，阳光依然灿烂，第一场雨还没有来，但是早晚的寒意已经写在日渐单薄的树枝上。小女儿瑞娜的学校选在这一周上游泳课。瑞娜这年9岁，是个动静大、不安分的孩子，还怕冷。早晨她不情愿地拎着游泳包出门，下午又灰头土脸地拎着包回来，递给我一张纸条说，"是巴瑞特太太给你的。"瑞娜的老师巴瑞特太太的纸条上写着："今天瑞娜用不实之辞（a mistruth）做借口，逃避游泳，希望您协助教育。我建议她向您阐明事实，明天她还应该向游泳教练马修先生道歉。"瑞娜承认她把游泳包藏在书架后面，对老师说忘带了，不能下水。下午要回家的时候被老师抓到，识破了真相。

接下来的一幕出乎意料，小姑娘非但没有涕泪横流地认错，反而问道，"我没有伤害别人，就是不想在冷水里游泳，说一点点假话（a fib），很不好吗？"

仔细想来，这还真不是一个能一句话说清楚的问题。我忍住火气，对瑞娜说，"那你自己再想一想吧。"的确，是不是只要说谎就是错误的？如果谎话没有造成任何伤害，我们是不是可以容忍说谎？甚至，如果有时候谎话显得比真话更人性（比如，医生面对垂危病人的时候），说谎话是不是比讲真话更道德？

过去的一年，有幸翻译了《伦理学基础》（The Fundamentals of Ethics）一书，也跟着拉斯·谢弗－兰多教授一点点回顾最基本的伦理学问题、理论和论证，受益良多。这是一本入门教材，写作对象是非哲学专业的大学本科生，通常作为文理学院伦理学通识课的教材，有一些美国私立高中也拿来做大学预修课程的参考书。

拉斯·谢弗－兰多博士现任美国威斯康星大学麦迪逊分校哲学系教授，1992年在亚利桑那大学获得哲学博士学位，师从政治哲学家和法哲学家乔尔·范伯格

（Joel Feinberg）。他多年来一直致力于伦理学思考，尤其侧重于元伦理学的研究。他是《牛津元伦理学研究》（*Oxford Studies in Metaethics*）杂志的创始人和主编，同时也是道德实在论的中坚捍卫者。

拉斯·谢弗-兰多教授的写作向来以逻辑清晰、文笔生动著称，《伦理学基础》也不例外。自出版以来，它一直被誉为出色的伦理学和当代道德问题研究的入门教程。全书通过建构几十个平易近人的逻辑论证，简洁介绍了西方传统中重要的伦理学学说——快乐主义、功利主义、康德理论、社会契约论、正义论、自然法论以及美德伦理学等，同时又深入浅出地分析了道德哲学的核心问题——什么是幸福，什么是幸福的人生，道德与宗教的关系如何，道德感是不是天生的，道德教育是否可能，道德究竟是客观真实的，还是一场虚构。

《伦理学基础》不是一本冰冷的教科书，相反，它最吸引人的地方是把极其抽象的理论和复杂推理揉合在兴味盎然的故事和案例中。读英文本的感觉让我想起第一次读卢梭的《爱弥儿》。像"乌鸦与麻雀"这样的故事在一本哲学著作里随处可见，的确让人耳目一新。书中提到的有些案例是伦理学上的经典案例，比如囚徒困境、电车难题等；另外一些故事则完全是作者信手拈来的历史典故或者生平逸事。这些活生生的故事帮助我们理解抽象的理论，同时也帮助我们思考什么是有德的人生、什么是道德的真正意义、道德教育是否可能等一系列问题。

傍晚的时候，瑞娜从自己屋子里出来，跟我说，"今天可能是做错了事，因为我感觉不高兴。如果没做错事，我应该感觉高兴才对。"看来孺子可教，还没有到无可救药的地步。如何理解以诚为本、道德智慧或者美德教育都是很重要的伦理学议题，我发现，自己很期待能和瑞娜讨论亚里士多德、密尔甚至康德的一天。

感谢我的朋友徐向东教授通读了全部译稿，帮我做术语表，对一些语词进行了校订。我的老师韩水法教授帮我解释了康德哲学中的几个概念，在此一并谢过。

最后，也把这本译作献给我的导师朱德生先生（1931—2019）。先生"为学先为人"的教诲，不敢或忘。

陆萌

2020 年 6 月

于加利福尼亚州伯克利市